全国船舶工业职业教育教学指导委员会推荐教材

U0868763

汽车发动机构造与维修

主编　包套图

哈尔滨工程大学出版社
Harbin Engineering University Press

内容简介

本教材按照项目式教学的要求，对汽车发动机构造与维修的相关知识与技能进行了有机整合，结合汽车发动机的各个组成分解为十个项目，每个项目按照项目描述、项目目标、项目小结、项目测试的板块结构进行编排。

本教材主要包括发动机的总体认识，曲柄连杆机构的构造与检修，配气机构的构造与检修，汽油发动机燃料供给系统的结构与检修，柴油发动机燃料供给系统的结构与维修，点火系统的结构与检修，润滑系统的构造与维修，冷却系统的构造与维修，启动系统的结构与检修，以及发动机的拆卸、装配、磨合与验收几个部分。

本教材可作为高职高专院校汽车类专业学生的教材，也可作为汽车维修行业人员的培训用书。

图书在版编目(CIP)数据

汽车发动机构造与维修/包套图主编. —哈尔滨：哈尔滨工程大学出版社，2020.11

ISBN 978-7-5661-2832-4

Ⅰ.①汽… Ⅱ.①包… Ⅲ.①汽车—发动机—构造—高等职业教育—教材②汽车—发动机—车辆修理—高等职业教育—教材 Ⅳ.①U472.43

中国版本图书馆 CIP 数据核字(2020)第 223383 号

选题策划 薛 力
责任编辑 张 昕
封面设计 李海波

出版发行 哈尔滨工程大学出版社
社　　址 哈尔滨市南岗区南通大街 145 号
邮政编码 150001
发行电话 0451-82519328
传　　真 0451-82519699
经　　销 新华书店
印　　刷 哈尔滨市石桥印务有限公司
开　　本 787 mm×1 092 mm 1/16
印　　张 17.5
字　　数 448 千字
版　　次 2020 年 11 月第 1 版
印　　次 2020 年 11 月第 1 次印刷
定　　价 47.00 元
http://www.hrbeupress.com
E-mail:heupress@hrbeu.edu.cn

前　言

随着我国汽车行业的快速发展,汽车保有量呈现急剧上升的趋势,特别是私家车需求量的增长,在很大程度上推动了汽车市场的快速发展,这使得汽车维修技术行业人才紧缺。汽车维修人员不仅需要全面的专业知识,还需要较强的操作能力与创新能力。为了推动高等职业教育的发展,使所培养的汽车高级技术人才能尽快地掌握现代汽车的维修和检测技术,能更好地满足汽车行业对人才的需求,本教材基于“1 + X”证书的培养模式,以项目为单位,组织企事业单位人员共同编写。

本教材具有以下特点:

①精心设计的结构体系。本教材按照工学结合的思路,以典型工作任务的学习为核心,力求将理论知识与实践操作结合在一起。

②内容方面,主要围绕发动机的各个组成部分来阐述发动机构造与维修工作任务。

③文字表述力求简洁,便于理解。

④选取实例,贴近实际。

本教材由十个项目组成,每个项目按照项目描述、项目目标、项目小结和项目测试的板块结构进行编写。每个项目还分为若干个任务。每个项目附有项目小结,方便学生对每个项目的学习;同时,每个项目都附有一定的测试题,可以帮助学生巩固基础知识。本教材的参考学时为80学时。

本教材由渤海船舶职业学院包套图担任主编,辽宁省高等交通专科学校孙涛担任副主编,渤海船舶职业学院孙洪昌、国网辽宁省电力有限公司葫芦岛供电公司李志涛参编。包套图主持编写了项目二至项目四,孙涛编写了项目五、项目七,孙洪昌编写了项目一、项目六,李志涛编写了项目八至项目十。全书由渤海船舶职业学院郑学贵教授主审。

由于编者水平有限,书中难免存在错误和不妥之处,敬请广大读者批评指正。

编　者

2020年4月

目　　录

项目1　发动机的总体认识

【项目描述】

汽车发动机是汽车的动力装置,是汽车最重要的组成部分。它将某种形式的能量转变为机械能并对外输出动力,通过底盘传动系统驱动汽车行驶。目前汽车上使用的发动机绝大多数是往复活塞式发动机。发动机是燃料在发动机内部燃烧的一种热力机,这种发动机经过一个多世纪的不断革新,技术上已经相当完善和成熟,被汽车工业界广泛使用。本项目主要有两个学习任务:

任务1.1 发动机的总体构造;

任务1.2 发动机的工作原理。

【项目目标】

● 知识目标

1. 掌握汽油发动机、柴油发动机的一般构造及组成,汽油发动机、柴油发动机的工作情况;熟悉发动机的常用术语定义,掌握发动机的类型;掌握发动机型号编制规则,会正确识读发动机型号。

2. 理解单缸四行程汽油发动机和柴油发动机的工作原理,掌握四行程汽油发动机和柴油发动机的特点。了解汽车采用多缸发动机的原因。

3. 了解二行程汽油发动机的两个行程特点及二行程汽油发动机的工作原理;了解二行程发动机与四行程发动机相比具有的优缺点。

4. 了解发动机的性能指标,包括动力性指标(有效转矩、有效功率)和经济性指标(燃油消耗率);了解发动机的速度特性和工作状况。

● 能力目标

1. 了解发动机各个子系统的功用。

2. 掌握发动机各个构件的连接关系。

● 素质目标

1. 培养学生严谨的工作态度。

2. 培养学生的创新意识和获取新知识的能力。

3. 培养学生分析、解决问题的能力。

任务 1.1 发动机的总体构造

发动机是汽车的心脏，是由许多机构和系统组成的复杂机器，其结构形式多种多样。即使同一类型的发动机，其具体结构也各不相同，但不论哪种类型的发动机，其基本结构都是相似的。

汽油发动机由两大机构和五大系统组成，即由曲柄连杆机构、配气机构、燃料供给系统、润滑系统、冷却系统、点火系统和启动系统组成(图 1.1)；柴油发动机由两大机构和四大系统组成，即由曲柄连杆机构、配气机构、燃料供给系统、润滑系统、冷却系统和启动系统组成。柴油发动机是压燃的，不需要点火系统。

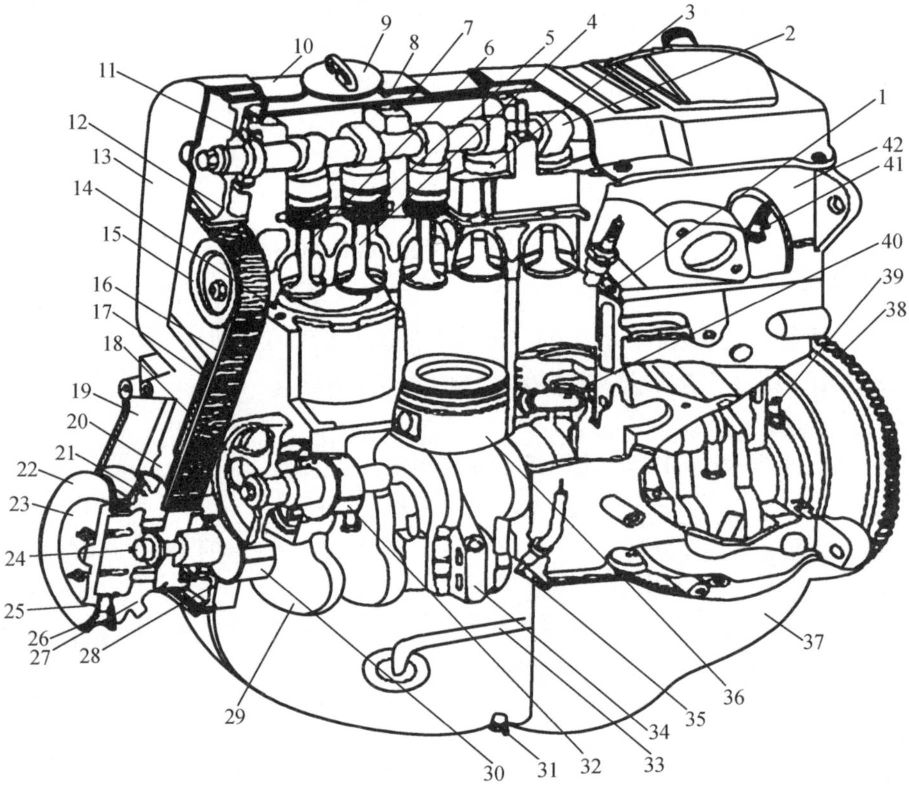

1—气缸垫；2—凸轮轴；3—液力挺杆；4—进气门；5—气门弹簧；6—排气门；7—凸轮轴轴承；8—挡油板；9—加油盖；10—凸轮轴罩盖；11—凸轮轴前端油封；12—凸轮轴正时齿轮；13—上罩盖；14—气缸体；15—张紧轮；16—正时皮带中间轴；17—中间轴；18—中间轴正时齿轮；19—支架；20—正时齿轮下罩盖；21—曲轴带轮；22—空气压缩机带轮；23—压紧盖；24—正时齿轮拧紧螺栓；25—垫片；26—皮带；27—曲轴正时齿轮；28—曲轴前端挡油板；29—曲轴；30—主轴承；31—放油螺塞；32—中间轴轴承；33—集滤器；34—连杆总成；35—油标尺；36—活塞；37—油底壳；38—飞轮；39—曲轴后端挡油板；40—活塞销；41—火花塞；42—气缸盖。

图 1.1 汽油发动机全图

一、发动机组成

图1.1是一台四缸四行程汽油发动机的立体结构总图，下面以它为例介绍发动机的一般组成。

1.曲柄连杆机构

曲柄连杆机构（图1.2）是发动机实现工作循环，完成能量转换的主要零件。它由机体组、活塞连杆组和曲轴飞轮组三部分组成。在做功行程中，活塞承受燃气压力在气缸内作直线运动，通过连杆转换成曲轴的旋转运动，并通过曲轴对外输出动力；而在进气、压缩和排气行程中，飞轮释放能量又把曲轴的旋转运动转化成活塞的直线运动。

图1.2　曲柄连杆机构

2.配气机构

配气机构（图1.3）的功用是根据发动机的工作顺序和工作过程，定时开启和关闭进气门和排气门，使可燃混合气或空气进入气缸，并使废气从气缸内排出，实现换气过程。配气机构大多采用顶置气门式配气机构，一般由气门组、气门传动组和气门驱动组三部分组成。

3.燃料供给系统

汽油发动机燃料供给系统（图1.4）的功用是根据发动机的要求，配制出一定数量和浓度的混合气，供入气缸，并将燃烧后的废气从气缸内排到大气中；柴油发动机燃料供给系统的功用是把柴油和空气分别供入气缸，在燃烧室内形成混合气并燃烧，最后将燃烧后的废气排出。

4.冷却系统

冷却系统（图1.5）的功用是及时散发受热零件吸收的部分热量，保证发动机在最适宜的温度状态下工作。水冷发动机的冷却系统通常由冷却水套、水泵、风扇、水箱、节温器等组成。

5.点火系统

在汽油发动机中，气缸内的可燃混合气是靠电火花点燃的，为此在汽油发动机的气缸盖上装有火花塞，火花塞头部伸入燃烧室内。能够按时在火花塞电极间产生电火花的全部设备称为点火系统（图1.6），点火系统通常由蓄电池、发电机、分电器、点火线圈和火花塞等组成。

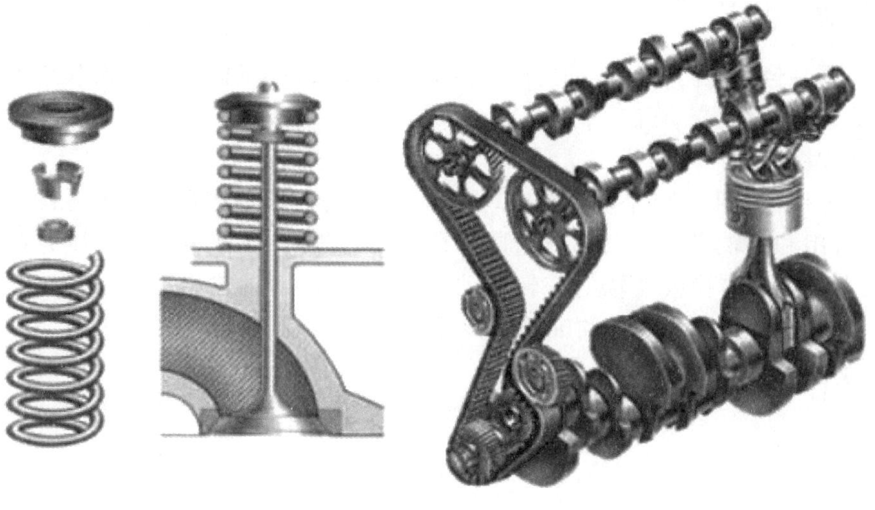

图 1.3 配气机构

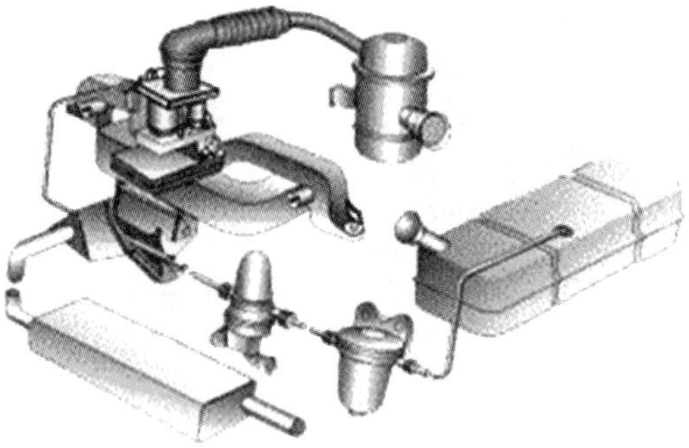

图 1.4 汽油发动机燃料供给系统

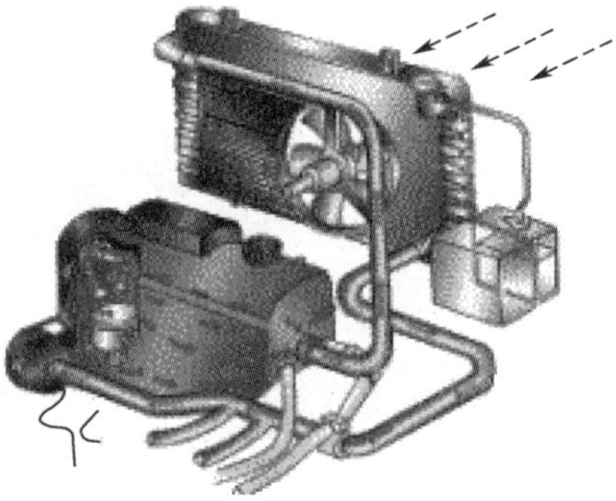

图 1.5 冷却系统

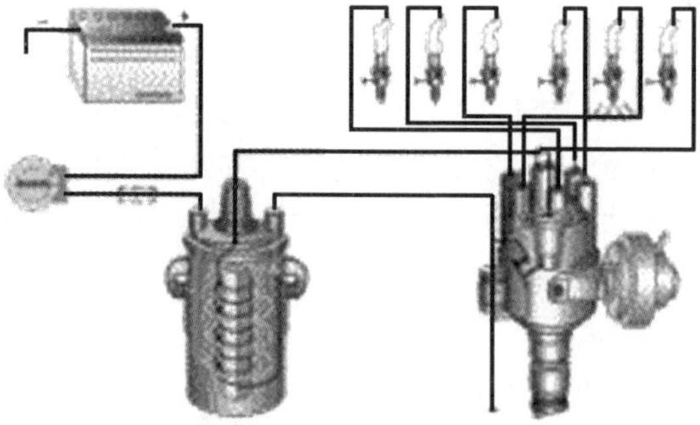

图 1.6 点火系统

6. 润滑系统

润滑系统(图 1.7)的功用是向作相对运动的零件表面输送定量的清洁润滑油,以实现液体摩擦,减小摩擦阻力,减轻机件的磨损,并对零件表面进行清洗和冷却。润滑系统通常由润滑油道、机油泵、机油滤清器和一些阀门等组成。

7. 启动系统

要使发动机由静止状态过渡到工作状态，必须先用外力转动发动机的曲轴，使活塞往复运动，气缸内的可燃混合气燃烧膨胀做功，推动活塞向下运动使曲轴旋转，发动机才能自行运转，工作循环才能自动进行。因此，曲轴在外力作用下开始转动到发动机开始自动地怠速运转的全过程，称为发动机的启动。完成启动过程所需的装置，称为发动机的启动系统（图1.8）。启动系统主要由启动机、蓄电池等组成。

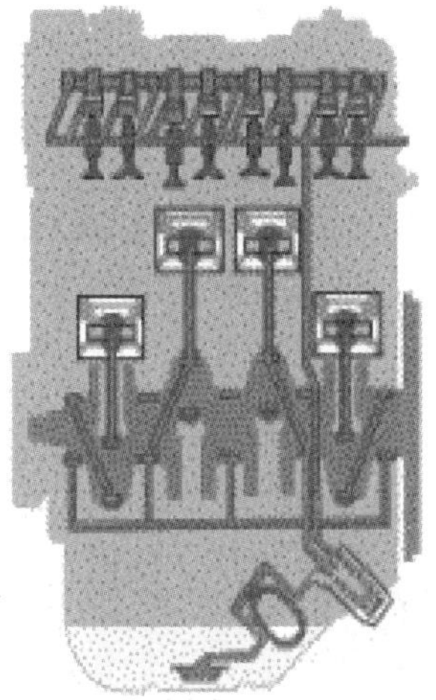

图1.7　润滑系统

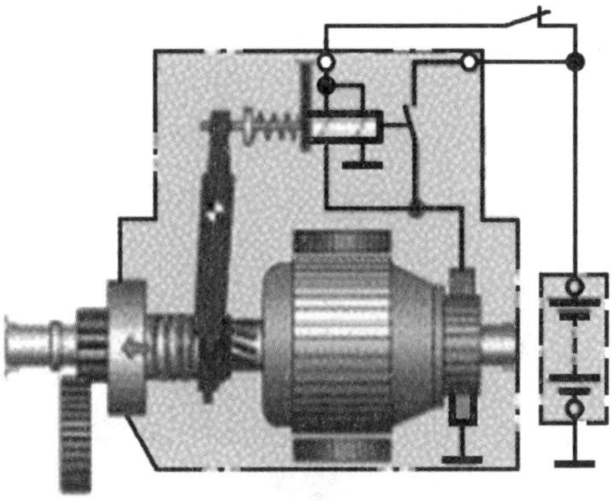

图1.8　启动系统

二、发动机的分类

汽车发动机种类繁多，按照不同的分类方法可以把发动机分成不同的类型。

1. 按所用燃料分类

按照所使用燃料的不同，发动机可以分为汽油发动机和柴油发动机（图1.9）。使用汽油为燃料的发动机称为汽油发动机；使用柴油为燃料的发动机称为柴油发动机。汽油发动机与柴油发动机各有特点：汽油发动机转速高，质量小，噪声小，启动容易，制造成本低；柴油发动机压缩比大，热效率高，经济性能和排放性能都比汽油发动机好。

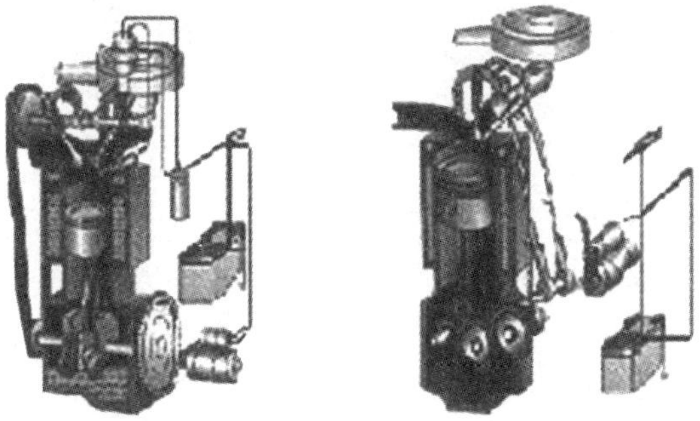

(a)汽油发动机　(a)柴油发动机

图1.9　汽油发动机和柴油发动机

2. 按行程分类

按照完成一个工作循环所需的行程数,发动机可分为四行程发动机和二行程发动机(图 1.10)。把曲轴转两圈(720°),活塞在气缸内上下往复运动四个行程,完成一个工作循环的发动机称为四行程发动机;而把曲轴转一圈(360°),活塞在气缸内上下往复运动两个行程,完成一个工作循环的发动机称为二行程发动机。汽车发动机广泛使用四行程发动机,而摩托车很多采用二行程发动机。

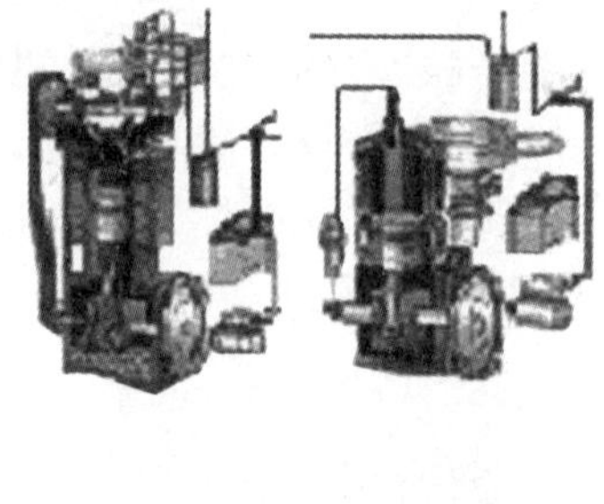

(a)四行程　(b)二行程

图 1.10　四行程发动机和二行程发动机

3. 按冷却方式分类

按照冷却方式的不同,发动机可以分为水冷发动机和风冷发动机(图 1.11)。水冷发动机利用在气缸体和气缸盖冷却水套中的循环冷却液作为冷却介质进行冷却;而风冷发动机是利用流动于气缸体与气缸盖外表面散热片之间的空气作为冷却介质进行冷却的。水冷发动机冷却均匀、工作可靠、冷却效果好,广泛应用于现代汽车。

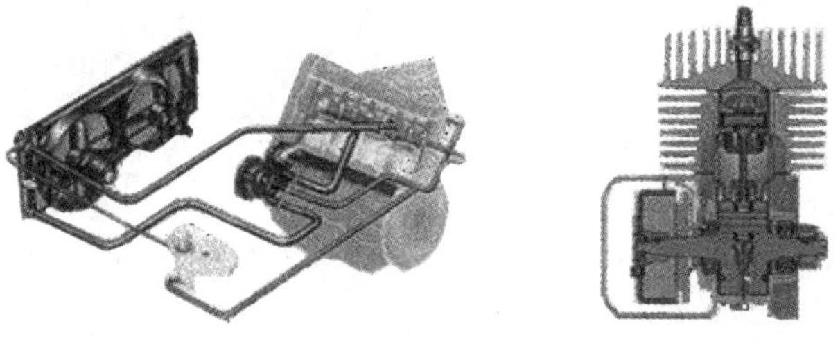

(a)水冷发动机　(b)风冷发动机

图 1.11　水冷和风冷发动机

4. 按气缸数目和排列方式分类

汽车发动机常用缸数有三缸、四缸、五缸、六缸、八缸、十缸、十二缸。排量 1 L 以下的常用三缸发动机;排量 1.0 ~ 2.5 L 的一般为四缸发动机;排量 3 L 左右的发动机一般为六缸;排量 4 L 左右的为八缸;排量 5.5 L 以上的为十二缸发动机。一般来说,在同等缸径下,缸数越多,排量越大,功率越高;在同等排量下,缸数越多,缸径越小,转速可以提高,从而获得较大的提升功率。一般五缸以下的发动机的气缸多采用直列方式排列(图 1.12),少数六缸发动机也有直列方式的。直列发动机的气缸体呈一字排开,缸体、缸盖和曲轴结构简单,制造成本低,低速扭矩特性好,燃料消耗少,尺寸紧凑,应用比较广泛,缺点是功率较低。直列六缸的发动机动平衡较好,振

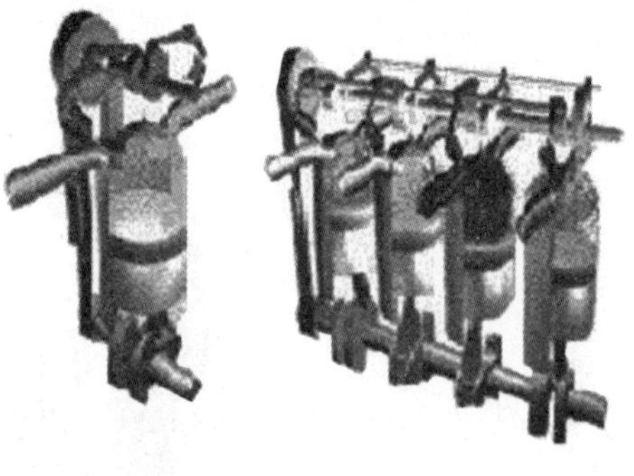

图 1.12　单缸和多缸发动机

动相对较小。大多六缸到十二缸发动机采用V形排列，即气缸分两列错开角度布置，形体紧凑，V形发动机长度和高度尺寸小，布置起来非常方便。V8发动机结构非常复杂，制造成本很高，所以较少使用，如新奥迪A6L4.2型汽车便采用这种发动机。V12发动机过大、过重，只有极个别的高级轿车采用，如奔驰S 600、宝马760型汽车。还有车型采用W型十二缸发动机，如大众辉腾W12、奥迪A8W12型汽车；采用W型八缸发动机的，如帕萨特W8型汽车；采用水平对置六缸发动机的，如斯巴鲁森林人汽车。

5. 按进气系统是否采用增压方式分类

按照进气系统是否采用增压方式，发动机可以分为自然吸气（非增压）式发动机和强制进气（增压）式发动机（图1.13）。目前，汽油发动机和柴油发动机为了提高功率，大部分都采用增压式的进气系统。

6. 转子发动机

以上介绍的都属于一般的往复式活塞发动机。工作时活塞在气缸里作往复直线运动，为了把活塞的直线运动转化为旋转运动，必须使用曲柄连杆机构。还有一种知名度很高但应用很少的发动机，即转子式发动机（图1.14）。这种发动机采用三角转子旋转运动来控制压缩和排放，与传统的活塞往复式发动机的直线运动迥然不同。转子发动机直接将可燃气的燃烧膨胀力转化为驱动扭矩。与传统的发动机相比，转子发动机取消了无用的直线运动，因而同样功率的转子发动机尺寸较小、质量较轻，而且振动较小噪声较低，具有较大优势。而且在世界环保意识日益强化，石油资源日渐枯竭的今天，转子发动机从结构上讲最适合燃烧氢气，而且最“干净”。由于从生产装配到维护修理，转子发动机都与传统的发动机大不相同，开发成本大，加上往复式活塞发动机在功率、质量、排放、能耗等方面都比过去有了显著提高，转子发动机没有显出明显的优势，因此各大汽车企业都没有积极地去开发利用。目前日本的马自达汽车公司是世界上唯一一家批量生产汽车用转子发动机的公司。

(a)自然吸气式发动机

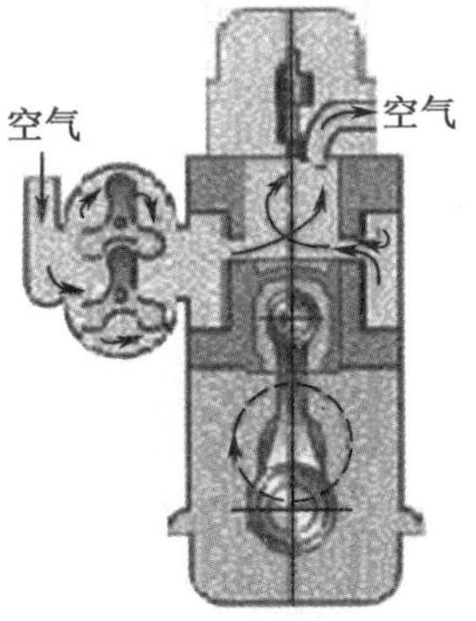

(b)强制进气式发动机

图1.13　自然吸气式发动机和强制进气式发动机

1—新鲜气；2—燃烧做功；3—废气。

图1.14　转子发动机

任务 1.2　发动机的工作原理

一、发动机的基本术语

发动机的基本术语如图 1.15 所示。

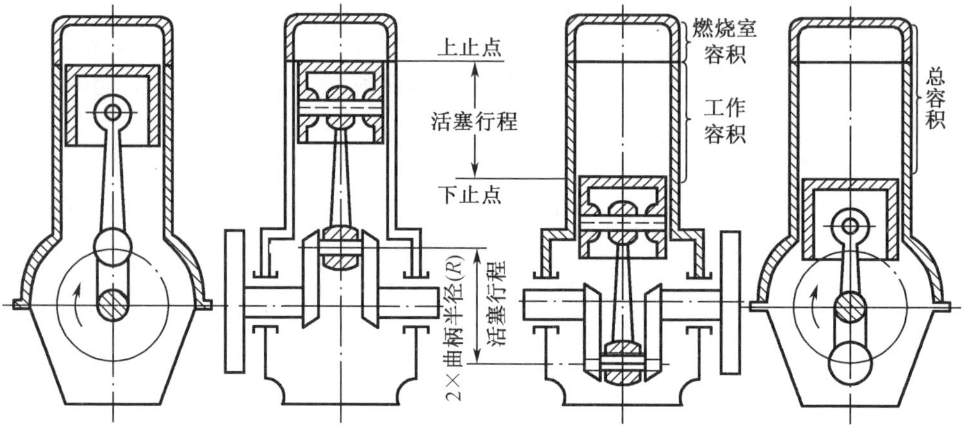

图 1.15　发动机的基本术语

1. 上止点

活塞在气缸里作往复直线运动时，活塞向上运动到的最高位置，即活塞顶部距离曲轴旋转中心最远的极限位置，称为上止点。

2. 下止点

活塞在气缸里作往复直线运动时，活塞向下运动到的最低位置，即活塞顶部距离曲轴旋转中心最近的极限位置，称为下止点。

3. 活塞行程

活塞从一个止点到另一个止点移动的距离，即上、下止点之间的距离称为活塞行程，一般用 S 表示。对应一个活塞行程，曲轴旋转 180°。

4. 曲柄半径

曲轴旋转中心到曲柄销中心的距离称为曲柄半径，一般用 R 表示。通常活塞行程为曲柄半径的两倍，即 $S=2R$。

5. 气缸工作容积

活塞从一个止点运动到另一个止点所扫过的容积，称为气缸工作容积。一般用 V_h 表示：

$$V_h = \pi S(D/2)^2$$

式中　D——气缸直径，mm；

S——活塞行程，mm。

6. 气缸总容积

活塞位于下止点时，其顶部与气缸盖之间的容积称为气缸总容积，一般用 V_a 表示。显而易见，气缸总容积就是气缸工作容积 V_h 和燃烧室容积 V_c 之和，即 $V_a = V_h + V_c$。

7. 发动机排量

多缸发动机各气缸工作容积的总和称为发动机排量。一般用 V_L 表示：

$$V_L = iV_h$$

式中　V_L——发动机排量；

V_h——气缸工作容积；

i——气缸数目。

8. 压缩比

气缸总容积与燃烧室容积之比称为压缩比，一般用 ε 表示。压缩比是发动机中一个非常重要的概念，表示气体的压缩程度，它是气体压缩前的容积与气体压缩后的容积比值，即

$$\varepsilon = V_a/V_c$$

式中　V_a——气缸总容积；

V_c——燃烧室容积。

通常汽油发动机的压缩比为6～10；柴油发动机的压缩比较高，一般为16～22。

9. 工作循环

每个工作循环包括进气、压缩、做功和排气过程，即完成进气、压缩、做功和排气四个过程叫一个工作循环。

二、四行程发动机的工作原理

发动机将燃料燃烧产生的热能转换成机械能的过程，必须经过进气、压缩、做功和排气四个过程。把这四个过程叫作发动机的一个工作循环，工作循环不断地重复，就实现了能量转换，从而使发动机能够连续运转。把完成一个工作循环，曲轴转两圈(720°)，活塞上下往复运动四次的这一类型发动机，称为四行程发动机。下面介绍一下四行程发动机的工作原理和工作过程。

1. 单缸四行程汽油发动机的工作原理

单缸四行程汽油发动机的运转是按进气行程、压缩行程、做功行程和排气行程的顺序不断循环往复的。

(1)进气行程

如图1.16所示，活塞由曲轴带动，从上止点向下止点运动，此时进气门打开，排气门关闭，随着活塞的向下移动，气缸内容积逐渐增大，形成一定真空，在进气歧管内形成的可燃混合气经进气门被吸入气缸，活塞到达下止点时，进气门关闭，进气行程结束。汽油发动机在进气行程终了时，气缸内的压力一般为75～90 kPa，温度为370～440 K。

(2)压缩行程

如图1.17所示，活塞在曲轴带动下，由下止点向上止点运动。此时，进排气门全都关闭，吸入气缸内的可燃混合气在密封情况下被压缩，当活塞运动到上止点时，压缩行程结束。

汽油发动机在压缩行程终了时，气缸内的压力一般为700～1 600 kPa，温度为600～800 K。但压缩比太高，容易引起爆燃。所谓爆燃就是由于气体压力和温度过高，可燃混合气在没有点燃的情况下自行燃烧，且火焰以高于正常燃烧数倍的速度向外传播，造成尖锐的敲缸声。这会使发动机过热，功率下降，汽油消耗量增加，以及机件损坏。轻微爆燃是允许的，但强烈爆燃对发动机是很有害的，汽油发动机的压缩比一般为6～10。

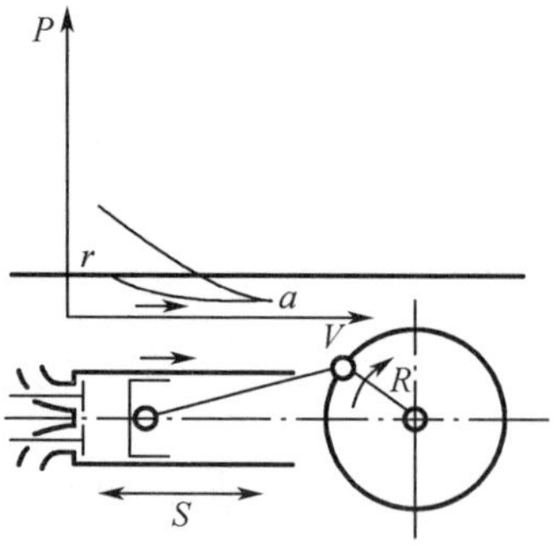

P—气缸压力；V—气缸容积；
S—活塞活动方向；r - a—进气行程。

图 1.16 进气行程

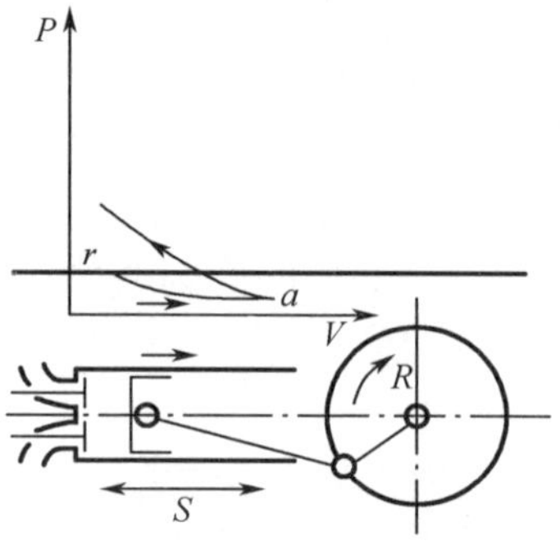

P—气缸压力；V—气缸容积；
S—活塞活动方向；r - a—进气行程。

图 1.17 压缩行程

(3)做功行程

如图 1.18 所示，活塞在到达压缩行程结束前的适当时刻，火花塞产生电火花并点燃已具有一定压力和温度的可燃混合气，使其迅速燃烧并膨胀产生高达 3 ~ 5 MPa 的压力及 2 200 ~ 2 800 K 的高温。此时，因进排气门全都关闭，高温、高压气体只能作用在活塞顶上，推动其向下运动，将燃料的热能转换成活塞下行的机械能，进而通过连杆由曲轴输出，直到活塞被推压到下止点时，做功行程结束。

(4)排气行程

如图 1.19 所示，在做功行程接近终了的适当时刻，排气门逐渐打开，进气门仍然关闭，活塞仍由曲轴带动从下止点向上止点运动，燃烧完的废气在自身剩余压力和活塞的推动下，从排气门排出，直到活塞到达上止点时，排气门完全关闭，排气行程结束。汽油发动机在排气行程终了时，气缸内的压力一般为 105 ~ 125 kPa，温度为 900 ~ 1 200 K。

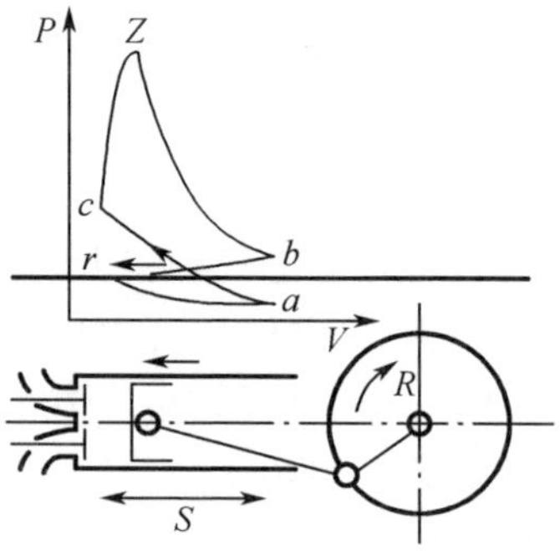

P—气缸压力；V—气缸容积；S—活塞运动方向；
r - a—进气行程；a - c—压缩行程；
c - Z - b—做功行程；b - r—排气行程。

图 1.18 做功行程

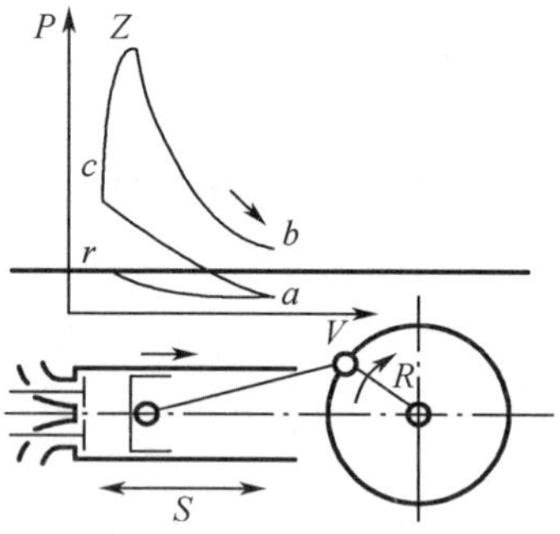

P—气缸压力；V—气缸容积；S—活塞运动方向；
r - a—进气行程；a - c—压缩行程。

图 1.19 排气行程

经上述四个行程,发动机完成了一个工作循环,在活塞上下往复四个单行程曲轴转两周后,又由上止点下行。此时进气门打开,重复下一个工作循环的进气行程。在活塞上下往复四个单行程中,只有一个行程做功,其余三个行程均为辅助行程,靠消耗飞轮储备的能量来完成。

发动机就是这样周而复始地不断工作,将燃料的热能转换成机械能,使汽车获得前进的动力。

2. 单缸四行程柴油发动机的工作原理

单缸四行程柴油发动机和四行程汽油发动机的工作过程相同,每一个工作循环同样包括进气、压缩、做功和排气四个行程,但柴油发动机使用的燃料是柴油。柴油与汽油有较大的差别,柴油黏度大、不易蒸发、自燃温度低,故柴油发动机可燃混合气的形成、着火方式、燃烧过程,以及气体温度、压力的变化都和汽油发动机不同。下面主要分析一下柴油发动机和汽油发动机在工作过程中的不同点。单缸四行程柴油发动机的工作原理如图1.20所示。

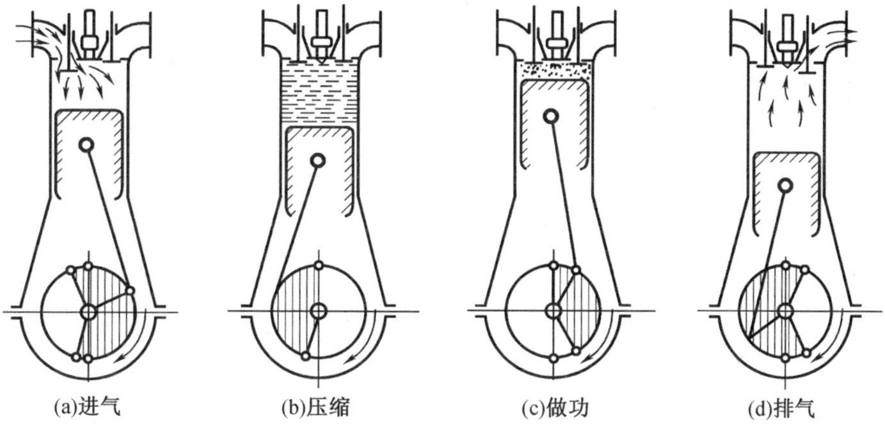

图1.20　单缸四行程柴油发动机的工作原理

四行程柴油发动机在进气行程中所不同的是柴油发动机吸入气缸的是纯空气而不是可燃混合气。其在进气通道中没有化油器,进气阻力小,进气终了时气体压力略高于汽油发动机,而气体温度略低于汽油发动机。进气终了时气体压力为0.078 5~0.093 2 MPa,气体温度为300~370 K。

柴油发动机的压缩行程压缩的也是纯空气,在压缩行程接近上止点时,喷油器将高压柴油以雾状喷入燃烧室,柴油和空气在气缸内形成可燃混合气并着火燃烧。柴油发动机的压缩比比汽油发动机的压缩比大很多(一般为16~22),压缩终了时,气体温度和压力都比汽油发动机高,大大超过了柴油发动机的自燃温度。压缩终了时,气体压力为3.5~4.5 MPa,气体温度为750~1 000 K。柴油发动机是压缩后自燃着火的,不需要点火,故柴油发动机又称为压燃机。

柴油喷入气缸后,在很短的时间内与空气混合后便立即着火燃烧,柴油发动机的可燃混合气是在气缸内部形成的,而不像汽油发动机那样,混合气主要是在气缸外部的化油器中形成的。柴油发动机燃烧过程中气缸内出现的最高压力要比汽油发动机高得多,可达6~9 MPa,最高温度也达2 000~2 500 K。做功终了时,气体压力为0.2~0.4 MPa,气体温度为 1 200 ~ 1 500 K。

与汽油发动机一样,柴油发动机的排气行程中废气同样经排气管排入到大气中,排气终了时,气缸内气体压力为 0.105 ~0.125 MPa,气体温度为 800 ~1 000 K。

目前汽车上广泛地采用汽油发动机是因为其转速高、质量小、噪声小、启动容易、制造成本低。而与汽油发动机比较,柴油发动机的压缩比高、热效率高、燃油消耗率低,同时柴油价格较低,因此,柴油发动机的燃料经济性能好,而且柴油发动机的排气污染少,排放性能较好。但它的主要缺点是转速低、质量大、噪声大、振动大、制造和维修费用高。在其发展过程中,柴油发动机不断发扬优点、克服缺点、提高速度,有望得到更广泛的应用。

三、二行程发动机的工作原理

1. 单缸二行程汽油发动机的工作原理

如图 1.21 所示,单缸二行程汽油发动机的工作循环也是由进气、压缩、做功、排气四个行程组成,但它是在曲轴旋转一圈(360°),活塞上下往复运动的两个行程内完成的。因此,二行程发动机与四行程发动机工作原理不同,结构也不一样。例如,曲轴箱换气式二行程汽油发动机的气缸上有三排孔,由活塞分别在一定时刻打开或关闭这三排孔进行进气、换气和排气。

工作原理如下:图 1.21(a)表示活塞向上运动,将三排孔都关闭,活塞上部开始压缩;当活塞继续上行时,活塞下方进气孔打开,可燃混合气进入曲轴箱[图 1.21(b)];活塞接近上止点时[图 1.21(c)],火花塞点燃混合气,气体燃烧膨胀做功,推动活塞向下运动,进气孔关闭,曲轴箱内的混合气受到压缩;当活塞接近下止点时,排气孔打开,排出废气,活塞再向下运动,换气孔打开,被压缩的混合气便从曲轴箱经进气孔流入气缸内,并排出废气[图 1.21(d)]。

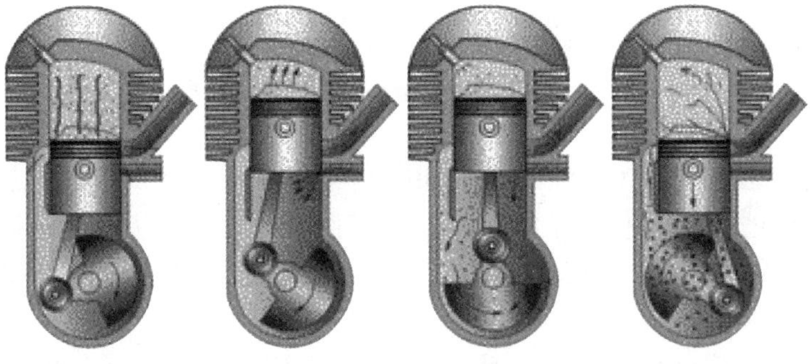

(a) 压缩　(b) 进气　(c) 做功　(d) 排气

图 1.21　单缸二行程汽油发动机工作原理

(1)第一行程

活塞从下止点向上止点运动,事先已充满活塞上方气缸内的混合气被压缩,新的可燃混合气又从化油器被吸入活塞下方的曲轴箱内。

(2)第二行程

活塞从上止点向下止点运动,活塞上方进行做功过程和换气过程,而活塞下方则进行可燃混合气的预压缩。

2. 单缸二行程柴油发动机的工作原理

单缸二行程柴油发动机与二行程汽油发动机工作原理类似，所不同的是，柴油发动机进入气缸的不是可燃混合气，而是纯空气。以带有扫气泵的单缸二行程柴油发动机为例介绍其工作过程（图1.22）。

（1）第一行程

活塞从下止点向上止点运动，行程开始前不久，进气孔和排气门均已开启，利用从扫气泵流出的空气实现气缸换气。当活塞继续向上运动时，进气孔关闭，排气孔也关闭，空气受到压缩；当活塞接近上止点时，喷油器将高压柴油以雾状喷入燃烧室，燃油和空气混合后燃烧，使气缸内压力增大。

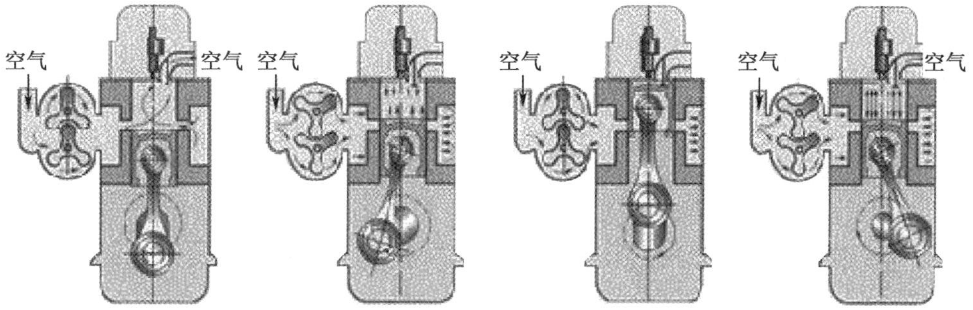

(a)换气　(b) 压缩　(c) 做功　(d) 排气

图1.22　单缸二行程柴油发动机的工作原理

（2）第二行程

活塞从上止点向下止点运动，开始时气体膨胀，推动活塞向下运动对外做功，当活塞下行到大约2/3行程时，排气孔开启，排出废气，气缸内压力降低，进气孔开启，进行换气。换气一直延续到活塞向上运动1/3行程，进气孔关闭时结束。

3. 多缸发动机的工作原理

前面介绍的是单缸发动机的工作过程，而现代汽车发动机多是多缸四行程发动机，那么，多缸四行程发动机与单缸四行程发动机的工作过程有什么区别呢？就能量转换过程来说，多缸发动机的每一个气缸与单缸发动机的工作过程是完全一样的，都要经过进气、压缩、做功和排气四个行程。

但是单缸发动机的四个行程中只有一个行程做功，其余三个行程不做功，即曲轴转两圈，只有半圈做功，所以运转平稳性较差，且功率越大，平稳性越差。为了使运转平稳，单缸发动机一般都装有一个大飞轮。而多缸发动机的做功行程是分开的，按照工作顺序做功，即曲轴转两圈交替做功，因此，其运转平稳，振动小。缸数越多，做功间隔角越小，同时参与做功的气缸越多，发动机运转越平稳。使用最多的多缸发动机有四缸发动机、六缸发动机和八缸发动机。

四、国产发动机型号编制规则

发动机作为一种动力装置在各类机械中得到了广泛应用，为了便于发动机产品的设计、生产、使用及维修，我国于2008年颁布了新的国家标准（GB/T725—2008），对发动机产

品的名称、型号及编制规则(图1.23)进行了规范。该标准的主要内容如下:

①发动机产品的名称均按所采用的燃料类型命名,例如柴油发动机、汽油发动机、石油天然气发动机等。

②发动机型号由汉语拼音字母和阿拉伯数字组成。

③发动机型号由四部分组成,其排列顺序及符号意义如图1.23框图及表1.1~表1.3所示。

国产发动机型号编制举例如下。

(1)汽油发动机

1E65F/P:单缸,二行程,缸径65 mm;风冷通用型。

49ZQ/P-A:四缸,直列,四行程,缸径92 mm;冷却液冷却,汽车用(A为区分符号)。

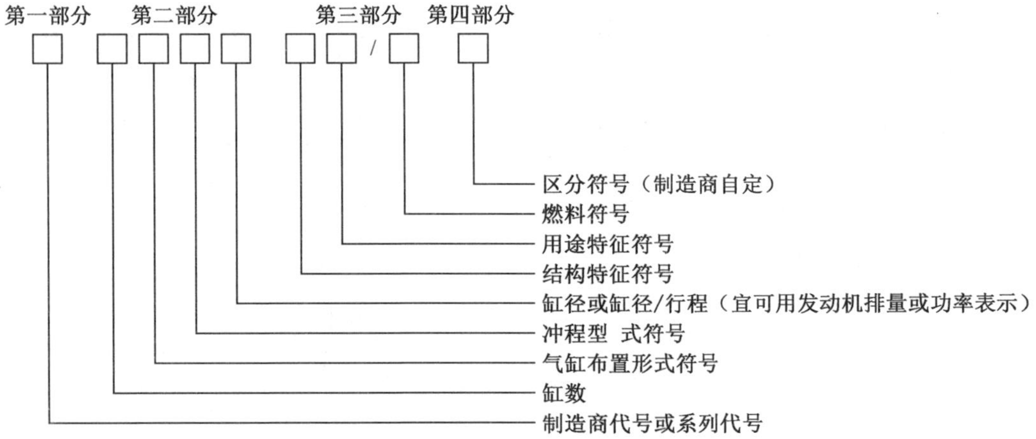

图1.23 国产发动机型号编制规则

表1.1 气缸布置形式符号

符号	含义
无符号	多缸直列及单缸
V	V形
P	卧式
H	H形
X	X形

注:其他布置形式符号见GB/T 1883.1。

表1.2 结构特征符号

符号	结构特征
无符号	冷却液冷却
F	风冷
N	凝气冷却

表 1.2(续)

符号	结构特征
S	十字头式
Z	增压
ZL	增压中冷
DZ	可倒转

表 1.3　用途特征符号

符号	用途
无符号	通用型及固定动力(或制造商自定)
T	拖拉机
M	摩托车
G	工程机械
Q	汽车
J	铁路机车
D	发电机组
C	船用主机、右机基本型
CZ	船用主机、左机基本型
Y	农用三轮车(或其他农用车)
L	林业机械

注:发动机左机和右机的定义按 GB/T 726 的规定。

(2)柴油发动机

G12V190ZLD:十二缸,V 形,四行程,缸径 190 mm;冷却液冷却,增压中冷,发电用(G 为系列代号)。

R175A:单缸,四行程,缸径 75 mm;冷却液冷却(R 为系列代号,A 为区分符号)。

【项目小结】

发动机是汽车的心脏,是结构复杂的机器。汽油发动机由两大机构和五大系统组成,即曲柄连杆机构、配气机构、燃料供给系统、润滑系统、冷却系统、点火系统和启动系统;柴油发动机是易燃的,没有点火系统,由以上两大机构和其他四大系统组成。

发动机根据不同的分类方法可以分为很多种类型,现在轿车用发动机如果是四缸发动机,一般是直列的、水冷发动机;如果是六缸或八缸发动机,一般是 V 形排列的水冷发动机。

发动机的作用是将液体或气体的化学能通过燃烧后转换为热能,再把热能转换为机械能。活塞行程是指上下两止点之间的距离。汽缸工作容积是指上下两止点间的容积。发动机的排气量是指所有工作容积之和。压缩比是汽缸总容积与燃烧室容积的比值。

四行程发动机的四个行程是压缩、进气、做功和排气。

【项目测试】

一、填空题

1. 汽车的动力源是__________。

2. 热力发动机按燃料燃烧的位置可分为__________和__________两种。

3. 车用发动机根据其热能转换为机械能的主要构件的结构形式，可分为__________和__________两大类。

4. 四行程发动机的工作循环包括四个活塞行程，即__________、__________、__________和__________。

5. 发动机的主要性能指标有__________和__________。

6. 发动机的动力性指标包括__________、__________和__________等。

7. 发动机的经济性指标是指__________。

8. 二行程发动机每完成一个工作循环，曲轴旋转__________周，进排气门各开启__________次。活塞在气缸内由下止点向上止点运行时，完成__________行程，由上止点向下止点运行时，完成__________行程。

9. JN1181C13 汽车属于__________，其总质量为__________。

10. 汽车通常由__________、__________、__________和__________四部分组成。

11. 发动机一般由__________、__________、__________、__________、__________、__________、__________和__________等组成。

二、判断题（正确的打"√"，错误的打"×"）

1. 活塞行程是指上下两止点间的距离。（ ）

2. 发动机排量是指所有气缸工作容积的总和。（ ）

3. 四行程发动机在进行压缩行程时，进排气门都是开启的。（ ）

4. 二行程发动机完成一个工作循环，曲轴共转两周。（ ）

5. 四行程柴油发动机在进气行程时，进入气缸的是可燃混合气。（ ）

6. 汽油发动机的组成部分有点火系统，而柴油发动机没有点火系统。（ ）

7. 以发动机曲轴对外输出功率为基础指标称为发动机有效性能指标。（ ）

8. 发动机负荷特性属于使用特性。（ ）

9. 柴油发动机 6135Q 表示六缸，四行程，气缸直径 135 mm，风冷，汽车用。（ ）

三、选择题

1. 活塞每走一个行程，相应于曲轴转角（ ）。

A. 180°　　B. 360°　　C. 540°　　D. 720°

2. 对于四行程发动机来说，发动机每完成一个工作循环曲轴旋转（ ）。

A. 180　　B. 360°　　C. 540°　　D. 720°

3. 在同一转速时，节气门的开度越大，则发动机的负荷（ ）。

A. 越大　　B. 越小　　C. 不变　　D. 不一定

4. 6135Q 柴油发动机的缸径是（ ）。

A. 61 mm　B. 613 mm　C. 13 mm　D. 135 mm

5. 4 ×2 型汽车的驱动轮数为(　)。

A. 4　B. 2　C. 8　D. 6

6. BJl061 型汽车属于(　)。

A. 客车　B. 轿车　C. 货车　D. 越野汽车

四、名词解释

1. 上止点。
2. 下止点。
3. 活塞行程。
4. 曲柄半径。
5. 气缸的工作容积(气缸排量)V_h。
6. 发动机的工作容积(发动机排量)V_L。

五、简答题

1. 什么是发动机?
2. 现代汽车上常用的发动机是什么类型?
3. 汽车发动机主要由哪些部分组成?
4. 四行程发动机每个循环有几个活塞行程?
5. 柴油发动机与汽油发动机的工作原理有何异同?

项目2　曲柄连杆机构的构造与检修

【项目描述】

曲柄连杆机构是往复式发动机的主要工作机构。曲柄连杆机构是发动机实现工作循环、完成能量转换的主要运动零件。在做功行程,它将燃料燃烧产生的热能转换成活塞往复运动、曲轴旋转运动的机械能,对外输出动力;在其他冲程,则依靠曲柄和飞轮的转动惯性,通过连杆带动活塞上下运动,为下一次做功创造条件。本项目主要有五个学习任务:

任务2.1 曲柄连杆机构的认识;

任务2.2 机体组的构造与拆装;

任务2.3 活塞连杆组的构造与拆装;

任务2.4 曲轴飞轮组的构造与拆装;

任务2.5 曲柄连杆机构常见故障诊断与排除。

【项目目标】

● 知识目标

1. 了解发动机活塞的结构和常见损伤;掌握活塞选配的原则;掌握活塞裙部的正确测量位置和测量方法;熟悉活塞与气缸壁的配合间隙标准;了解配合原理;熟悉缸壁间隙的两种不同的检测方法;掌握外径千分尺和量缸表的正确使用方法;熟悉用厚薄规拉力测量缸壁间隙的方法。

2. 了解活塞环的结构、类型及作用;熟悉活塞环的常见损伤;掌握活塞环的更换时机和正确选配活塞环的方法;掌握活塞环检修与拆装工艺。

3. 了解活塞销的作用和结构;熟悉活塞销的选配原理;熟悉活塞销与活塞销座孔配合的要求;掌握活塞销与活塞销座孔、活塞销与连杆衬套配合的修理工艺要求。

4. 了解连杆的作用、结构特点;熟悉连杆常见损伤的检查与修复;掌握活塞连杆组装配工艺及要求。

5. 了解曲轴的作用;熟悉曲轴的结构;熟悉曲轴损伤的检验、检测与修复方法;熟悉曲轴轴承和连杆轴承的损伤;掌握轴承的选配、修理、装配和检测的操作方法。

6. 了解飞轮的结构;熟悉飞轮的检修;掌握飞轮的装配与动平衡试验。

7. 掌握曲柄连杆机构常见故障的诊断与排除方法。

● 能力目标

1. 了解发动机曲柄连杆机构的功用。

2. 掌握发动机曲柄连杆机构的连接关系。

3. 能够拆装曲柄连杆机构的各部件及诊断常见故障。

● 素质目标

1. 培养学生严谨的工作态度。
2. 培养学生的创新意识及获取新知识的能力。
3. 培养学生分析、解决问题的能力。

任务2.1　曲柄连杆机构的认识

一、曲柄连杆机构的功用

曲柄连杆机构的作用是提供燃烧场所，把燃料燃烧后气体作用在活塞顶上的膨胀压力转变为曲轴旋转的转矩，不断输出动力。该机构可实现将气体的压力变为曲轴的转矩；将活塞的往复运动变为曲轴的旋转运动。

二、曲柄连杆机构的组成

曲柄连杆机构由机体组、活塞连杆组和曲轴飞轮组三部分组成。机体组主要包括气缸体、气缸垫、气缸盖、曲轴箱及油底壳等不动件；活塞连杆组主要包括活塞、活塞环、活塞销、连杆等运动件；曲轴飞轮组主要包括曲轴、飞轮等。

1. 机体组

机体组是构成发动机的骨架，是发动机各机构和各系统的安装基础，其内外安装着发动机的所有主要零件和附件，承受各种载荷，因此机体组必须要有足够的强度和刚度。机体组包括气缸体、气缸垫、气缸盖、曲轴箱及油底壳等，如图2.1所示。

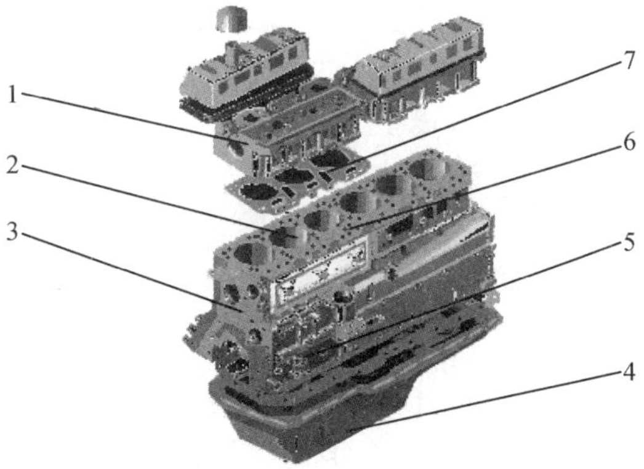

1—气缸盖；2—气缸；3—气缸体；4—油底壳；5—曲轴箱；6—油道和水道；7—气缸垫。

图2.1　机体组

2. 活塞连杆组

活塞连杆组由活塞、活塞销、连杆、连杆轴瓦等组成，如图2.2所示。

3. 曲轴飞轮组

曲轴飞轮组主要由曲轴、飞轮和一些附件组成，如图2.3所示。

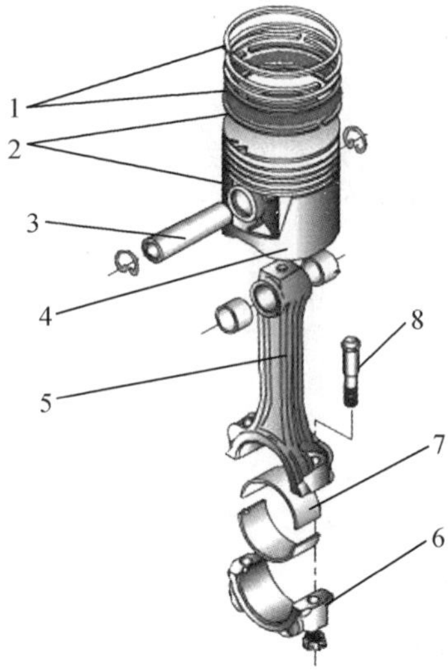

1—气环;2—油环;3—活塞销;4—活塞;5—连杆;6—连杆盖;7—连杆轴瓦;8—连杆螺栓。

图 2.2　活塞连杆组

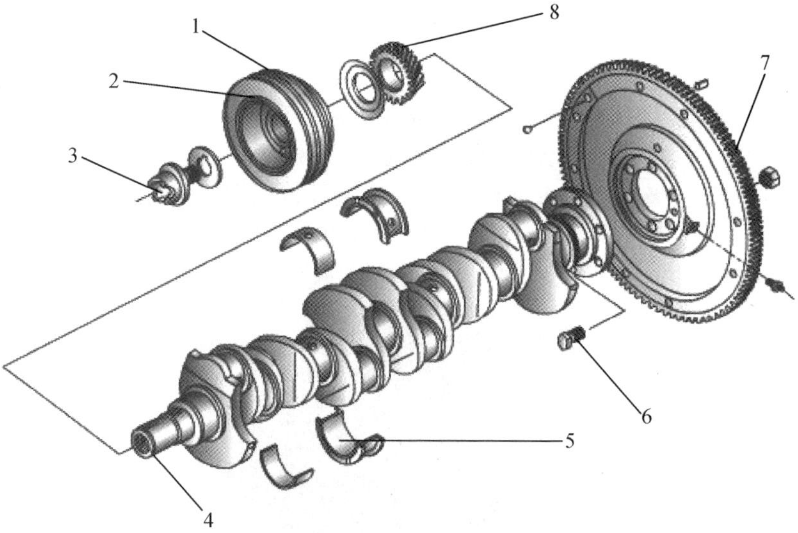

1—皮带轮;2—扭转减振器;3—启动爪;4—曲轴;5—主轴瓦;6—飞轮螺栓;7—飞轮;8—正时齿轮。

图 2.3　曲轴飞轮组

任务2.2　机体组的构造与拆装

一、机体组的基础知识

1. 气缸体的构造

水冷发动机的气缸体和上曲轴箱常铸成一体，称为气缸体－曲轴箱，简称为气缸体。气缸体上的一个或数个为活塞在其中运动作导向的圆柱形空腔，称为气缸；下部为支撑曲轴的曲轴箱，如图2.4所示。

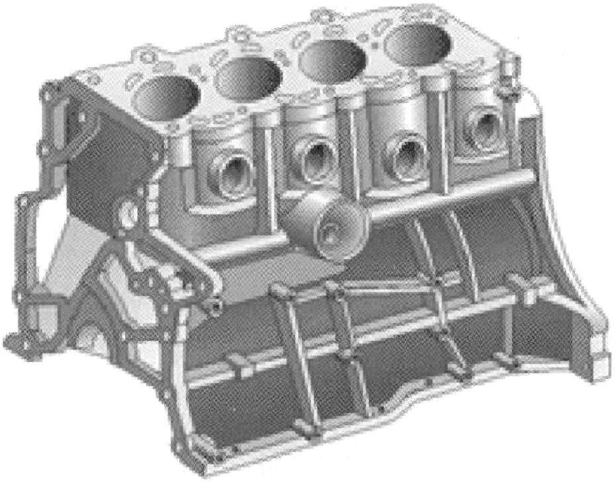

(a)

(b)

图2.4　发动机气缸体

气缸体是发动机各个机构和系统的装配基体，并由它来保持发动机各运动件相互之间的准确位置关系。

(1)工作条件和材料

气缸体承受较大的机械负荷和较复杂的热负荷，所以要求气缸体具有足够的强度、刚度和良好的耐热性及耐腐蚀性。根据工作条件和结构特点，气缸体一般采用灰铸铁、球墨铸铁或合金铸铁制成。有些发动机为了减小质量，采用铝合金。

(2)气缸体的排列形式

发动机气缸体的排列形式一般有直列式、卧式和V形三种结构形式,如图2.5所示。直列式气缸体的各个气缸排成一列,一般是垂直布置;卧式气缸体的气缸通常排成两列,两列气缸体之间的夹间为180°;V形气缸体的气缸也排成两列,但两列气缸体之间的夹角小于180°。卧式和V形气缸体与缸数相同的直列式气缸体相比,高度降低、长度缩短,但宽度增大。

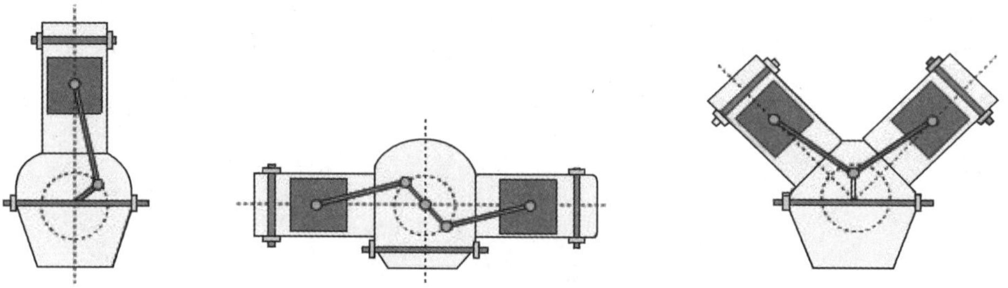

(a) 直列式　(b) 卧式　(c) V形

图2.5　气缸体的结构形式

(3)曲轴箱的排列形式

曲轴箱的主要功用是保护和安装曲轴。曲轴箱有三种结构形式,如图2.6所示。平分式曲轴箱油底壳安装平面和曲轴旋转中心在同一高度;龙门式曲轴箱油底壳安装平面低于曲轴的旋转中心;隧道式曲轴箱气缸体上曲轴的主轴承孔为整体式。各结构形式的性能及应用比较见表2.1。

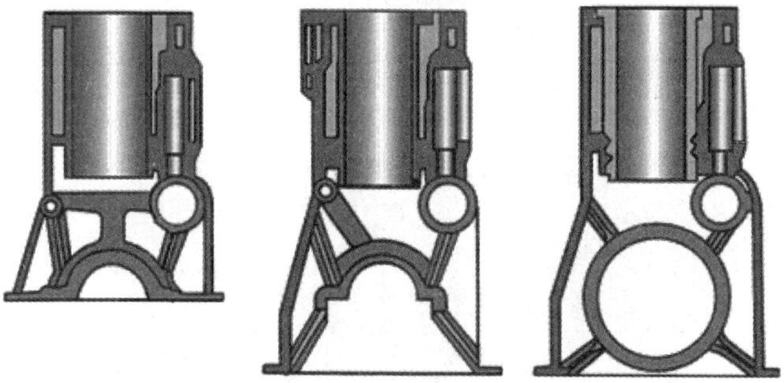

(a) 平分式　(b) 龙门式　(c) 隧道式

图2.6　曲轴箱的基本结构形式

表2.1　曲轴箱的基本结构形式的性能与应用比较

结构	性能	应用
平分式	机体高度小、质量小、结构紧凑,便于加工拆卸; 刚度和强度差	492Q汽油发动机、 90系列柴油发动机
龙门式	强度和刚度较好; 工艺性差、结构笨重、加工困难	捷达轿车、富康轿车、桑塔纳轿车
隧道式	结构紧凑、刚度和强度好; 难加工、工艺性差、曲轴拆卸不方便	负荷较大的柴油发动机

(4)油底壳(下曲轴箱)

油底壳的结构如图 2.7 所示。其主要功用是贮存机油并封闭曲轴箱。由于油底壳受力不大,一般用薄钢板冲压而成。油底壳底部还装有放油螺塞,通常放油螺塞上装有永久磁铁,以吸附润滑油中的金属屑,减少发动机的磨损。

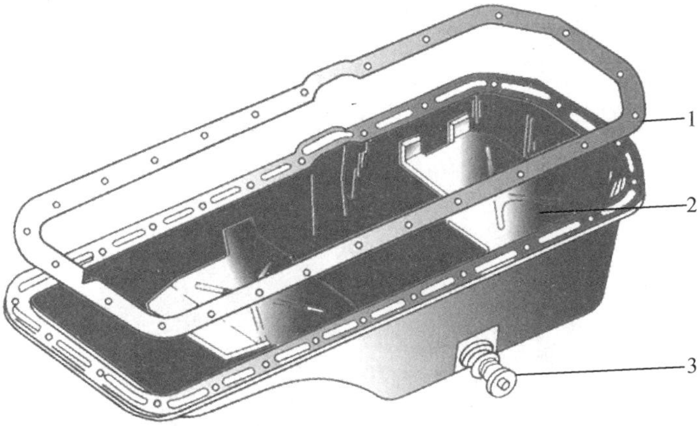

1—衬垫(密封垫);2—稳油挡板;3—放油螺塞。

图 2.7　油底壳

2. 气缸与气缸套的构造

为了适应气缸的工作条件,提高其耐磨性,缸体材料一般选用优质灰铸铁。为了提高气缸的耐磨性,有时在铸铁中加入少量的合金元素,如镍、钼、铬等,还有的采用表面淬火镀铬等工艺。

但是,实际上除了与活塞配合的气缸壁表面外,其他部分对耐磨性要求并不高。为了材料上的经济性,广泛采用缸体内镶入气缸套来形成气缸工作表面。这样,缸套可用耐磨性较好的合金铸铁或合金钢制造,以延长气缸使用寿命,而缸体可用价格较低的普通铸铁或铝合金材料制造。气缸套有干式和湿式两种,如图 2.8 所示。

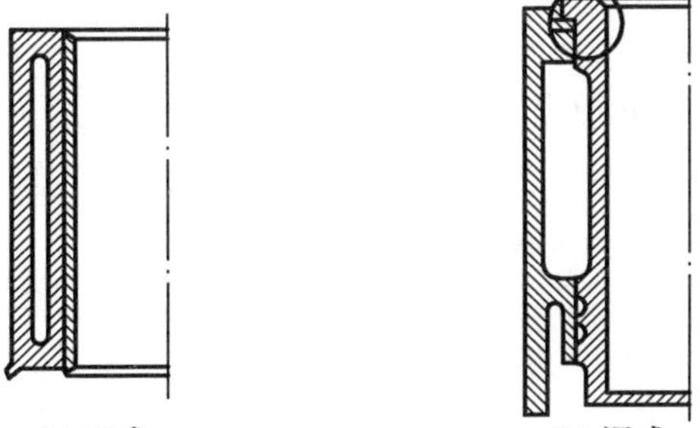

(a) 干式　　(b) 湿式

图 2.8　气缸套

干式气缸套外表面不直接与冷水接触,冷却效果较差,但加工和安装都比较方便,其壁厚一般为 1 ~ 3 mm。缸套外表面与其装配的气缸体内表面采用过盈配合。

湿式气缸套外表面直接与冷却水接触,冷却效果好,便于修理和更换,但加工和安装工艺复杂,易产生穴蚀和漏水、漏气。湿式气缸套靠上支承带和下支承带保证径向定位,而轴向定位则利用定位凸缘来保证。为了保证水套的密封,湿式气缸套下端的密封带与座孔之间一般装有 1 ~3 道橡胶密封圈,有的在定位凸缘下面还装有铜垫片。湿式气缸套安装后,一般其顶端高出气缸上平面 0.05 ~0.15 mm,以便气缸盖将气缸垫压得更紧,从而提高气缸的密封性。湿式气缸套壁比干式气缸套厚,一般为 5 ~9 mm。

3. 气缸盖和气缸垫的构造

(1)气缸盖的构造

气缸盖的主要作用是封闭气缸上部,与活塞顶部和气缸壁一起构成燃烧室。气缸盖由于形状复杂,一般采用灰铸铁或合金铸铁铸造,也有采用铝合金铸造的,如图 2.9 所示。

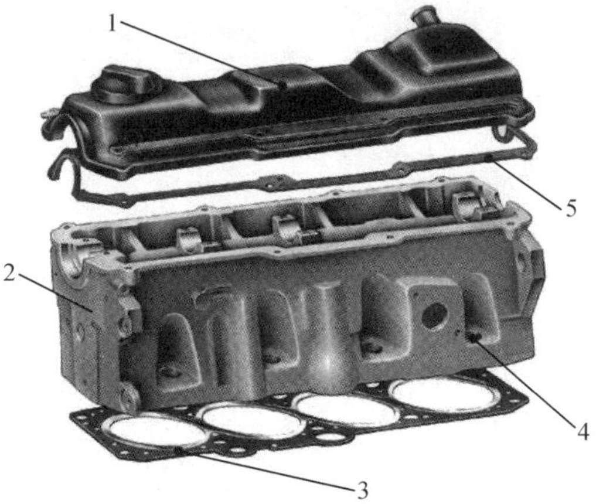

1—气缸盖罩;2—气缸盖;3—气缸垫;4—火花塞安装孔;5—衬垫。

图 2.9 气缸盖和气缸垫

一般水冷式发动机气缸盖内铸有冷却水套,缸盖下端面与缸体上端面所对应的水套是相通的,利用水的循环来冷却燃烧室壁等高温部分;风冷式发动机气缸盖上铸有许多散热片,靠增大散热面积来降低燃烧室的温度。

发动机的气缸盖上应有进排气门座、气门导管孔、进排气通道、摇臂轴安装座或凸轮轴安装座孔等。为保证气缸盖上运动件的润滑,在气缸盖内加工有油道。汽油发动机气缸盖还应有火花塞孔,而柴油发动机则设有安装喷油器的座孔。

为了制造和维修方便,减少缸盖变形对气缸密封的影响,缸径较大的发动机多采用分开式气缸盖,即一缸一盖、两缸一盖或三缸一盖。

对多缸一盖的气缸盖,为避免其变形,在安装缸盖时,紧固螺栓应按由中央向四周的顺序,分次逐步地以规定的扭矩拧紧,拆卸时则按相反的方向进行。

(2)气缸垫的构造

气缸垫安装在气缸盖和气缸体之间,功用是保证气缸体和气缸盖的密封,防止漏水、漏气。

气缸垫在使用中会接触高温、高压气体和冷却液,很容易被烧蚀,特别是缸口卷边周围,因此要求气缸垫耐热、耐蚀,具有足够的强度,有一定的弹性和导热性。所以目前应用较多的是金属 - 石棉垫和实心金属片气缸垫。

气缸垫安装时应注意将卷边朝向易修整的平面或硬平面。如当气缸体和气缸盖同为铸铁时，卷边应朝向气缸盖（易修整）；而当气缸盖为铝合金、气缸体为铸铁时，卷边应朝向气缸体（硬平面）。

（3）汽油发动机燃烧室

汽油发动机燃烧室的结构形式如图 2.10 所示。

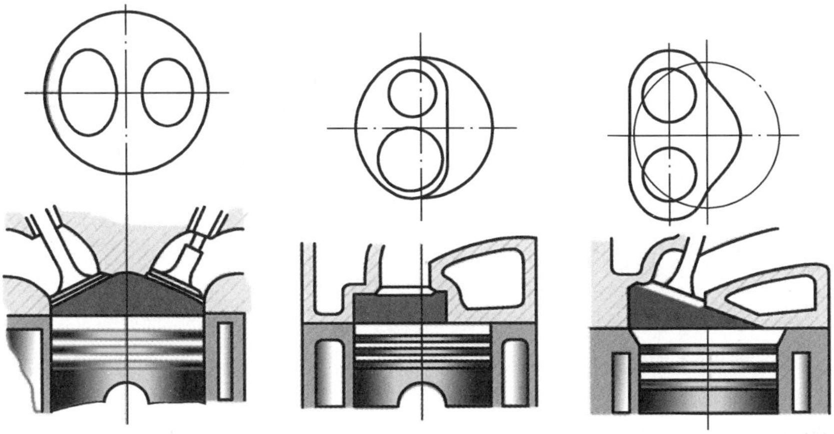

(a) 半球形燃烧室　(b) 盆形燃烧室　(c) 楔形燃烧室

图 2.10　汽油发动机燃烧室

三种燃烧室结构的对比见表 2.2。

表 2.2　三种燃烧室结构的对比

结构	特点	示意图	应用
半球形	结构紧凑，火焰行程短，燃烧速率高，热损失小，热效率高	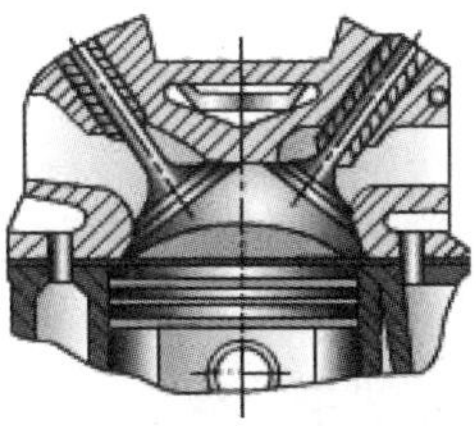	桑塔纳轿车 夏利轿车 富康轿车
楔形	结构简单、紧凑，散热面积小，热损失少； 火花塞置于燃烧室最高处，火焰传播距离长		切诺基 CA6102 型汽车

表 2.2(续)

结构	特点	示意图	应用
盆形	工艺性好,成本低; 进排气效果不如半球形燃烧室	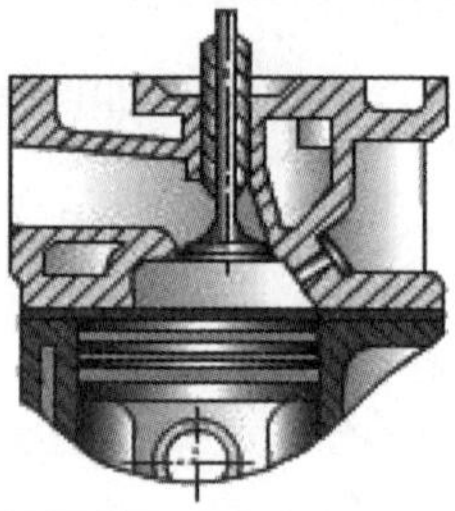	捷达轿车 奥迪轿车

二、发动机机体组的拆装

1. 器材用具

丰田发动机、通用工具、力矩扳手、丰田专用工具、活塞环压缩器、活塞环卡钳、机油、棉纱、汽油等。

2. 注意事项

①在拆卸气缸盖螺栓时,要严格按照规定工艺及技术参数进行。

②拆卸、安装活塞时一定要注意记号,若无记号,拆卸前必须做标记。

③注意气缸垫的安装方向。

④拆下的零部件按顺序放好,并注意不要损坏零件。

⑤严格按操作规程进行操作,并注意操作安全。

⑥保持环境卫生。

3. 操作步骤

(1)发动机机体组拆卸前的准备工作

①排放油底壳内的机油。

②拆卸发动机机体的外部零件。

③拆卸正时带、带轮(正时链轮或链条)及其传动件。

(2)发动机机体拆卸

①拆下油底壳,拆卸油泵总成。

②拆卸气门罩盖,更换气门室密封。

③拆卸凸轮轴,拆凸轮轴轴承盖螺栓顺序,如图 2.11 中的序号所示。注意,拆下来的轴承盖一定要做好标记并按顺序放好。

④拆下气缸盖,注意应从两端向中间分次、交叉拧松。

⑤拆卸活塞连杆组,注意气缸号、朝向记号(图 2.12)及拆卸工艺。

⑥按图 2.13 所示的顺序拧松主轴承盖螺栓,卸下曲轴飞轮组,并注意轴承盖的安装记号。

(3)发动机机体装配

按照与拆卸时的相反顺序将各部件进行装配,注意各部件应按规定力矩拧紧。

①安装曲轴飞轮组。

②安装活塞连杆组,注意缸号朝前记号。

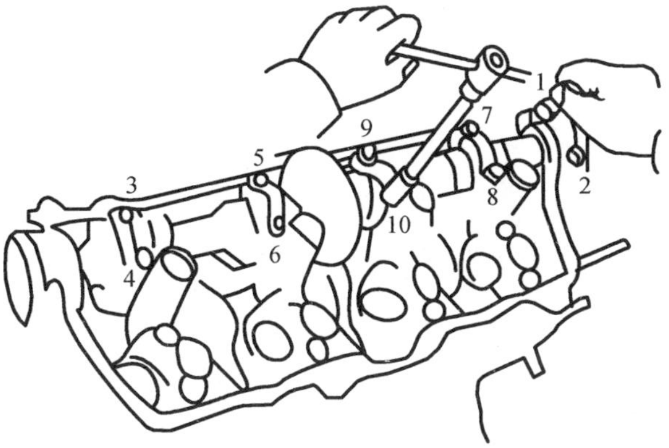

图 2.11　凸轮轴轴承盖螺栓拆卸顺序

③安装气缸盖，注意气缸垫的安装方向。

④安装凸轮轴。

⑤安装气门罩盖，注意气缸垫的安装方向。

⑥安装机油泵总成。

⑦安装油底壳。

⑧安装正时带、带轮（正时链轮或链条）及其传动件，注意核准正时标记。

⑨装复发动机的机体外部零件。

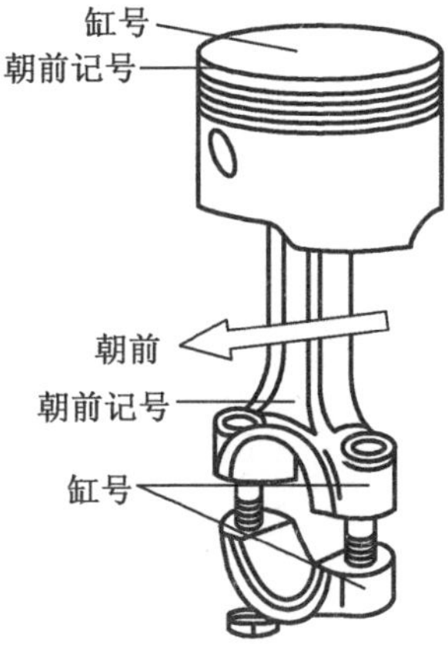

图 2.12　活塞连杆组拆卸记号

三、知识拓展

1. 发动机气缸垫的更换

（1）器材用具

大众发动机，相关的挂图、图册，力矩扳手，通用工具。

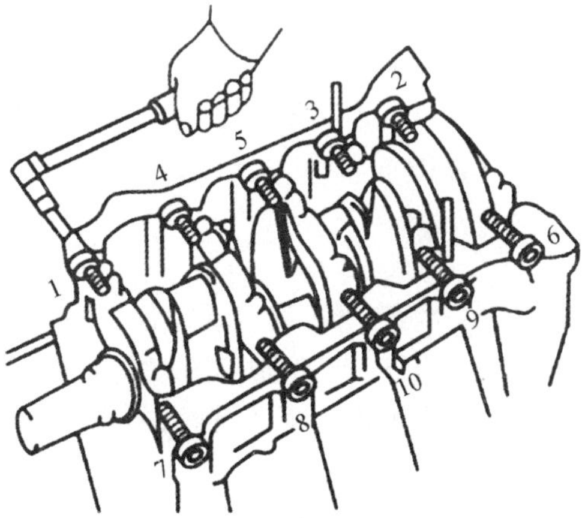

图 2.13　主轴承盖螺栓拧松的顺序

(2)注意事项

①按照规定的力矩要求进行气缸盖螺栓校紧。

②注意安全文明生产。

③做好准备工作,彻底清除油污、水垢。

(3)操作步骤

①拆下与气缸盖相关联的附件。

②拆下气缸盖罩盖。

③按气缸盖螺栓紧固顺序依次以规定力矩校紧气缸盖螺栓。

EQ1092 气缸盖螺栓紧固顺序如图 2.14 中的数字所示。奥迪轿车气缸盖螺栓紧固顺序如图 2.15 中的数字所示。

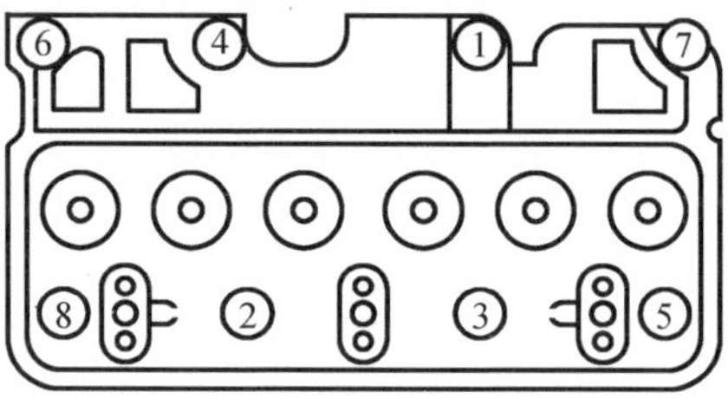

图 2.14　EQ1092 气缸盖螺栓紧固顺序

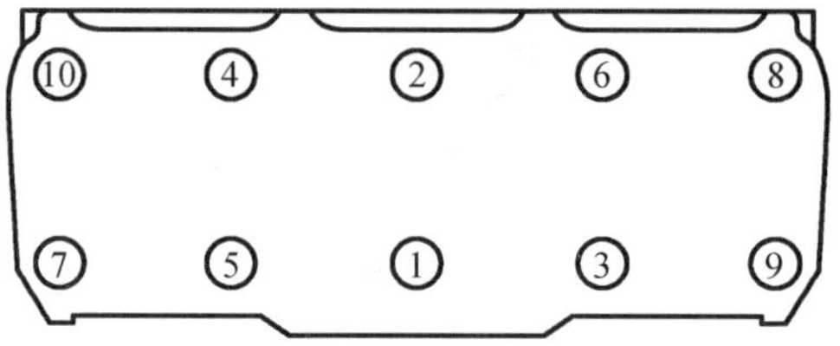

图 2.15　奥迪轿车气缸盖螺栓紧固顺序

2. 气缸盖的检修

(1)器材用具

大众发动机机体、钢直尺或刀形尺、游标卡尺、塞尺、量杯、刮刀、染色剂、足量 80%(体积分数)煤油和 20%(体积分数)机油混合液、水压机、力矩扳手、中间带有通孔的玻璃板、通用工具。

(2)注意事项

①采用磨(铣)削修整时,应尽量减少磨(铣)削量,以免过量而减小燃烧室容积。

②水压试验的压力不能过低,并且应该在彻底清除水垢的情况下进行。

③镶配气门座圈、气门导管后,应再进行水压试验,防止过盈量过大而造成裂纹。

④注意文明生产。

⑤做好准备工作,彻底清除油污、积炭、结胶和水垢。

(3)操作步骤

①气缸盖变形的检修。气缸盖的翘曲变形程度可以通过检测气缸盖下平面的平面度获得。

a. 将所测气缸盖倒放在检测平台上。

b. 如图 2.16 所示,将钢直尺或刀形尺沿两条对角线和纵轴线贴靠在缸盖下平面上。

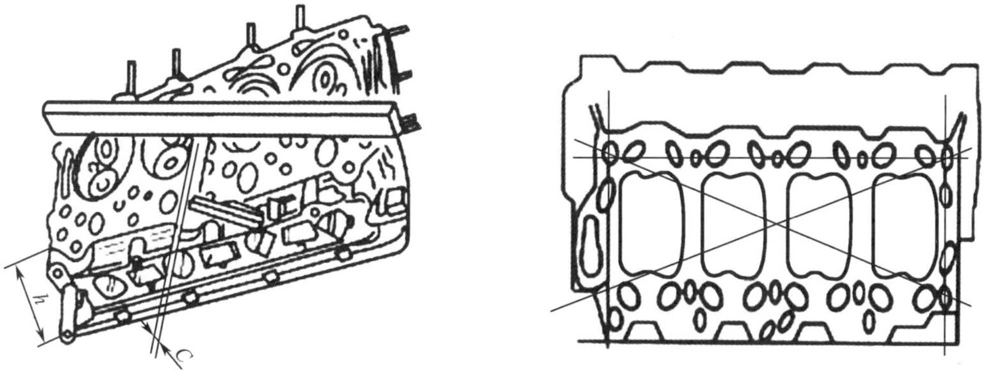

(a)　　(b)

图 2.16　用钢直尺或刀形尺检查气缸盖的下平面

c. 如图 2.17 所示,在钢直尺或刀形尺与缸盖下平面间的缝隙处插入塞尺,所测数值即为缸盖的变形量。

图 2.17　气缸盖变形量的测量

d. 气缸盖下平面的平面度误差,在整个平面上不大于 0.05 mm。局部不平可用刮研法修复。

②气缸盖裂纹的检修。气缸盖裂纹的检查方法是采取水压试验或气压试验。

a. 将气缸盖、气缸垫和气缸体按要求装合在一起。

b. 将水压机水管接气缸体进水口处,并将其他水口封住。

c. 用水压机将水压入水套,压力在 0.2 ~0.4 MPa 时,保持 5 min。若气缸盖表面、燃烧室等部位无水珠出现,表明无裂纹。

d. 若在受力和受热不大的部位出现裂纹,采用环氧树脂黏结法修复;若在受力较大的部位出现裂纹,应采用焊接法修复。

注意,气缸盖上裂纹的检查也可以采用图 2.18 所示的染色渗透法,检查进排气管与各个接触安装平面等是否有裂纹。

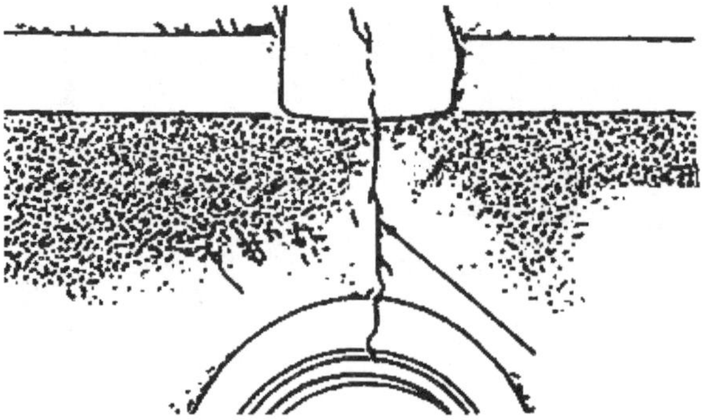

图 2.18 染色渗透法

③燃烧室容积的检测。

a. 装上气缸盖上的全部火花塞,并将待测气缸倒放在检测平台上,使其保持水平。

b. 用量杯向燃烧室注入 80%(体积分数)煤油和 20%(体积分数)机油的混合液。

c. 加入量约为燃烧室容积的 95% 时,停止加注。用中间带有圆孔的玻璃板盖在燃烧室平面上。

d. 用注射器或滴管注入混合油,直至液面与玻璃板相接触。

e. 总注入量即为燃烧室容积。若活塞顶部有凹坑,还应测量凹坑的容积。

④气缸盖厚度的检修。

a. 将待测气缸盖平放在检测平台上。

b. 用高度游标卡尺测量缸盖的厚度。

c. 若气缸盖厚度仍在规定范围内,可对气缸盖进行修磨;若厚度过小应更换。

3. 气缸体的检修

(1)器材用具

发动机气缸体、气缸盖与气缸垫各若干个;钢直尺或刀形尺若干把,塞尺、游标高度尺、弹簧秤和游标卡尺若干;检测平台若干块,内径百分表与量程为 75 ~ 100 mm 的外径千分尺若干套;最大量程为 1 MPa 的水压机;常用工具若干套。

(2)注意事项

①在准备工作阶段,要彻底清除缸体的油污、积炭、水垢等。

②修磨气缸体上平面时,磨削量不要过多,以免缸体报废。

③不要在发动机修理台架上测量气缸直径,以防因缸体被夹紧变形而测量不准。

④测量气缸时,一定要保持测杆与气缸中心线垂直。

⑤气缸磨损超过最大一级修理尺寸时,应镶配缸套或直接更换缸体。

⑥只要有一个气缸需镗、磨或更换缸套,其余各缸应同时更换,以保持发动机各缸的一致性。

⑦注意安全文明生产。

(3)操作步骤

①气缸体上平面的检测。气缸体的变形主要表现为翘曲。检测方法与气缸盖相同,如图 2.19 所示。

②气缸体裂纹的检修。气缸体裂纹的检修方法与气缸盖相同。

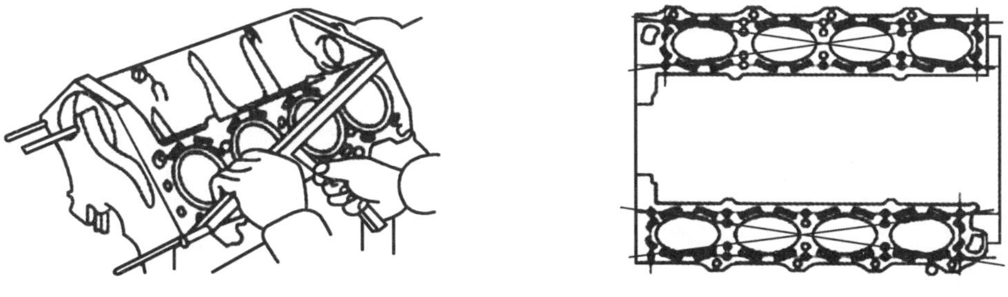

图2.19　气缸体变形的检测

③气缸磨损的检修。

a. 测量部位。选用适当量程的内径百分表，按图2.20所示的部位和要求进行测量。在气缸体上部距气缸上平面10 mm处、气缸中部及气缸下部距缸套下部10 mm处，各取三个点，按①、②两个方向分别测量气缸的直径。

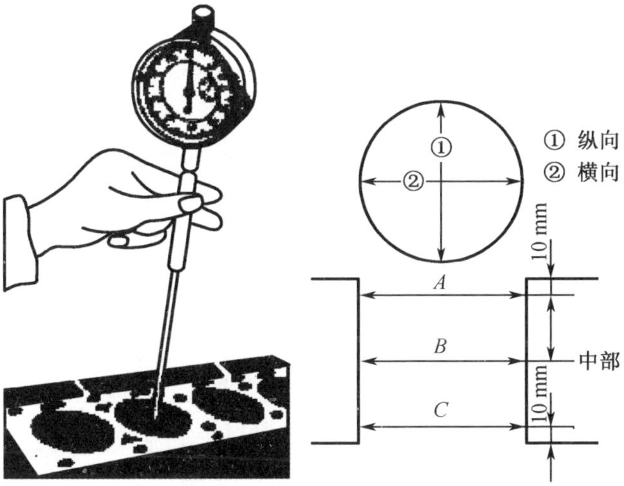

图2.20　气缸内径测量示意图

b. 磨损程度衡量指标。一般车型的磨损程度用圆度、圆柱度误差两个指标衡量。轿车采用标准尺寸与气缸最大尺寸的差值来衡量。

圆度误差是指同一截面上磨损的不均匀性，用同一横截面上不同方向测得的最大直径与最小直径差值的一半作为圆度误差。

圆柱度误差是指沿气缸轴线的轴向截面上磨损的不均匀性，用被测气缸表面任意方向所测得的最大直径与最小直径差值的一半作为圆柱度误差。

c. 测量气缸的方法。通常用量缸表对气缸磨损进行测量。具体测量方法如下：

(a)把内径百分表装在表杆的上端，并使表盘朝向测量杆的活动点，以便于观察，使表盘的短针有1～2 mm的压缩量。

(b)根据气缸的直径，选择合适的测量接杆，并将其固定在量缸表的下端。接杆固定好后与活动测杆的总长度应与被测气缸的尺寸相适应。

(c)校正量缸表的尺寸,将千分尺校正到被测气缸的标准尺寸,再将量缸表校准到千分尺的尺寸,并使伸缩杆有 2 mm 左右的压缩行程,旋转表盘,使表针对准零位。

(d)将量缸表的测量杆伸到气缸上部,测量第一道活塞环在上止点位置时所对应的气缸壁。根据气缸的磨损规律,分别测量平行、垂直方向两组数值的磨损量。百分表的读数如图 2.21 所示。

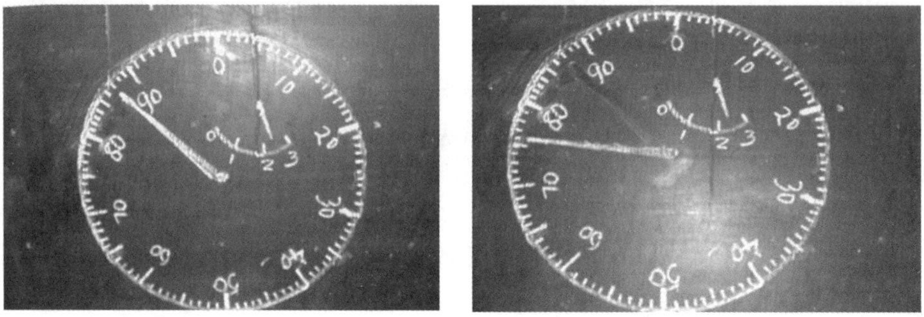

(a) 读数为 83.13 mm　　(b) 读数为 83.24 mm

图 2.21　百分表读数示例

(e)将量缸表下移,用同样方法测量气缸中部和下部的磨损。气缸中部为上下止点间的中间位置;气缸下部为距离气缸下边缘 10 mm 左右处。

(f)将所测得的各组数据分别填入表 2.3 中,并计算其圆度、圆柱度及最大磨损量,最后确定该发动机的处理方法。

现以丰田 5M 发动机为例测量并记录气缸的磨损规律。分别测量第一缸及第六缸的气缸磨损情况,并把第一缸的各测量数据及计算结果填入表 2.3 中。

表 2.3　气缸测量数据表　　单位:mm

<table>
<tr><td colspan="2">发动机型号</td><td>丰田 5M</td><td>原修理尺寸</td><td>标准值 83</td><td colspan="3">第一缸</td></tr>
<tr><td rowspan="2">部位</td><td colspan="7">方向</td></tr>
<tr><td colspan="2">平行曲轴方向</td><td colspan="2">垂直曲轴方向</td><td colspan="3">计算圆度及圆柱度</td></tr>
<tr><td>上部</td><td colspan="2">83.20</td><td colspan="2">83.32</td><td colspan="3">(83.32 − 83.20)/2 = 0.06</td></tr>
<tr><td>中部</td><td colspan="2">83.13</td><td colspan="2">83.19</td><td colspan="3">(83.19 − 83.13)/2 = 0.03</td></tr>
<tr><td>下部</td><td colspan="2">83.02</td><td colspan="2">83.00</td><td colspan="3">(83.02 − 83.00)/2 = 0.01</td></tr>
<tr><td colspan="3">最大圆度误差</td><td colspan="5">0.06</td></tr>
<tr><td colspan="3">最大圆柱度误差</td><td colspan="2">(83.32 − 83.00)/2 = 0.16</td><td colspan="2">是否超过使用极限</td><td>是</td></tr>
<tr><td colspan="3">最大磨损直径</td><td colspan="2">83.32</td><td>处理意见</td><td colspan="2">加大二级</td></tr>
</table>

用量缸表进行测量时,应注意使测量杆与气缸轴线保持垂直,以达到测量的准确性。当摆动量缸表时,其指针指示到最小读数时,即表示测量杆已垂直于气缸的轴线,这时才能记录读数,否则测量不准确。

实践表明,多数发动机前后两缸磨损较为严重。因此测量时,可根据气缸的磨损情况,重点测量前后两缸。

当发动机气缸圆度、圆柱度误差超过规定的标准时，如汽油发动机的圆度误差超过 0.05 mm 或圆柱度误差超过 0.20 mm 时，结合最大磨损尺寸视情进行修理，可采用尺寸法镗缸或更换缸套。

④气缸修理级别（尺寸）的确定。气缸磨损超过允许限度后，或缸壁上有严重刮伤、沟槽和麻点时，应将气缸按修理级别镗削修理，并选配与气缸修理尺寸相符合的活塞及活塞环。气缸修理尺寸可按下式进行计算：

修理尺寸 = 气缸最大磨损直径 + 镗磨削余量（镗磨余量一般取 0.10 ~ 0.20 mm）

计算出的修理尺寸应与修理级数相对照。若与某一修理级数相等，可按某级数修理；若与修理级数不相符，应按向上靠近大的修理级数进行气缸修理。

⑤气缸修复后的检测。

a. 圆度及圆柱度的检查。镗磨后，气缸的圆度及圆柱度误差小于 0.005 mm，各缸直径之差不超过 0.005 mm。

b. 配缸间隙的检查。将活塞倒放入气缸中，在气缸壁与活塞之间的垂直活塞方向，插入厚 0.03 mm、宽 12 ~ 15 mm 的塞尺；再用弹簧秤检查拉出塞尺时的拉力，其值应为 9.8 ~ 24.5 N；配合间隙应为 0.025 ~ 0.045 mm。拉力过小或过大，表明气缸镗磨过量或不足。以上值仅作为参考，具体值请查看维修手册。

⑥气缸上下平面平行度的检测。

a. 以气缸体底平面为例，将其放在检测平台上。

b. 用游标高度尺分别测量气缸体对角的高度差，平行度误差不允许超过规定值。

任务 2.3　活塞连杆组的构造与拆装

一、活塞连杆组的基础知识

活塞连杆组主要由活塞、活塞环、活塞销等主要机件组成。

1. 活塞

（1）活塞的功用

活塞与气缸盖、气缸壁共同组成燃烧室，承受气缸中气体的压力，并将此压力通过活塞销和连杆传递给曲轴。

（2）工作条件和材料

活塞工作时直接与高温燃气相接触，而散热条件又很差，致使活塞承受很高的热负荷；活塞在气缸中高速运动，产生很大的惯性力；活塞顶部在做功行程中承受很高的气体压力；由于气体压力和惯性力是周期性变化的，因此，活塞的不同部分会受到交变的拉伸、压缩和弯曲载荷，并且由于活塞各部分的温度极不均匀，将在活塞内部产生一定的热效应。所以要求活塞具有足够的刚度和强度；质量尽可能地小；导热性好；要有足够的耐热、耐磨性；温度变化时，尺寸和形状的变化要小。

目前，汽车发动机广泛采用的是铝合金材料的活塞，有的柴油发动机上也采用由高级铸铁或耐热钢材料制造的活塞。

铝合金活塞具有质量小、导热性好的优点；缺点是热膨胀系数较大，在温度高时，强度和刚度下降较大，所以一般在结构设计、机械加工或热处理时采用各种措施加以弥补。

(3)活塞的结构

活塞的基本结构可分为顶部、头部和裙部三个部分，如图 2.22 所示。

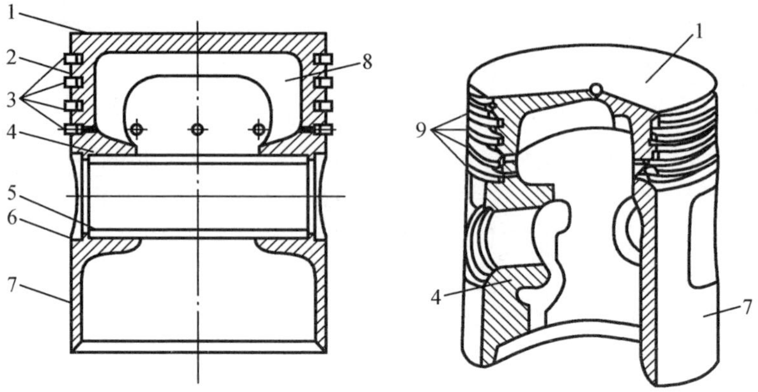

(a)全剖图　(b)部分剖图

1—活塞顶部；2—活塞头部；3—活塞环；4—活塞销座；5—活塞销；
6—活塞销锁环；7—活塞裙部；8—加强肋；9—环槽。

图 2.22　活塞的基本结构

①活塞顶部。活塞顶部是燃烧室的组成部分，用来承受高温气体的压力。根据不同的目的和要求，活塞顶部制成不同的形状，具体形状的选用和燃烧室的形状有关。汽油发动机活塞顶部多采用如图2.23 所示的几种形式。

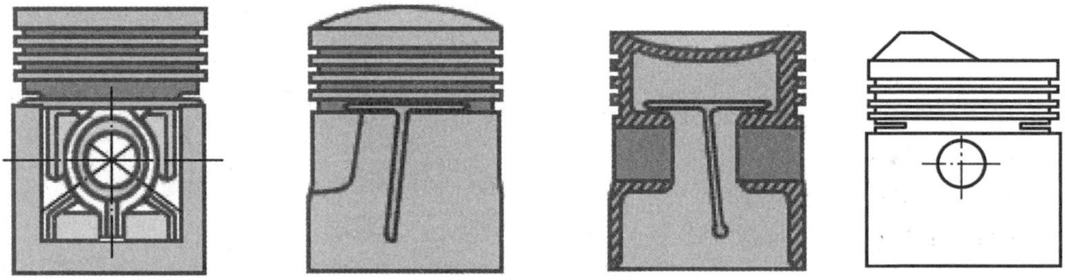

(a)平顶　(b)凸顶　(c)凹顶　(d)成型顶

图 2.23　活塞顶部形状

②活塞头部。活塞头部是最下边一道环槽以上的部分，主要用来安装活塞环，以实现对气缸的密封，同时将活塞顶部所吸收的热量通过活塞环传给气缸壁。

活塞头部切有若干道用于安装活塞环的环槽。汽油发动机活塞一般有 3 ~ 4 道环槽，最下面一道安装油环，其他环槽安装气环。在油环环槽的底部一般加工有许多径向小孔，将油环从气缸壁上刮下来的多余机油经过这些小孔流回油底壳。

有的发动机活塞在第一道环槽上面切有一道较环槽窄的隔热槽，其作用是切断从活塞顶部流下来的部分热流通路，迫使热流方向折转，把原本应由第一道活塞环散走的热量散给第二、三环，以消除第一环过热后产生积炭和活塞卡死在环槽中的可能性。

③活塞裙部。活塞环槽以下的部分称为活塞裙部，其作用是为活塞在气缸内作往复运

动导向和承受侧压力。

发动机工作时，由于气体压力和活塞销座处金属较多的影响，活塞裙部沿活塞销轴线方向膨胀量较大，所以在常温下，活塞裙部截面形状呈椭圆形，椭圆形的长轴在垂直于活塞销方向，其目的是保证在热状态下活塞与气缸的配合间隙均匀。活塞裙部的椭圆变形情况如图 2.24 所示。

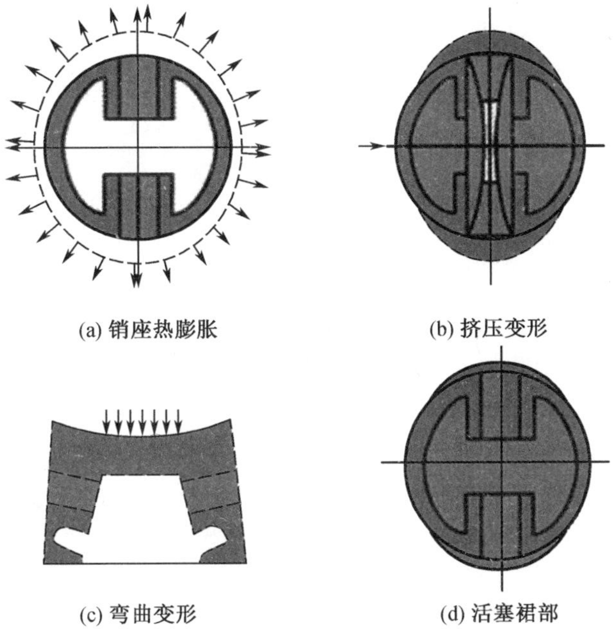

图 2.24　活塞裙部和活塞裙部的椭圆变形情况

此外，发动机工作中，由于活塞的温度从上到下逐渐降低，膨胀量逐渐减少，所以在常温下，活塞裙部直径上小下大，可以做成阶梯形活塞或锥形活塞，如图 2.25 所示。

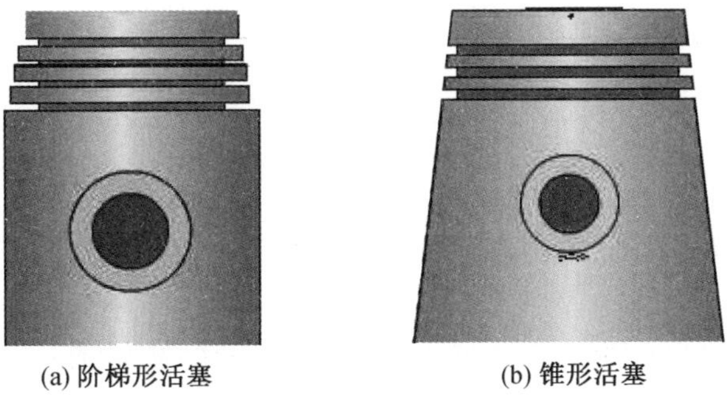

图 2.25　常温下活塞裙部的上小下大结构

有的活塞在裙部受侧压力小的一面还开有横槽和竖槽，如图 2.26 所示。其中的横槽叫作绝热槽，开在头部最下一道油环槽中或裙部上边沿，其作用是切断从活塞头部向裙部传输的部分热流通道，减少头部热量向裙部的传导，从而减少裙部的热膨胀。竖槽叫作膨胀槽，其作用是使裙部具有一定的弹性，从而使冷态下的装配间隙得以尽可能小，而在热状态下又因切槽的补偿作用，活塞不致在气缸中卡死。

为了减小铝合金活塞裙部的热膨胀量，有些汽油发动机活塞在活塞裙部或活塞销座内嵌入钢片。恒范钢片式活塞的结构特点就是这样的，由于恒范钢为含镍33%～36%的低碳铁镍合金，其膨胀系数仅为铝合金的1/10，而活塞销座通过恒范钢片与裙部相连，牵制了裙部的热膨胀变形量，如图2.27所示。

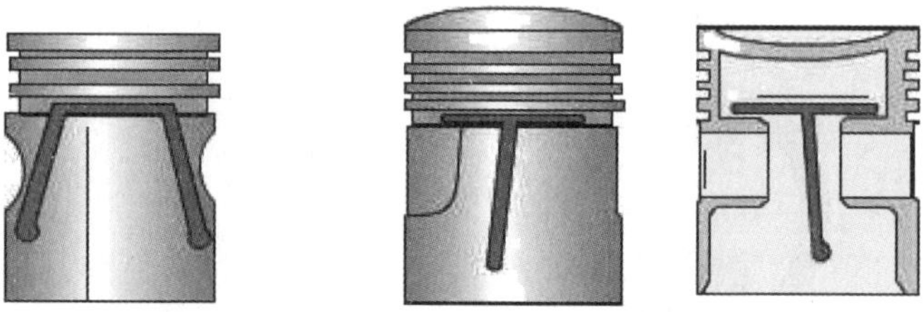

(a)π形活塞　(b)T 形活塞

图2.26　开槽活塞

④活塞销座。活塞销座位于活塞裙部的上部，加工有座孔，用以安装活塞销。有些活塞座孔内加工有卡环槽，以便安装活塞销卡环，防止活塞销工作时轴向窜动。为减少活塞销座处受热后的变形量，有些活塞的销座外表是凹陷的。

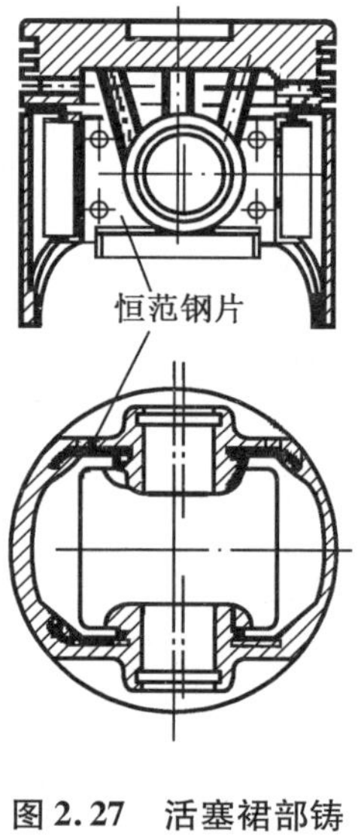

图2.27　活塞裙部铸恒范钢片

一般活塞销轴线都位于活塞中心线的平面内，当活塞越过上止点改变运动方向时，由于侧压力瞬时换向，使活塞与缸壁的接触面突然由一侧平移到另一侧，如图2.28(a)所示，便产生活塞对缸壁的“敲击”(俗称活塞敲缸)。因此，有些发动机将活塞销座轴线向做功行程中受侧压力较大的一面偏移1～2 mm，如图2.28(b)所示。这样，当活塞接近上止点时，作用在活塞销座轴线右侧的气体压力大于左侧，使活塞倾斜，裙部下端提前换向，然后活塞越过上止点，侧压力相反时，活塞才以左下端接触处为支点，顶部向左转(不是平移)，完成换向，而使换向冲击大为减少。

2. 活塞环

(1)活塞环的功用、工作条件和材料

活塞环按其功用可分为油环和气环两类，油环又分为整体式油环和组合式油环两种，如图2.31所示。

气环的功用是保证气缸壁与活塞之间的密封，防止气缸中的气体窜入曲轴箱；同时还将活塞头部的热量传给气缸，再由冷却液或空气带走。另外，气环还起到刮油布油的作用。

油环的作用是将气缸壁上多余的机油刮回油底壳，并在气缸壁上均匀布油。

活塞环是在高温、高压、高速和润滑困难的条件下工作的。它的运动情况很复杂，不仅有与环槽侧面的上下撞击，还和缸壁有高速的滑动摩擦，以及由于活塞环径向张缩而产生的与环槽侧面的摩擦。因此，活塞环是发动机中寿命最短的零件之一。当活塞磨损到失效时，将出现发动机启动困难、功率下降、曲轴箱压力升高、机油消耗增加、排气冒蓝烟、燃烧室及活塞表面积炭等不良现象。

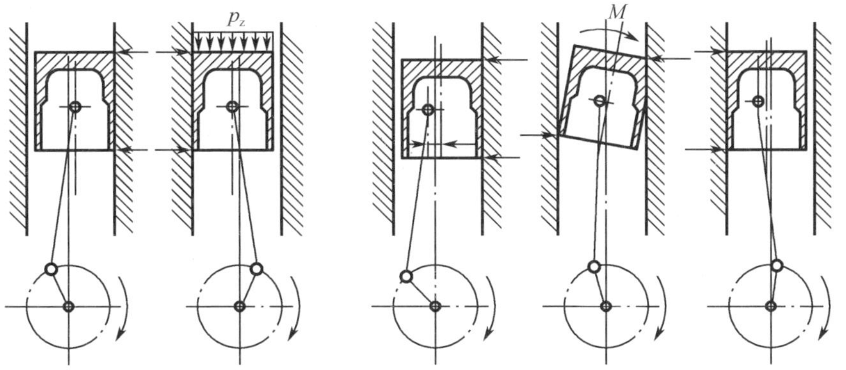

(a) 活塞销对称分布　　(b) 活塞销偏移布置

图 2.28　活塞销位置与活塞销的换向过程

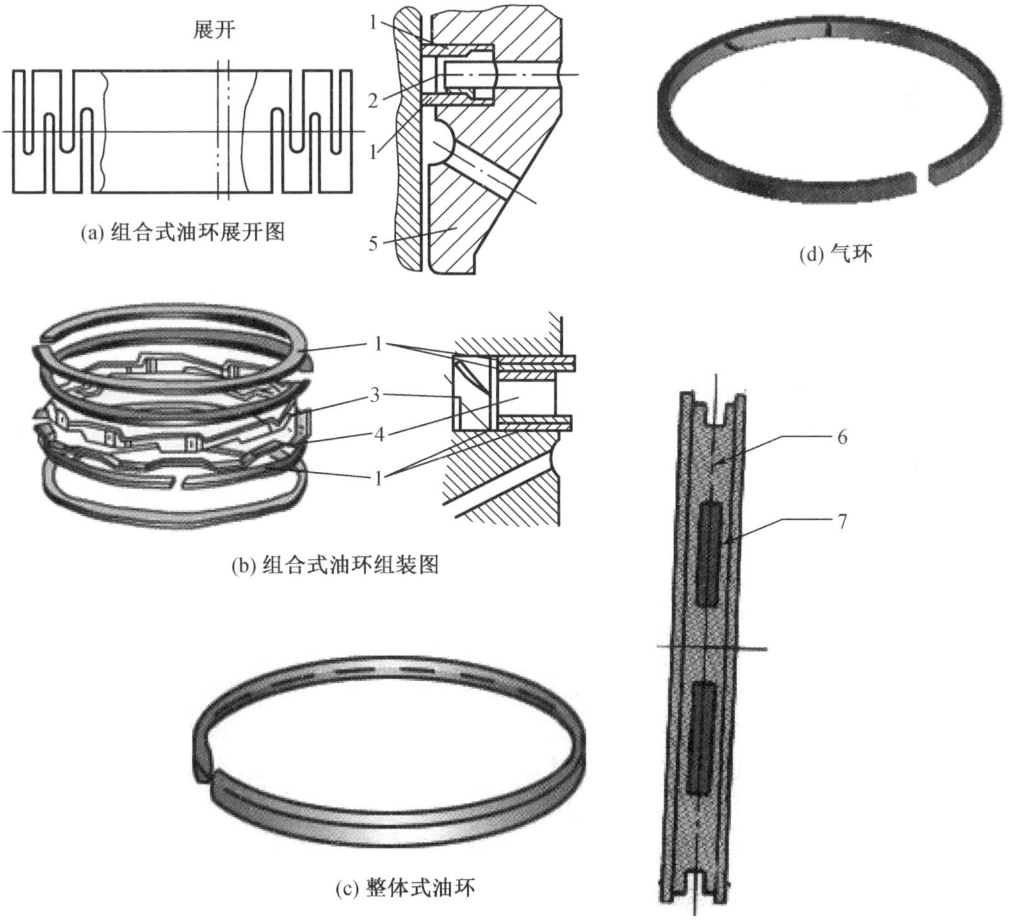

(a) 组合式油环展开图

(d) 气环

(b) 组合式油环组装图

(c) 整体式油环

1—钢片;2—衬簧;3—径向衬簧;4—轴向衬簧;5—活塞;6—槽;7—回油孔。

图 2.29　活塞环

根据活塞的功用和工作条件,要求活塞环的材料应有耐热性、导热性、耐磨性、磨合性、韧性和足够的强度及弹性。目前广泛采用的活塞材料是优质灰铸铁、球墨铸铁或合金铸铁。不少发动机的第一道活塞环,甚至所有的活塞环,其工作表面都进行多孔镀铬或喷钼。由于多孔性铬层硬度高,并能储存少量的机油,从而可以减缓活塞环及其气缸壁的磨损。还有的活塞环进行镀锡、镀磷或硫化处理,以改善活塞环的磨合性。

(2)活塞环的间隙

发动机工作时,活塞及活塞环都会发生膨胀。活塞环在气缸内应有开口间隙,与环槽间应留有侧隙和背隙,如图 2.30 所示。

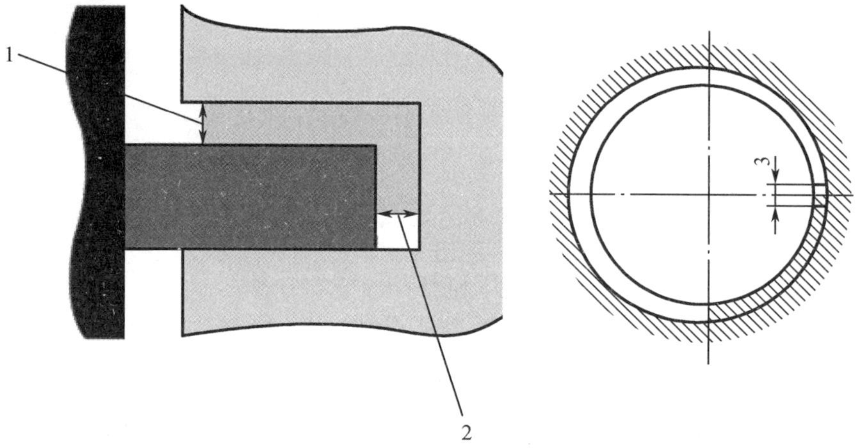

1—侧隙;2—背隙;3—端隙。

图 2.30 活塞环的间隙

①端隙 Δ_1 又称开口间隙,是活塞环装入气缸后开口处的间隙,一般为 0.25 ~ 0.50 mm;为减少气体的泄漏,装入气缸时,第一道环的开口位置应避开做功行程受压面,各道环的开口应相互错开,形成"迷宫式"的漏气路线,增大漏气阻力,减少漏气量。

②侧隙 Δ_2 又称边隙,是环高方向上与环槽之间的间隙。第一道气环侧隙为 0.04 ~ 0.10 mm;其他气环侧隙为 0.03 ~ 0.07 mm。油环一般侧隙较小,为 0.025 ~ 0.070 mm。

③背隙 Δ_3 是活塞环装入气缸后,活塞环背面与环槽底部的间隙,一般为 0.5 ~ 1.0 mm。

(3)活塞环的结构

①气环。

a. 气环的密封机理。

(a)第一密封面的建立。环在自由状态下,其外径大于缸径,装缸后在其弹力 P_0 作用下与缸壁压紧,形成第一密封面,如图 2.31 所示。

(b)第二密封面的建立。活塞环在运动时产生惯性力 P_j,与缸壁间产生摩擦力 F,以及侧隙有气体压力 P_1,在这三个力的共同作用下,使环靠在环槽的上侧或下侧,形成第二密封面,如图 2.32 所示。

(c)气环的第二次密封。窜入背隙和侧隙的气体,使环进一步压紧缸壁和环槽,加强了第一、二密封面的密封。但是,如果环的弹性不够,而在环面与缸壁间出现缝隙,此缝隙就要首先漏窜气体,这样就削弱或无法形成第二次密封。因此,活塞环弹力产生的密封是形成第二次密封的前提。

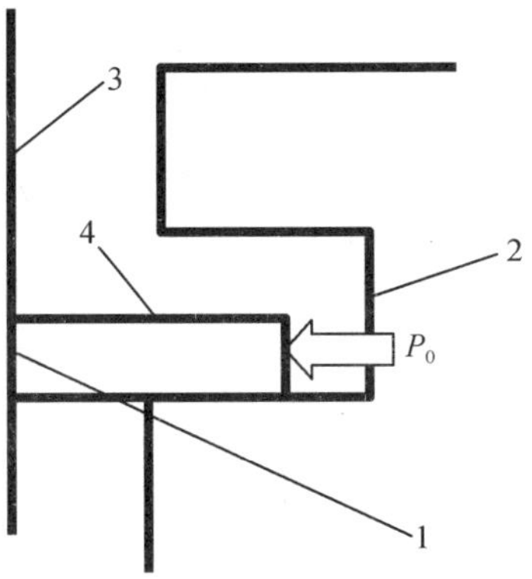

1—第一密封面；2—活塞；3—气缸；4—活塞环。

图2.31　活塞环第一密封面的密封机理

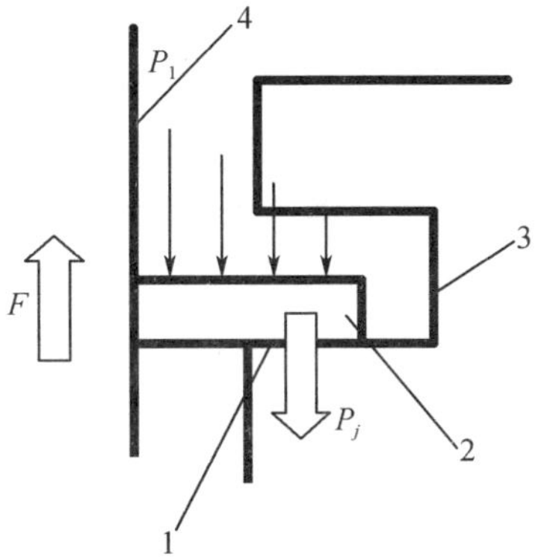

1—第二密封面；2—活塞环；3—活塞；4—气缸。

图2.32　活塞环第二密封面的密封机理

b.气环的泵油作用。由于侧隙和背隙的存在，当发动机工作时，活塞环便产生了泵油作用。其原理是：活塞下行时，环靠在环槽的上方，环从缸壁上刮下来的润滑油窜入环槽的下方，如图2.33(a)所示；当活塞上行时，环又靠在环槽的下方，同时将机油挤到环槽上方，如图2.33(b)所示。如此反复运动，就将缸壁上的机油泵入燃烧室。

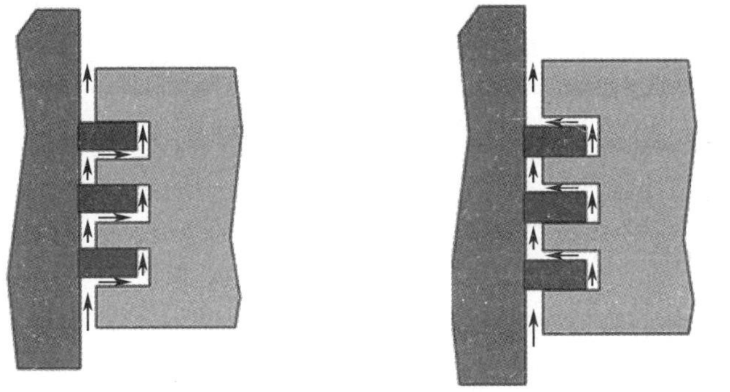

(a) 活塞下行　　(b) 活塞上行

图2.33　活塞环的泵油作用

c.气环的断面形状。为了加强密封、加速磨合、减少泵油作用及改善润滑，除了合理选择材料及加工工艺外，在结构上还采用了许多不同断面形状的气环。气环的断面形状主要有矩形环、锥形环、梯形环、桶面环、扭曲环，如图2.34所示。其中，扭曲环又分为内切口和外切口两种，安装时，必须注意环的断面形状和方向，应将内切口朝上，外切口朝下，不能装反。

②油环。油环无论上行还是下行，都能将气缸壁上多余的机油刮下来经活塞上的回油孔流回油底壳。油环的刮油作用如图2.35所示。目前汽车发动机上采用的油环有两种形式：整体式和组合式(图2.29)。整体式油环在其外圆中部切有环槽，槽底开有若干回油孔，发动机工作时，利用上下两个环形刃口将气缸壁上的多余润滑油刮下。

组合式油环一般由刮油钢片和弹性衬垫组成，刮油钢片很薄，对气缸壁的压力很大，因而刮油作用强。目前，组合式油环在高速发动机上得到了较广泛的应用。

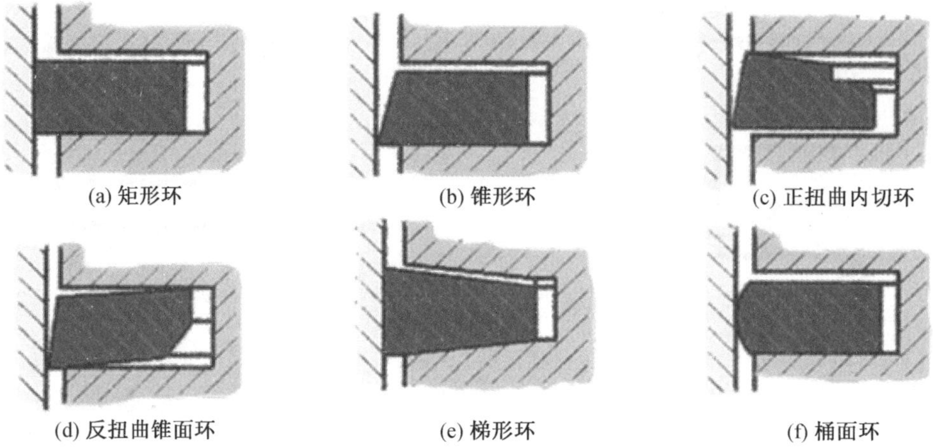

图 2.34　气环的断面形状

3. 活塞销

活塞销的功用是连接活塞与连杆小头，将活塞承受的气体作用力传给连杆。

活塞销在高温下承受很大的周期冲击载荷，润滑条件较差（一般靠飞溅润滑），因而要求有足够的刚度和强度，表面耐磨，质量尽可能小。为此，活塞销通常制成空心圆柱体。

活塞销一般用低碳钢制造，先经过表面渗碳处理，提高表面硬度，并保证芯部具有一定的冲击韧性；然后进行精磨和抛光。

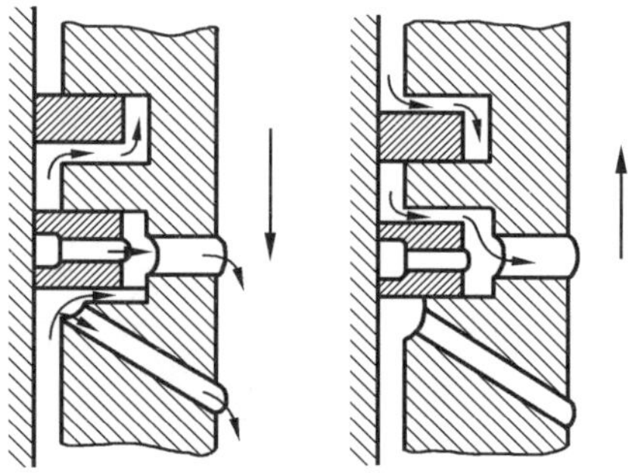

图 2.35　油环的刮油作用

活塞销的内孔形状有圆柱形[图 2.36(a)]、两段截锥形[图 2.36(b)]及两段截锥形与一段圆柱的组合形[图 2.36(c)]等。

活塞销与活塞座孔和连杆小头的连接方式一般有两种形式。

(1)半浮式

半浮式就是销与座孔或连杆小头两处，一处固定，一处浮动。其中大多数采用活塞与连杆小头的固定方式。

(2)全浮式

在发动机处于正常工作温度时，活塞销能在连杆衬套和活塞销座孔中自由转动，因而增大了实际接触面积，减小了磨损并使磨损均匀，因而广泛采用。活塞销的连接方式如图 2.37 所示。

采用铝活塞时，活塞销座的热膨胀量大于钢活塞销。为保证工作时有正常的工作间隙，在冷态时活塞销与活塞销座孔为过渡配合。装配时，应先将铝活塞置于温度为 70～90 ℃ 的水或油中加热，然后将销装入。为防止活塞销的轴向窜动而刮伤气缸壁，在活塞销座两端用卡环加以轴向定位。

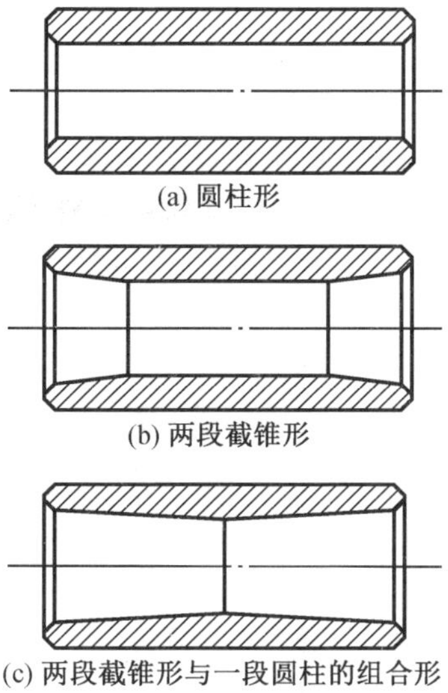

图 2.36 活塞销的内孔形状

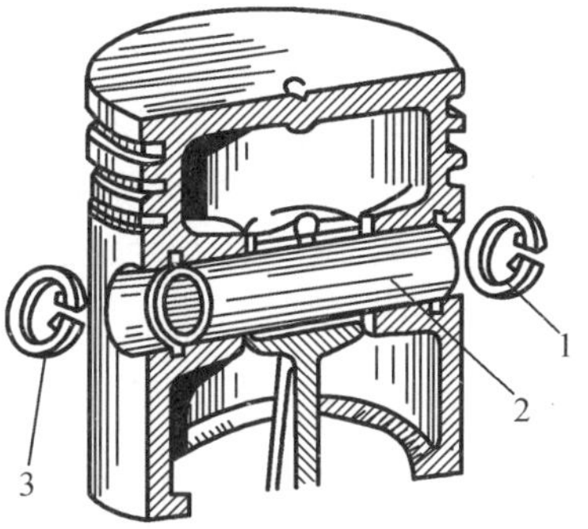

图 2.37 活塞销的连接方式

4. 连杆

(1)连杆的功用、组成和材料

连杆的功用是将活塞承受的气体压力传给曲轴,使活塞的往复直线运动变为曲轴的旋转运动。连杆由连杆小头、连杆杆身和连杆大头(包括连杆盖)三部分组成,如图 2.38 所示。

连杆工作时承受活塞销传来的气体压力、本身摆动和活塞连杆组往复运动时的惯性力,这些力的大小和方向都是周期性变化的。因此连杆受到的是压缩、拉伸和弯曲等交变载荷。这就要求连杆在质量尽可能小的条件下有足够的刚度和强度。

为满足上述要求,连杆一般采用中碳钢或中碳合金钢经模锻而成,也有一些采用球墨铸铁制造的。为提高连杆的疲劳强度,通常还采用表面喷涂处理。

(2)连杆的结构

连杆由小头、杆身和大头三部分组成。

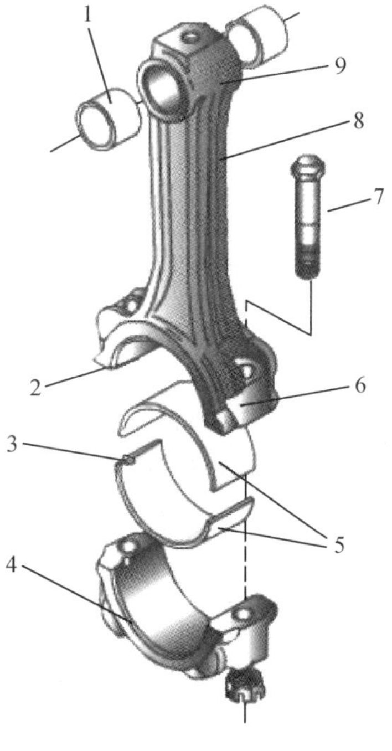

1—连杆衬套;2—凹槽;3—轴瓦上的凸键;4—连杆套;5—连杆轴瓦;6—连杆大头;7—连杆螺栓;8—杆身;9—连杆小头。

图 2.38 连杆组

连杆小头与活塞销相连,工作时小头与活塞销之间有相对转动(全浮式),因此小头孔中一般有减磨的铜衬套。为润滑活塞销与衬套,在小头和衬套上钻有集油孔或铣出集油槽,用来收集发动机运转时溅到上面的机油以便润滑。有的发动机连杆小头采用压力润滑,因此在连杆杆身内钻有纵向的压力油道。

连杆杆身通常制成“工”字形断面，以求在强度和刚度足够的前提下减小质量。

连杆大头与曲轴的连杆轴颈相连，除了个别小型汽油发动机的连杆采用整体式大头外，连杆大头一般都制成分开式，被分开的部分称为连杆盖，用特制的连杆螺栓紧固在连杆大头上。连杆盖与连杆大头是组合后镗孔，为防止装配错误，在同侧刻有记号。连杆大头内孔表面要求有较低的表面粗糙度，以便与连杆轴瓦(或滚动轴承)紧密贴合。连杆大头还铣有连杆轴承的定位凹槽，有的连杆大头及轴承还钻有直径1.0~1.5 mm的径向小油孔，从中喷出机油以加强气缸壁等处的飞溅润滑。

连杆大头的切口形式分为平切口和斜切口两种，如图2.39所示。平切口连杆的剖切面垂直于连杆轴线。一般汽油发动机的连杆大头尺寸都小于气缸直径，可采用平切口。平切口连杆盖与连杆的定位，是利用连杆螺栓上的精加工圆柱台或光圆柱部分与经过精加工的螺栓孔来保证的。

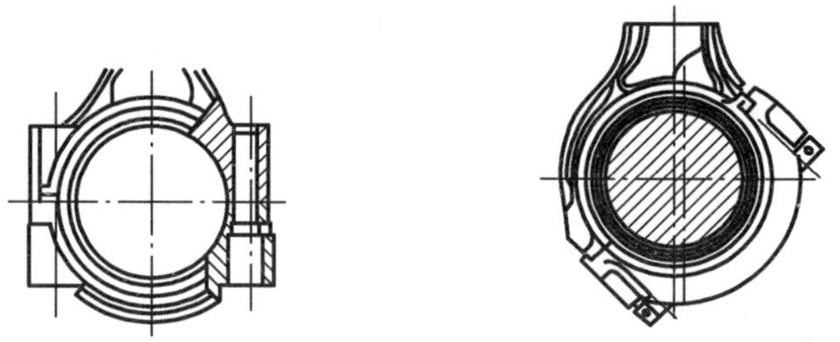

(a) 平切口　(b) 斜切口

图2.39　连杆大头的连接方式

柴油发动机的负荷较大，连杆的受力也大，连杆大头的尺寸往往超过气缸直径。为使连杆大头能通过气缸，便于拆装，一般都采用斜切口。斜切口的连杆常用的定位方法有止口定位、定位套定位、锯齿定位和定位销定位等，如图2.40所示。

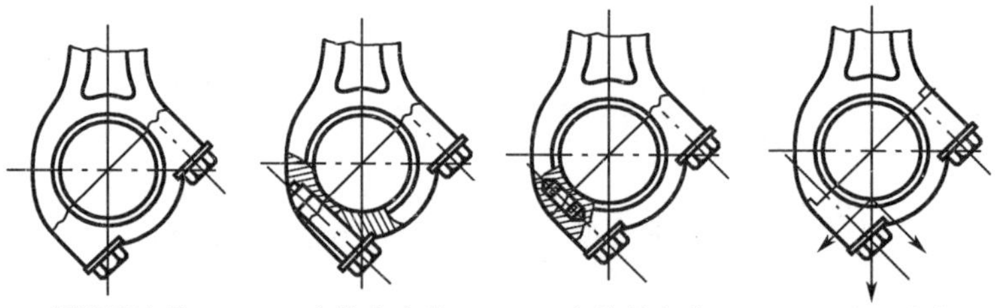

(a) 锯齿形定位　(b) 定位套定位　(c) 定位销定位　(d) 止口定位

图2.40　斜切口连杆大头的定位方式

(3)连杆螺栓及其锁止

连杆螺栓是一个要承受很大冲击性载荷的重要零件，当其发生损坏时，将给发动机带来极其严重的后果。因此一般采用韧性较高的优质合金钢或优质碳素钢锻制或冷墩成形。连杆大头在安装时必须坚固可靠。连杆螺栓必须按工厂规定的力矩，分2~3次均匀地拧紧。为使连杆更加可靠地工作，还需要采用锁止装置，如防松胶、开口销、双螺母、自锁螺母及螺纹表面镀铜，以防连杆工作时自动松动。

(4)连杆轴承

连杆轴承也称连杆轴瓦(俗称小瓦),装在连杆大头的孔内,用以保护连杆轴颈及连杆大头。其在工作时承受较大的交变载荷、高速摩擦、低速大负荷时润滑困难及润滑变质带来的腐蚀等苛刻条件。为此,要求轴承具有足够的强度、良好的减磨性及良好的耐腐蚀性。

现代发动机所用的连杆轴承是由钢背和减磨层组成的分开式薄壁轴承,如图2.41所示。

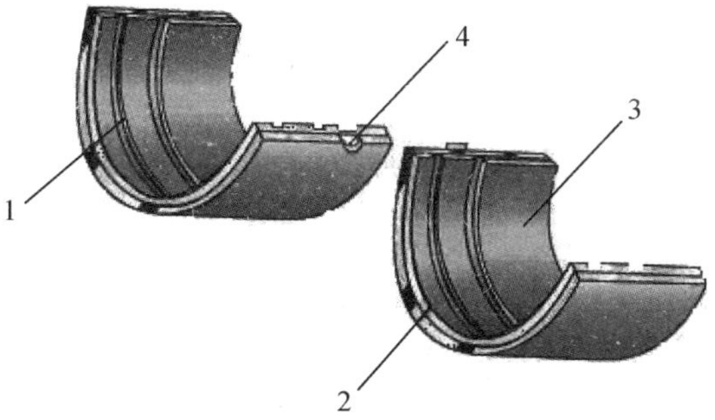

1—油槽;2—钢背;3—减摩合金;4—定位凸键。

图2.41　连杆轴承

钢背由厚1～3 mm低碳钢带制成,是轴承的基体。它既有足够的强度,以承受近乎冲击性的载荷,又有合适的刚度,以便与轴承孔良好贴合。在钢背的内圆面上浇铸0.3～0.7 mm厚的减磨合金层,用以减小摩擦阻力、加速磨合和保持油膜。目前常用的轴承减磨合金,主要有白合金、铜铅合金和高锡铝合金。

连杆轴承背面有较低的表面粗糙度,且当轴承装入连杆大头时有一定的过盈,故能均匀地紧贴在大头内壁上,具有很好的承载能力和导热能力。这样可以提高其工作可靠性和延长使用寿命。

为了防止连杆轴承在工作中发生转动或轴向移动,在两个连杆轴承的剖分面上,分别冲压出高于钢背的两个定位凸键。装配时,这两个凸键分别嵌入在连杆大头和连杆盖上的相应凹槽中,在连杆轴承内表面上还加工有油槽,用来贮油以保证可靠润滑。

二、发动机活塞连杆的拆装

1.器材和用具

丰田轿车发动机若干台,机油少许;活塞连杆组总成若干套;常用工具若干套;丰田轿车维修专用工具若干套;相应挂图或图册;丰田轿车维修手册。

2.注意事项

①拆卸、安装活塞时一定要注意记号;若无记号,拆卸前必须做标记。

②安装活塞销时,要用专用工具或加热到60 ℃再进行。

③拆下的零部件按顺序放好,并注意不要损坏零件。

④严格按操作规程进行操作,并注意操作安全。

3.操作步骤

(1)活塞连杆组的拆卸

丰田发动机活塞连杆组组件如图2.42所示。

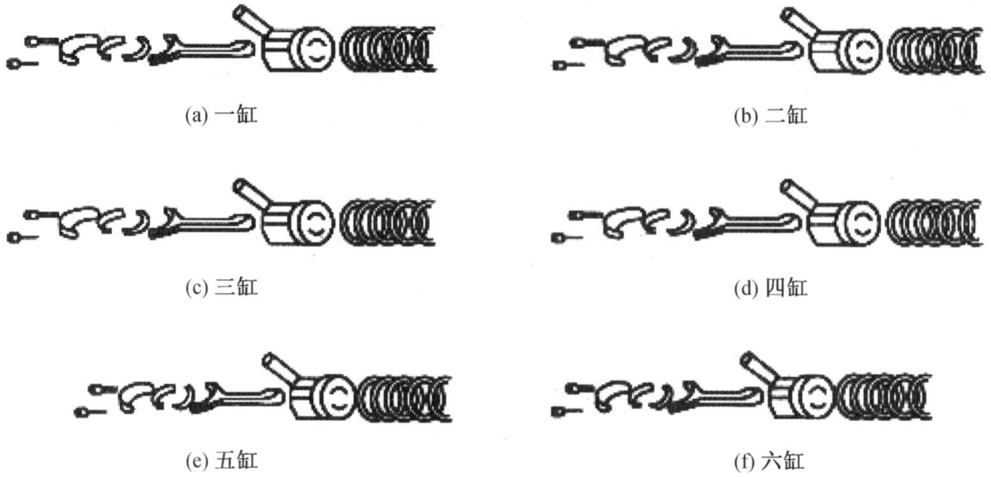

图 2.42 丰田发动机活塞连杆组组件

①将要拆卸的活塞连杆组(二缸)转到活塞处于下止点,并检查活塞顶、连杆大端处有无记号。如无记号,应按次序在活塞顶、连杆大端用钢字号码打上记号。

②拆下连杆螺母,取下连杆端盖、衬垫和连杆轴承,并按顺序放好,以免相互混淆。

③用手将连杆向上推,使连杆与连杆轴颈分离。用橡胶锤或手锤木柄推出活塞连杆组。如缸口磨有台肩或积炭,应先刮平,以免损坏活塞环等。另外,注意不要硬撬、硬敲,以免损伤气缸。

④取出活塞连杆组后,应将连杆盖、衬垫、螺栓和螺母按原样装回,不可错乱。

(2)活塞连杆组的分解

①用活塞环装钳拆下活塞环,如图 2.43 所示,注意活塞环装配记号。

②将活塞连杆组浸入 60 ℃热水中,并在热状态下拆下活塞销和活塞,如图 2.44 所示。

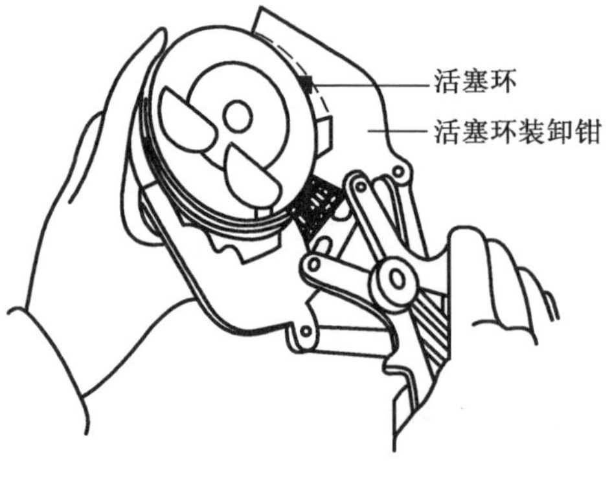

图 2.43 拆卸活塞环

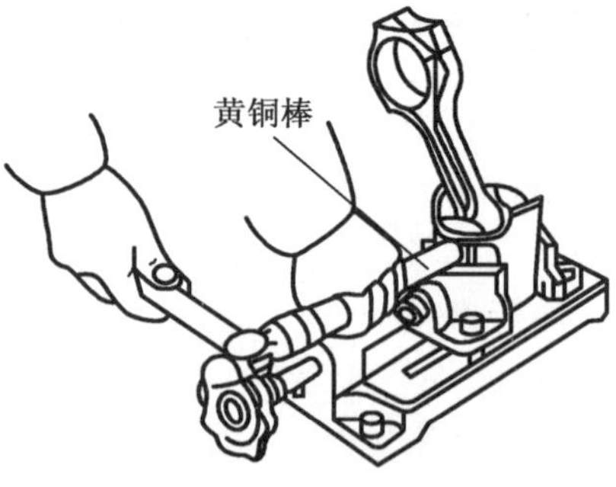

图 2.44 拆卸活塞销

完成上述操作后,仔细观察活塞连杆组各零件的结构、作用和特点,以及各零件间的相互连接关系。

(3)活塞连杆组的装合

①用汽油清洗活塞组各零件,用钢丝疏通各油孔油道,清除污垢,然后用高压气体吹干。

②按顺序、标记分组放好,并清点零件。

③安装活塞销。将活塞置于水中加热 60~80 ℃后,取出活塞并迅速擦净座孔,用拇指力量将涂有润滑油的活塞销推入活塞的一端销孔内,随即在连杆小头的衬套内涂上一层润滑油,将小头伸入活塞内;继续用拇指力量将活塞销推入连杆衬套,直至活塞的另一端销孔边缘,使活塞销端面与活塞销卡环槽的内端面平齐为止(严禁用手锤打入);再装入卡环,卡环嵌入环槽中的深度应不小于环径的 2/3,卡环在环槽中与活塞销两端有间隙,以保证活塞销受热膨胀留有余地。

④安装活塞环。要用活塞环装卸钳依次装好第一道气环、第二道气环,如图 2.45 所示。第三道是油环(组合环)。注意装配记号和活塞环开口方向。

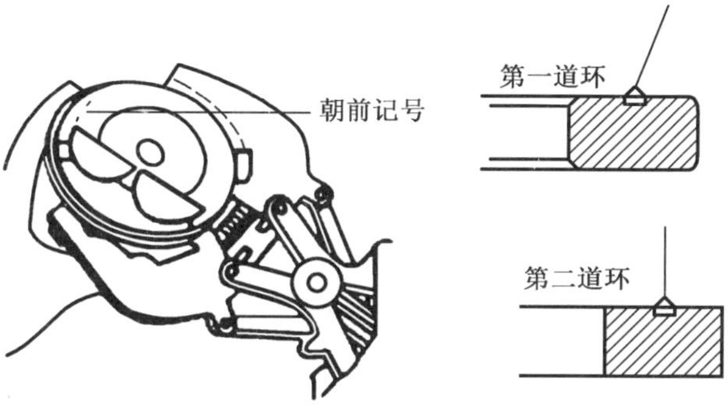

图 2.45　活塞环装配记号

(4)将活塞连杆组件装入气缸

①将第一缸曲柄转到下止点位置,取第一缸的活塞连杆组成。在瓦片、活塞环处加注少许机油,转动各环使润滑油进入各环槽,并检验各开口是否处于规定方位。

②用专用工具收紧各环,按活塞顶箭头方向,将活塞连杆总成从气缸顶部放入缸筒,用手引导连杆使其对准曲轴轴颈,用木槌柄将活塞推入。装入前注意检查装配记号。

③取第一缸的连杆轴承盖(带有轴瓦),使标记朝前装在连杆上,并按规定力矩交替拧紧连杆螺母。

④依同样的方法,将其余各缸活塞连杆组件装入相应气缸。

⑤活塞连杆组装复后,用手锤朝曲轴轴线方向前后轻敲轴承时,连杆应能轻微移动;全部装复后,转动曲轴时,松紧度应适宜;所有连杆上螺栓、螺母应齐全可靠。

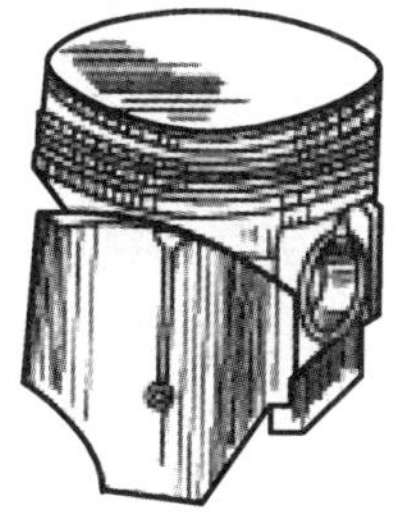

图 2.46　拖板式活塞

三、知识拓展

1. 拖板式活塞

按裙部结构形式,活塞可分为拖板式和筒式。拖板式活塞的裙部下端沿销座轴线方向去掉一部分,如图 2.46 所示,该结构裙部弹性好、质量小,活塞与气缸的配合间隙较小。这种结构是在行程较小的发动机上为防止活塞与曲轴上的平衡重相碰而设计的。行程较大的发动机则一般采用全裙式活塞。

2. V 形发动机叉形连杆(图 2.47)

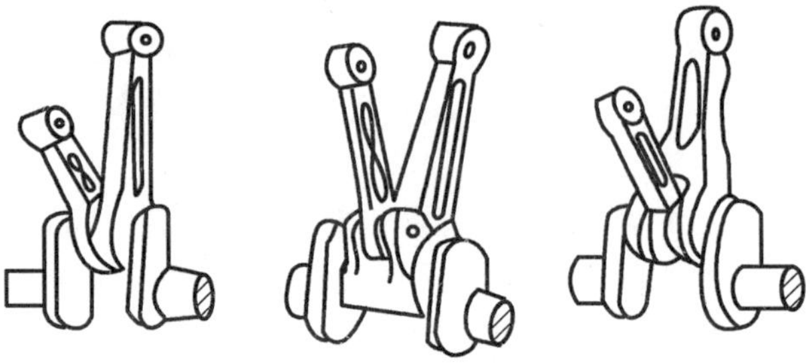

(a) 并列式　(b) 主副式　(c) 叉形连杆式

图 2.47　V 形发动机叉形连杆

(1)并列式

这种连杆的左右两缸连杆并列安装在同一连杆轴颈上。并列式连杆的优点是前后连杆可以通用,左右两列气缸的活塞运动规律相同;缺点是两列气缸沿曲轴纵向须相互错开一段距离,从而增加了曲轴和发动机的长度。

(2)主副式

这种连杆的一列气缸为主连杆,直接安装在连杆轴颈上;另一列连杆为副连杆,铰接在主连杆大头(或连杆盖)上的两个凸耳之间。采用主副连杆式的 V 形发动机,其两列气缸不需要相互错开,因而也就不会增加发动机的长度。

(3)叉形连杆式

这种连杆的左右对应的两列气缸连杆中,一个连杆大头做成叉形,跨于另一个连杆厚度较小的大头两端,一般称其为内连杆。叉形连杆的优点是两列气缸中活塞的运动规律相同,两列气缸无须错开。缺点是叉形连杆大头结构复杂,制造比较困难,维修也不方便,且大头刚度较差。

3. 活塞销的选配

(1)活塞销的耗损

在发动机工作时,活塞销要承受燃气的压力和活塞连杆组的惯性力。在发动机正常工作时,活塞销与活塞销座和连杆衬套之间存在微小的间隙,因此可以在销座和连杆衬套内自由转动,使得其径向磨损比较均匀,磨损速率也较低。

(2)活塞销的选配

发动机大修时,一般应选择标准尺寸的活塞销,以便为小修留有余地。

选配活塞销的原则是:同一台发动机应选用同一厂家、同一修理尺寸的成组活塞销;活塞销表面无任何锈蚀和斑点;表面粗糙度 Ra 不大于 0.2 μm,圆柱度误差不大于 0.002 5 mm,质量差在 10 g 范围内。

4. 发动机连杆(曲轴)轴承间隙的检查与调整

(1)器材和用具

大众系列发动机,常用工具、量具,撬棒,塞尺,塑料间隙条,测量间隙规,百分表及表座。

(2)注意事项

①拆下油底壳并清洗干净。

②检查放油螺塞。放油螺塞、垫片应完好无损。

(3)操作步骤

①连杆轴承间隙的检查。

a. 拆下某一道连杆轴承盖,将轴承与轴颈擦干净。

b. 根据轴颈长度剪下一段塑料间隙条,按与曲轴轴线平行方向放置在轴承盖上。

c. 将轴承盖按原有规定记号(或现做的记号)装复,并按规定力矩拧紧螺栓,如图2.48所示。

注意,整个拧紧过程不得转动曲轴,以防止损坏塑料间隙条。

d. 拆下连杆轴承盖,对照塑料间隙条宽度调整测量间隙规,测量间隙规宽度对应的间隙值即为连杆轴承径向间隙,如图2.49所示。

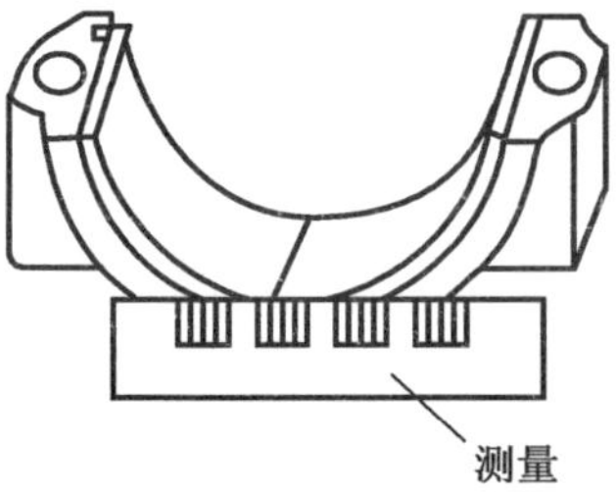

图2.48　测量曲轴轴承间隙

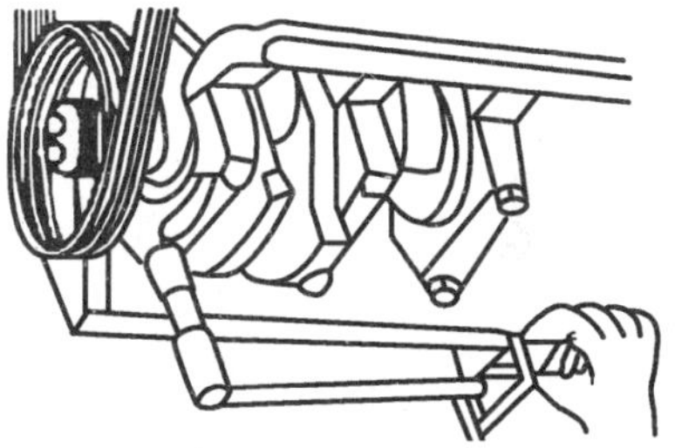

图2.49　拧紧曲轴轴承螺栓

说明:连杆轴承径向间隙超过限度应予以调整或更换轴承。

②连杆轴承间隙的调整。

a. 若轴承盖与座之间有调整垫片,可适当增减垫片(增加垫片,间隙变大;减少垫片,间隙变小),至用不大的力即能灵活转动曲轴为宜。

注意,转动曲轴时须拆下全部火花塞。

b. 若无调整垫片时,应成对更换新轴承,并重新进行装配、调整。

③曲轴轴承间隙的检查与调整。

a. 可按上述连杆轴承间隙的检查办法进行检查。

b. 经验检查法检查连杆间隙。摇转曲轴,将需要检查的连杆轴承转至下方,用锤柄沿曲轴轴向(前后)轻轻敲击连杆轴承盖时,连杆大端应能移动,两手上下推动连杆大端应无明显的间隙感。否则,说明连杆轴间隙过大。

④曲轴轴向间隙的检查。

a. 拆下飞轮壳底盖。

b. 将百分表固定在飞轮壳上,百分表触头抵飞轮的外平面,用撬棒前后撬动曲轴正时带轮,百分表指针的摆动幅值即为曲轴轴向间隙值。

⑤曲轴轴向间隙的调整。

这一间隙可通过改变止推轴承的厚度来调整。

说明:EQ1092止推轴承设置在第四道轴颈上;奥迪100止推轴承设置在第三道轴颈上;斯太尔91止推轴承设置在第二道主轴颈上;依维柯止推轴承设置在第五道主轴颈上。

5.连杆的检修

(1)器材和用具

连杆若干个;与连杆相配套的活塞销若干个;连杆校正器若干套;连杆检验器若干套;塞尺若干个。

(2)注意事项

①连杆校正时,若弯曲、扭曲变形并存,一定要先校正扭曲,后校正弯曲。

②有些车型的连杆螺栓为预应力螺栓,拆卸后必须更换。

③拆下的零部件按顺序放好,并注意不要损坏零件。

④严格按操作规程进行操作,并注意安全。

(3)操作步骤

①连杆的外观检查。

a.连杆体、轴承盖不得有裂纹和损伤。

b.轴承盖与轴承座应密合,结合面无损伤,定位槽完整无损。

c.用塞尺检查连杆大头两端面与曲柄臂,间隙应符合规定,否则应予以更换。

d.检查连杆螺栓与螺母。如螺纹有损伤(在两扣以上),螺栓有裂痕或有明显的缺陷,螺栓拉长变形或螺体、螺母相互配合间隙过大,有明显松动,应更换。

②连杆的变形检验

连杆弯扭变形的检验在连杆检验仪上进行,如图2.50所示。

a.将连杆大头的轴承盖装好(不装轴承),按规定力矩拧紧螺母,并将活塞销装入已磨配好的连杆衬套内。

b.将连杆大头装在检验仪芯轴上(此时连杆大头内孔的圆度、圆柱度应符合要求),拧动调整螺钉,使定芯块向外扩张,把连杆固定在检验仪上。

c.将小角铁下移,使底平面与活塞销接触,拧紧固定螺钉,观察小角铁与活塞销接触情况,即可检查出连杆弯曲的方向和程度,如图2.50(a)所示。要求连杆大小头中心线的平行度在两个互相垂直平面上,每100 mm长度不大于0.05 mm。

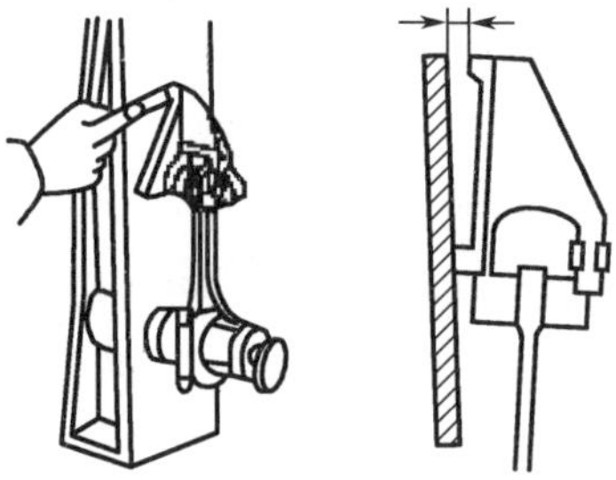
(a) 连杆弯曲检验

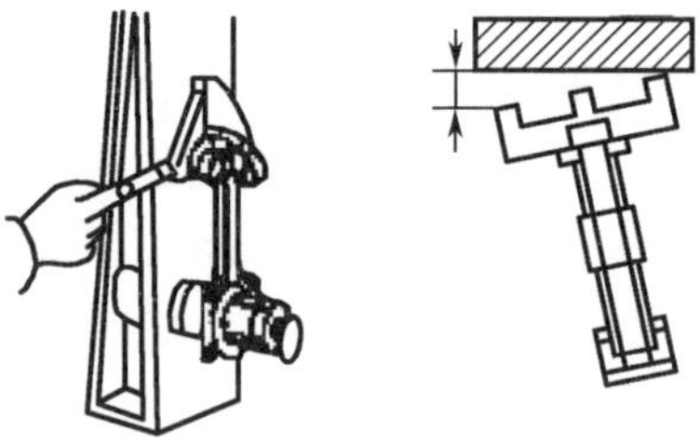
(b) 连杆扭曲检验

图2.50 连杆弯扭变形的检验

d.在检查弯曲的基础上,观察接触情形即可查出连杆扭曲的方向和程度,如图2.52(b)所示。要求连杆大小头中心线的扭曲度在两个互相垂直的平面上,每100 mm长度不大于0.05 mm。

③连杆弯扭变形的校正。

a.对于弯曲的连杆,可用压床或校正器上校弯工具压直,如图2.51所示。

b. 对于扭曲的连杆，可夹在台钳上，用校正器上的校扭工具校正，如图2.52所示。

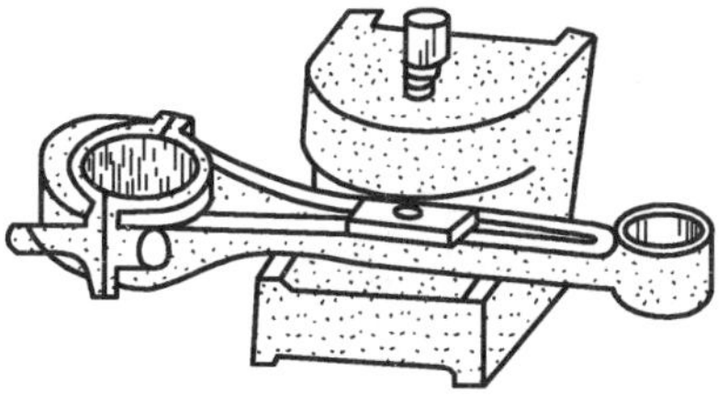

图2.51　连杆弯曲校正

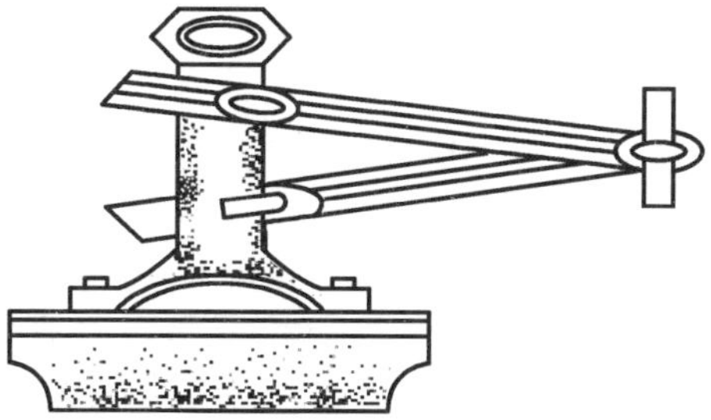

图2.52　连杆扭曲校正

没有校正工具时，用长柄扳钳、管子钳等也可校正。在常温下校正连杆，将会发生弹性变形和后效作用，即卸去负荷后，连杆有恢复原状的趋势。因此在校正弯扭变形较大的连杆时，校正后最好进行时效处理。方法是将校正后的连杆用喷灯稍许加热。在校正弯扭变形较小连杆时，使校正负荷保持一定的时间即可。经校正的连杆，应再次进行检验。如此反复进行，直至把弯扭变形消除为止。

④连杆的选配。

a. 连杆应尽量成组更换，需要单只更换时，须保证连杆质量差不大于3 g。

b. 连杆、连杆螺栓及螺母的结构要与发动机的型号相匹配。

任务2.4　曲轴飞轮组的构造与拆装

一、曲轴飞轮组的基础知识

1. 曲轴

(1)曲轴的功用、工作条件和材料

曲轴的功用是把活塞连杆组传来的气体压力转变为转矩并对外输出，另外，曲轴还用来驱动发动机的配气机构和其他各种辅助装置。

曲轴在工作时，要承受周期性变化的气体压力、往复惯性力和离心力，以及这些力产生的转矩和弯矩的共同作用；在上述载荷的作用下，会引起扭转振动和弯曲振动而产生附加应力；转矩和负荷经常变化，导致轴颈处有时不易形成良好的油膜，而曲轴与轴承相对的滑动速度又很高；在紧急制动情况下，曲轴还会产生轴向窜动。

为了保证工作可靠，要求曲轴具有足够的刚度和强度，具有一定的耐磨性，并需要很好的平衡性。为此，曲轴要求用强度、冲击韧性和耐磨性都比较高的材料制造，一般都采用中碳钢或中碳合金钢模锻。

为了提高曲轴的耐磨性，其主轴颈和连杆轴颈表面均需要进行高频淬火或氮化，近年来，许多发动机还采用高强度的稀土球墨铸铁铸造，这种曲轴必须采用全支承以保证其刚度。

(2)曲轴的结构

曲轴的基本结构包括前端轴、主轴颈、连杆轴颈、曲柄、平衡重及后端凸缘等。一个连杆轴颈和它两端的曲柄及主轴颈构成一个曲拐，如图 2.53 所示。曲轴的曲拐数取决于气缸的数目和排列方式。直列发动机曲轴的曲拐数等于气缸数；V 形发动机曲轴的曲拐数等于气缸数的一半。

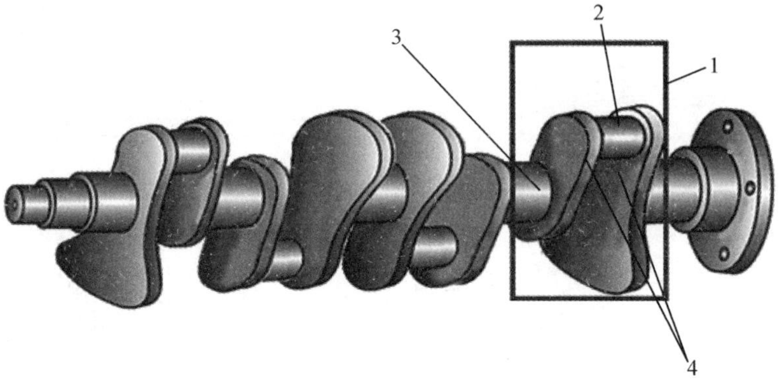

1—一个曲拐；2—连杆轴径；3—主轴颈；4—曲柄。

图 2.53　曲拐

按曲轴主轴颈数目，可以把曲轴分为全支承曲轴和非全支承曲轴两种，如图 2.54 所示。在每个连杆轴颈两边都有一个主轴颈，称为全支承曲轴。显然全支承曲轴的主轴颈数比连杆轴颈数多一个；主轴颈数少于连杆轴颈的，称为非全支承曲轴。全支承曲轴的优点是可以提高曲轴的刚度，且主轴承的负荷较小，多用于柴油发动机和负荷较大的汽油发动机；非全支承曲轴结构简单且长度较短，多用于中小负荷汽油发动机。

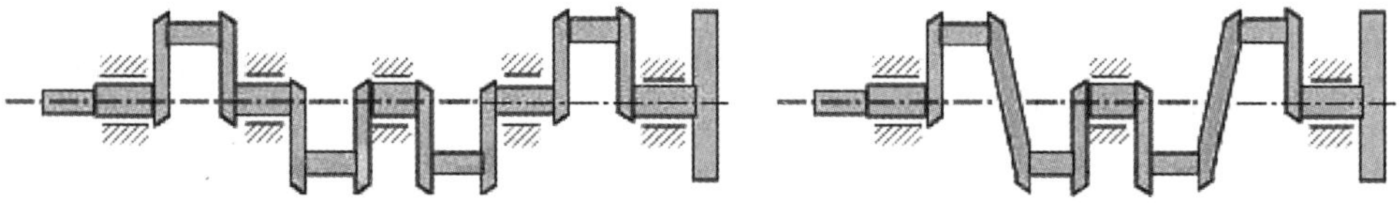

(a) 全支承曲轴　　(b) 非全支承曲轴

图 2.54　曲轴的支承形式

连杆大头为整体式的某些小型汽油发动机或采用滚动轴承作为曲轴主轴承的发动机，必须采用组合式曲轴，即将曲轴的各部分分段加工，然后组合成整个曲轴，如图 2.55 所示。

为了平衡连杆大头、连杆轴颈和曲柄等产生的离心力及其力矩，有时还为了平衡部分往复惯性力，使发动机运转平衡，需对曲轴进行平衡。对于四缸、六缸等多缸发动机，由于曲柄对称布置，往复惯性力和离心力及其产生的力矩，从整体上看都能互相平衡，但曲轴的局部却受到弯曲作用。由图 2.56 的曲轴平衡重的作用示意图可以看出：第一缸和第四缸连杆轴颈的离心力 F_1、F_4 与第二连杆轴颈和第三连杆轴颈的离心力 F_2、F_3 大小相等、方向相反，故可以相互平衡。F_1 和 F_2 形成的力矩 M_{1-2} 与 F_3、F_4 形成的力矩 M_{3-4} 也能互相平衡，但两个力矩都对曲轴造成了弯曲变形，而引起主轴颈和轴承的偏磨。为了减轻主轴承的负荷，改善其工作条件，一般都会在曲柄的相反方向设置平衡重。

平衡重有的与曲轴制成一体；有的单独制成零件，再用螺栓固定于曲柄上，形成装配式平衡重；有的刚度相对较大的全支承曲轴没有平衡重。

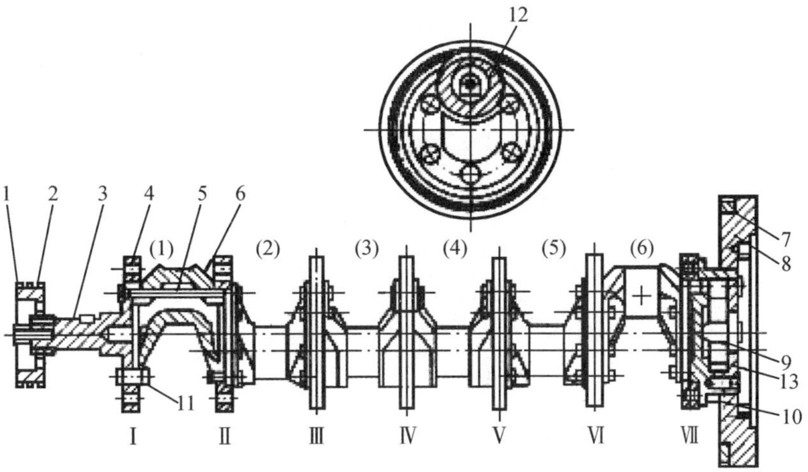

1—启动爪；2—带轮；3—前端轴；4—滚动轴承；5—连杆螺栓；6—曲柄；7—飞轮齿圈；8—飞轮；9—后端凸轮缘；10—挡油圈；11—定位螺栓；12—油管；13—锁片。

图2.55　组合式曲轴

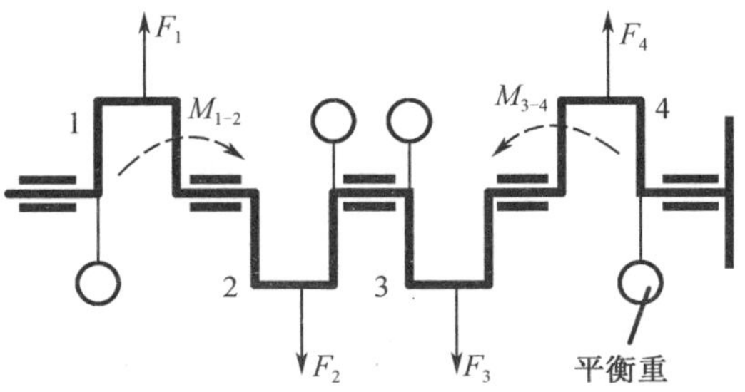

图2.56　曲轴平衡重的作用示意图

(3)曲轴前后端的密封及轴向定位

曲轴前端装有驱动配气凸轮轴的正时齿轮、驱动风扇和水泵的带轮及止推片等。曲轴前端的结构如图2.57所示。

为了防止机油沿曲轴轴颈外漏，在曲轴前端装有甩油盘，随着曲轴旋转，当被齿轮甩出来的机油落到盘上时，由于离心力的作用，被甩到齿轮室盖的壁面上，再沿壁面流下来，回到油底壳中。即使还有少量的机油落到甩油盘前端的曲轴上，也会被压配在齿轮室盖上的油封挡住。

曲轴后端安装有飞轮用的凸缘。为了防止机油向后漏出，常采用甩油盘、油封和回油螺纹等封油装置。回油螺纹的工作原理如图2.58所示。回油螺纹可以是梯形或者是矩形的，其螺旋方向为右旋。当曲轴旋转时，流到回油螺纹槽中的机油也被带着旋转。因为机油本身有黏性，所以受到机体后盖孔壁的摩擦阻力 F_r 作用。F_r 可以分解为平行于螺纹的分力 F_{r1} 和垂直于螺纹的分力 F_{r2}。机油在 F_{r1} 作用下，顺着螺纹槽向前，流回油底壳。

发动机工作时，曲轴经常受到离合器施加于飞轮的轴向力及其他力的作用，从而有轴向窜动的可能。而曲轴的轴向窜动会影响曲柄连杆机构各零件之间的正确位置，故必须用定位装置加以限制。

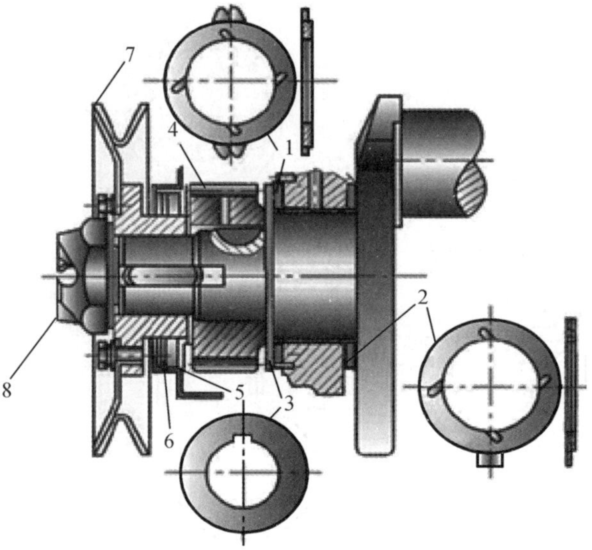

1,2—滑动止推轴承;3—止推片;4—正时齿轮;5—甩油盘;
6—油封;7—带轮;8—启动爪。

图 2.57 曲轴前端的结构

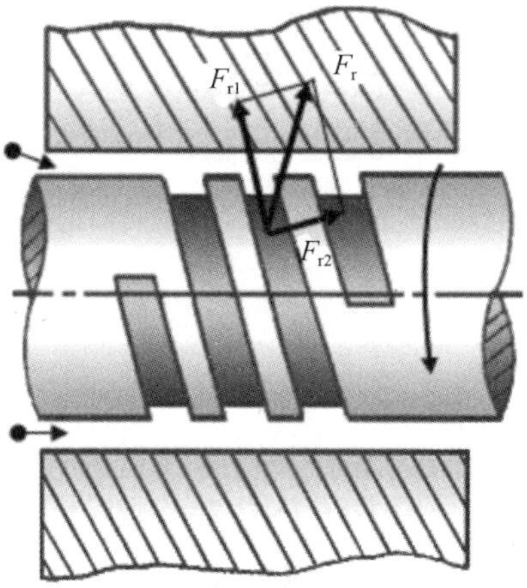

图 2.58 回油螺纹的工作原理

曲轴的轴向定位装置为安装在某一主轴颈两侧的两个止推片。止推片的形式一般有两种:一种是翻边轴承的翻边部分;另一种是单面制有减磨合金层的止推轴承,如图 2.59 中的 1,5。安装时,应将涂有减磨合金层的一面朝向旋转面。

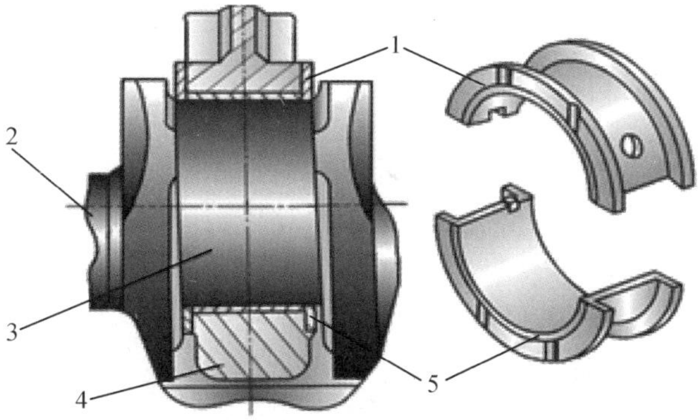

1,5—止推垫片;2—连杆轴颈;3—主轴颈;4—主轴承盖。

图 2.59　曲轴的轴向定位装置

(4)曲拐的布置

多缸发动机曲轴曲拐的布置与气缸数、气缸的排列形式(直列、V形)、发动机的平衡以及各缸工作顺序的排列密切相关,并具有一定的规律性。应尽可能使连续做功的两缸距离远些,以减小主轴承的负荷和避免相邻两缸进气门同时开启而发生抢气现象;做功间隔角应尽量均匀,以使发动机运转均匀;曲拐布置应尽可能对称、均匀,以使发动机的工作平衡性好。

常见的几种发动机曲拐布置和工作顺序如下。

①直列四缸四行程发动机。这种发动机曲轴、曲拐对称布置于同一平面内,做功间隔角为 720°/4 = 180°,各缸的工作顺序有 1—3—4—2 和 1—2—4—3 两种。其结构和工作原理如图 2.60 和表 2.4 所示。

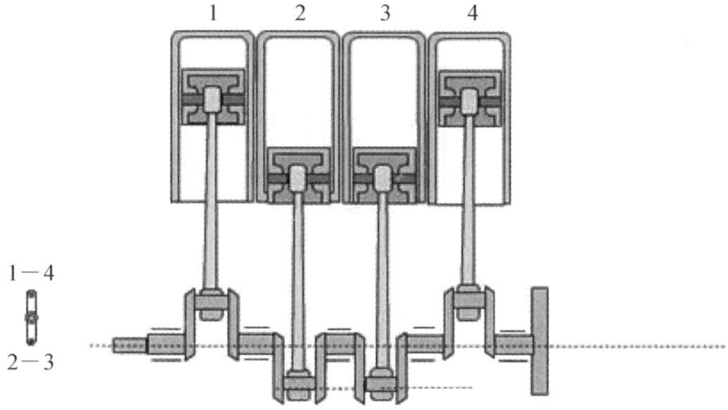

图 2.60　直列四缸四行程发动机的曲拐布置

表 2.4　直列四缸四行程发动机工作循环表(工作顺序 1—3—4—2)

曲轴转角/(°)	第一缸	第二缸	第三缸	第四缸
0 ~ 180	做功	排气	压缩	进气
180 ~ 360	排气	进气	做功	压缩
360 ~ 540	进气	压缩	排气	做功
540 ~ 720	压缩	做功	进气	排气

②直列六缸四行程发动机。这种发动机曲轴曲拐均匀布置在互成120°角的三个平面内，相邻工作两缸的曲拐夹角为720°/6 = 120°，各缸工作顺序一般为1—5—3—6—2—4，其结构和工作循环如图2.61和表2.5所示。

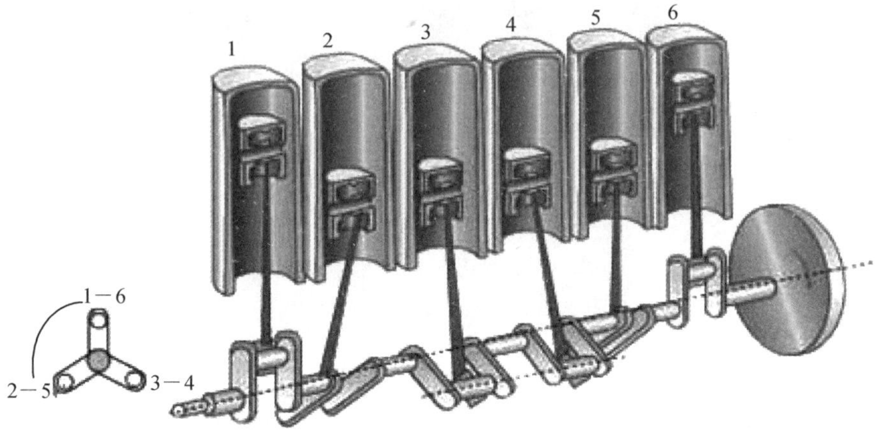

图2.61　直列六缸四行程发动机的曲拐布置

表2.5　直列六缸四行程发动机工作循环表（工作顺序1—5—3—6—2—4）

<table>
<tr><th colspan="2">曲轴转角/(°)</th><th>第一缸</th><th>第二缸</th><th>第三缸</th><th>第四缸</th><th>第五缸</th><th>第六缸</th></tr>
<tr><td rowspan="3">0～180</td><td>0～60</td><td rowspan="3">做功</td><td rowspan="2">排气</td><td>进气</td><td>做功</td><td rowspan="2">压缩</td><td rowspan="3">进气</td></tr>
<tr><td>60～120</td><td rowspan="3">压缩</td><td rowspan="3">排气</td></tr>
<tr><td>120～180</td><td rowspan="3">进气</td><td rowspan="3">做功</td></tr>
<tr><td rowspan="3">180～360</td><td>180～240</td><td rowspan="3">排气</td><td rowspan="3">压缩</td></tr>
<tr><td>240～300</td><td rowspan="3">做功</td><td rowspan="3">进气</td></tr>
<tr><td>300～360</td><td rowspan="3">压缩</td><td rowspan="3">排气</td></tr>
<tr><td rowspan="3">360～540</td><td>360～420</td><td rowspan="3">进气</td><td rowspan="3">做功</td></tr>
<tr><td>420～480</td><td rowspan="3">排气</td><td rowspan="3">压缩</td></tr>
<tr><td>480～540</td><td rowspan="3">做功</td><td rowspan="3">进气</td></tr>
<tr><td rowspan="3">540～720</td><td>540～600</td><td rowspan="3">压缩</td><td rowspan="3">排气</td></tr>
<tr><td>600～660</td><td rowspan="2">进气</td><td rowspan="2">做功</td></tr>
<tr><td>660～720</td><td>排气</td><td>压缩</td></tr>
</table>

③V形八缸发动机。这种发动机的曲拐布置形式可以与四缸发动机一样，四个曲拐布置在同一平面内，也可以布置在两个互相错开90°的平面内。其做功间隔角为720°/8 = 90°，各缸工作顺序一般为1—8—4—3—6—5—7—2，其结构和工作循环如图2.62和表2.6所示。

（5）扭转减振器

发动机工作时，经连杆传给曲轴的作用力呈周期性变化，所以使曲轴旋转的瞬时角速度也呈周期性变化。安装在曲轴后端的飞轮，由于转动惯量很大，可以看作等速运动，这样就导致曲轴相对飞轮转动时快时慢，产生扭转振动。当扭转振动频率与曲轴的自振频率成整数倍关系时，产生共振。为了消减曲轴的扭转振动，在发动机的前端多装有扭转减振器。常用的扭转减振器有橡胶式、摩擦式和硅油式等多种形式，如图 2.63 所示。其中，常用的为橡胶式扭转减振器，如图 2.63(a)所示。减振器盘用螺栓与带轮及轮毂紧固在一起，橡胶层与圆盘及惯性盘硫化在一起。当曲轴发生扭转振动时，力图保持等速转动的惯性盘便使橡胶层发生内摩擦，从而消除了扭转振动的能量，避免发生扭转振动。

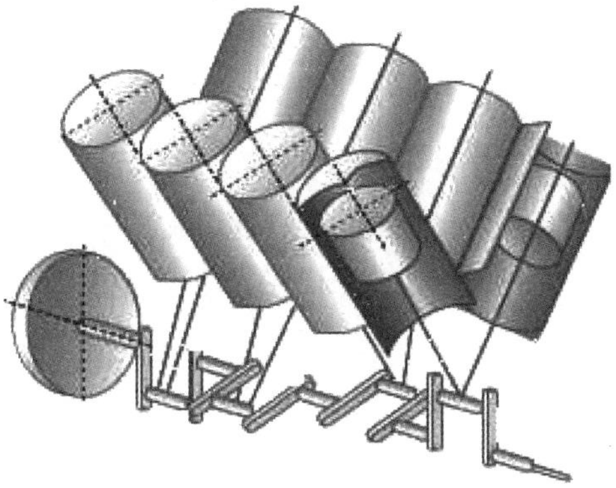

图 2.62　V 形八缸四行程发动机曲拐布置

表 2.6　V 形八缸四行程发动机工作循环表（工作顺序 1—8—4—3—6—5—7—2）

<table>
<tr><th colspan="2">曲轴转角/(°)</th><th>第一缸</th><th>第二缸</th><th>第三缸</th><th>第四缸</th><th>第五缸</th><th>第六缸</th><th>第七缸</th><th>第八缸</th></tr>
<tr><td rowspan="2">0 ~ 180</td><td>0 ~ 90</td><td rowspan="2">做功</td><td>做功</td><td>进气</td><td rowspan="2">压缩</td><td>排气</td><td rowspan="2">进气</td><td rowspan="2">排气</td><td>压缩</td></tr>
<tr><td>90 ~ 180</td><td rowspan="2">排气</td><td rowspan="2">压缩</td><td rowspan="2">进气</td><td rowspan="2">做功</td></tr>
<tr><td rowspan="2">180 ~ 360</td><td>180 ~ 270</td><td rowspan="2">排气</td><td rowspan="2">做功</td><td rowspan="2">压缩</td><td rowspan="2">进气</td></tr>
<tr><td>270 ~ 360</td><td rowspan="2">进气</td><td rowspan="2">做功</td><td rowspan="2">压缩</td><td rowspan="2">排气</td></tr>
<tr><td rowspan="2">360 ~ 540</td><td>360 ~ 450</td><td rowspan="2">进气</td><td rowspan="2">排气</td><td rowspan="2">做功</td><td rowspan="2">压缩</td></tr>
<tr><td>450 ~ 540</td><td rowspan="2">压缩</td><td rowspan="2">排气</td><td rowspan="2">做功</td><td rowspan="2">进气</td></tr>
<tr><td rowspan="2">540 ~ 720</td><td>540 ~ 630</td><td rowspan="2">压缩</td><td rowspan="2">进气</td><td rowspan="2">排气</td><td rowspan="2">做功</td></tr>
<tr><td>630 ~ 729</td><td>做功</td><td>进气</td><td>排气</td><td>压缩</td></tr>
</table>

目前轿车发动机使用的扭转减振器一般都不单独安装惯性盘，而是利用曲轴带轮兼作惯性盘，带轮和减振器制成一体（减扭振带轮）。无惯性盘扭转减振器如图 2.64 所示。带轮通过内层的橡胶与轮毂粘接在一起，曲轴产生扭转振动时，轮毂随曲轴一起振动，因带轮转动惯量较大，夹在带轮与轮毂之间的橡胶层发生变形，从而消耗曲轴扭转振动的能量，减轻了曲轴的扭转振动。

2. 飞轮

(1)飞轮的功用

飞轮的功用是将做功行程的部分能量贮存起来，以便在其他行程带动曲柄连杆机构工作；提高曲轴运转的均匀性和克服发动机短时的超负荷；将发动机的动力传给离合器。

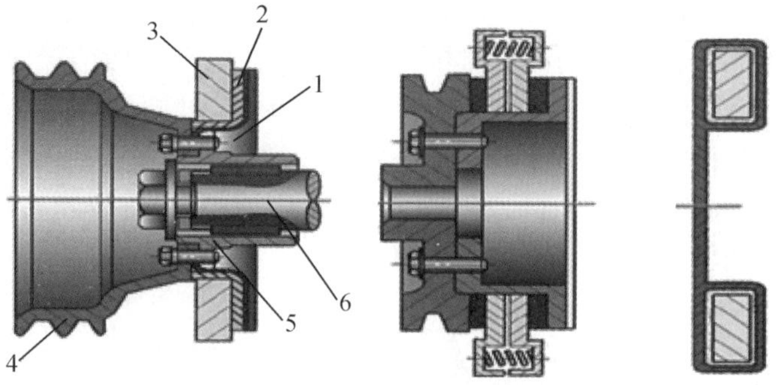

(a) 橡胶式 (b) 摩擦式 (c) 硅油式

1—减振器圆盘;2—橡胶层;3—惯性盘;4—带轮;5—带轮毂;6—曲轴前段。

图 2.63 扭转减振器

(2)飞轮的构造

飞轮是一个转动惯量很大的圆盘。在它的外缘上,压有一个启动用的齿圈,在发动机启动时与启动机齿轮啮合,带动曲轴旋转。为保证在有足够转动惯量的前提下,尽可能减小飞轮质量,应使飞轮的大部分质量都集中在轮缘上,因而轮缘通常做得宽而厚,如图 2.65 所示。

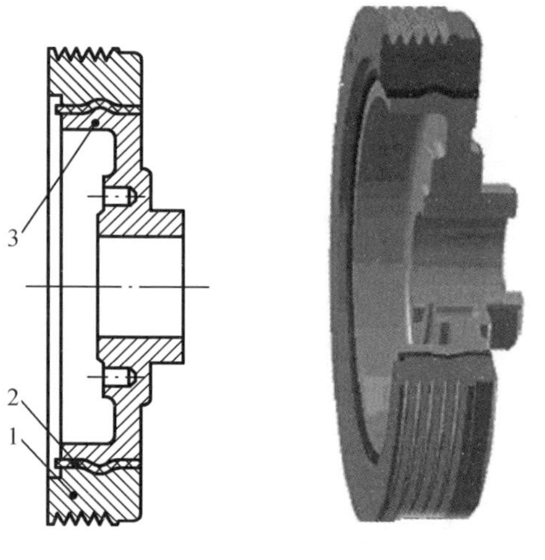

(a) (b)

1—带轮;2—橡胶件;3—轮毂。

图 2.64 无惯性盘扭转减振器

图 2.65 飞轮

飞轮上一般有一缸点火正时标记,以便校准点火正时。各型发动机的正时标记有不同的形式。图 2.66 所示为飞轮上的正时标记举例。

飞轮与曲轴装配后应进行动平衡,否则在旋转时因质量不平衡而产生的离心力将引起发动机的振动并加速主轴颈的磨损。为避免安装错位,使平衡受到破坏,飞轮与曲轴之间应有严格的相对位置,用定位销和不对称的螺栓予以保证。

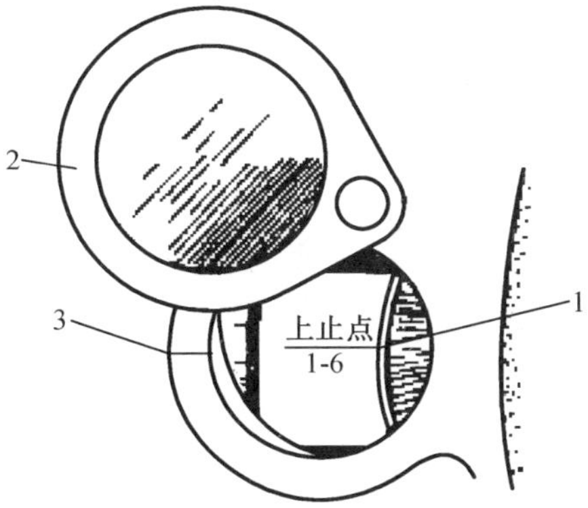

(a) 解放 CA6102 型汽车用发动机飞轮正时标记

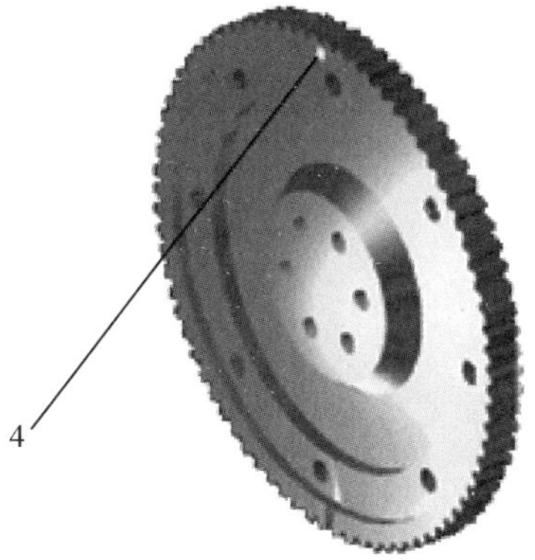

(b) 奥迪 100 型汽车飞轮上的“0”标记

1—飞轮上的标记;2—观察孔的盖板;3—飞轮壳上的标记型汽车;4—正时标记。

图 2.66　飞轮上的正时标记

二、发动机曲轴飞轮的拆装

1. 器材和用具

丰田轿车发动机若干台,机油少许;常用工具、量具若干套;丰田轿车专用工具若干套;相关挂图或图册若干。

2. 注意事项

①正确使用工具、量具,严格遵守操作规程,并注意操作安全。

②转动曲轴时,严防手、物放在曲轴箱内。

③拆卸曲轴主轴承盖时,注意拆卸前检查标记,拆下的轴承盖(盖与瓦不要分离)按顺序放好。

④注意曲轴与飞轮的相对安装位置。

3. 操作步骤

(1)曲轴飞轮组的拆卸

①将气缸体倒置在工作台上,检查主轴承盖上有无记号。如无记号,应按顺序做好记号。

②旋出飞轮固定螺栓,从曲轴凸缘上拆下飞轮。

③按图 2.67 中的数字顺序拆下曲轴主轴承盖紧固螺栓。注意不能一次全部拧松,必须分几次均匀地从两端到中间逐步拧松。

④抬下曲轴,再将轴承盖及轴瓦按原位装回,并将固定螺栓拧入少许。

(2)曲轴飞轮组的装配

①将经过清洗和擦拭干净的曲轴、飞轮,选配及修配好的轴瓦、轴承盖等零件依次摆放整齐,准备装配。

②将曲轴小心安装在缸体上。在第 3 道主轴颈两侧安装半圆止推垫片,其开口必须朝向曲轴,如图 2.68 所示。定位半圆止推垫片装于轴承盖上。

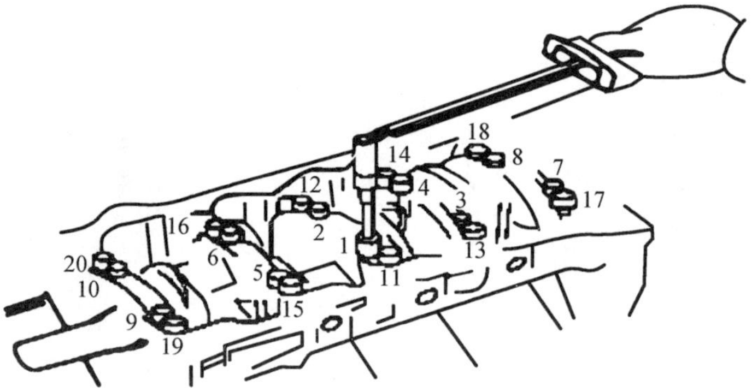

图 2.67　曲轴轴承拆卸顺序

注意:轴承盖按图 2.69 所示的标记安装。按 1 ~5 序号安装,不得装错和装反;第 1,2,4,5 道曲轴瓦,只有装在缸体上的轴瓦有油槽,装在瓦盖上的无油槽。但第 3 道轴瓦两片均有油槽;螺栓要从中间轴承盖向左右对称紧固。

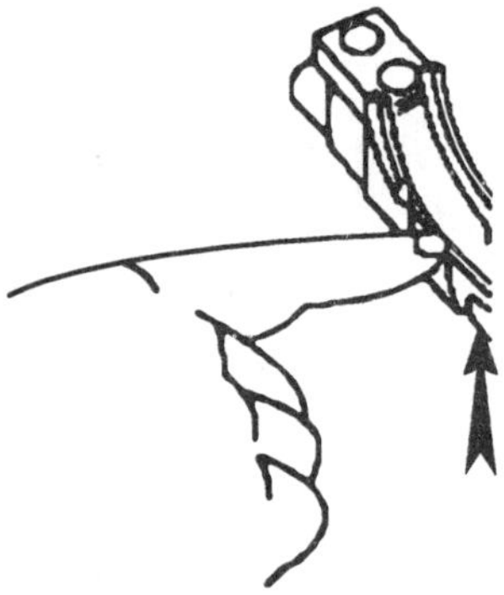

图 2.68　止推片的安装

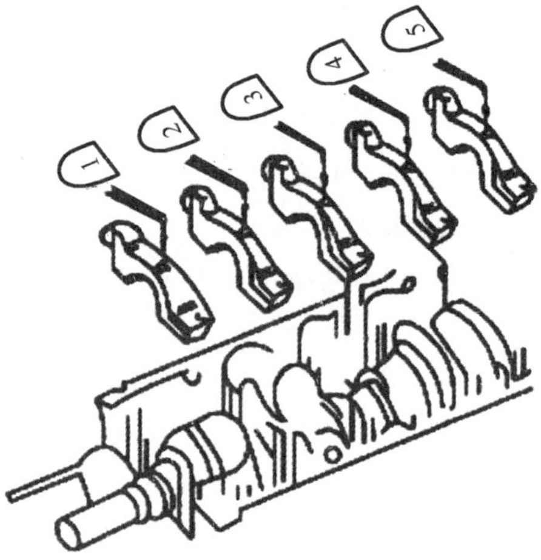

图 2.69　轴承盖上的标记

③检查曲轴转动是否顺畅。若转动较吃紧,用橡胶锤轻轻敲击主轴承盖,直到转动顺畅为止。

④检验曲轴的轴向间隙。检验时,用一字旋具来回轴向撬动曲轴,用百分表测量曲轴轴向间隙。标准间隙值一般为 0.020 ~0.220 mm。

三、知识拓展

1. 曲轴的平衡

曲轴如果局部质量不均,运转时将产生剧烈振动,致使曲轴疲劳折断。因此,在曲柄销对面必须加上配重以保持平衡。有的配重可用螺丝固定,可拆卸;有的配重直接铸造在曲轴上。现代的高速发动机为减小噪声,用平衡轴来提高平衡度。平衡轴通常使用两根,断面为半圆,使用胶木齿轮与曲轴齿轮相啮合,平衡轴与曲轴转动方向相反,以消除曲轴转动的惯性力，如图2.70所示。

2. 发动机曲轴的检修

(1)器材和用具

丰田发动机曲轴若干根；机油少许；压力机；检测平台；与曲轴相配套的V形铁若干块；磁座百分表；外径千分尺及游标卡尺若干个。

(2)注意事项

①曲轴的材质不同，冷压校正时操作要求不同。注意防止曲轴折断或出现新的裂纹。

②注意轴颈径向圆跳动误差、曲轴轴线的直线度误差及弯曲度等指标之间的关系。

③测量曲轴轴颈尺寸及圆度、圆柱度误差时应与油孔错开。

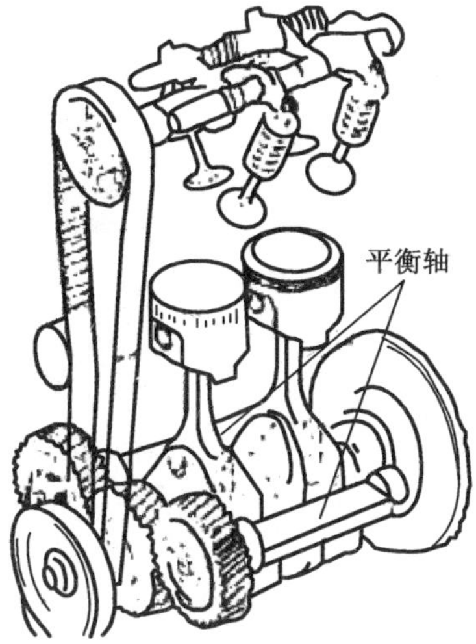

图2.70　曲轴的平衡

(3)操作步骤

①曲轴裂纹的检验。将待检测的曲轴上的油污、积炭、锈迹等彻底清洗干净。

曲轴裂纹一般出现在应力集中处，如主轴颈或连杆轴颈与曲柄臂相连的过渡圆角处，表现为横向裂纹，也有在轴颈中的油孔附近出现轴向延伸和裂纹。常用检查方法有磁力探伤仪检查、超声波探伤及浸油敲击法等。

②轴颈磨损的检修。

a. 曲轴轴颈的检验。检验曲轴轴颈磨损量，测量主轴颈及连杆轴颈的圆度和圆柱度，判定是否需要磨修及磨修的修理尺寸。检验方法如下：用外径千分尺先在油孔两侧测量，然后旋转90°再测量，同一截面最大直径与最小直径之差的1/2为圆度误差；轴颈各部位测得的最大与最小直径差的1/2为圆柱度误差。圆度、圆柱度误差大于0.020 mm时，应按修理尺寸磨修。

b. 曲轴轴颈的磨修。在专用曲轴磨床上进行，除恢复轴颈尺寸及几何形状、精度外，还要保证轴颈的同轴度、平行度、曲轴过渡圆半径及各连杆轴颈间的夹角等相互位置精度。

③弯曲变形的检修。

a. 曲轴弯曲的检查。如图2.71所示，将曲轴的两端用V形块支承在检测平板上，用百分表的触头抵在中间主轴颈表面，转动曲轴一周，百分表上指针的最大与最小读数之差，即为中间主轴颈对两端主轴颈的径向圆跳动误差（通常也用指针的最大与最小读数差的一半作为直线度误差或弯曲度值）。丰田轿车发动机曲轴的直线度误差不大于0.03 mm，否则进行冷压校正或更换曲轴。

b. 曲轴的冷压校正。曲轴冷压校正通常在压力机上进行。如图2.72所示，将曲轴放在压力机工作平板的V形块上，在压力机的压杆与曲轴轴颈之间垫以铜片，防止压伤曲轴轴颈工作表面。对于钢制曲轴，压弯量应为曲轴弯曲量的10～15倍，并保持1.5～2.0 min后再释放。弯曲变形较大时，需多次反复进行，直到符合要求。曲轴校正须进行时效处理，即将曲轴放置10～15天，再重新检校；或将冷压后的曲轴加热至300～500 ℃，保持1.0～1.5 h。对于球墨铸铁曲轴，压校变形量不得大于变形量的10倍。

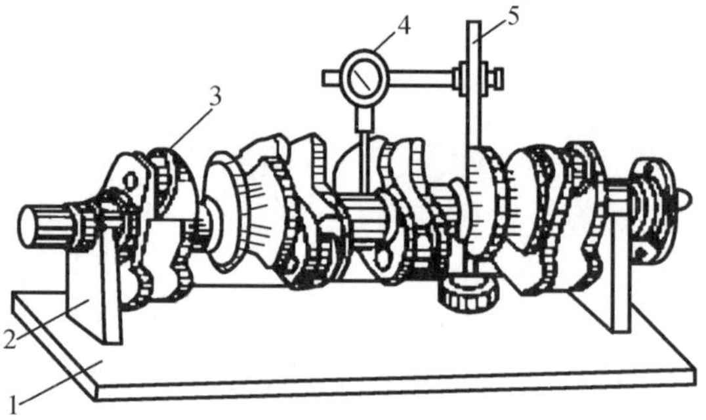

1—平板;2—V 形块;3—曲轴;4—百分表;5—百分表架。

图 2.71　曲轴弯曲的检查

④扭转变形的检修。

a. 曲轴扭转变形的检验。将曲轴两端的主轴颈放在检测平板的 V 形块上,使曲轴上相同曲拐位置的连杆轴颈转至水平。用百分表或游标高度尺测出相对应的两个连杆轴颈的高度差。

b. 曲轴扭转变形的修复。由于曲轴扭转变形量一般较小,可在修磨曲轴轴颈时予以修正。

3. 发动机飞轮的维修

飞轮的主要缺陷是工作面磨损、齿圈磨损或折断。

飞轮齿圈有断齿或齿端冲击耗损,与启动机齿轮啮合困难时,更换齿圈或飞轮组件。

飞轮工作面有严重的烧灼或磨损沟槽深大于 0.50 mm 时,应进行修正,必要时更换飞轮。

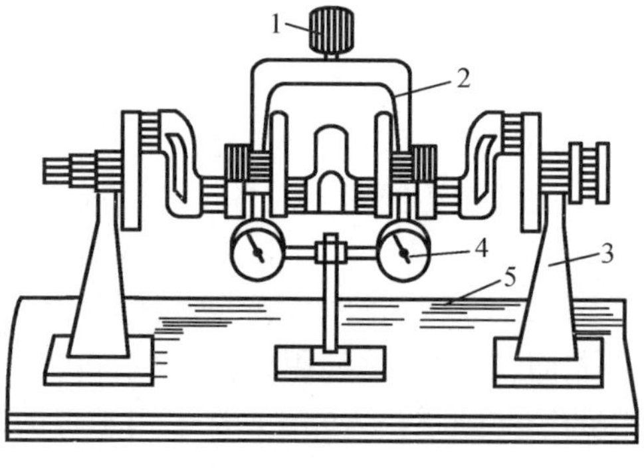

1—压力机;2—压杆;3—V 形块;4—百分表;5—平板。

图 2.72　曲轴弯曲的校正

任务2.5　曲柄连杆机构常见故障诊断与排除

机体是发动机的骨架，曲柄连杆机构是发动机产生并输出动力的主要零件。如果该部分发生故障，将使发动机工作状况变坏，动力性下降，机油及燃油消耗量增大。

一、活塞销响故障诊断与排除

1. 器材和用具

大众发动机；常用拆卸工具；试棒；机械故障听诊器。

2. 故障现象

①发动机在怠速或低速转动时，在气缸上部可听到尖锐清晰的“嗒嗒”声。

②当发动机转速变化时，响声也周期性变化，加速时声响更大。

③一般情况下，发动机温度升高时，响声不减弱，甚至更明显。

3. 故障诊断与排除

①发动机置于怠速下运转，然后怠速向低速急踩加速踏板，声响灵活地随之变化，并且每踩动一下加速踏板，能听到突出的尖脆而连贯的“嗒嗒”声，这种现象可能是活塞销响。诊断过程及诊断部位如图2.73所示。

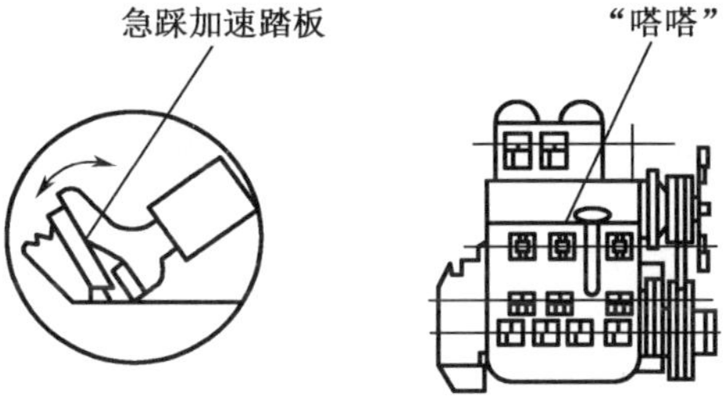

图2.73　转速变化诊断活塞销响

②利用单缸断火法试验。将发动机稳定在响声比较明显的转速范围内，逐缸进行断火试验。若某缸断火后响声明显减弱或消失，且在复火的瞬间能立即出现或连续出现两个响声，说明该缸活塞销响。诊断过程及诊断部位如图2.74所示。若响声严重，并且发动机转速越高，响声越大，此时断火后响声不但不消失，反而变得杂乱，说明活塞销与连杆小头衬套的配合间隙过大。

③发动机怠速运转时，出现有节奏而较为沉重的“吭吭”的金属碰击声。若提高转速，响声不消失，机体伴有抖动现象；若用断火试验，响声反而加重，说明该缸的活塞销自由窜动发响。诊断过程及诊断部位如图2.75所示。

④将加速踏板猛踩一下，响声猛烈而尖锐。若利用单缸断火试验，响声减弱或消失，说明活塞销折断响。诊断过程及诊断部位如图2.76所示。

⑤放尽机油，拆下缸盖和油底壳，将发生活塞销异响的活塞连杆组拆下，握住活塞，并沿活塞轴线推拉连杆。若感觉有较大的松旷量，拆下活塞销，当活塞销孔正常，而连杆套磨损超过使用极限时，应更换标准尺寸的活塞销和连杆小头衬套。若三者磨损都较大时，应

将活塞销和连杆小头衬套内孔进行铰削，与加大一级的活塞销进行修配。

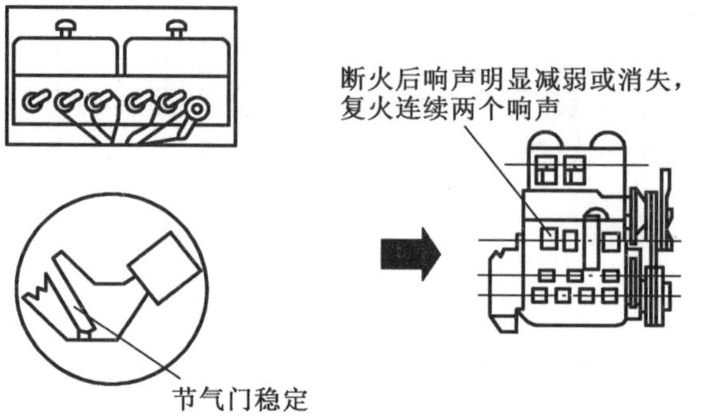

图 2.74 单缸断火法诊断活塞销响

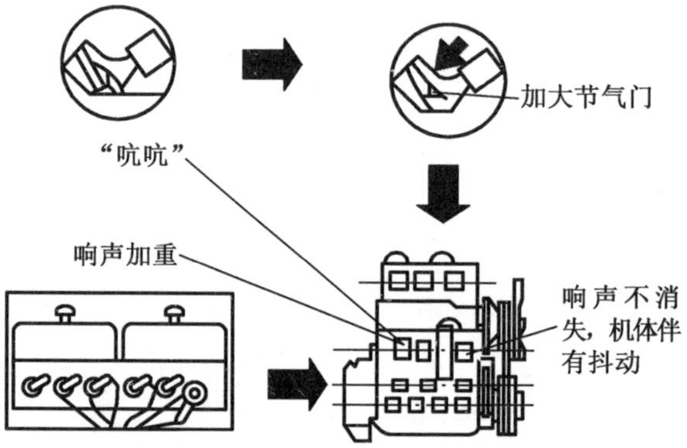

图 2.75 活塞销自由窜动发响诊断

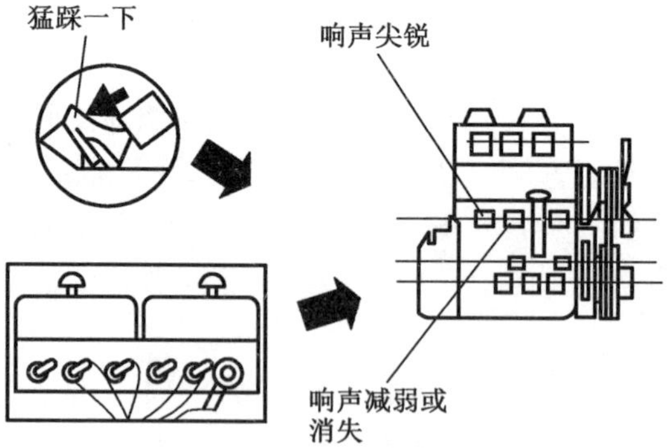

图 2.76 活塞销折断响的诊断

二、活塞环响故障的诊断与排除

1. 器材和用具

大众系列发动机；常用工具；试棒；机构故障听诊器。

2. 故障现象

①发动机启动后，出现钝哑的“啪啪”声，且随转速的升高，声响也随之加大，并且变成较嘈杂的声响。

②类敲缸响，在机油加注口处听较为明显；单缸断火时，声响减小，但不消失。

3. 故障原因

①活塞环折断。

②活塞环与活塞环槽间隙过大。

③活塞、缸壁磨损后，顶部出现凸肩，重新调整连杆轴承后，使活塞环与缸壁凸肩相碰。

④活塞环端口间隙过大或各环的端口重合。

⑤活塞环弹性过弱或缸壁起沟槽。

⑥活塞环在活塞环槽上抱死。

4. 故障诊断与排除

①利用单缸断火法试验。若某缸断火声响减小，但不消失，用听诊器或者试棒触火花塞上细听，若活塞环折断，会发出“啪啪”的声响。

②若活塞环碰撞气缸凸肩响，会发出“噗噗”的声响，断火后没有变化，用试棒触在缸盖上，有明显的振动。

③发动机冷车启动时，发出“嘣嘣”的声响。若在机油加注口处，可见蓝烟脉动冒出，其频率与声频吻合；做断火试验时，响声消失，且仍有漏气声，机油加注口处冒烟减轻，甚至消失，即可判断为该缸活塞环漏气响。

④发动机温度升高，若仍有明显的窜气响，再做断火试验，窜气虽减弱，但机油加注口处仍有明显的漏气现象，可诊断为活塞环与缸壁密封不良。若在此缸内（拆下该缸火花塞）注入少量机油，并在启动后较短时间内响声减弱或消失，可进一步诊断为该缸活塞环与气缸壁密封不良。若注油后烟不消失反而更大，可诊断为活塞环对口、活塞环弹力不足或活塞环抱死。

⑤放尽机油，拆下油底壳和缸盖检查。将有故障的活塞连杆组拆除。若发现活塞环槽由于积炭过多而使活塞环卡死在槽内，应清除积炭。若活塞环弹力不足、开口间隙过大或折断，应更换同一级别的活塞环。若缸壁磨损过大，应镗缸并更换相应的活塞及活塞环。

三、活塞敲击缸壁的诊断与排除

1. 故障现象

声响清脆、尖锐，如“铛铛”或“嗒嗒”的声音。

2. 故障原因

①冷启动时，活塞与缸壁间隙较大，敲击声明显；热机后，响声减弱或消失。

②混合气燃烧不正常。

③点火提前角大。

④活塞裙部磨损严重，圆柱度误差过大。

⑤缸筒和活塞因磨损严重,间隙过大。

⑥发动机无负荷空转时,急加速产生活塞与缸壁撞击发生声响。

3. 故障诊断

第一种情况属于正常现象。

4. 故障排除

检查调整点火正时。若异响依然存在,则拆检。

四、气缸垫漏水、漏气的诊断与排除

1. 故障现象

①气缸垫漏气时,发动机转速不能提高,功率下降。

②气缸垫漏水时,会造成机油乳化,漏入排气管,会发出"突突"的声响,若不及时停机,会造成整机报废。

2. 故障原因

①气缸垫装配时不平整或位置不正确。

②紧固气缸盖时,未按规定次序或紧固力矩不一,导致缸垫不密封。

③气缸垫安装时沾有污物或砂石杂物,使缸垫受损。

④发动机不正常燃烧,如爆震或过热而损坏缸垫或造成气缸盖烧蚀,翘曲。

3. 故障诊断与排除

①观察气缸盖与缸体密封处有无漏水、漏气现象。

②检查排气管内有无"突突"的声响。

③感觉行驶中发动机是否无力或加速不良。

④检查气缸压力。若邻缸压力过低,则可能为下列情况:

a. 气缸垫冲坏;

b. 缸盖变形;

c. 连杆弯曲(伴有异响)。

五、气缸拉缸的诊断与排除

拉缸是指气缸壁沿活塞运动方向,出现深浅不一的沟纹、刮痕。

1. 故障现象

①气缸拉伤后,发生敲击声响。

②活塞和缸壁配合间隙大,密封性差,机油窜入燃烧室,耗量增多。

③拉缸严重时,会导致活塞卡死在气缸内,使发动机不能运转。

2. 故障原因

①活塞环对气缸壁压力过大。

②机油或汽油内含有杂质,导致气缸壁润滑不良。

③缸壁油膜高温下被破坏,出现干摩擦,使活塞过度膨胀,形成熔着磨损而拉缸。

3. 故障诊断与排除

①检测气缸压力,若某缸压力过低,则此缸可能拉缸。

②拆检缸筒尺寸,修复拉伤缸筒,选配同级配套活塞。

【项目小结】

本项目分析了发动机的气缸体、气缸套、气缸盖、气缸垫的构造特点和安装要求。学习了活塞的组成、结构、变形及相应的结构，介绍了活塞环的类型、特点，分析了活塞环的密封原理。介绍并比较了汽油发动机燃烧室的几种形式，活塞销的功用、连接方式和定位方法，介绍了连杆机构的组成、工作条件，分析连杆大头常用的定位方式及连杆轴承的结构特点。本项目讲述了曲轴飞轮组的结构特征和常见曲拐的布置。本项目简单介绍了曲轴扭转减振器和平衡轴的作用原理和构造特点，并分析了飞轮的功用和装配要求。

本项目介绍了发动机机体组的拆装、发动机气缸垫的更换、气缸盖的检修、气缸体的检修、发动机活塞连杆的拆装、发动机连杆（曲轴）轴承间隙的检查与调整、连杆的检修、发动机曲轴飞轮的拆装、发动机曲轴的检修。

本项目让学过了解活塞销响故障的诊断与排除、活塞环响故障的诊断与排除等。

【项目测试】

一、填空题

1. 曲柄连杆机构的工作条件是＿＿＿＿＿、＿＿＿＿＿、＿＿＿＿＿和＿＿＿＿＿。

2. 机体的作用是＿＿＿＿＿，安装＿＿＿＿＿并承受＿＿＿＿＿。

3. 气缸体的结构形式有＿＿＿＿＿、＿＿＿＿＿、＿＿＿＿＿三种。CA6102 汽油发动机和 YC6105QC 柴油发动机均采用＿＿＿＿＿。

4. EQ1092 型汽车发动机采用的是＿＿＿＿＿燃烧室，CA1092 型汽车采用的是＿＿＿＿＿燃烧室，一汽奥迪 100 型汽车发动机采用的是＿＿＿＿＿燃烧室。

5. 活塞与气缸壁之间应保持一定的配合间隙，间隙过大将会产生＿＿＿＿＿、＿＿＿＿＿；间隙过小又会产生＿＿＿＿＿、＿＿＿＿＿。

6. 活塞受＿＿＿＿＿、＿＿＿＿＿和＿＿＿＿＿三个力的作用，为了保证其正常工作，活塞的形状是比较特殊的，轴线方向呈＿＿＿＿＿形；径向方向呈＿＿＿＿＿形。

7. 四缸四行程发动机的做功顺序一般是＿＿＿＿＿或＿＿＿＿＿；六缸四行程发动机做功顺序一般是＿＿＿＿＿或＿＿＿＿＿。

8. 曲柄连杆机构的主要零件可分为＿＿＿＿＿、＿＿＿＿＿和＿＿＿＿＿三个组。

9. 机体组包括＿＿＿＿＿、＿＿＿＿＿、＿＿＿＿＿、＿＿＿＿＿等；活塞连杆组包括＿＿＿＿＿、＿＿＿＿＿、＿＿＿＿＿等；曲轴飞轮组包括＿＿＿＿＿、＿＿＿＿＿等。

10. 活塞销与销座及连杆小头的配合有＿＿＿＿＿及＿＿＿＿＿两种形式。

11. 油环的结构形式有＿＿＿＿＿和＿＿＿＿＿两种。

12. 气环的截面形状主要有＿＿＿＿＿、＿＿＿＿＿、＿＿＿＿＿、＿＿＿＿＿几种。

13. 气缸套有＿＿＿＿＿和＿＿＿＿＿两种。

二、判断题（正确的打“√”，错误的打“×”）

1. 汽油发动机常用干式缸套，而柴油发动机常用湿式缸套。（　）

2. 安装气缸垫时，光滑面应朝向气缸体；若气缸体为铸铁材料，缸盖为铝合金材料，光滑的一面应朝向缸盖。（　）

3. 活塞顶是燃烧室的一部分，活塞头部主要用来安装活塞环，活塞裙部可起导向的作用。（ ）

4. 活塞在气缸内做匀速运动。（ ）

5. 活塞径向呈椭圆形，椭圆的长轴与活塞销轴线同向。（ ）

6. 气环的密封原理除了自身的弹力外，主要还是靠少量高压气体作用在环背产生的背压而起的作用。（ ）

7. 对于四行程发动机，无论其是几缸，其做功间隔均为180°曲轴转角。（ ）

8. 在CA6102发动机曲轴前端和第四道主轴承上设有曲轴轴向定位装置。（ ）

9. 当飞轮上的点火正时记号与飞轮壳上的正时记号刻线对准时，第一缸活塞无疑正好处于压缩行程上止点位置。（ ）

10. 多缸发动机的曲轴均采用全支承。（ ）

11. 多缸发动机的曲轴曲柄上均设置有平衡重块。（ ）

三、选择题

1. CA6102型汽车发动机采用的是（ ）。

A. 干式缸套　B. 湿式缸套　C. 无缸套结构

2. 曲轴上的平衡重一般设在（ ）。

A. 曲轴前端　B. 曲轴后端　C. 曲柄上

3. 曲轴后端的回油螺纹的旋向应该是（ ）。

A. 与曲轴转动方向相同　B. 与曲轴转动方向相反

4. CA1092汽车发动机支承采用的是（ ）。

A. 前一后二支承　B. 前二后一支承　C. 前二后二支承

5. YC6105QC柴油发动机的连杆与连杆盖的定位采用（ ）。

A. 连杆螺栓本身　B. 定位套筒　C. 止口　D. 锯齿定位

6. 外圆切槽的扭曲环安装时切槽（ ）。

A. 向上　B. 向下

7. 曲轴轴向定位点采用的是（ ）。

A. 一点定位　B. 二点定位　C. 三点定位

四、名词解释

1. 燃烧室。
2. 湿式缸套。
3. 扭曲环。
4. 活塞销偏置。
5. “全浮式”活塞销。
6. 全支承曲轴。
7. 曲轴平衡重。

五、简答题

1. 曲柄连杆机构的功用是什么，由哪几部分零件组成？

2. 发动机缸体嵌入缸套有何优点？什么是干式缸套？什么是湿式缸套？
3. 如何对缸套进行正确的鉴定？
4. 绘简图说明活塞环的泵油过程。
5. 连杆大头的定位方式有哪些？
6. 曲轴为什么要进行轴向定位，怎样定位？
7. 什么是全浮式活塞销和半浮式活塞销？
8. 如何正确拆装曲柄连杆机构？
9. 曲轴的扭转减振器有何作用？
10. 飞轮的功用是什么？
11. 什么是发动机的点火顺序？什么是发动机的做功间隔角？
12. 汽油发动机的燃烧室有哪几种，有何特点？
13. 试述气缸体的三种形式及特点。

项目3　配气机构的构造与检修

【项目描述】

发动机配气机构是按照发动机每一气缸内所进行的工作循环和点火顺序的要求，定时开启和关闭各气缸的进排气门使新鲜的可燃混合气（汽油发动机）或空气（柴油发动机）得以及时进入气缸，废气得以及时从气缸排出。在压缩与做功行程中，关闭气门保证燃烧室的密封。本项目主要有四个学习任务：

任务3.1 配气机构的认识；

任务3.2 气门组零件的构造与检修；

任务3.3 气门传动组的构造与检修；

任务3.4 配气机构常见故障的诊断与排除。

【项目目标】

● **知识目标**

1. 了解配气机构的作用、组成和类型。

2. 熟悉配气机构齿轮、链轮和齿形带等不同传动结构的特点；掌握它们检修更换的操作要点。

3. 熟悉凸轮轴结构，掌握其检测方法及标准。

4. 了解液压挺柱（挺杆）的结构及工作原理；熟悉液压挺柱的检查和泄漏试验方法；掌握在不解体发动机的情况下检查挺柱噪声的方法；了解气门摇臂的结构特点，熟悉气门摇臂检修方法和装配要点。

5. 了解不同车型气门的结构特点，熟悉气门的常见损伤，掌握其检验方法和技术标准；了解气门座特点，掌握气门座铰削加工方法；熟练掌握气门与座的密封性检查方法。

6. 了解气门导管结构，熟悉其检修、换装工艺；掌握气门杆与导管间隙的检查与判断方法。

7. 了解不同车型气门弹簧的结构特点，熟悉气门弹簧的常见损伤，掌握其检验方法和技术标准。

8. 掌握气门组的安装程序及检验方法；了解配气相位意义、熟悉可变配气相位结构。

9. 掌握配气相位检查与调整方法；掌握气门间隙的检查与调整方法。

10. 熟悉配气机构常见故障的诊断与排除方法。

● **能力目标**

1. 能够正确对配气机构各零件进行检修；

2. 学会正确使用工具对配气机构进行正确拆装；

3. 学会正确调整气门间隙。

● **素质目标**

1. 培养学生严谨的工作态度；
2. 培养学生的创新意识及获取新知识的能力；
3. 培养学生分析、解决问题的能力。

任务 3.1　配气机构的认识

一、配气机构的功用

配气机构按照发动机每个气缸内所进行的工作循环和点火次序的要求，定时开启和关闭气缸的进排气门，使新鲜可燃混合气（汽油发动机）或空气（柴油发动机）得以及时进入气缸，废气得以及时从气缸排出。

在进气行程中，实际进入气缸内的新鲜空气（新气）或可燃混合气的质量与进气系统在理想状态下充满气缸工作容积的新鲜空气（新气）或可燃混合气的质量之比，称为充气系数，即

$$\eta_v = M/M_0$$

式中　M——进气过程中，实际进入气缸的新气的质量；

M_0——在理想状态下，充满气缸工作容积的新气质量。

充气系数大，表明充入的混合气质量多，燃烧后发出热量多，发动机功率亦大。但由于进气系统的阻力及缸内残余等诸多因素的影响，充气系数 η_v 是小于 1 的。

二、配气机构的形式

凸轮式配气机构由气门组和气门传动组组成。配气机构可以从不同角度分类。

- 配气机构
  - 按节气门布置形式
    - 气门顶置式
    - 气门侧置式
  - 按凸轮轴和凸轮轴的传动形式
    - 齿轮传动式
    - 链条传动式
    - 齿带传动式
  - 按每缸气门数目
    - 二气门式
    - 四气门式
    - 五气门式
  - 按凸轮轴布置位置
    - 凸轮轴上置式
      - 单顶置凸轮轴式
        - 无摇臂总成，一列气门式
        - 单摇臂轴，两列气门式
        - 双摇臂轴，两列气门式
        - 浮云摇轴，一列气门式
      - 双顶置凸轮轴式
    - 凸轮轴中置式
    - 凸轮轴下置式

1. 凸轮轴上置式

凸轮轴上置式(凸轮轴位于缸盖上)配气机构示意图如图 3.1 所示。

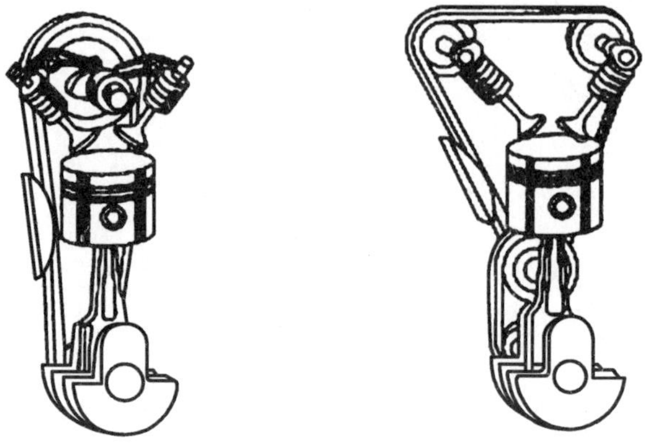

(a) 单顶置凸轮轴式　　(b) 上置双凸轮轴

图 3.1　凸轮轴上置式配气机构示意图

这种结构中,凸轮轴直接驱动摇臂或气门,不仅省去了挺柱和推杆,而且使往复运动质量大为减小,因此适用于高速发动机。但正时传动机构更为复杂,且拆装缸盖也较困难。由于凸轮轴离曲轴较远,一般都采用链传动或带传动。一汽奥迪 100 型、一汽大众捷达和上海桑塔纳等轿车的配气机构均采用此种结构。

凸轮轴顶置式配气机构根据凸轮轴数通常分为单顶置凸轮轴式和双顶置凸轮轴式两种。

(1)单顶置凸轮轴式配气机构

单顶置凸轮轴式配气机构有很多布置形式,但都是用一根安装在气缸盖上的凸轮轴,通过挺杆直接(无摇臂总成)或间接(有摇臂总成)驱动所有气缸的进气门或排气门。

①单顶置凸轮轴、无摇臂总成、一列气门式配气机构示意图如图 3.2 所示。

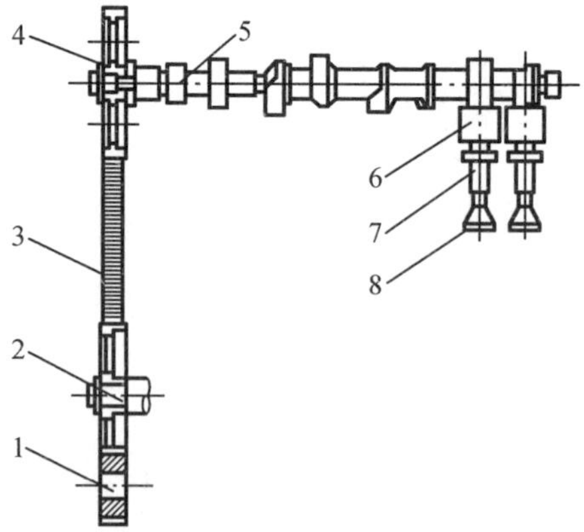

1—曲轴正时带轮;2—中间轴正时带轮;3—正时带;4—凸轮轴正时带轮;
5—凸轮轴;6—液力挺杆;7—气门弹簧;8—气门。

图 3.2　单顶置凸轮轴、无摇臂总成、一列气门式配气机构示意图

凸轮轴通过液力挺杆直接驱动气门开启，气门传动组不但没有推杆，也取消了摇臂总成，使配气机构更简单，这种结构形式在轿车发动机上应用越来越广泛。

捷达(AMQ)轿车单顶置凸轮轴、无摇臂总成、一列气门式配气机构组成如图3.3所示。

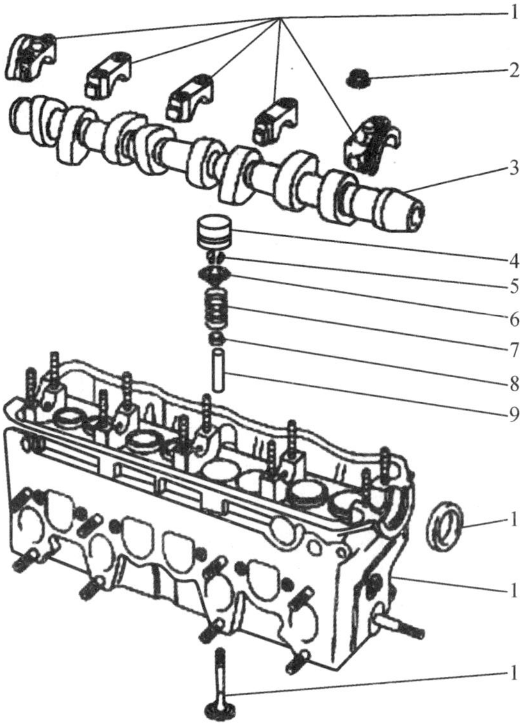

1—凸轮轴轴承盖；2—螺母；3—凸轮轴；4—液力挺杆；5—气门锁块；6—气门弹簧上座；
7—气门弹簧；8—气门杆油封；9—气门导管；10—油封；11—缸盖；12—气门。

图3.3　捷达(AMQ)轿车单顶置凸轮轴、无摇臂总成、一列气门式配气机构组成

②单顶置凸轮轴、单摇臂轴、两列气门式配气机构示意图如图3.4所示。

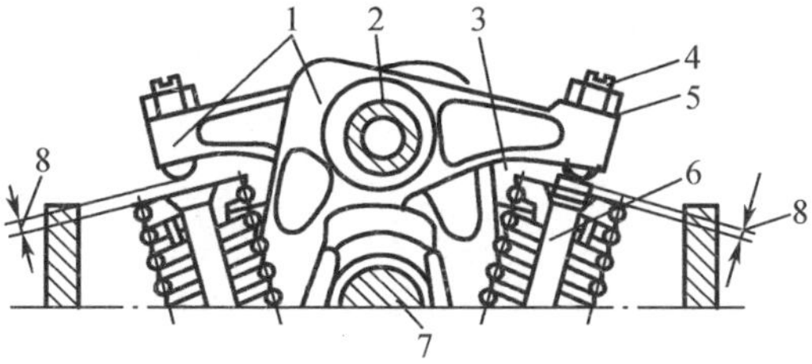

1—摇臂；2—摇臂轴；3—气门弹簧；4—气门间隙调整螺钉；
5—锁止螺母；6—气门；7—凸轮轴；8—气门间隙。

图3.4　单顶置凸轮轴、单摇臂轴、两列气门式配气机构示意图

③单顶置凸轮轴、双摇臂轴、两列气门式配气机构示意图如图3.5所示。有些发动机的配气机构，进排气门排成两列，但采用单顶置凸轮、双摇臂轴、两列气门式配气机构。

④单顶置凸轮轴、浮动摇臂、一列气门式配气机构示意图如图3.6所示。

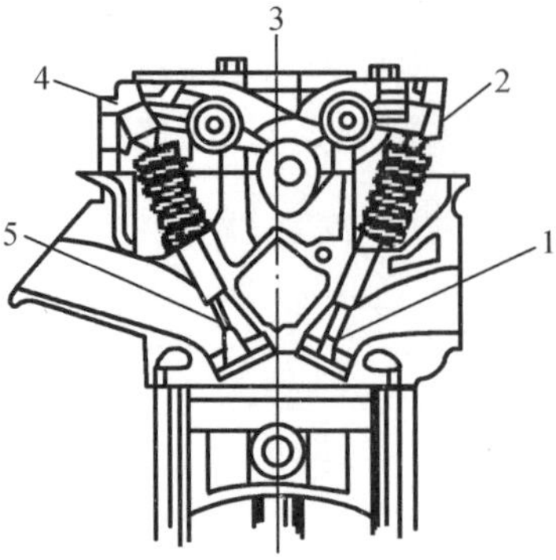

1—排气门;2—排气摇臂;3—凸轮轴;
4—进气摇臂;5—进气门。

图 3.5 单顶置凸轮轴、双摇臂轴、两列气门式配气机构示意图

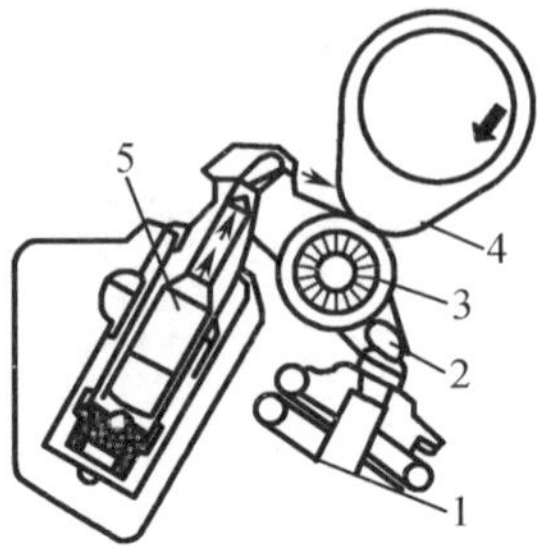

1—气门;2—摇臂;3—滚动轴承;
4—凸轮轴;5—液力挺杆。

图 3.6 单顶置凸轮轴、浮动摇臂、一列气门式配气机构示意图

(2)双顶置凸轮轴式配气机构

双顶置凸轮轴配气机构示意图如图 3.7 所示。

双顶置凸轮轴配气机构的特点是用两根凸轮轴分别驱动排成两列的进气门和排气门,此结构形式多用在多气门发动机上。与单顶置凸轮轴式配气机构类似,可通过凸轮轴直接驱动气门,也可通过摇臂间接驱动气门。

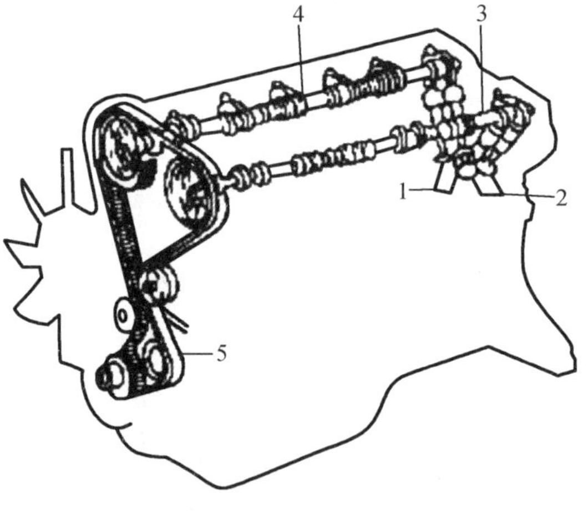

1—排气门;2—进气门;3—进气凸轮轴;4—排气凸轮轴;5—正时齿形带。

图 3.7 双顶置凸轮轴配气机构示意图

奥迪 A6、帕萨特 B5 和捷达(AHP)等轿车均采用这种形式的配气机构,其组成如图 3.8 所示。

2. 凸轮轴中置式

凸轮轴中置式配气机构的凸轮轴安装在气缸体上部的气缸一侧。配气机构示意图如图 3.9 所示。

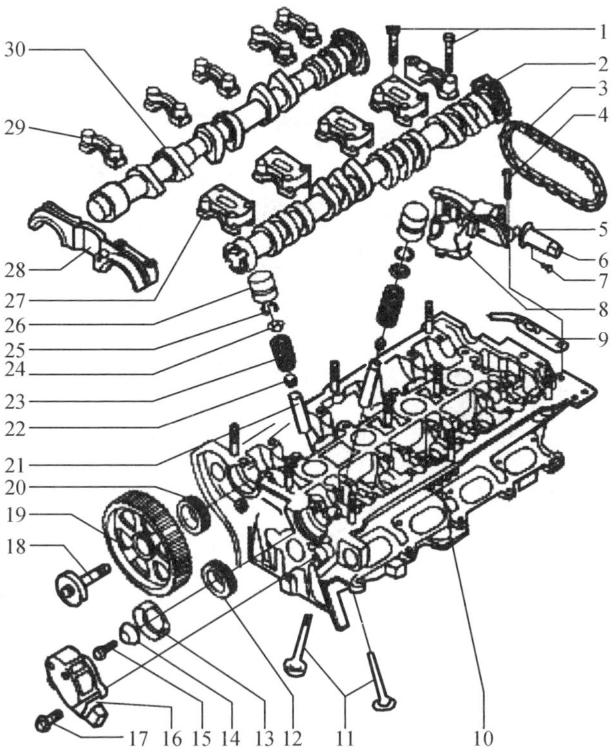

1,4,15,17—螺栓;2—进气凸轮轴;3—驱动链;5—O 形圈;6—凸轮轴正时调节阀门;7—螺钉;
8—凸轮轴正时调节器;9—密封垫;10—气缸盖;11—气门;12,20—油封;13—挡圈;14—垫圈;16—霍尔传感器;
18—凸轮轴同步齿形带轮螺栓;19—凸轮轴同步齿形带轮;21—气门导管;22—气门油封;23—气门弹簧;
24—气门弹簧上座;25—气门锁片;26—桶形液力挺杆;27—进气凸轮轴轴承盖;28—双轴承盖;
29—排气凸轮轴轴承盖;30—排气凸轮轴。

图 3.8　奥迪 A6、帕萨特 B5 和捷达(AHP)等轿车的配气机构组成

凸轮轴中置式配气机构推杆长度较短,甚至有些发动机省去了推杆,而由凸轮轴经过挺杆直接驱动摇臂,减小了气门传动机构的往复运动质量。中置凸轮轴距曲轴较远,一般采用链传动或带传动,有的也采用齿轮传动。凸轮轴中置式配气机构组成如图 3.10 所示。

3. 凸轮轴下置式

凸轮轴下置式配气机构组成如图 3.11 所示。其特点是凸轮轴装在气缸下部的曲轴箱内,位置与曲轴靠近,用一对分别安装在凸轮轴和曲轴前端的正时齿轮驱动,传动装置比较简单,润滑比较方便;但凸轮轴远离气门,需用较长的推杆来传动。

三、曲轴与凸轮轴的传动方式

现代汽车发动机一般采用顶置气门式配气门机构,即气门安装在燃烧室的顶部。每个气缸一般安装 2 ~ 5 个气门。气门一般沿发动机纵向排成一列或两列。凸轮轴的驱动方式有齿轮传动、链条与链轮传动和同步齿形带传动三种。

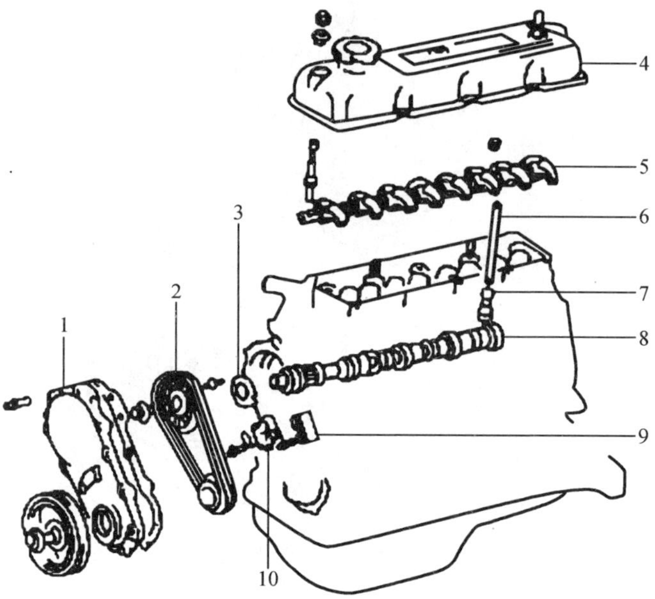

1—正时链罩；2—正时链和链轮；3—凸轮轴止推缘；4—气缸罩；5—摇臂轴总成；6—推杆；7—液力挺杆；8—凸轮轴；9—链减振器；10—链张紧装置。

图 3.9 凸轮轴中置式配气机构示意图

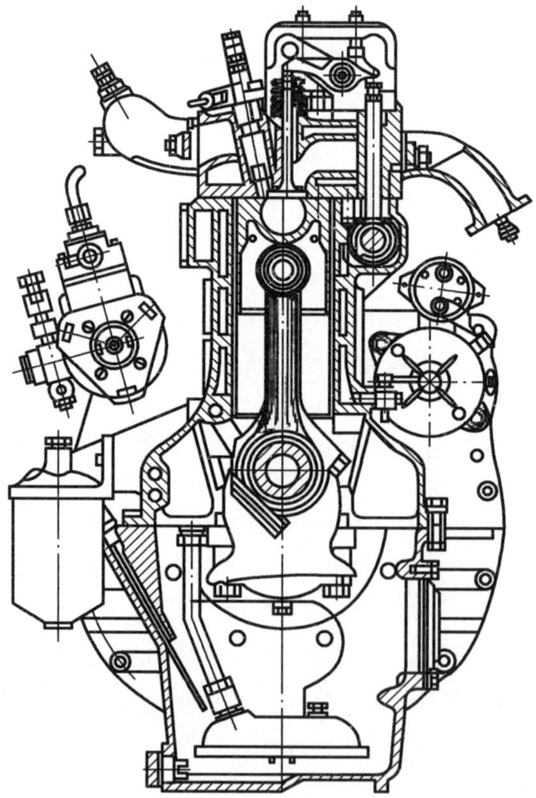

图 3.10 凸轮轴中置式配气机构组成

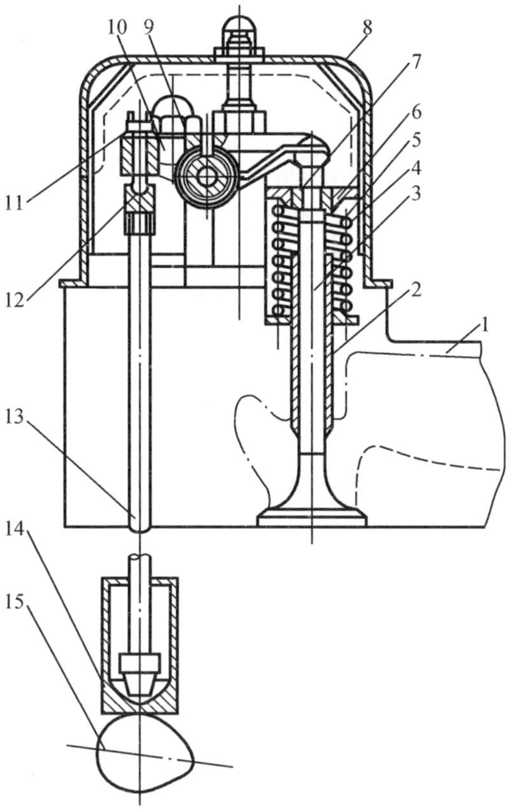

1—气缸盖;2—气门导管;3—气门;4—气门主弹簧;5—气门副弹簧;6—气门弹簧;7—锁片;
8—气门室罩;9—摇臂轴;10—摇臂;11—锁紧螺母;12—调整螺钉;13—推杆;14—挺杆;15—凸轮轴。

图3.11　凸轮轴下置式配气机构组成

三、曲轴与凸轮轴的传动方式

1. 齿轮传动

凸轮轴下置的配气机构大多采用齿轮传动,为了啮合平稳,减小噪声,正时齿轮多采用斜齿轮。在中、小功率发动机上,曲轴正时齿轮用钢来制造,而凸轮轴正时齿轮由铸铁或夹布胶木制造,以减小噪声。四行程发动机每完成一个工作循环,曲轴旋转两周,各缸进排气门各开启一次。此时,凸轮轴只旋转一周,因此曲轴与凸轮轴的传动比为2∶1,如图3.12所示。

凸轮轴中置的配气机构往往采用带传动或齿轮传动。因为凸轮轴距曲轴较远,若用一对齿轮传动,齿轮的直径就会过大,使发动机过宽及齿轮的圆周速度过大,在这种情况下,一般要在中间加一个齿轮(惰轮)。若用带传动,为了防止带打滑偏离,一般使用带槽的带。

2. 链条与链轮传动

链条与链轮传动特别适用于凸轮上置的配气机构,如图3.13所示。

链条与链轮传动装置的布置如图3.13所示。为使工作时链条具有一定的张力而不致脱链,装有导链板、张紧轮等装置。为了使链条调整方便,有的发动机使用一根链条传动。

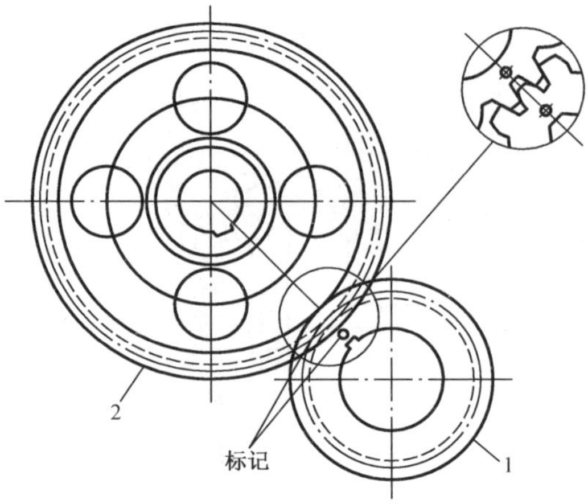

1—曲轴正时齿轮;2—凸轮轴正时齿轮。

图 3.12 齿轮传动

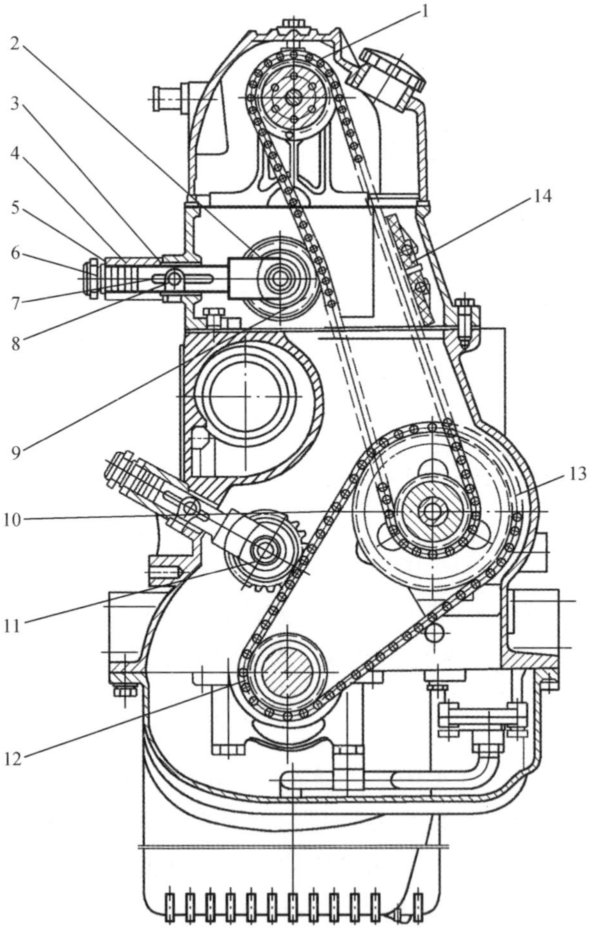

1—凸轮轴链轮;2—上链条张紧轮;3—张紧轮导向套筒;4—压紧弹簧;5—锁紧螺母;6—张紧力调整螺钉;7—张紧轮导向销;8—导向销锁紧螺母;9—上链条;10—下链条;11—下链条张紧轮;12—曲轴链轮;13—中间链轮;14—导链板。

图 3.13 链条与链轮传动装置的布置

链条与链轮传动的主要问题是其工作可靠性和耐久性不如齿轮传动,其传动性能在很大程度上取决于链条的制造质量。

3. 同步齿形带传动

近年来在高速汽车发动机上还广泛采用同步齿形带来代替传动链。这种同步齿形带用氯丁橡胶制成,对于减小结构质量与降低成本都有很大好处。奥迪 100 型轿车用的同步齿形带传动如图 3.14 所示。

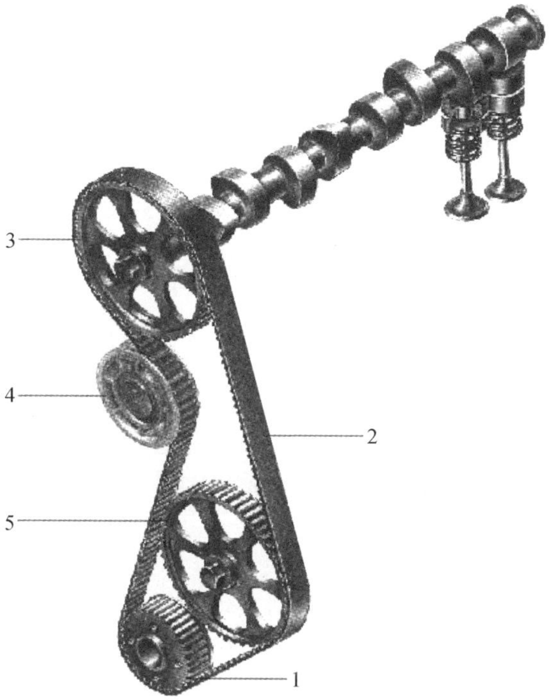

1—曲轴正时带轮;2—正时同步齿形带;3—凸轮轴正时带轮;
4—张紧轮;5—中间轴正时带轮。

图 3.14　奥迪 100 轿车用的同步齿形带传动

四、配气机构的组成

发动机配气机构的基本组成可分为两部分:气门组和气门传动组。

1. 凸轮轴下置式配气机构的组成

凸轮轴下置式配气机构的组成如图 3.15 所示。

(1)气门组的组成

气门组的组成与配气机构的形式基本无关而且大致相同,主要零件包括气门、气门座、气门导管、气门弹簧和气门锁片等。

(2)气门传动组组成

气门传动组的组成包括驱动气门动作的所有零件,其组成视配气机构的形式不同而不同,主要零件包括正时齿轮(或正时链轮和链,或正时带轮和传动带)、凸轮轴、气门挺杆、推杆、摇臂轴和摇臂等。

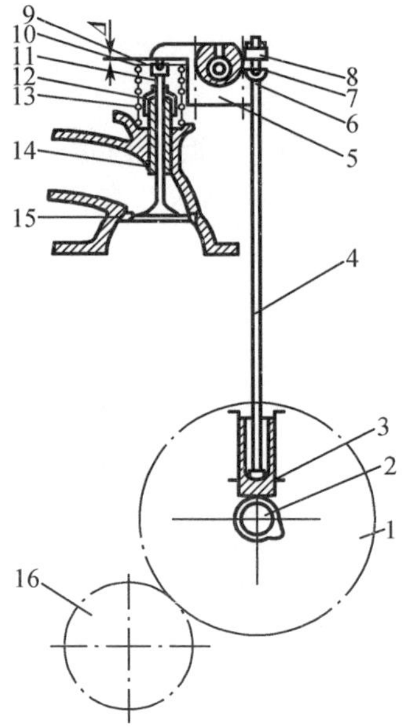

1—凸轮轴正时齿轮；2—凸轮轴；3—挺杆；4—推杆；5—摇臂轴支架；6—摇臂轴；
7—调整螺钉及锁紧螺母；8—摇臂；9—气门锁片；10—弹簧座；11—气门；12—防油罩；
13—气门弹簧；14—气门导管；15—气门座；16—曲轴正时齿轮；Δ—气门间隙。

图 3.15　凸轮轴下置式配气机构的组成

2. 凸轮轴上置式配气机构的组成

凸轮轴置于气缸盖上的配气机构为凸轮轴上置式配气机构。其主要优点是运动件少，传动链短，整个机构的刚度大，适合于高速发动机。由于气门排列和气门驱动形式的不同，气门驱动有不同的形式：摇臂驱动、摆臂驱动和直接驱动三种类型。

(1)摇臂驱动、单凸轮轴上置式配气机构

凸轮轴推动液力挺柱，液力挺柱推动摇臂，摇臂再驱动气门；或凸轮轴直接驱动摇臂，摇臂驱动气门，如图 3.16 所示。

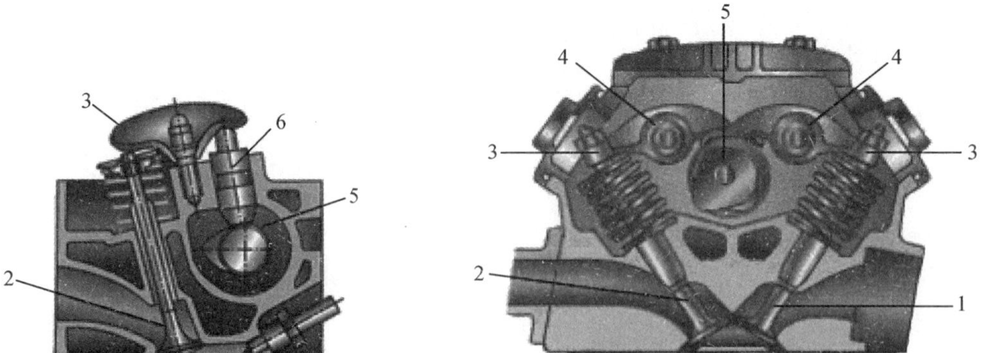

1—进气门；2—排气门；3—摇臂；4—摇臂轴；5—凸轮轴；6—液力挺柱。

图 3.16　摇臂驱动、单凸轮轴上置式配气机构

(2)摆臂驱动、凸轮轴上置式配气机构

如图3.17所示,刚度较摇臂驱动式更好,更有利于高速发动机,因此在轿车发动机上的应用比较广泛。如CA4883、SH680Q、克莱斯勒A452、奔驰QM615、奔驰M115等发动机均为单上置凸轮轴(SOHC)摆臂驱动式配气机构;而本田B20A、尼桑VH45DE、三菱3G81、富士EJ20等发动机都是双上置凸轮轴(DOHC)摆臂驱动式配气机构。

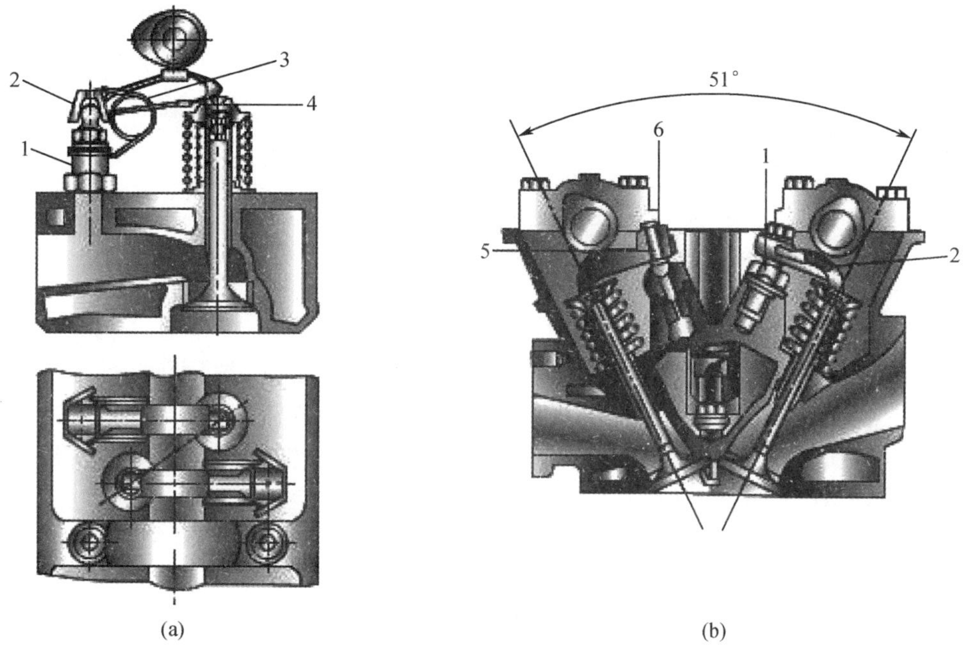

1—摆臂支座;2—摆臂;3—弹簧扣;4—气门间隙调整块;5—气门间隙调整螺钉;6—锁紧螺母。

图3.17　摆臂驱动、凸轮轴上置式配气机构

(3)直接驱动、凸轮轴上置式配气机构

在这种形式的配气机构中,凸轮通过吊杯形机械挺柱驱动气门,或通过吊杯形液力挺柱驱动气门,如图3.18所示。与上述各种形式的配气机构相比,直接驱动式配气机构的刚度最大,驱动气门的能量损失最小,因此在高度强化的轿车发动机上得到广泛的应用。如奥迪、捷达、桑塔纳、马自达6、欧宝V6、奔驰320E,还有依维柯8140.01和8140.21等车型均为直接驱动式配气机构。

五、配气机构的工作

1.凸轮轴下置式配气机构的工作

发动机工作时,图3.15中的曲轴正时齿轮驱动凸轮轴旋转,凸轮轴上的凸轮通过气门挺杆和推杆推动摇臂绕摇臂轴摆转,摇臂的另一端便向下推开气门,并使气门弹簧进一步压缩。当凸轮的顶点转过挺杆后,气门在其弹簧力的作用下,开度逐渐减小,直至最后关闭。

在发动机工作中,为防止配气机构零件受热膨胀而导致气门关闭不严,摇臂与气门尾端有一定的间隙(气门间隙)。在装有液力挺杆的配气机构中,不要留气门间隙。

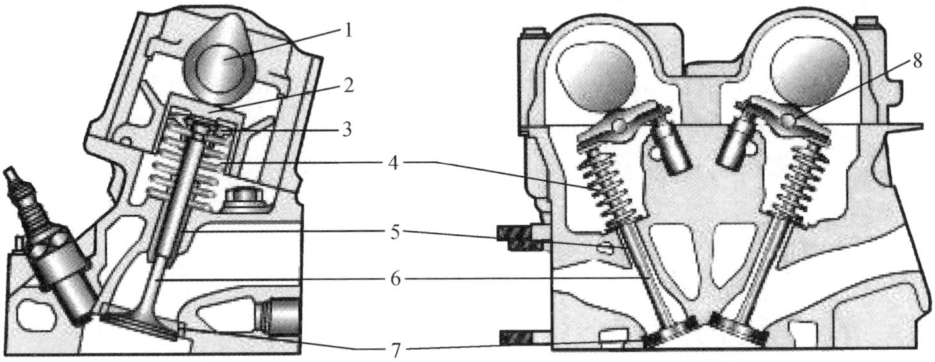

1—凸轮轴;2—吊环形机械挺柱;3—气门弹簧座;4—气门弹簧;
5—气门导管;6—气门;7—气门垫圈;8—吊环形液力挺柱。

图 3.18 直接驱动、凸轮轴上置式配气机构

2. 凸轮轴上置式配气机构的工作

发动机工作时,凸轮轴推动液力挺柱,液力挺柱推动摇臂,摇臂再驱动气门;或凸轮轴直接驱动摇臂,摇臂驱动气门;或凸轮轴直接驱动摆臂,摆臂驱动气门;或凸轮轴直接驱动气门,使气门定时开闭。当凸轮的顶点转过挺柱(或摆臂或摇臂)后,气门在其弹簧力的作用下,开度逐渐减小,直至最后关闭。

六、每缸气门的数目(图 3.19 ~ 图 3.21)

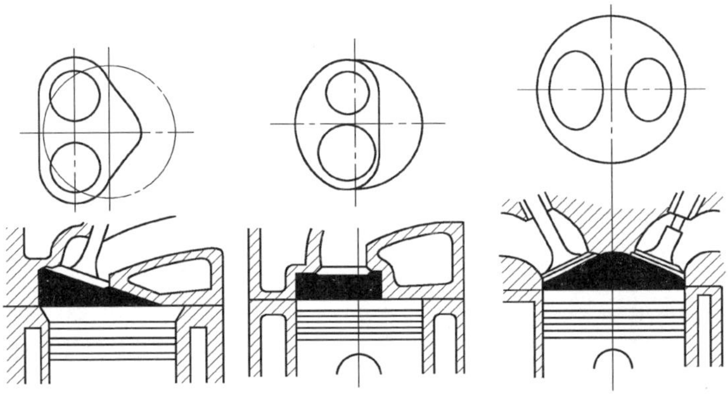

图 3.19 单缸 2 气门

七、气门间隙

发动机工作时,气门将因温度升高而膨胀。如果气门及其传动件之间在冷态时无间隙或间隙过小,则在热态下,气门及其传动件的受热膨胀势必引起关闭不严,造成发动机在压缩和做功行程中漏气,从而使功率下降,严重时甚至不易启动。为了消除这种现象,通常在发动机冷态装配时,在气门与其传动机构中留有适当的间隙,以补偿气门受热后的膨胀量,这一间隙通常称为气门间隙。有的发动机采用液力挺柱,挺柱的长短能自动变化,随时补偿膨胀量,故不需要留气门间隙。气门间隙如图 3.22 所示。

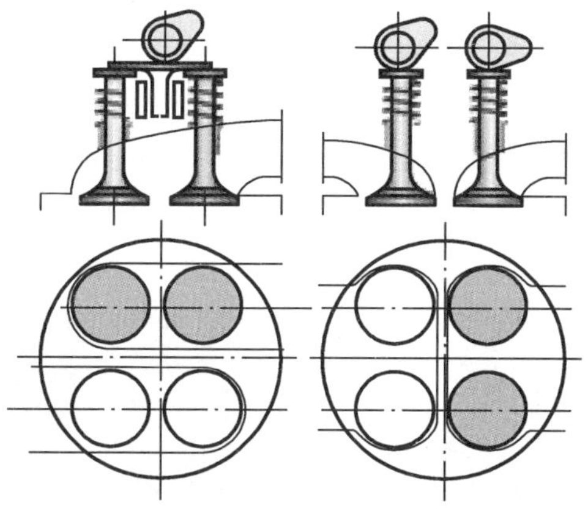

图3.20　单缸4气门

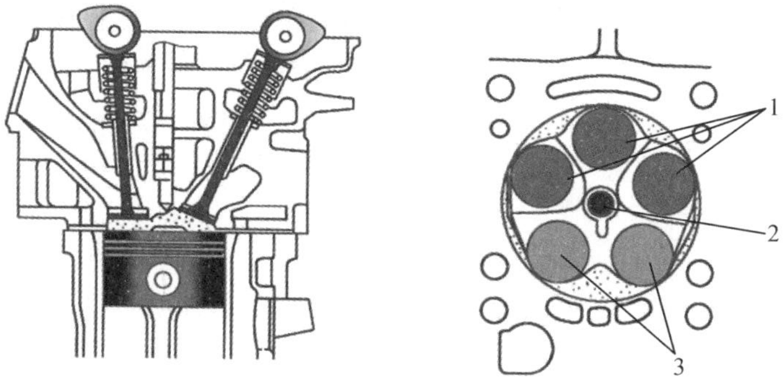

1—进气门;2—火花塞;3—排气门。

图3.21　单缸5气门

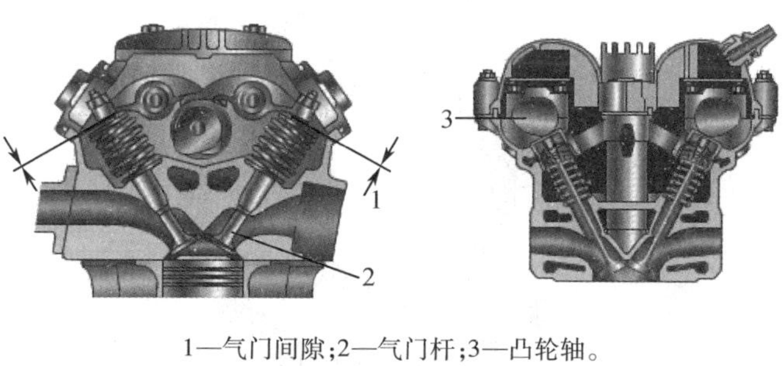

1—气门间隙;2—气门杆;3—凸轮轴。

图3.22　气门间隙

气门间隙的大小一般由发动机制造厂根据试验确定。气门间隙的检查调整通常在冷态下进行。一般发动机都规定有冷态的气门间隙值,也有发动机规定有热车间隙。热车时的间隙比冷态时的小0.05 mm。各种发动机由于构造和温度的不同,气门间隙的数值也不相同。由于排气门温度比进气门高,所以排气门的间隙比进气门要大。一般在冷态时,进气门的间隙为0.25 ~0.30 mm,排气门的间隙为0.30 ~0.35 mm。如果气门间隙过小,发动机在热态下可能发生漏气,导致功率下降甚至气门烧坏。如果气门间隙过大,则传动件之间以及气门和气门座之间将产生撞击、响声，而且加速磨损，同时也会使得气门开启的持续时间减小，气缸的充气及排气情况变坏。

调整气门间隙时，必须使活塞处于压缩冲程上止点附近，此时进排气门都处于关闭状态。对于多缸发动机，一般确定第一缸上止点，调整好第一缸的气门间隙后，再根据该机的工作顺序和点火间隔角，依次对各缸的气门间隙进行调整。气门间隙的测量与调整如图 3.23 所示。

(a) 气门间隙的测量　(b) 气门间隙的调整（拧松锁紧螺母，调整调节螺钉）

图 3.23　气门间隙的测量与调整

八. 配气相位

配气相位是用曲轴转角表示的进排气门的开启时刻和开启延续时间，通常用环形图表示，即配气相位图，如图 3.24 所示。

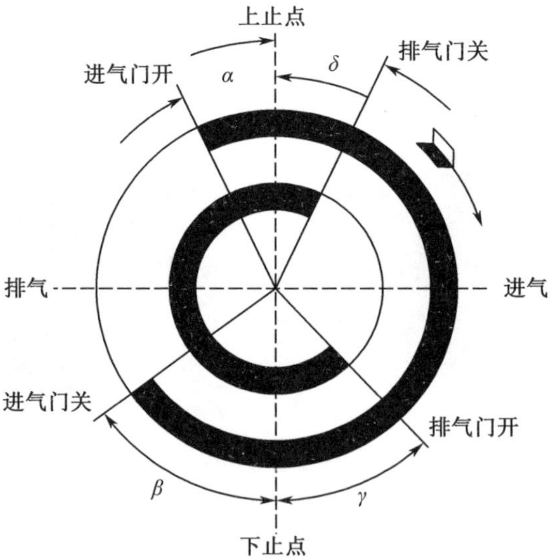

α —进气提前角；β —进气延迟角；γ —排气提前角；δ —排气延迟角。

图 3.24　配气相位图

为了使进气充足，排气干净，除了从结构上进行改进外（如增大进排气管道），还可以从配气相位上想办法。气门能否早开晚闭，延长进排气时间呢？

(1)气门早开晚闭

活塞到达进气下止点时,由于进气吸力的存在,气缸内气体压力仍然低于大气压,在大气压的作用下仍能进气;另外,此时进气流还有较大的惯性。由此可见,进气门晚关可以增加进气量。进气门早开,可使进气一开始就有一个较大的通道面积,可增加进气量。

在做功行程快要结束时,排气门打开,可以利用做功的余压使废气高速冲出气缸,排气量约占50%。排气门早开,势必造成功率损失,但因气压低,损失并不大;而排气门早开可以减少排气所消耗的功,又有利于废气的排出,所以总功率仍是提高的。

由此可见,气门具有早开晚关的可能,那么气门早开晚关对发动机实际工作又有什么好处呢?

①进气门早开增大了进气行程开始时气门的开启高度,减小进气阻力,增加进气量。

②进气门晚关延长了进气时间,在大气压和气体惯性力的作用下,增加进气量。

③排气门早开借助气缸内的高压自行排气,大大减小了排气阻力,使排气干净。

④排气门晚关延长了排气时间,在废气压力和废气惯性力的作用下,使排气干净。

(2)气门重叠

由于进气门早开,排气门晚关,势必造成在同一时间内两个气门同时开启。把两个气门同时开启时间相当的曲轴转角叫作气门重叠角。进气门的叠开角为 $\alpha+\delta$;排气门的叠开角为 $\gamma+\beta$。在这段时间内,可燃混合气和废气是否会乱窜呢?答案是不会,这是因为:

①进排气流各自有自己的流动方向和流动惯性,而重叠时间又很短,不至于混乱,即吸入的可燃混合气不会随同废气排出,废气也不会经进气门倒流入进气管,而只能从排气门排出;

②进气门附近有降压作用,有利于进气。

(3)进排气门的实际开闭时刻和延续时间

①实际进气时刻和延续时间。在排气行程接近终了时,活塞到达上止点前,即曲轴转到离上止点还差一个角度 α,进气门便开始开启,进气行程直到活塞越过下止点后 β 角时,进气门才关闭。整个进气过程延续时间相当于曲轴转角 $180^\circ+\alpha+\beta$。

②实际排气时刻和延续时间。同样,做功行程接近终了时,活塞在下止点前排气门便开始开启,提前开启的角度 γ,活塞越过下止点后 δ 角排气门关闭,整个排气过程相当于曲轴转角 $180^\circ+\gamma+\delta$。各角度的变化范围如表3.1所示。

表3.1　配气相位图中各角度变化范围

α	10°~30°
β	40°~80°
γ	40°~80°
δ	10°~40°

从上面的分析可以看出,实际配气相位和理论上的配气相位相差很大,实际配气相位,气门要早开晚关,主要是为了满足进气充足、排气干净的要求。但实际中,究竟气门什么时候开、什么时候关最好呢?这主要根据各种车型,经过实验的方法确定,由凸轮轴的形状、位置及配气机构来保证。

在发动机使用中,已确定的配气相位是不能改变的。发动机性能只有在某常用转速下最好,而在其他转速下工作时,发动机性能较差。为解决上述问题,在有些汽车发动机上采用了可变配气相位控制机构。

由于进气门配气相位对发动机性能的影响比排气门大,所以各种发动机装备的可变配气相位控制一般只控制进气门配气相位(也有同时控制的),以免使配气机构过于复杂。此外,变换驱动凸轮或改变凸轮轴与曲轴相对位置,均可实现配气相位的调节。

如图 3.25 ~ 图 3.30 所示为几种常见的可变进气系统的控制形式。

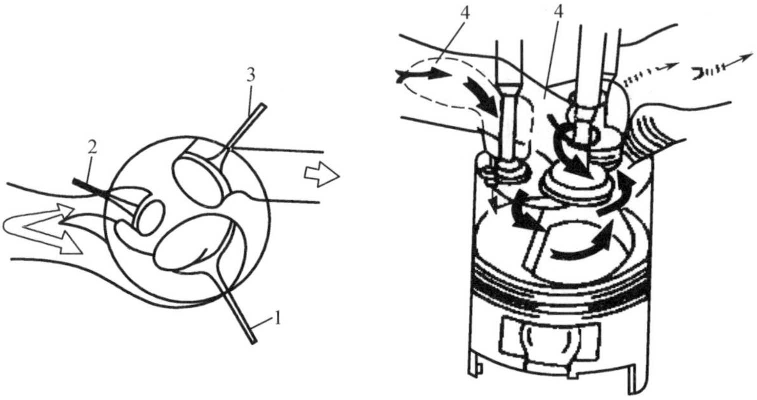

1—主进气门;2—副进气门;3—排气门;4—进气管。

图 3.25　多气门分段工作进气系统

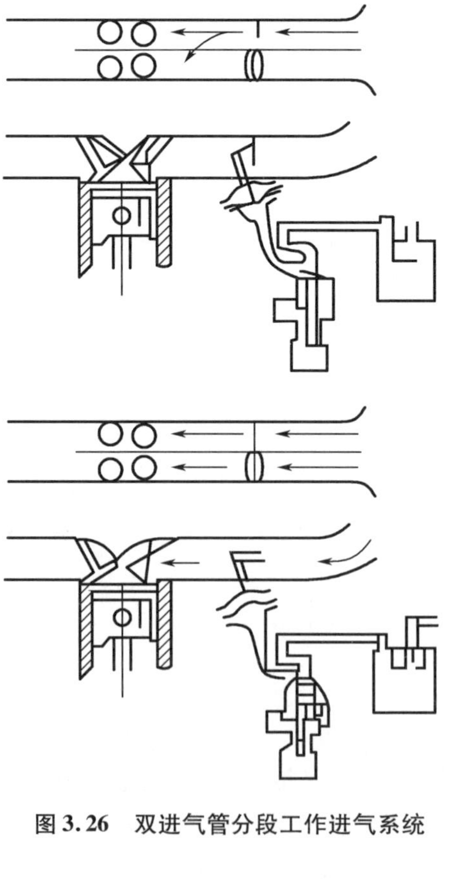

图 3.26　双进气管分段工作进气系统

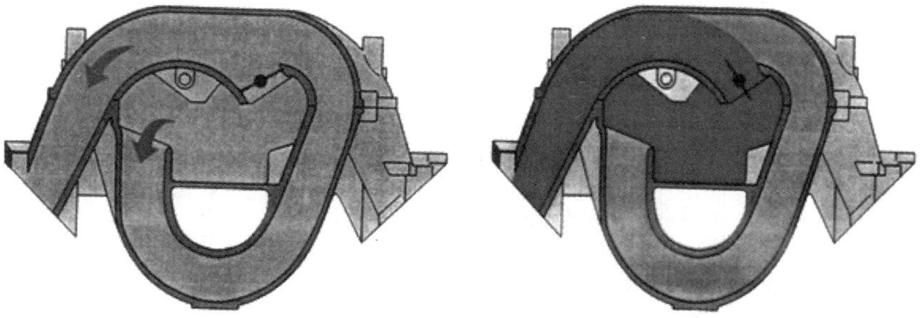

图 3.27　可变长度进气管进气系统

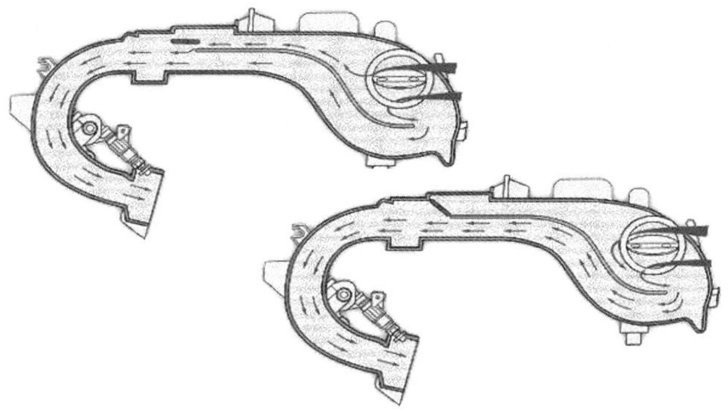

图 3.28　可变面积进气管进气系统

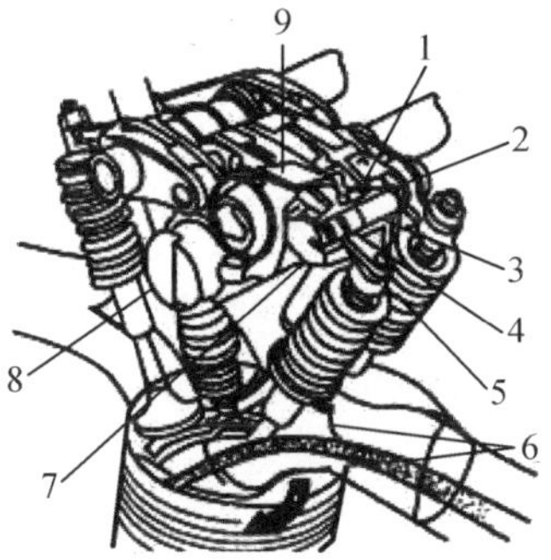

(a) 工作情况

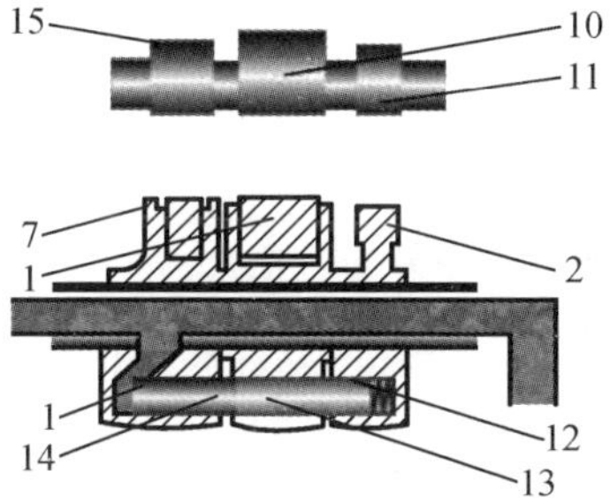

(b) 同步活塞对凸轮的控制

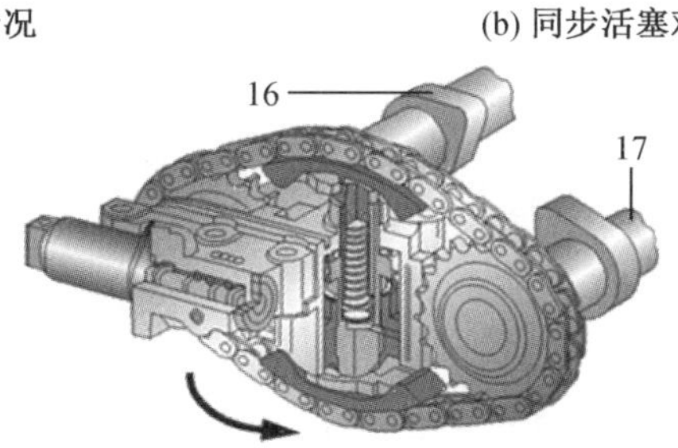

(c) 奥迪可变配气相位（只对进气凸轮轴进行调整）

1—中间摇臂；2—次摇臂；3—同步活塞 B；4—同步活塞 A；5—正时活塞；6—进气门；7—主摇臂；8—凸轮；9—正时板；10—中间凸轮；11—次凸轮；12—次同步活塞；13—中间同步活塞；14—主同步活塞；15—主凸轮；16—排气凸轮轴；17—进气凸轮轴。

图 3.29　进气门定时和升级可变的可变进气系统

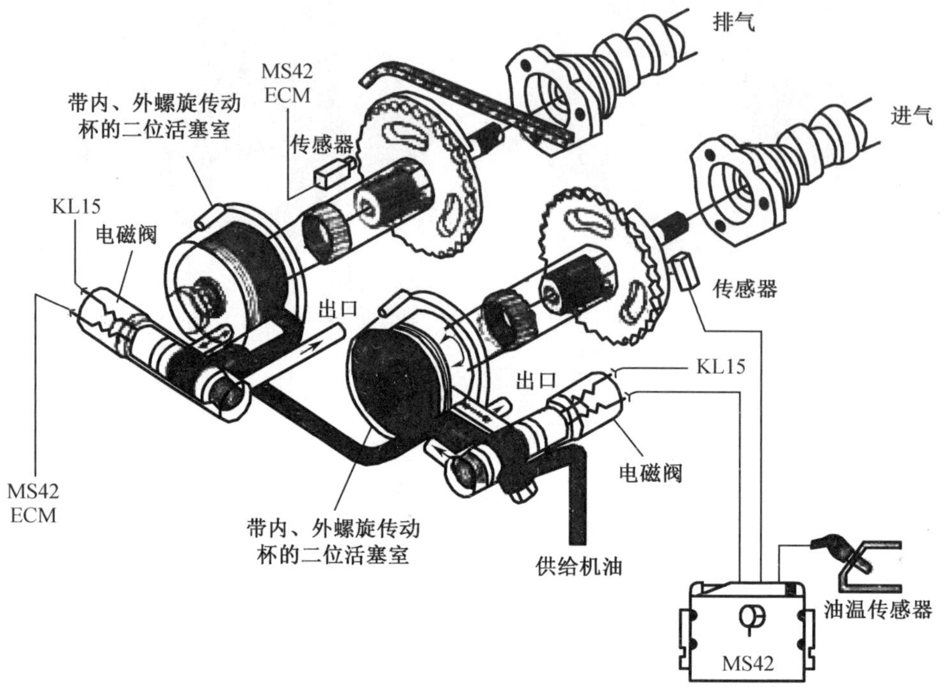

图 3.30 进排气门可变气门正时控制系统

任务3.2 气门组零件的构造与检修

一、气门组的基础知识

气门组零件主要包括气门、气门座、气门导管和气门弹簧等,如图 3.31 所示。

1. 气门的构造

气门由头部与杆部两部分组成,头部用来封闭气缸的进排气通道,杆身主要为气门的运动导向,如图 3.32 所示。

(1)气门头部

气门头部由于工作温度很高(进气门温度可达 300 ~ 400 ℃,排气门温度可达 800 ~ 930 ℃),还要承受气体压力、气门弹簧张力和运动惯性力,同时冷却和润滑条件又差,因此对气门的结构和性能要求很高。进气门常采用合金钢制造,排气门则采用耐热合金钢制造。

①气门头顶部的形状。气门头顶部的形状一般有平顶、球面顶、凹形顶等,如图 3.33 所示。平顶制造方便,吸热面积小,进排气门都可采用,使用最多。球面顶强度高,排气阻力小,废气的清除效果好,适用于排气门;但其受热面积大,质量较大,加工较复杂。凹形顶头部与杆身的过渡部分为流线型,可减小进排气阻力,但受热面积较大。一汽奥迪 100 型轿车的发动机进排气门均为凹形顶气门头。

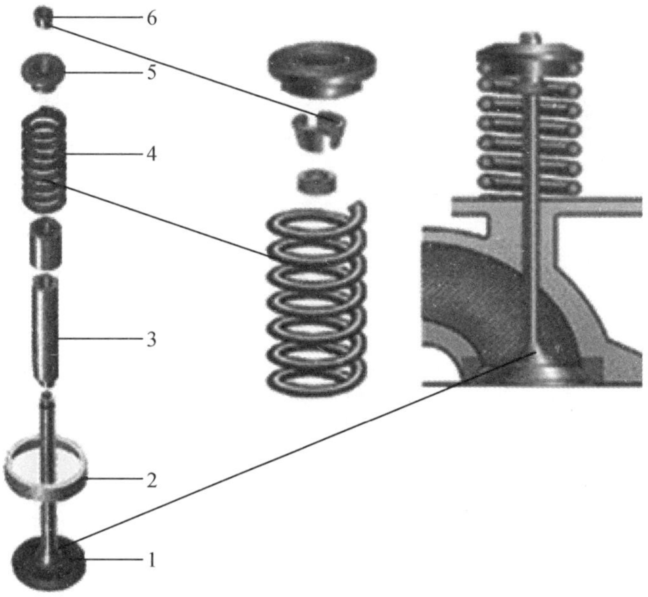

1—气门;2—气门座圈;3—气门导管;4—气门弹簧;5—弹簧座;6—锁片。

图3.31　气门组零件

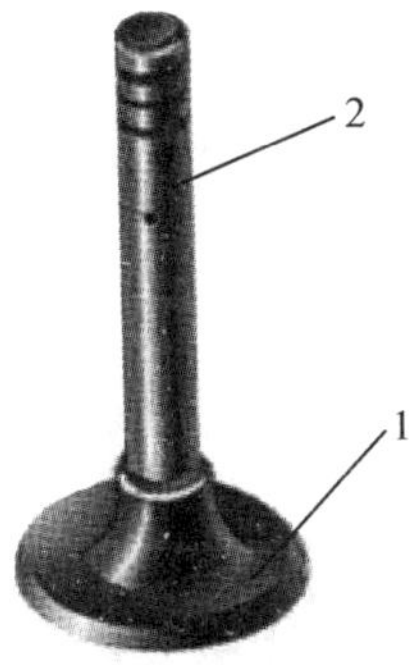

1—头部;2—杆部。

图3.32　气门的构造

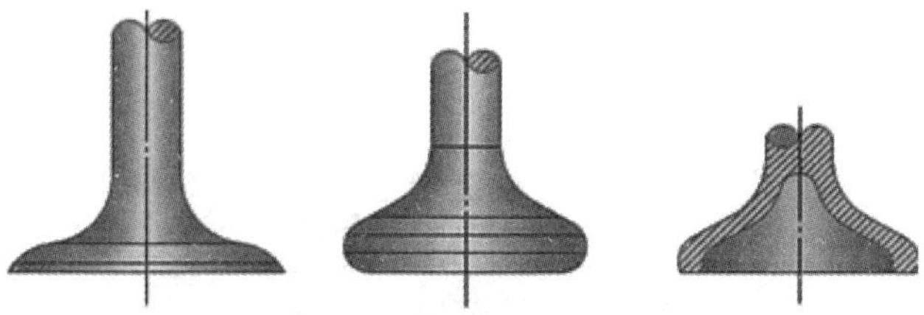

图3.33　气门头部形状

②气门锥面与锥角。气门头部与气门座接触的工作面是与杆身同心的锥面。通常将这一锥面与气门顶平面的夹角称为气门锥角,如图3.34所示。

采用锥形工作面能获得较大的气门座密合压力,可提高密封性和导热性;气门落座时有自动回位作用;能避免气流转向过大而降低流速。此外,有了锥角,气门落座时还将与座口发生相对的研磨,这一方面会增加磨损;另一方面能挤掉接触面的沉积物,有自洁作用。

气门锥角一般做成45°,有的发动机(如解放CA6102型汽油发动机)进气门锥角做成30°,这是考虑到在气门升程相同的情况下,气门锥角较小时,气流通过断面较大,进气阻力较小。但锥角较小的气门头部边缘较薄,刚度较小,会使气门头部与气门座的密封性及导热性降低。排气门因热负荷大,一般采用45°锥角,以加强散热,避免受热变形。气门锥角对气门口通道截面的影响示意图如图3.35所示。

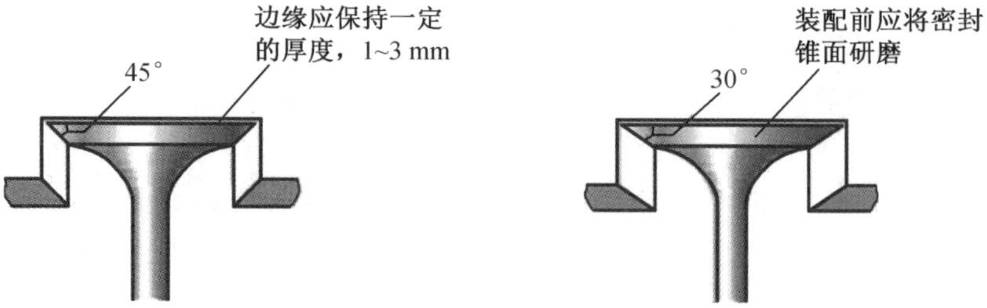

图 3.34 气门锥角

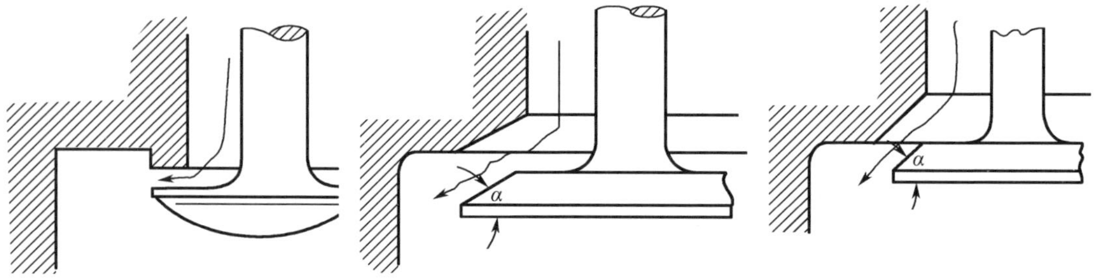

(a) 气门锥角为 0° (b) 气门锥角为 30° (c) 气门锥角为 60°

图 3.35 气门锥角对气门口通道截面的影响

③气门头边缘厚度。如图 3. 34 所示,气门头的边缘应保持一定的厚度,一般为 1 ~ 3 mm,以防止工作中冲击损坏和被高温烧蚀。为增加进气通道面积,提高充气效率,多数发动机进气门的头部直径做得比排气门的大,如图 3. 36 所示。为保证气门头部与气门座良好地密合,装配前应将两者的密封面互相研磨,研磨好的气门不能互换。

1—排气门;2—进气门。

图 3.36 进气门和排气门

(2)气门杆部

气门杆部呈圆柱形,在气门导管中往复运动,表面经热处理后磨外圆,以保证与导管的配合精度。气门杆身的尾部形状决定于弹簧座在气门上的固定方式,如图 3. 37 所示。

2. 气门导管的构造

气门导管的功用是给气门的运动导向,并将气门杆所承受的热量传给气缸盖,如图 3. 38 所示。

气门导管为一空心管状结构,气门导管压装在气缸盖上的导管孔中,其外圆柱面与导管孔的配合有一定的过盈量,以保证良好的传热性能并防止松脱。有些发动机为防止气门导管脱落,利用卡环对气门导管定位。气门导管的下端伸入气道,为减小其对气流造成的阻力,伸入气道的部分应制成锥形。

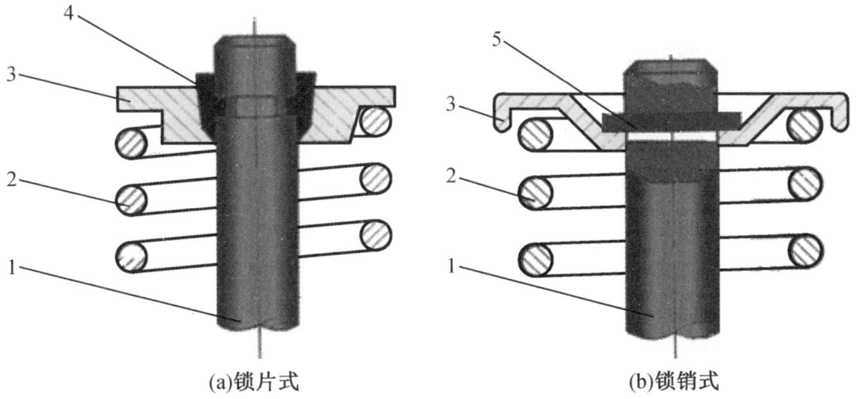

1—气门杆;2—气门弹簧;3—气门弹簧座;4—锁片;5—锁销。

图3.37　气门弹簧座的固定方式

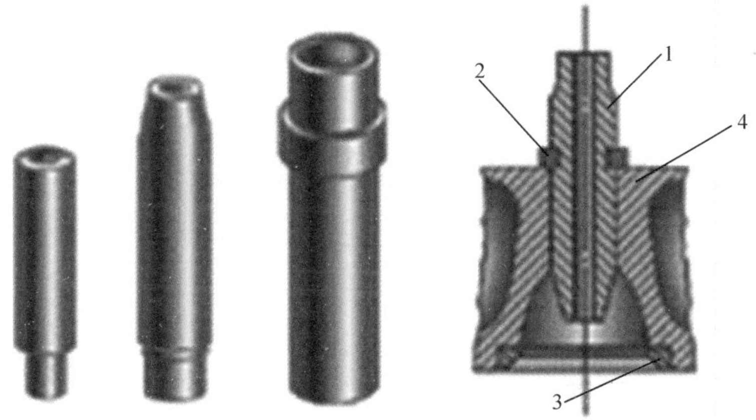

1—气门导管;2—卡环;3—气门座;4—气缸盖。

图3.38　气门导管与气门座的构造

气门导管内孔与气门杆之间为间隙配合,为防止润滑油从气门杆与气门导管的间隙中漏入燃烧室,在气门导管上端安装气门油封。

3. 气门座的构造

进排气门道口直接与气门密封锥面接触的部位称为气门座,如图3.39所示。其功用是与气门配合,使气缸密封。

多数发动机的气门座单独制成座圈,然后压装到燃烧室内的进排气道口处,气门座圈与座孔有足够的过盈配合量,以防止发动机工作时气门座脱落。

为保证气门与气门座可靠密封,气门座上加工有与气门相适应的锥面,气门座的锥面包括三部分,如图3.40所示。45°(或30°)锥面是与气门密封锥面配合的工作面,宽度 b 为1～3 mm;15°锥面和75°锥面是用来修正工作面位置和宽度的。

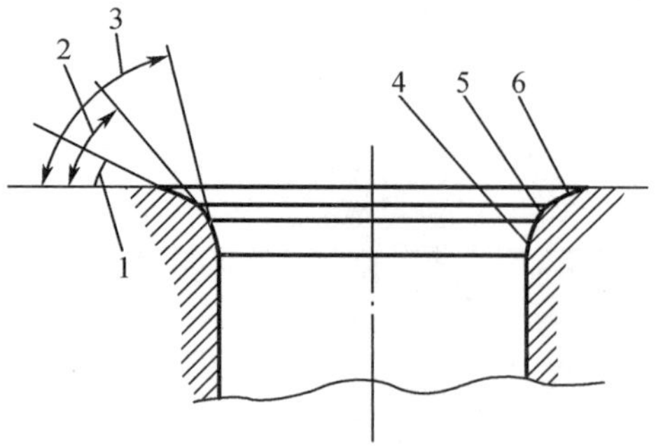

1—气门座端面斜角；2—气门座工作面斜角；
3—气门座孔斜角；4—气门座孔面；
5—气门工作面；6—气门座端面。

图 3.39 气门座

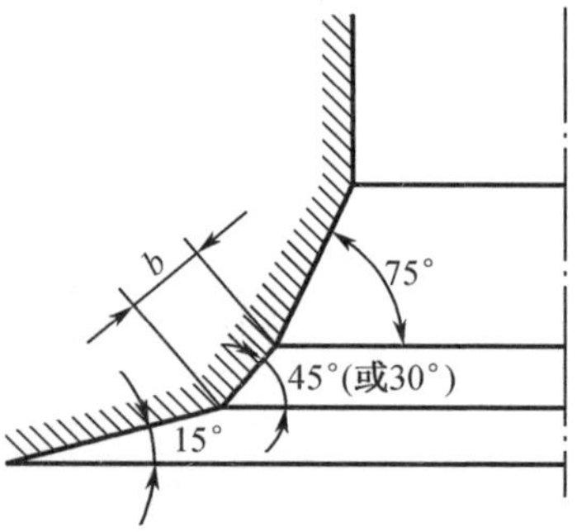

图 3.40 气门座锥面

4. 气门弹簧的构造

气门弹簧的功用是使气门关闭并与气门座压紧，同时还可以在气门开启或关闭过程中，使气门传动组零件紧密连接，防止因惯性力分离而产生异响。

气门弹簧为圆柱螺旋弹簧，弹簧两端磨平，装配后弹簧一端支撑在气缸盖上，另一端靠气门弹簧座和锁片或锁销与气门杆定位。气门弹簧的类型如图 3.41 所示。

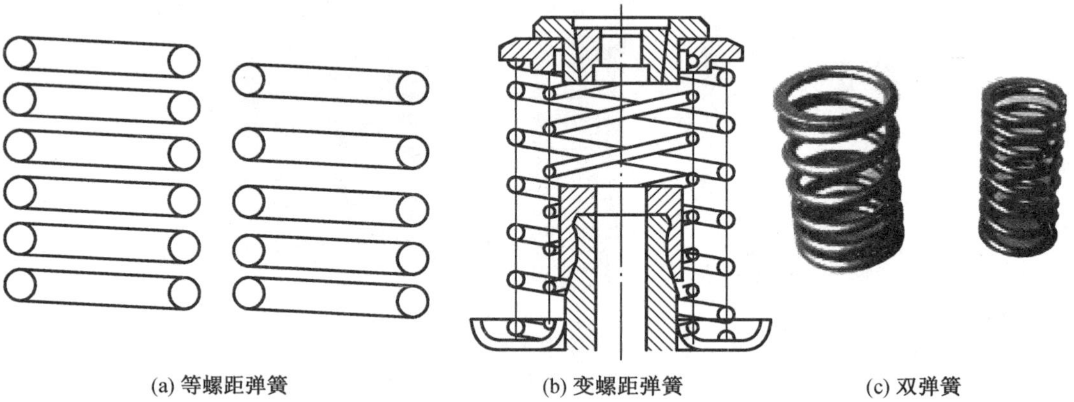

(a) 等螺距弹簧　(b) 变螺距弹簧　(c) 双弹簧

图 3.41 气门弹簧的类型

等螺距弹簧是最简单的一种，但使用中容易因振动而折断。变螺距弹簧各圈之间的螺距不等，安装时其螺距较小的一端应朝向气缸盖。采用内外两个双气门弹簧时，两弹簧的旋向相反，以防止工作时一个弹簧卡入另一个弹簧中，一般内弹簧弹力比外弹簧弹力小，如图3.42 所示。

二、气门组的检修

1. 发动机气门与气门座圈的检修

(1) 器材和用具

配气机构完整的桑塔纳轿车发动机若干台；气门光磨机若干台；气门座圈铰刀若干套；

检测平台若干个；量程为0～25 mm的外径千分尺若干套；带表架的百分表若干个；V形铁若干块（与气门相适用）；足量研磨膏；气门拆卸钳。

（2）注意事项

①测量气门杆的弯曲变形时，应使其支撑稳妥，百分表架牢靠无晃动。

②铰削气门座圈时，一定要按照角度顺序的要求铰削，以免座圈报废。

③气门座圈工作位置低于原平面1.5 mm时，应更换气门座圈。

④铰削、研磨后，必须彻底清洁，不得有残留的金属屑与研磨材料。

（3）操作步骤

①气门的检修。

a. 气门的拆装。拆装气门时，必须先使用专用气门拆装工具钳压缩气门弹簧，然后拆下或装上气门锁片或锁销，并慢慢放松气门弹簧即可，如图3.43所示。

拆下的气门，必须做好标记并按顺序摆放，以免破坏气门与气门座及气门导管的配合。气门锁片或锁销很小，应注意不要丢失。

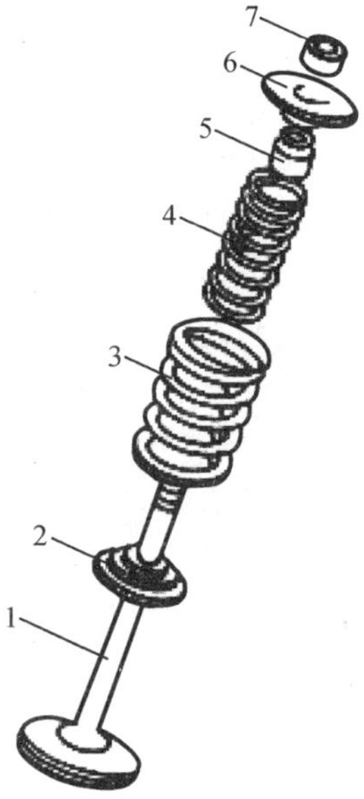

1—气门；2—气门弹簧下座；
3—外弹簧；4—内弹簧；
5—气门油封；6—气门弹簧上座；
7—簧座锁片。

图3.42　双气门弹簧

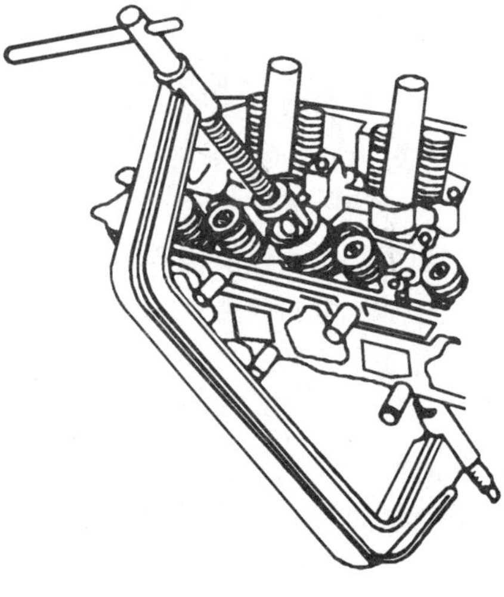

图3.43　气门的拆装

b. 外观检验。气门有裂纹、破损或严重烧蚀时，应更换气门。

c. 气门杆弯曲和气门头部歪斜的检验。气门杆的弯曲变形检验如图3.44所示。

（a）将气门支承在两个距离为100 mm的V形块上，用百分表角头测量气门杆中部的弯曲度。气门旋转一周，百分表上最大与最小读数之差的1/2为直线度误差。其值大于0.03 mm时，应予以更换或校正。

（b）在气门头部，工作锥面用百分表测量。转动气门头部一圈，百分表上最大读数与最小读数之差的1/2为倾斜度误差。其值大于0.02 mm时，应予以更换。

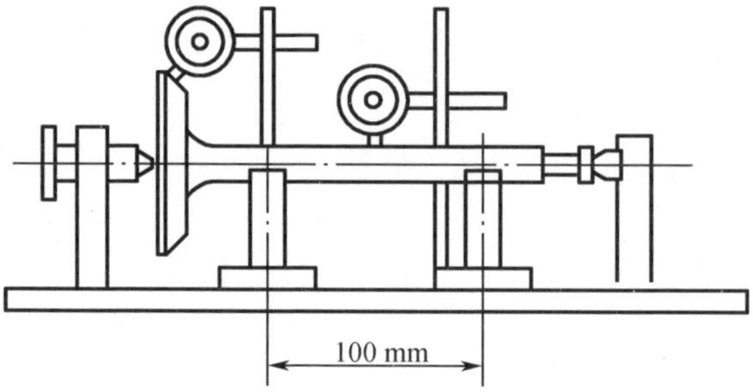

图 3.44 气门杆弯曲的检查

d. 气门杆磨损检验。如图 3.45 所示,气门杆的磨损可用外径千分尺进行测量,气门杆径向磨损量大于规定值时,应予以更换。

图 3.45 用外径千分尺测量气门杆

e. 气门杆端面磨损检验。用钢尺在平台上检查气门的长度。轴向磨损量大于规定值时应予以更换。若轴向磨损未超过极限值,而杆端面出现不平、疤痕时,可用气门光磨机修磨。

f. 气门工作面磨损检验。气门头部工作面若有斑点、严重烧蚀等,可用气门光磨机修磨。

g. 气门的修磨。修磨气门通常在气门光磨机上进行。

(a)气门光磨后,进气门、排气门的气门头最小边缘厚度不得小于 0.50 mm,否则应予以更换。

(b)修磨后,气门工作锥面对气门杆轴线的斜向圆跳动不大于 0.03 mm,否则应予以更换。

②气门座圈的检修。将气门座圈清理干净并检查工作面。气门座圈工作面磨损变宽超过 1.4 mm,工作面烧蚀出现斑点、凹陷时,应进行铰削与修磨。

a. 气门圈的铰削。

(a)如图 3.46 所示,根据气门直径选用合适的气门座铰刀,根据气门导管内径选择合适的铰杠,并插入气门导管内,以无明显旷动为宜。

(b)用砂布垫在铰刀表面,砂磨气门座圈工作表面的硬化层。

(c)用与气缸工作面锥角相同的铰刀铰削工作锥面,直到将烧蚀、斑点等铰除为止。

(d)在新气门或修磨过的气门锥面上涂一层红丹油,检查接触面的位置,应在气门锥面的中下部,宽度为 1.0 ~ 1.4 mm。

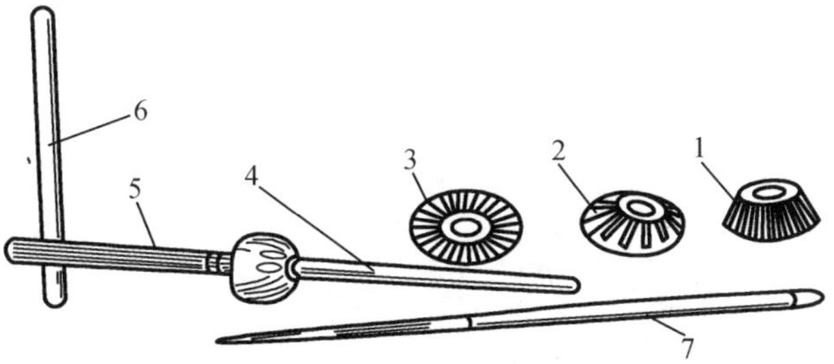

1,2,3—铰刀;4—导杆;5,6—铰杠;7—导管铰刀。

图3.46　气门座铰刀

(e)如果接触面偏上,则应用30°铰刀铰削,使接触面下移;如果接触面偏下,则应用75°铰刀铰削,使接触面上移。

(f)用45°细铰刀,或铰刀下面垫上细砂布铰磨,以降低接触表面粗糙度值。

b.气门的研磨。如气门与气门座圈配合不严密,可对气门进行研磨。

(a)清洗气门座、气门及气门导管,并在气门顶部做出标记。

(b)在气门工作面上涂以薄层研磨砂,气门杆上涂以清洁机油,插入气门导管内。

(c)变换气门与座圈的位置,正确研磨。粗磨后,接触环带应整齐、无斑痕、无麻点状。

(d)粗研完毕清洗各部位,用细研磨砂研磨,直至工作面出现一条灰色无光的环带为止。

c.气门与气门座圈密封性检查。

(a)检查前,将气门与气门座圈清洗干净,在气门锥面上用软铅笔沿轴向均匀地画上若干条线,然后与气门座圈接触。略压紧并转动气门90°,取出气门,检查铅笔线是否被切断。若被切断,说明密封性良好,否则应重新研磨。

(b)将气缸盖倒放在检测平台上,并装上与待检测气缸同一缸的气门和火花塞。向燃烧室注入煤油或汽油,5 min内气门与座圈接触处应无渗漏现象。

d.气门座圈的镶配。气门座圈工作面低于气门座圈原平面1.5 mm时,应更换气门座圈。气门座圈修磨前,应确定其最大允许修磨尺寸。

2.气门导管的检修

(1)气门导管磨损的检查

气门导管磨损后会使其与气门杆的配合间隙增大,导致气门工作时摆动,关闭不严。

气门导管的磨损情况可通过测量气门导管与气门杆配合间隙间接检查,配合间隙的检查有两种方法:

①直接测量气门导管内径和气门杆直径,并计算其配合间隙;

②先把气门安装在气门导管内,再将气门提起10~15 mm(相对气缸盖平面),然后用百分表测量气门头部摆动量,如图3.47所示。

气门导管与气门杆配合间隙若超过允许极限时,可换用一个新气门重新检查,根据测量结果视情况确定更换气门或气门导管,必要时两者一起更换。

图 3.47 测量气门头部的摆动量

(2)更换气门导管

更换气门导管时,应用冲子和锤子将气门导管按规定的方向(一般为气缸盖上方)拆出旧气门导管;如果旧气门导管装有限位卡环,拆卸前应先将其露出气门导管孔的部分敲断。此外,对于铝合金气缸盖,拆卸旧气门导管前还应加热气缸盖,以免气缸盖裂损。

拆下旧气门导管后,应根据新导管外径适当铰削气门导管孔,使气门导管与气门导管孔有适当的过盈量,一般为 0.015 ~ 0.065 mm。

安装新气门导管前,应先用 60 ~ 80 ℃的热水或喷灯加热气缸盖,然后用冲子和锤子将新气门导管敲入气门导管孔,气门导管伸出进排气道的高度应符合规定。气门导管安装好后,应铰削气门导管内孔,使气门导管与气门杆配合间隙符合要求。

(3)更换气门油封

润滑油无泄漏而消耗异常,一般是活塞与气缸配合间隙过大或气门油封漏油所致。更换气门油封时,应使用专用工具安装气门油封。注意:有些发动机进气门油封与排气门油封是不同的,如广州本田轿车的进气门油封的弹簧为白色,而排气门油封的弹簧为黑色,安装时不能装错,如图 3.48 所示。

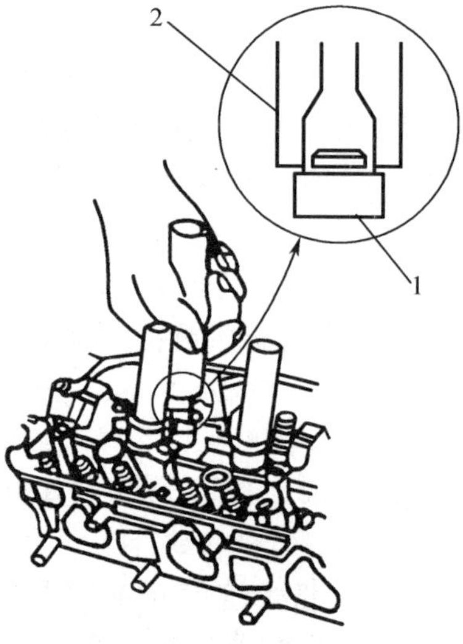

1—气门油封;2—油封安装套筒。

图 3.48 气门油封的安装

3. 气门弹簧的检查

气门弹簧常见故障是由于长期受压缩,产生塑性变形而导致自由长度变短、弹力减弱、簧身歪斜,严重时可能出现弹簧折断。对气门弹簧的检查主要是:观察有无裂纹或折断,测量弹簧自由长度和垂直度,测量弹簧弹力。气门弹簧不能维修,只能更换。

气门弹簧的自由长度可用卡尺测量。气门弹簧垂直度的检查如图 3.49 所示。

气门弹簧的垂直度一般应大于 2.0 mm。若气门弹簧的自由长度或垂直度不符合标准,应更换气门弹簧。

气门弹簧弹力的检查,用检测仪对气门弹簧施加压力,在规定压力下的气门弹簧高度(或规定气门弹簧高度下的压力)应符合标准,否则应更换气门弹簧。气门弹簧弹力的检查如图 3.50 所示。

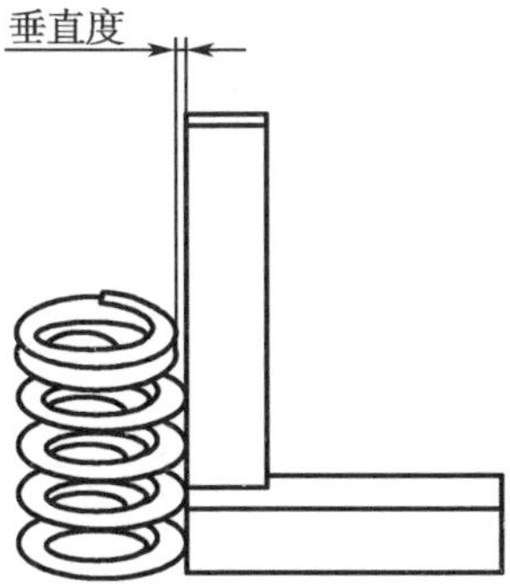

图3.49　气门弹簧垂直度的检查

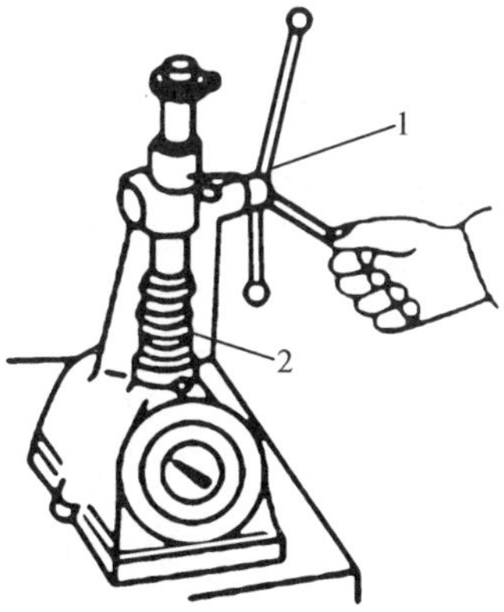

1—弹簧检测仪;2—气门弹簧。

图3.50　气门弹簧弹力的检查

任务3.3　气门传动组的构造与检修

一、气门传动组的基础知识

气门传动组由凸轮轴、正时齿轮、挺杆、推杆、摇臂和摇臂轴等零件组成。

1. 凸轮轴的构造

凸轮轴是气门传动组中最主要的零件,用来驱动和控制各缸气门的开启和关闭,使其符合发动机的工作次序、配气相位及气门开度的变化等要求。

凸轮轴由凸轮(包括进排气凸轮)、凸轮轴轴颈等构成。对于凸轮轴下置式的汽油发动机,凸轮轴还具有驱动机油泵、分电器的螺旋齿轮和驱动汽车油泵的偏心轮,如图3.51所示。

凸轮会受到因气门间歇性开启而形成的周期性冲击载荷,因此凸轮表面要耐磨,凸轮轴要有足够的韧性和刚度。凸轮轴多用优质钢模锻而成,并经表面高频淬火或渗碳淬火处理,也可用合金铸铁或球墨铸铁铸造。

每根凸轮轴上的凸轮数量因发动机结构形式而异,如直列六缸发动机,只装有一根凸轮轴,每个凸轮只驱动一个气门,每缸采用一进、一排两个气门,所以凸轮轴上有12个凸轮。凸轮可分为两类:驱动进气门的进气凸轮和驱动排气门的排气凸轮。各缸的进气凸轮(或排气凸轮)称为同名凸轮。以直列发动机为例,从凸轮轴前端看,同名凸轮的相对角位置按各缸做功顺序逆凸轮轴转动方向排列,夹角为做功间隔角的一半。根据这一规律可按凸轮轴转动方向和同名凸轮位置判断发动机做功顺序。

凸轮的轮廓形状决定着气门的最大升程、气门开启和关闭时的运动规律及持续时间。凸轮的轮廓形状是由制造厂根据发动机的工作需要设计的。

(1)凸轮轴的支承

发动机工作时,凸轮轴的变形会影响配气相位,因此有的发动机采用全支承式凸轮轴,即凸轮轴轴颈数比气缸数多一个,以减小变形。但是,支承数多会使加工工艺复杂,所以一般发动机凸轮轴是每隔两个气缸设置一个轴颈。如解放CA6102型发动机采用非全支承式凸轮轴。为了安装方便,凸轮轴各轴颈直径是从前向后依次减小的。

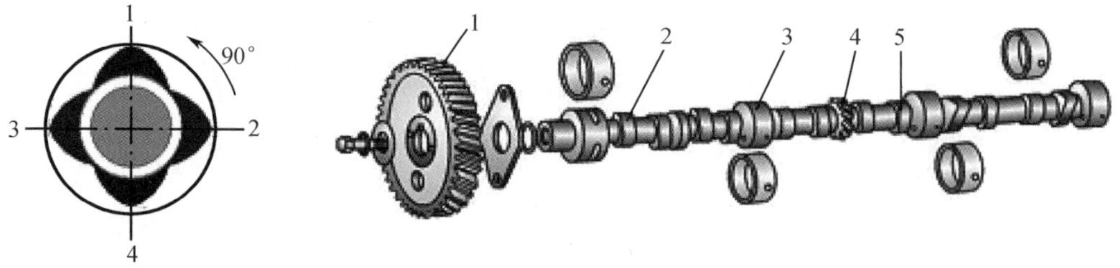

(a) 四缸发动机凸轮轴

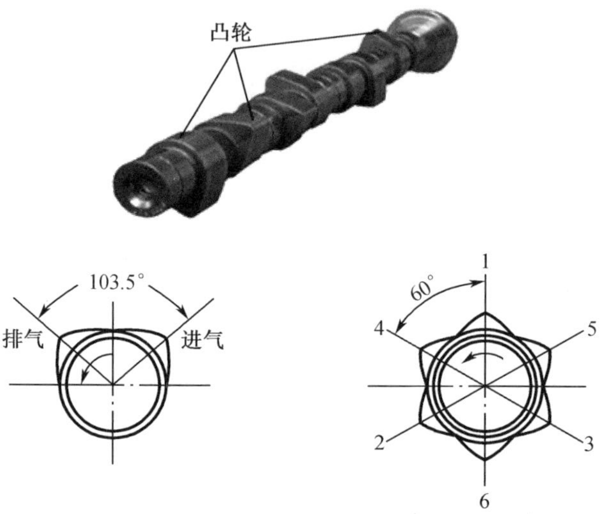

(b) 六缸发动机凸轮轴

1—凸轮轴正时齿轮;2—偏心轮;3—轴径;4—斜齿轮;5—凸轮。

图 3.51 凸轮轴的构造

在顶置配气机构中,安装凸轮轴的座孔和凸轮轴轴承一般为剖分式,凸轮轴各轴颈直径相等。有些凸轮轴的轴颈上加工有不同形状的油槽或油孔,如图 3.52 所示。这些油槽或油孔用于贮存润滑油或作为润滑油通道。

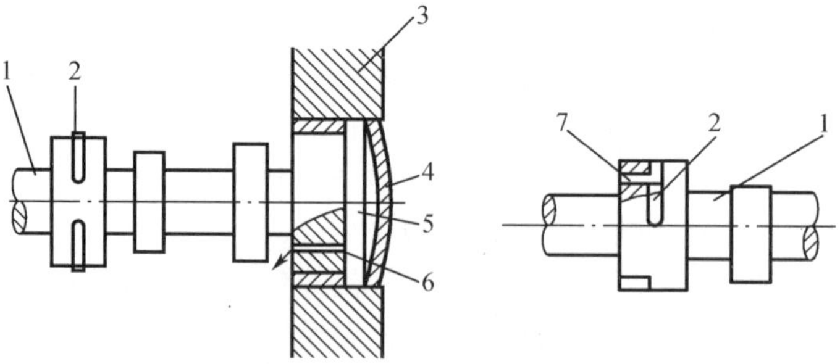

1—凸轮轴;2—节油槽;3—气缸体;4—油堵;5—空腔;6—泄油孔;7—油孔。

图 3.52 凸轮轴上的油槽或油孔

(2)凸轮轮廓

气门开启到关闭的持续时间必须符合配气相位的要求,这是由凸轮的轮廓来保证的,而且凸轮的轮廓还在很大程度上决定了气门的最大升程和升降运动规律。凸轮轮廓形状如图3.53所示。

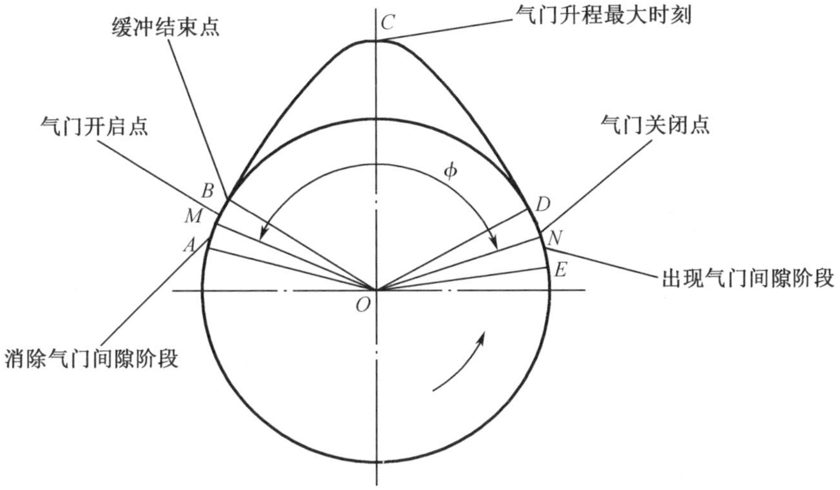

图3.53　凸轮轮廓形状

(3)配气正时标记

在装配曲轴和凸轮轴时,要将正时齿轮上的标记对齐,如图3.54所示。

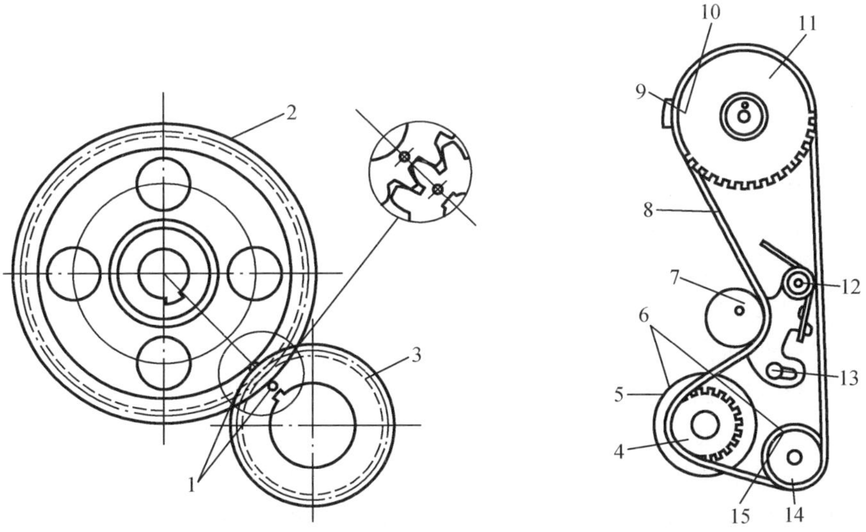

(a)解放CA6102型发动机的正时标记　(b)三菱L300型汽车发动机的正时标记

1,5,6,9,10,15—标记;2—凸轮轴正时齿轮;3—曲轴正时齿轮;4—油泵正时带轮;7—张紧器;8—同步带;11—凸轮轴同步带轮;12—张紧器安装螺母;13—张紧器调整螺栓;14—曲轴同步带轮。

图3.54　配气正时标记

每个齿形带上都做有缺口或“0”标记,在装配同步带时这一标记要与同步带轮齿上的“0”标记或“—”对齐,才能保证正确的配气相位和点火时刻。

(4)凸轮轴轴向定位

为防止凸轮轴在工作中产生轴向窜动和承受斜齿轮产生轴向力,凸轮轴必须有轴向定位装置。解放CA6102型汽油发动机和玉柴YC6105QC型柴油发动机的凸轮轴轴向定位的结构如图3.55所示。

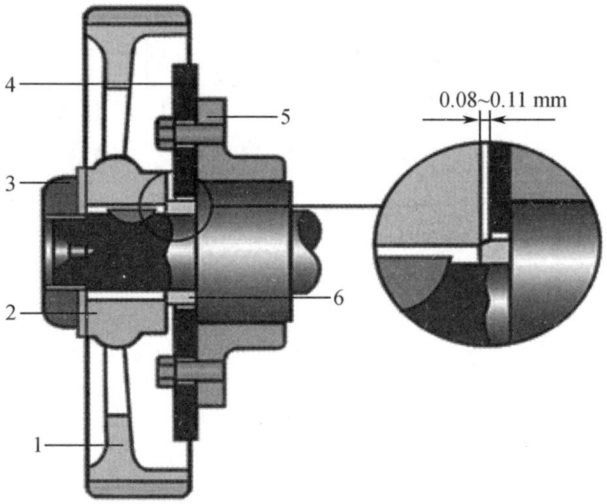

1—正时齿轮;2—正时齿轮轮毂;3—锁紧螺母;4—止推突缘;5—止推突缘固定螺栓;6—隔圈。

图3.55 凸轮轴轴向定位

止推突缘套在正时齿轮与凸轮第一轴颈端面之间,用螺栓固定在缸体上。正时齿轮与第一轴颈之间还装有一个比突缘厚的隔圈,使止推突缘与正时齿轮(或与凸轮轴第一轴颈侧面)有一定的间隙(凸轮轴轴向间隙),此间隙可借改变隔圈厚度进行调整。当凸轮轴产生轴向移动时,止推突缘便与凸轮轴轴颈侧面或正时齿轮轮毂接触,从而防止了轴向窜动。如上海桑塔纳JV型发动机是用第五道轴颈轴承盖两侧面定位的。

2. 挺柱的构造

挺柱可分为普通挺柱和液力挺柱两种,其功用一般都是与凸轮轴直接接触,将凸轮的推力传递给推杆或气门,在有些发动机上它只是摇臂的一个支点(如采用浮动摇臂的配气机构),也有些发动机上没挺柱。

(1)普通挺柱的构造

普通挺柱一般应用在凸轮轴下置式配气机构或凸轮轴侧置式配气机构中。常见普通挺柱的构造如图3.56所示。

在发动机工作时挺柱底部与凸轮轴接触,为使挺柱底部磨损均匀,挺柱底部的工作面制成球面。挺柱的下端有油孔,以便将漏入挺柱的润滑油排到凸轮上进行润滑。普通挺柱内孔的底部也制成球面,它与推杆下端的球面接触,以降低磨损。

挺柱放置在导向孔内,挺柱导向孔一般直接在气缸体或气缸盖上加工,但也有些发动机采用可拆式挺柱导向体,挺柱导向体机构如图3.57所示。挺柱导向体分前后两个,挺柱放置在挺柱导向体上的导向孔内,挺柱导向体用螺栓安装在气缸体上,为保证挺柱导向体的安装位置，在挺柱导向体与气缸体之间设有定位套，如图3.57所示。

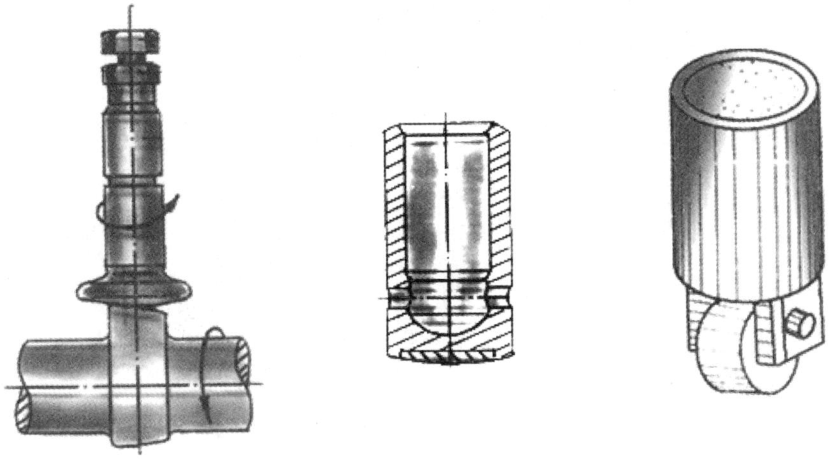

图3.56　普通挺柱的构造

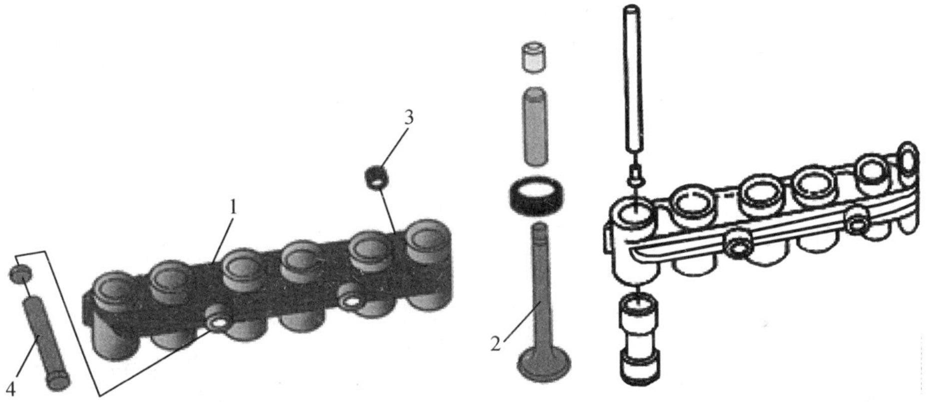

1—挺柱导向体;2—气门;3—定位套;4—螺栓。

图3.57　挺柱导向体机构

(2)液力挺柱的构造

液力挺柱能自动保持配气机构无间隙传动，从而降低噪声和磨损，而且不需调整气门间隙，在轿车上应用非常广泛。奥迪和桑塔纳轿车的发动机上采用的液力挺柱构造如图3.58所示。

挺柱体是由上盖和圆筒焊接成一体的薄壁零件。液压缸外圆与挺柱体内导向孔配合，内孔则与柱塞配合，两者都有相对运动。液压缸底部装有一个补偿弹簧，把球阀压在柱塞的阀座上，补偿弹簧还可以使挺柱顶面和凸轮轮廓线保持紧密接触，以消除气门间隙。当球阀关闭柱塞中间孔时可将挺柱分成两个油腔，上部的低压油腔和下部的高压油腔。当球阀开启后，则成为一个通腔。

液力挺柱的工作过程如图3.59所示。

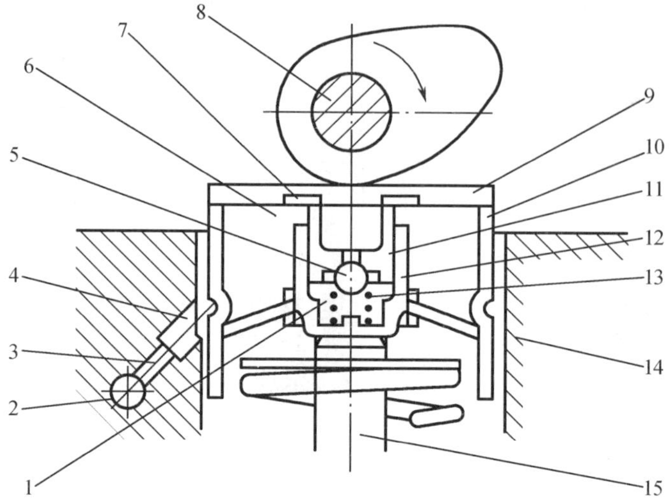

1—高压油腔;2—缸盖油道;3—量油孔;4—斜油孔;5—球阀;6—低压油腔;7—键形槽;8—凸轮轴;
9—挺柱体;10—柱塞焊缝;11—柱塞;12—液压缸;13—补偿弹簧;14—气缸盖;15—气门杆。

图 3.58 液力挺柱的构造

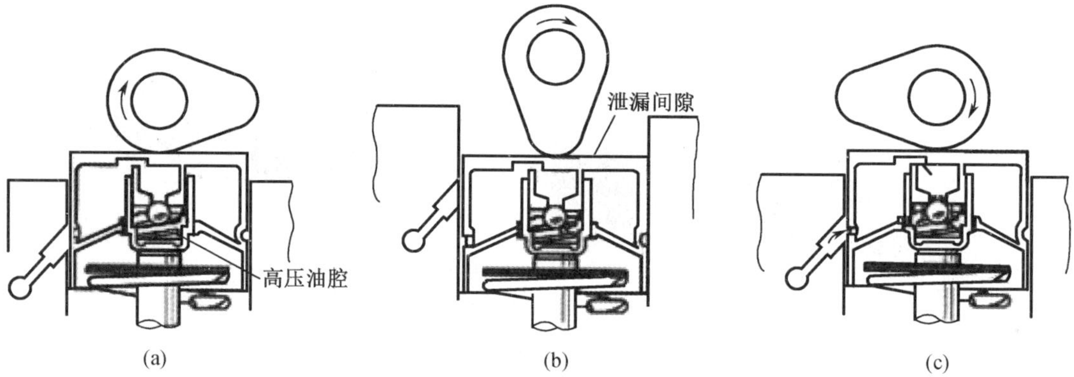

图 3.59 液力挺柱的工作过程

①气门开启。当挺柱体圆筒上环形油槽与缸盖上的斜油孔对齐时,发动机润滑系统中的机油经量油孔、斜油孔和环形油槽流入低压油腔。位于挺柱背面上的键形槽可将机油引入柱塞上方的低压油腔,这时缸盖主油道与液力挺柱低压油腔连通。此时,挺柱与气门构成一刚性部件运动,气门开始升起。

②气门升起。凸轮转动,挺柱体和柱塞向下移动时,高压油腔中的机油被压缩,油压升高,加上补偿弹簧的作用使球阀紧压在柱塞的下端阀座上,这时高压油腔与低压油腔被分隔开。由于液体的不可压缩性,整个挺柱如同一个刚体一样下移,推开气门升起并保证了气门应达到的最高升程。

③气门关闭。当挺柱到达下止点后开始上行时,在气门弹簧上顶和凸轮下压的作用下,高压油腔陆续封闭,球阀也不会打开,液力挺柱仍可认为是一个刚性挺柱,直至上升到凸轮处于基圆与气门关闭时为止。

此时,缸盖主油道中的压力油经量油孔、挺柱环形油槽进入挺柱的低压油腔,同时,高压油腔内油压下降,补偿弹簧推动柱塞上行。从低压油腔来的压力油推开球阀进入高压油腔,使两腔连通充满机油。这时挺柱顶面仍与凸轮紧贴。在气门受热膨胀时,柱塞和油缸做轴向相对运动,高压油腔中油液可经过油缸与柱塞间的缝隙挤入低压油腔。故使用液力挺柱时,可以不预留气门间隙。

液力挺柱结构复杂,加工精度要求较高,而且磨损后无法调整,只能更换,所以目前在一般货车上用得较少,而在高级轿车上则应用很广。

3. 推杆的构造

凸轮轴下置式配气机构和凸轮轴侧置式配气机构中,一般都设有推杆,推杆位于挺柱与摇臂之间,它是气门机构中最易弯曲的零件,要求有很高的刚度,在动载荷大的发动机中,推杆应尽量做得短些。其功用是将挺柱的推力传给摇臂。推杆的类型如图3.60所示。

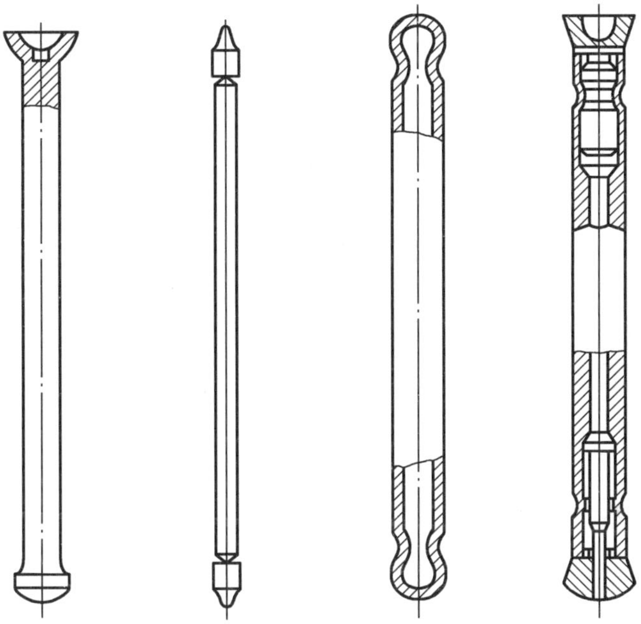

(a) 实心推杆　(b) 空心推杆

图3.60　推杆的类型

对于缸体与缸盖都是铝合金制造的发动机,其推杆最好用硬铝制造。推杆为细长的杆件,杆身有空心和实心两种,推杆两端有不同形状的端头,以便与挺柱和摇臂上的支座相适应。推杆端头均经过磨光处理,以降低磨损。

钢制实心推杆[图3.60(a)],一般同球形支座锻成一个整体,然后进行热处理;硬铝棒制成的推杆,推杆两端配以钢制的支承。图3.60(b)都是钢管制成的推杆。前者的球头是直接锻成,然后经过精磨加工的;后者的球支承则是压配的,并经淬火和磨光,以保证其耐磨性。

4. 摇臂总成的构造

摇臂总成的功用是将气门传动组的推力改变方向并驱动气门开启,摇臂是一个两臂不等长的双臂杠杆,采用摇臂驱动气门开启的配气机构,虽机构比较复杂,但可通过选择摇臂两端的长度,在气门升程一定时,减小凸轮升程,同时气门间隙的调整也比较方便。长短臂长的比值(称为摇臂比)为1.2~1.8。摇臂的长臂端用来推动气门,短臂端通过气门间隙调整螺钉与推杆接触。这样,在一定的气门升程内,可减小推杆、挺柱等运动件的运动距离和加速度,从而减小了工作中的惯性力。摇臂的长臂端与气门尾端接触的面制成球面,如图3.61所示。

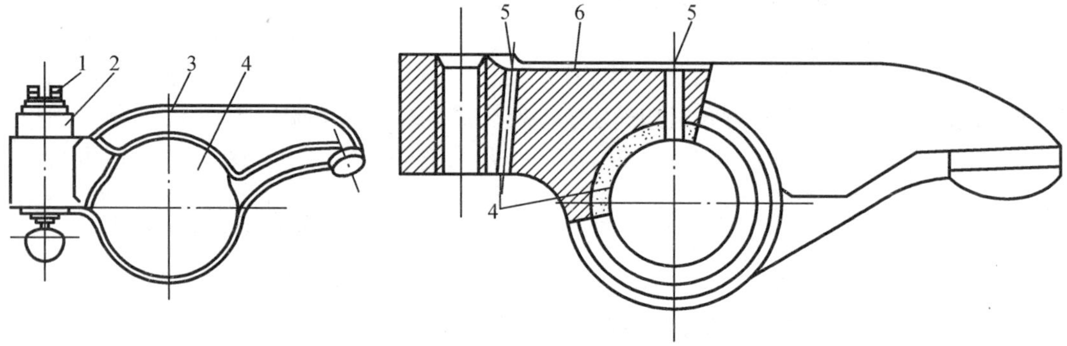

1—气门间隙调整螺钉;2—锁紧螺母;3—摇臂体;4—摇臂衬套;5—油孔;6—油槽。

图3.61 摇臂的构造

当摇臂摆动时,可沿气门杆尾端滚滑,这样可使两者之间的力尽可能沿气门轴线作用。短臂端的螺纹孔中装有带球头的气门间隙调整螺钉,为防止螺钉松动。可用锁紧螺母锁紧。摇臂的材料一般为中碳钢,也有米用球墨铸铁或合金铸铁的。摇臂大多采用T字形或工字形断面,以减轻质量。

摇臂总成的拆解如图3.62所示。

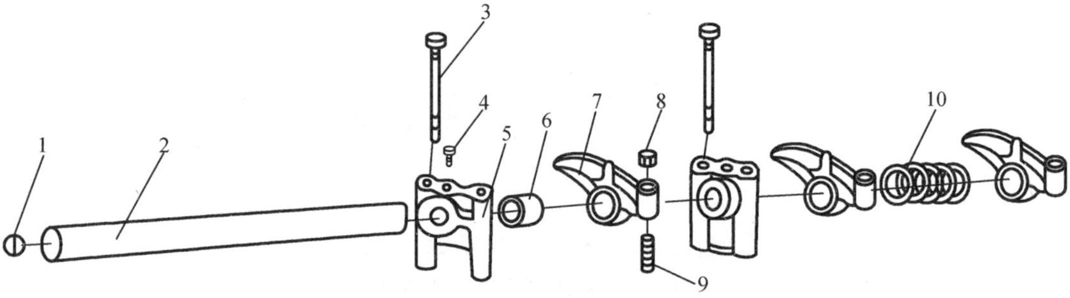

1—碗形塞;2—摇臂轴;3—螺栓;4—摇臂轴紧固螺钉;5—摇臂轴支座;6—摇臂衬套;7—摇臂;
8—锁紧螺母;9—气门间隙调整螺钉;10—定位弹簧。

图3.62 摇臂总成的拆解

摇臂通过衬套空套在摇臂轴上,摇臂轴通过支座固定在缸盖上。为防止摇臂轴向窜动,每两摇臂之间装有定位弹簧。摇臂轴为空心管状结构,润滑油从缸体上的主油道经缸体、缸盖和支座中的油道进入摇臂内(该轴两端用碗形塞堵死),然后经摇臂轴上的径向孔进入摇臂与轴之间进行润滑。摇臂支承孔则有油孔通向油槽,润滑油可顺此油槽流向摇臂两端,润滑两端的接合面。摇臂轴支座并非都有油道,不可装错。

二、气门传动组的检修

1. 凸轮轴的检修

(1)技术要求

①凸轮高的最大磨损量小于1.0 mm。

②驱动分电器的齿轮齿厚,因磨损齿厚比标准值减薄0.50 mm左右。

③驱动汽油泵的偏心轮磨损小于0.8 mm。

④以凸轮轴两端轴颈为基准,中间凸轮轴颈的径向圆跳动使用极限为0.10 mm。

⑤凸轮轴轴颈与轴承的配合间隙一般为0.03~0.07 mm,使用极限为0.15 mm。

⑥与轴承孔的配合尺寸,铸铁基体为0.13~0.05 mm;铝合金基体为0.07~0.03 mm(基体指缸体或缸盖)。

(2)凸轮轴的检修

多数发动机凸轮轴轴颈和轴承无修理尺寸,当轴承间隙超过其允许极限时,必须更换凸轮轴或凸轮轴轴承,必要时两者一起更换。对无凸轮轴轴承的,若凸轮轴座孔磨损严重,只能更换气缸体或气缸盖。

①凸轮轴弯曲的检验。检查凸轮轴弯曲变形可用检查轴线直线度误差中的测微法进行测量。检测时,将凸轮轴支撑在V形架上并轴向定位,如图3.63所示。用指示器在端面上某一半径处测量,在凸轮轴回转一周过程中指示器读数最大差值即为单个测量圆柱面上的端面圆跳动。按照上述方法在若干个不同半径处测量,取各测量半径上跳动量中的最大值作为凸缘端面的端面圆跳动。

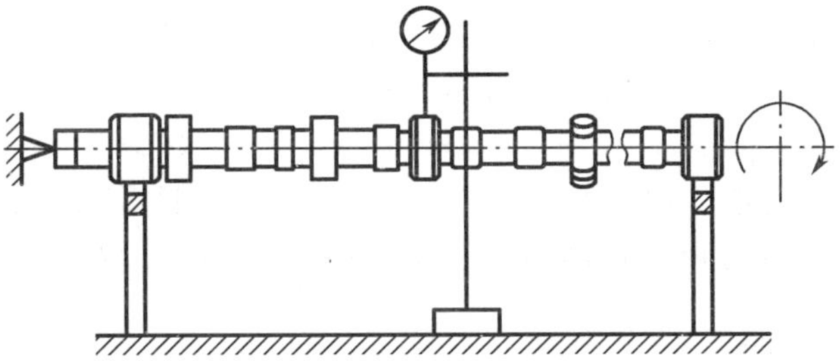

图3.63　凸轮轴弯曲的检查

②凸轮磨损的检验。凸轮的磨损是不均匀的,一般凸轮的顶尖附近磨损较严重。凸轮磨损后,凸轮高度减小,影响发动机工作时的进排气阻力。凸轮的磨损程度可通过测量凸轮的高度(H)或凸轮升程(h)来检查,如图3.64所示。

凸轮高度可用外径千分尺或游标卡尺测量,凸轮升程为凸轮高度与基圆直径之差。凸轮高度或升程若超过允许极限,应更换凸轮轴。

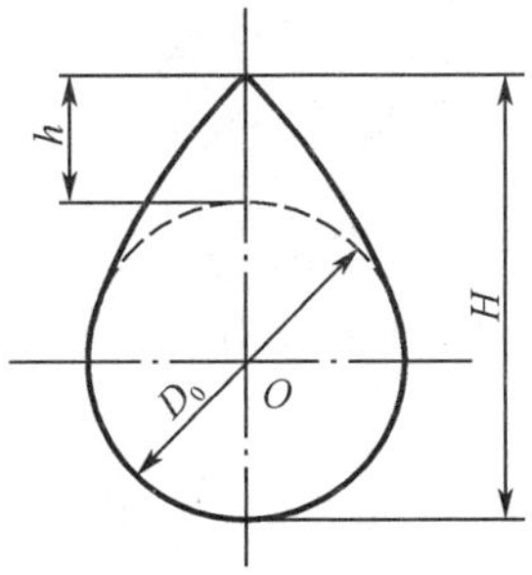

图3.64　凸轮的高度(H)和升程(h)

③凸轮轴轴向间隙的检修。用百分表测头抵在凸轮轴端,前后推拉凸轮轴,百分表指针的摆动量即

为凸轮轴轴向间隙。凸轮轴轴向间隙若超过允许极限,可减小隔圈的厚度或更换止推凸缘。

④凸轮轴轴颈及轴承磨损的检修。凸轮轴轴颈及轴承的磨损情况可通过测量其配合间隙来检查。有些发动机的凸轮轴轴颈允许修磨,当凸轮轴轴承间隙超过允许极限时,可磨削凸轮轴轴颈,并选配同级修理尺寸的凸轮轴轴承。

多数发动机凸轮轴轴颈和轴承无修理尺寸,当轴承间隙超过允许极限时,必须更换凸轮轴或凸轮轴轴承,必要时两者一起更换。对无凸轮轴轴承的,若凸轮轴座孔磨损严重,只能更换气缸体或气缸盖。

2. 挺柱的维修

(1)普通挺柱的维修

普通挺柱的常见损伤是工作面损伤或磨损。挺柱外表圆柱工作面和底部工作面有轻微的损伤或麻点,可用油石修整;若发现挺柱有裂纹、工作面严重刮伤或偏磨,应及时更换。挺柱与其导向孔的配合间隙若超过允许极限,也应及时更换挺柱。

(2)液力挺柱的维修

液力挺柱的常见故障是外表工作面磨损或损伤、挺柱内部配合表面磨损导致密封不良等。维修时,除按普通挺柱的检查项目和方法对液力挺柱体外表工作面的损伤情况、液力挺柱体导向孔的配合间隙进行检查外,还须对液力挺柱进行密封性检查。

液力挺柱柱塞与挺柱体(或液压缸)磨损、单向阀关闭不严,均会导致挺柱内的油腔内部密封不良,当凸轮顶起挺柱时,会因高压油腔内的油液泄漏而使液力挺柱缩短,从而使气门升程减小并产生异响。液力挺柱密封性可在一定载荷作用下,通过测量液力挺柱缩短一定尺寸所用时间来检验,所用时间越长,说明液力挺柱密封性越好。液力挺柱密封性的检验如图 3.65 所示。

液力挺柱密封性的检验步骤如下:

①将液力挺柱装入油杯,并在油杯中加入试验油,使液力挺柱完全浸没在油中。

②用检验仪上的压头压住液力挺柱柱塞(或液压缸),反复把重臂提起再放下,使挺柱体中的柱塞(或液压缸)上下往复运动多次,以便排除液力挺柱内的空气,直到杯中无气泡冒出后,再提起重臂,使柱塞(或液压缸)自由升起到正常位置。

③然后再将重臂轻轻落下,在重臂作用下,液力挺柱逐渐缩短,检验仪指针可在刻度盘上指示出液力挺柱尺寸变化量。

④顺时针转动检验仪上的手柄,以使油杯旋转,转速为 30 r/min。

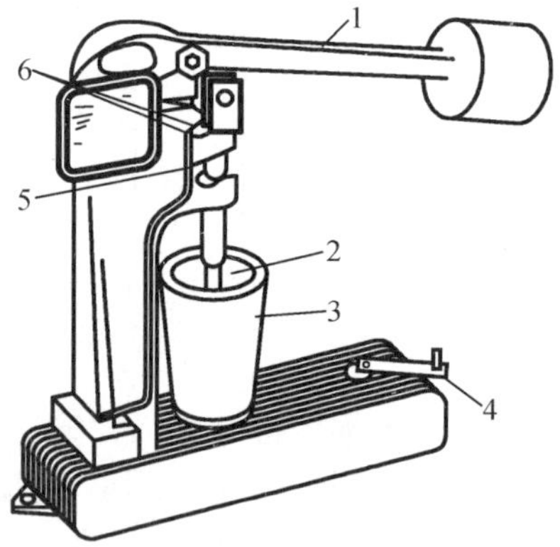

1—重臂;2—压头;3—油杯;4—手柄;5—压杆;6—指针。

图 3.65 液力挺柱密封性的检验

⑤当检验仪指针指到刻度盘上“START”标记时,按下秒表,记录液力挺柱缩短一定尺寸所需时间。不符合规定时间的液力挺柱应更换。

有些发动机规定用测量液力挺柱自由行程的方法检验其密封性,如上海桑塔纳、一汽奥迪、捷达、高尔夫轿车的液力挺柱,检验应在发动机熄火后立即进行,方法如下:拆下气缸盖罩,顺时针转动曲轴使待检液力挺柱的凸轮向上,用楔形木或塑料棒压下液力挺柱但不要使气门开启，如图3.66所示，用塞尺测量挺柱与凸轮之间的间隙；若间隙超过0.1 mm，应更换液力挺柱。

3. 推杆的维修

推杆的常见损伤是端头磨损或杆身弯曲。检查推杆两端头，若磨损严重或有损伤，应更换推杆。推杆可在平板上来回滚动并用塞尺测量其弯曲变形量，也可用百分表检查推杆的弯曲变形量，推杆弯曲超过允许极限时，应校正或更换推杆。

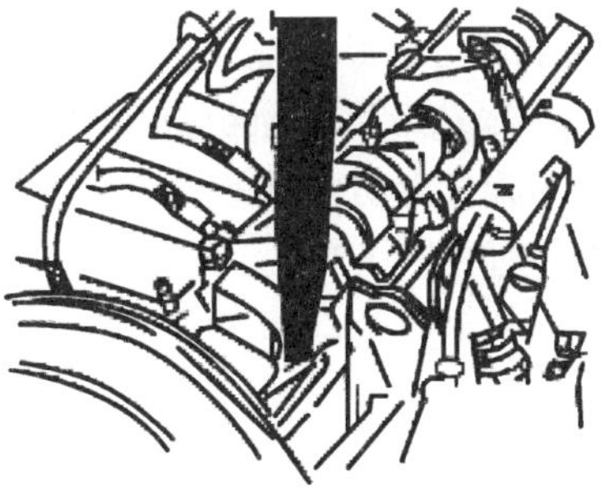
图3.66　液力挺柱自由行程的检查

4. 摇臂总成的维修

分解摇臂总成时，应注意各摇臂的序号、摇臂轴的安装方向及位置，以免安装时位置装错。对摇臂总成零件进行清洗时，应注意将摇臂轴内部清理干净，并保证各油孔通畅。摇臂总成分解后，主要进行以下检查：

①检查摇臂球面接触部位的磨损情况，若有轻微的磨损沟痕，可用油石或磨光机进行修磨，磨损严重时应更换摇臂；

②安装有气门间隙调整螺钉的摇臂，检查调整螺钉、锁紧螺母和摇臂上的螺孔是否完好，若有损坏应予以更换；

③带滚动轴承的浮动式摇臂，检查其轴承，若磨损严重或损坏应更换摇臂；

④安装在摇臂轴上的摇臂，测量摇臂衬套内径和摇臂轴外径，检查其配合间隙，若间隙超过允许极限，应更换零件或总成；

⑤检查摇臂轴的弯曲变形，若超过允许极限，应校正或更换摇臂轴。

任务3.4　配气机构常见故障诊断与排除

配气机构的故障主要有配气相位失准和配气机构异响。配气相位失准主要是同步带安装位置不正确或同步带齿形磨损引起滑转，遇此故障应立即更换同步带，并按发动机拆装的有关内容重新安装同步带。

一、凸轮轴异响故障的诊断与排除

1. 器材和用具

桑塔纳发动机，常用工具、量具，试棒，机械故障听诊器。

2. 故障现象

①发动机怠速运转时，可听到钝重的“嗒嗒”声，中速时比较明显，高速时因受干扰而变得杂乱不清。

②发出异响时，在凸轮轴轴承附近有振动。

3. 故障原因

①凸轮轴与其衬套配合松旷。

②凸轮轴衬套转动。

③凸轮轴弯曲变形。

④凸轮轴轴向间隙过大。

⑤凸轮轴衬套合金烧毁或脱落。

4. 故障诊断与排除

①让发动机在各种转速下运转,仔细察听响声。若怠速运转时响声清晰,中速时明显,而高速时又变得杂乱或减弱,说明凸轮轴轴向间隙过大。

②将发动机转速稳定在响声明显的范围内,有试棒或机械故障听诊器接触发动机凸轮轴轴承对应的外部表面。若某处响声较大,并伴有振动,说明该处轴承发响,诊断过程及诊断部位如图 3.67 所示。

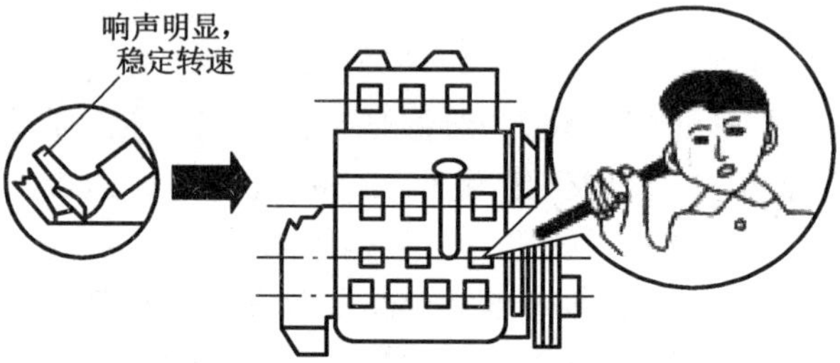

图 3.67 凸轮轴异响的诊断

③对于凸轮轴顶置式配气机构的发动机,可拆下气门室罩,用试棒压在响声明显的轴承附近的凸轮轴上察听响声。发动机运转过程中(怠速运转,以防止润滑油飞溅),压紧凸轮轴,以抵消凸轮轴在转动中的跳动,若响声明显减弱或消失,说明该处轴承发响。

④拆开正时齿轮室盖,检查凸轮轴的轴向间隙是否过大。若过大,应检查凸轮轴止推板固定板螺栓是否松动,若有松动应予以拧紧。

⑤拆卸凸轮轴,检查凸轮轴各轴颈的磨损、凸轮轴弯曲变形程度及轴承的磨损量。若弯曲量超过 0.10 mm,应进行冷压校正、火焰校正或及时更换凸轮轴。若各轴颈磨损较大,应磨削至下一级修理尺寸,再选配同一级尺寸的凸轮轴轴承或更换新凸轮轴。若轴承磨损较大,应更换凸轮轴轴承,并镗削轴承内孔,使其与凸轮轴轴颈之间的间隙符合规定。

二、气门脚响故障的诊断与排除

1. 故障现象

①发动机怠速时,气缸盖罩内发出有节奏的“嗒嗒”的响声。

②发动机转速升高,响声增大。

③发动机温度变化或做断火试验,响声不变。

2. 故障原因

①气门间隙调整不当。

②气门杆尾端与气门间隙调整螺钉磨损。

③气门间隙调整螺钉的锁紧螺母松动。

④凸轮磨损或摇臂圆弧工作面磨损。

3. 故障诊断与排除

①拆下气缸盖罩,检查气门间隙调整螺钉的锁紧螺母是否松动;检查气门间隙值,并视情况重新调整。

②检查气门杆尾部端面和调整螺钉的磨损情况，必要时更换气门或调整螺钉。

③检查凸轮与摇臂圆弧工作面的磨损情况，视情况更换凸轮轴或摇臂。

三、气门弹簧响故障的诊断与排除

1. 故障现象

①发动机怠速时有明显的“嚓嚓”的响声。

②各转速下均有清脆的响声，多根气门弹簧不良，机体有振抖现象。

2. 故障原因

气门弹簧过软或折断。

3. 故障诊断与排除

①拆下气缸盖罩，用旋具撬住气门弹簧，若弹簧折断可明显地看出。如弹簧折断，应予以更换。

②仍用旋具撬住气门弹簧，怠速运转发动机，若响声消失，即为该弹簧过软。如弹簧过软，必须更换。

四、气门座圈响

1. 故障现象

①有节奏的类似气门脚响，但比气门脚响的声音大很多。

②发动机转速一定时，响声时大时小，并伴有破碎声。

③发动机中低速运转时，响声较清脆，高速时响声增大且变得杂乱。

2. 故障原因

①气门座圈和气缸盖气门座圈座孔配合过盈量不足。

②气门座圈镶入气缸盖气门座圈座孔后，滚边时没有将座圈压牢。

③气门座圈粉末冶金质量不佳，受热变形导致松动。

3. 故障诊断与排除

拆下气缸盖罩，经检查若不是气门脚响和气门弹簧响，即可断定为气门座圈响。分解配气机构后进一步检查，必要时，铰削气门座圈座孔，更换松动的气门座圈，并保证其压入后有足够的过盈量。

【项目小结】

本项目介绍了气门的布置形式、凸轮轴的布置形式、凸轮轴的传动方式，着重讲述了气门间隙和配气相位的概念，并分析了其对发动机性能的影响。介绍了气门组的组成，重点讲述了气门的构造特点，分析了汽油发动机和柴油发动机气门座的镶嵌原则，以及气门弹簧防止共振的措施。重点讲述了如何根据凸轮轴的转动找点火次序，分析了液压挺柱的工作原理；液压挺柱不用调气门间隙，如果采用一般挺柱，调间隙在凸轮轴的行程段。介绍了气门组的组成与部分零件的检修，介绍了气门传动组的组成与检修。讲述了气门间隙的调整方法及调整原则，介绍了几种可变进气系统。

介绍了发动机配气机构的拆装、配气相位的检查与调整。

【项目测试】

一、填空题

1. 气门式配气机构由__________和__________组成。

2. 四行程发动机每完成一个工作循环，曲轴旋转__________周，各缸的进排气门各开启__________次，此时凸轮轴旋转__________周。

3. 由曲轴到凸轮轴的传动方式有__________、__________和__________三种。

4. 充气效率越高，进入气缸内的新鲜气体的量就__________，发动机所发出的功率就__________。

5. 凸轮轴上同一气缸的进排气凸轮的相对角位置与既定的__________相适应。

6. 根据凸轮轴的__________和同名凸轮的__________可判定发动机的发火次序。

7. 在装配曲轴和凸轮轴时，必须将__________对准以保证正确的__________和__________。

8. 气门弹簧座是通过安装在气门杆尾部的凹槽或圆孔中的__________或__________固定的。

9. 气门由__________和__________两部分组成。

10. 汽油发动机凸轮轴上的斜齿轮是用来驱动__________和__________的，而柴油发动机凸轮轴上的斜齿轮只是用来驱动__________的。

二、判断改错题（正确的打“√”，错误的打“×”并改正）

1. 凸轮轴的转速比曲轴的转速快 1 倍。（ ）
改正：

2. 气门间隙过大，发动机在热态下可能发生漏气，导致发动机功率下降。（ ）
改正：

3. 气门间隙过大时，会使得发动机进气不足，排气不彻底。（ ）
改正：

4. 曲轴正时齿轮是由凸轮轴正时齿轮驱动的。（ ）
改正：

5. 对于多缸发动机来说，各缸同名气门的结构和尺寸是完全相同的，所以可以互换使用。（ ）
改正：

6. 为了安装方便，凸轮轴各主轴径的直径都做成一致的。（ ）
改正：

7. 摇臂实际上是一个两臂不等长的双臂杠杆，其中短臂的一端是推动气门的。（ ）
改正：

三、选择题

1. 设某发动机的进气提前角为 α，进气迟关角为 β，排气提前角为 γ，排气迟关角为 δ，则该发动机的进排气门重叠角为（ ）。

A. $\alpha+\delta$　　B. $\beta+\gamma$　　C. $\alpha+\gamma$　　D. $\beta+\delta$

2. 排气门的锥角一般为(　)

A. 30°　　B. 45°　　C. 60°　　D. 50°

3. 四行程四缸发动机配气机构的凸轮轴上同名凸轮中线间的夹角是(　)。

A. 180°　　B. 60°　　C. 90°　　D. 120°

4. 曲轴与凸轮轴之间的传动比为(　)。

A. 2∶1　　B. 1∶2　　C. 1∶1　　D. 4∶1

5. 曲轴正时齿轮一般是用(　)制造的。

A. 夹布胶木　　B. 铸铁　　C. 铝合金　　D. 钢

6. 当采用双气门弹簧时,两气门的旋向(　)。

A. 相同　　B. 相反　　C. 无所谓　　D. 不一定

7. 汽油发动机凸轮轴上的偏心轮是用来驱动(　)的。

A. 机油泵　　B. 分电器　　C. 汽油泵　　D. A 和 B

8. 凸轮轴上凸轮的轮廓的形状决定于(　)。

A. 气门的升程　　B. 气门的运动规律

C. 气门的密封状况　　D. 气门的磨损规律

四、名词解释

1. 充气效率。
2. 气门间隙。
3. 配气相位。
4. 气门重叠。
5. 气门重叠角。
6. 进气提前角。
7. 进气迟关角。
8. 气门锥角。

五、简答题

1. 配气机构的作用是什么?顶置式配气机构和侧置式配气机构分别由哪些零件组成?

2. 气门顶置式配气机构有何优缺点?

3. 简述气门顶置式配气机构的工作过程。

4. 凸轮轴的布置形式有几种,各有何优缺点?

5. 为什么在现代高速汽车发动机上凸轮轴的传动广泛采用齿形带?

6. 为什么一般在发动机的配气机构中要留气门间隙?气门间隙过大或过小对发动机工作有何影响?在哪里调整与测量?调整时挺柱应处于配气凸轮的什么位置?

7. 为什么进排气门要提前开启,延迟关闭?

8. 已知某四行程发动机的进气提前角为 25°,进气迟关角为 40°,排气提前角为 45°,排气迟关角为 15°,请画出该发动机的配气相位图,并指出进排气门重叠角。

9. 如何从一根凸轮轴上找出各缸进排气凸轮和发动机的点火次序?

10. 为什么现代发动机多采用每缸多气门的结构?

11. 每缸四气门的配气机构中采用单凸轮轴驱动和双凸轮轴驱动各有哪些优缺点?
12. 气门头部的形状有几种？它们各自的特点是什么?
13. 为什么有的发动机的进气门的锥角采用30°,而排气门锥角采用45°?
14. 气门弹簧的作用是什么？为什么在装配气门弹簧时要预先压缩?
15. 为避免气门弹簧产生共振可采取哪些措施?
16. 为什么现代轿车多采用液力挺柱?

项目4　汽油发动机燃料供给系统的结构与检修

【项目描述】

汽油发动机燃料供给系统为发动机的运转提供条件，是决定发动机性能好坏的重要系统。它向汽缸供应一定数量、一定浓度的可燃混合气，并在燃烧后将废气排出。由于化油器式燃油系统已逐渐淘汰，本书介绍现代汽车广泛采用的电子控制燃油喷射系统。本项目主要有三个学习任务：

任务4.1 燃油供给系统的组成；

任务4.2 燃油供给系统的检修；

任务4.3 空气供给系统的组成与检查；

任务4.4 排气系统的组成与检查。

【项目目标】

● **知识目标**

1. 掌握燃油供给系统的油路及组成。
2. 掌握燃油供给系统各组成部件的结构、原理、安装位置及作用。
3. 认知空气供给系统各组成部件的名称及安装位置；理解其作用；了解其简明原理。
4. 能对燃油供给系统进行目视检查、供油压力检查及正确拆装。

● **能力目标**

1. 对于燃油供给系统简单故障的车辆，能查阅维修资料，制订检查步骤，并能与他人合作进行检查和故障排除。
2. 掌握燃油供给系统安全作业规范，养成正确的作业习惯。

● **素质目标**

1. 培养学生严谨的工作态度。
2. 培养学生的创新意识及获取新知识的能力。
3. 培养学生分析、解决问题的能力。

任务4.1 燃油供给系统的组成

一、燃油供给系统的基础知识

1. 电子控制燃油喷射系统简述

(1)电子控制燃油喷射系统的简单原理

电子控制燃油喷射系统能根据发动机运行工况对空燃比进行精确控制。如图4.1所示,当发动机运行时,电控单元(ECU)根据空气流量、发动机转速等信号,计算出所需的燃油量,并在合适的时刻打开喷油器,向进气道喷射适量的燃油,与空气混合后送入气缸。为了减少排放污染,还设置了活性炭罐、三元催化装换装置、废气再循环等进行控制。与化油器式燃油系统相比,电子控制燃油喷射系统主要具有低油耗、低排气污染、转矩及功率输出高、低温启动性好、工况过渡平顺、加速性好等优点。

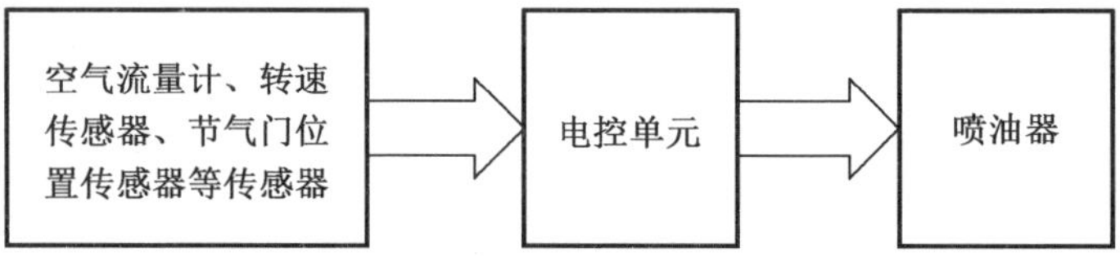

图4.1 电控燃油喷射的原理示意图

燃油喷射指用喷油器将汽油以雾状直接喷射到进气总管、进气歧管或气缸中,与空气混合形成可燃混合气,其目的是提高雾化质量,改善燃烧状况。汽油的喷射位置如图4.2所示。

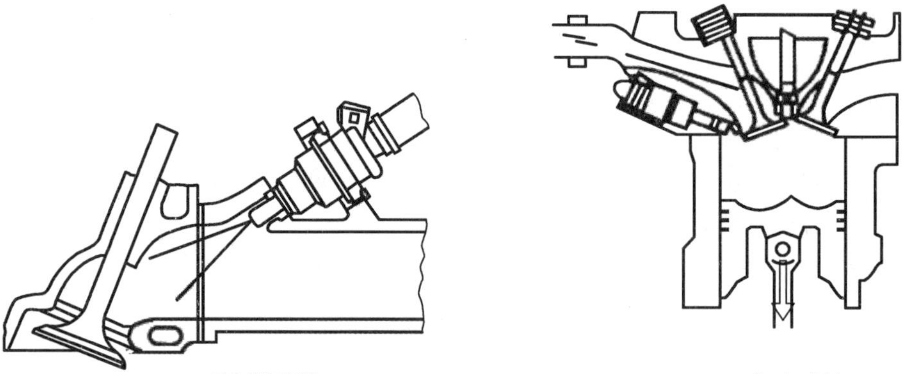

(a)进气道喷射 (b)缸内喷射

图4.2 汽油的喷射位置

根据燃油的喷射位置,电控燃油喷射系统分为缸内喷射式和缸外喷射式两类。缸内喷射式将高压涡流喷油器安装在气缸盖上,将汽油直接喷入气缸,比缸外喷射更省油且动力更大。缸外喷射式将喷油器安装在进气总管上(单点喷射)或各缸进气歧管靠近进气门处(多点喷射)。

(2)电子控制燃油喷射系统的基本组成

①空气供给系统。空气供给系统测量和控制燃油燃烧所需的空气量,为可燃混合气的形成提供必需的空气。该系统主要有空气滤清器、空气计量装置、怠速控制阀、节气门体及进气歧管等。

②控制系统。电控单元根据发动机工况参数确定燃油喷射量及最佳喷射时刻。控制系统主要由电控单元及各种传感器、执行器组成。

③燃油供给系统。燃油供给系统向汽缸提供组成可燃混合气所需要的燃油。主要有燃油箱、燃油滤清器、燃油泵、燃油分配管、燃油压力调节器、喷油器、进回油管等。

汽油在汽缸燃烧,必须先喷散成雾状并蒸发,与空气按一定比例混合,这样的混合物叫作可燃混合气。可燃混合气中汽油含量叫作可燃混合气浓度,用空燃比 R 或过量空气系数 α 表示:

$$R = 可燃混合气中空气量(kg)/可燃混合气中燃油量(kg) \tag{4-1}$$

$$\alpha = 燃烧过程中实际供给的空气量(kg)/理论上完全燃烧所需要的空气量(kg) \tag{4-2}$$

理论上完全燃烧1 kg汽油需要14.7 kg空气。$R = 14.7(\alpha = 1)$的混合气称为标准混合气;$R < 14.7(\alpha < 1)$的混合气称为浓混合气;$R > 14.7(\alpha > 1)$的混合气称为稀混合气。

发动机工况是发动机工作情况的简称,包括发动机的负荷和转速情况。负荷的大小多用节气门开度的百分数表示,全负荷节气门全开为100%,半开为中等负荷,其间有许多个工况。车用汽油发动机工况变化范围很大,根据汽车运行的特点,一般分为启动、怠速、中等负荷、全负荷和加速等基本工况。不同工况需要不同空燃比和不同数量的可燃混合气。

电子控制燃油喷射系统的基本组成如图4.3所示。

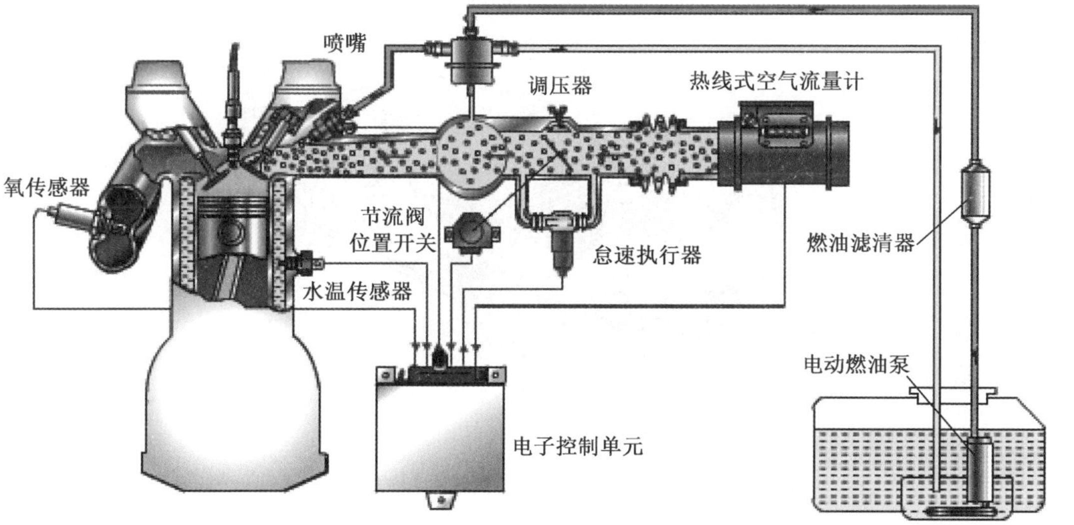

图4.3　电子控制燃油喷射系统的基本组成

2. 燃油供给系统的组成

如图 4.4 所示，燃油泵将燃油从燃油箱中泵出，经燃油滤清器过滤后到达燃油分配管，再送到各缸喷油器，多余的燃油经油压调节器、回油管送回油箱。

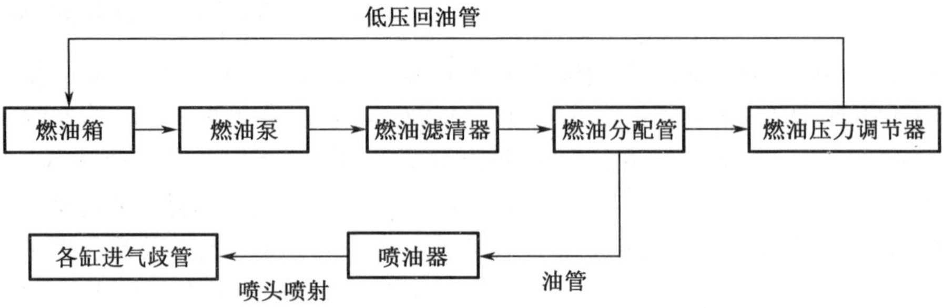

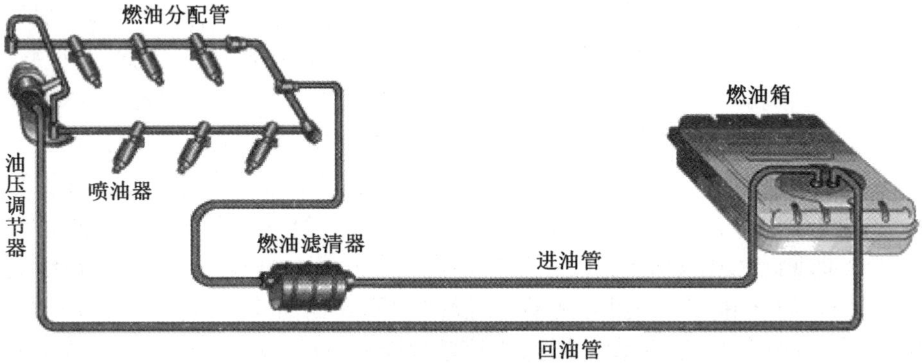

(a) 燃油流动路线示意图

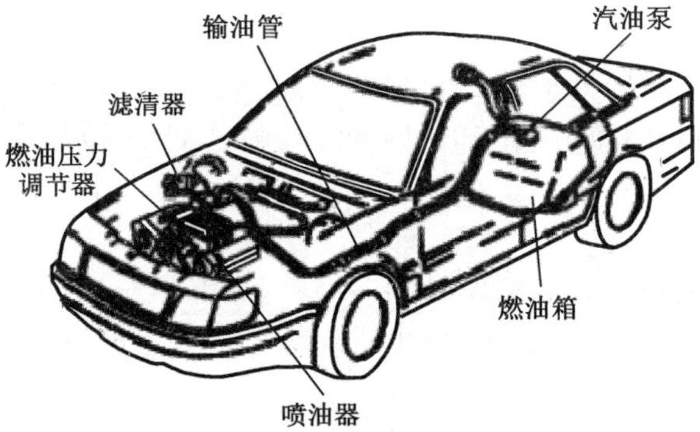

(b) 燃油供给系统在车上的布置

图 4.4　燃油供给系统的组成

3. 燃油供给系统各部件的工作原理

(1) 电动燃油泵

电动燃油泵常安装在油箱内，与滤网、燃油表、浮子等结合为整体。内置式燃油泵常为涡轮式，由电机、涡轮泵、单向阀、卸压阀等组成，如图 4.5 所示。燃油先经滤网过滤后由涡轮泵出，顶开单向阀输入油管。

涡轮泵由叶片叶轮外壳和泵盖组成,叶轮由电机带动,在离心力作用下,叶片紧贴泵壳,将油经窄小缝隙由进油室驱至出油室从而得到加压。

油泵通电时,电机带动叶轮转动,将油从进油口吸出,经单向阀压出。当油泵停止工作时,单向阀关闭,防止燃油倒流,保持管内残余压力,便于下次启动。当油泵输出油压达到0.04 MPa左右时,泄压阀打开,高压燃油回到进油室,在泵和电机内部循环,防止管路出现阻塞时油压过高而造成油管破裂或油泵损坏。燃油经电动机输出,可起到冷却电机的作用。

内置式燃油泵淹没在汽油中,靠不断流过燃油泵内部的燃油冷却。因此禁止电动燃油泵在无油的情况下运转,否则容易烧坏汽油泵。

(2)燃油滤清器

燃油滤清器常安装在车辆地板下或发动机舱中,位于电动燃油泵后方的油路中。其作用是滤去燃油中的杂质和水分,防止燃油系统堵塞,减少机械磨损,确保发动机正常工作。此外,它还有消声器的作用。燃油泵与燃油滤清器的结构和滤清方向如图4.5、图4.6所示。

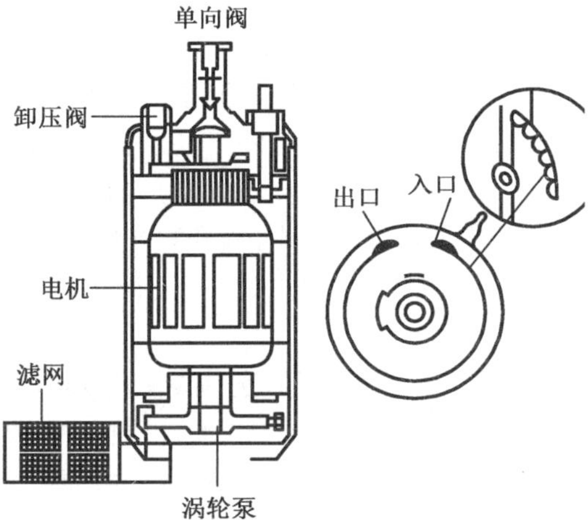

图4.5　燃油泵

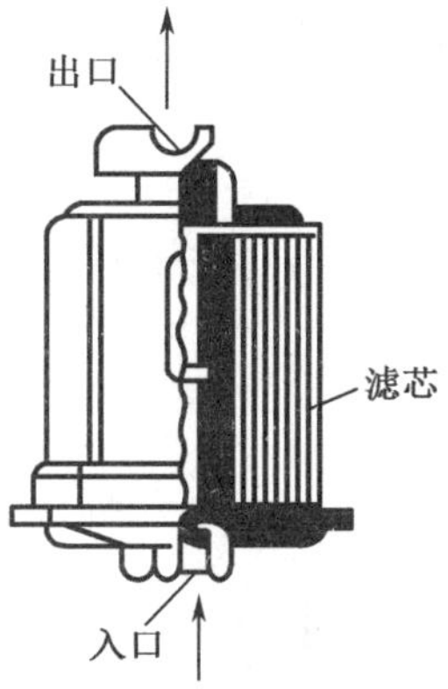

图4.6　燃油滤清器

车辆在长期使用过程中,滤芯容易堵塞而导致车辆性能下降,故燃油滤清器需要定期更换。燃油滤清器需要定期保养更换,更换时应注意安装标记。

(3)燃油压力调节器

①作用。燃油压力调节器使系统油压(即供油总管内油压)与进气歧管压力之差保持恒定,一般为250~300 kPa。这样,从喷油器喷出的燃油量便唯一取决于燃油的喷射时间,ECU才能通过控制喷油器的通电时间来控制喷油量,从而对喷油量和空燃比进行精确控制。

②结构与原理。燃油压力调节器通常装在燃油分配管的一端,如图4.7所示。外壳由金属制成,以膜片分隔成两室,弹簧室通过真空软管与进气歧管相连,汽油室通过进油口、回油口分别连接供油总管和油箱。

燃油压力、进气歧管真空的吸力及弹簧弹力作用在膜片上,当三力平衡时,膜片保持不动,回油阀门关闭。当燃油压力超过预定值时,燃油将膜片上顶,克服弹簧弹力打开回油阀门，多余燃油流回油箱，从而使油室油压保持在预定值。当节气门开度变化导致进气管内真空变化时，膜片会上下移动以改变燃油压力，使燃油压力与进气歧管压力之差保持在0.025 MPa，如图4.8所示。

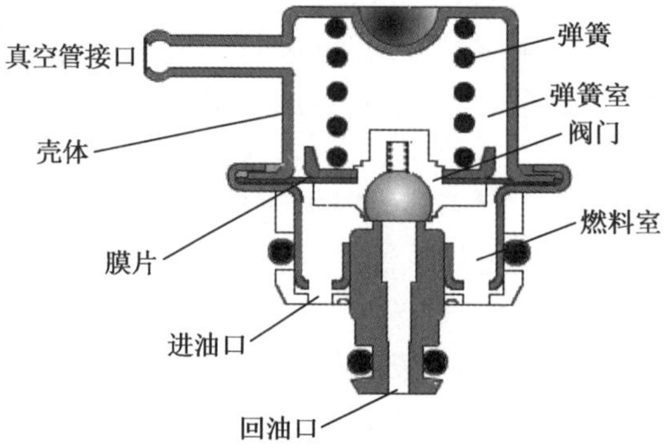

图4.7　燃油压力调节器的结构

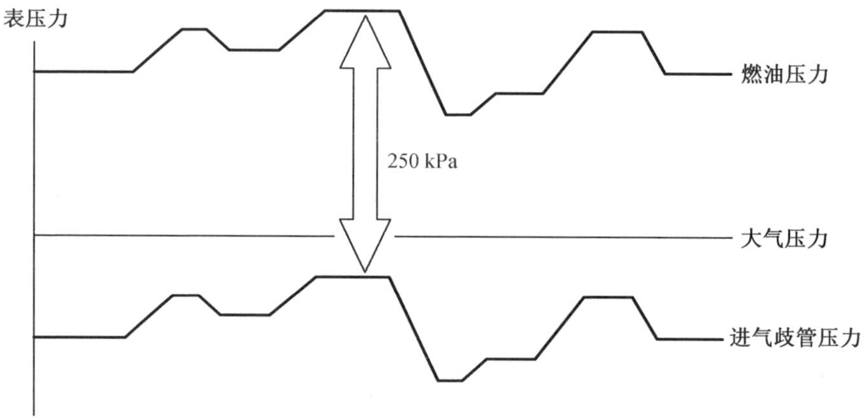

图4.8　压力调节器的功能

一般情况下，汽油泵的泵油量是喷油器总喷油量的6～10倍，因而燃油压力调节器的阀门大部分时间处于开启状态，这样通过燃油的不断循环来冷却喷油器，防止产生气阻。

(4)喷油器

喷油器常安装在进气管末端靠近进气门处，作用是接受来自ECU的控制信号，将雾化良好的燃油喷入进气管。喷油器主要由滤网、线束连接器、电磁线圈、回位弹簧、衔铁和针阀等组成，针阀与衔铁制成一体。按喷油口的结构不同，喷油器可分为轴针式和孔（球阀）式两种。如图4.9所示，当电磁线圈通电时，产生电磁吸力，将衔铁吸起并带动针阀离开阀座，同时回位弹簧被压缩，燃油经过针阀并由轴针与喷口的环隙或喷孔中喷出。当电磁线圈断电时，电磁吸力消失，回位弹簧迅速使针阀关闭，喷油器停止喷油。喷油器通电时间越长，喷油量越多。

由于当代轿车发动机具有较低的汽油消耗率和较高的功率，各种型号发动机的进气空气流量范围扩大，因此，喷油器的动态流量范围必须随之增大。减轻阀针质量并提高弹簧预紧力，对获得宽广的动态流量范围十分有效。同时，用球阀简化计量部位的结构，有助于提高喷油量计量精度。此外,喷油器件和盖用高导磁不锈钢制成,提高了耐腐性。

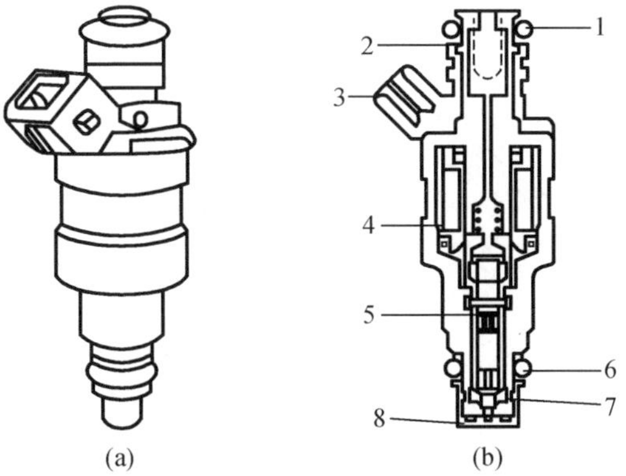

1,6—O 形环;2—滤网;3—插头;4—电磁线圈;5—柱塞;7—阀针;8—喷孔。

图 4.9　喷油器的结构

图 4.10 为球阀式喷油器的结构,它与轴针式喷油器的主要区别在于阀针的结构。球阀式的阀针是由钢球、导杆和衔铁用激光束焊接成一整体的,其质量减轻到只有普通轴针式阀针的一半,这是采用短的空心导杆实现的。为了保证汽车密封,轴针式阀针必须有较长的导向杆,而球阀具有自动定心作用,无须较长的导向杆,因此,球阀式的阀针质量小,具有较高的汽油密封能力,明显优于轴针式阀针。图 4.11 所示为同等级的球阀式阀针与轴针式阀针的比较。

当喷油脉冲输入电磁线圈时,产生电磁吸力,固定在阀针上的衔铁被向上吸起,阀针抬离阀座,汽油开始通过计量孔喷出。当喷油脉冲终止时,吸力消失,阀针在弹簧力作用下返回阀座,于是喷油结束。因此,每次脉冲的喷油量取决于输入电磁线圈的工作脉冲宽度。

4. 燃油箱及燃油管

图 4.12 所示为燃油箱。燃油箱常位于汽车后部,当汽车为后置发动机时,燃油箱则位于汽车前部。油箱必须装在车架旁边,并且还要避免受到撞击。其作用是储存汽油,一般采用钢制,内部经防锈处理,为减小质量,部分采用合成树脂制成油箱。加油盖内有压力释放阀和真空释放阀。盖上带螺纹的延伸部分在取下油箱盖时能使压力逐渐释放。

5. 燃油分配总管

燃油分配总管一般为由钢或铝制成的方形管或圆形管,用于安装喷油器、燃油压力调节器。它容积较大,可起到储油、蓄压和稳压的作用。

二、知识拓展

汽油喷射式发动机大都采用有回油管燃油供给系统,即通过燃油压力调节器相连的回油管将多余的燃油送回油箱。这种供油方式使得流回燃油箱的汽油有较多时间与空间吸收发动机的热量,其温度较高,流入燃油箱后,将导致油箱内油温升高,加速了油箱内燃油蒸发速度,使得油箱内蒸汽压力升高,增加了蒸发排放控制系统的工作负荷。另外热机启动时,由于泵入供油管路的汽油温度较高,部分汽油气化而使喷油量减少,从而导致发动机的热启动性能较差。

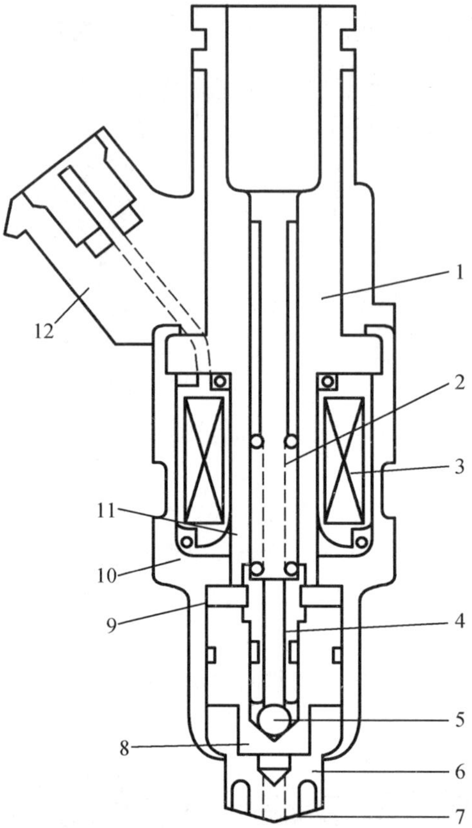

1—喷油器体;2—弹簧;3—电磁线圈;4—阀针;5—钢球;6—护套;7—喷孔;
8—阀座;9—挡块;10—盖;11—衔铁;12—导线连接器。

图 4.10 球阀式喷油器

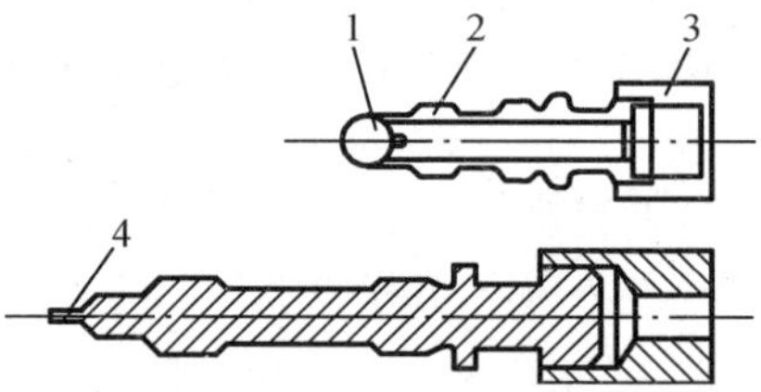

1—钢球;2—导杆;3—衔铁;4—轴针。

图 4.11 同等级的球阀式阀针与轴针式阀针的比较

新型轿车采用无回油燃油系统,即没有回油管将多余燃油送回油箱。这样可以降低发动机对燃油的加热效应,从而降低蒸汽排放。

无回油燃油系统将燃油泵、燃油滤清器及燃油调节器等均内置于燃油箱中,燃油压力调节器工作时的回油在油箱内完成,从燃油箱到燃油分配管只有一根供油管。燃油箱只有泵出的燃油,而没有回流的燃油。如图 4.13 所示,燃油从油箱中泵出,经过滤清器到达一个 T 形接头时,发动机需要的燃油流向燃油导轨,多余的燃油则经油压调节器返回油箱。因此无回油燃油系统也称为按需供油系统。

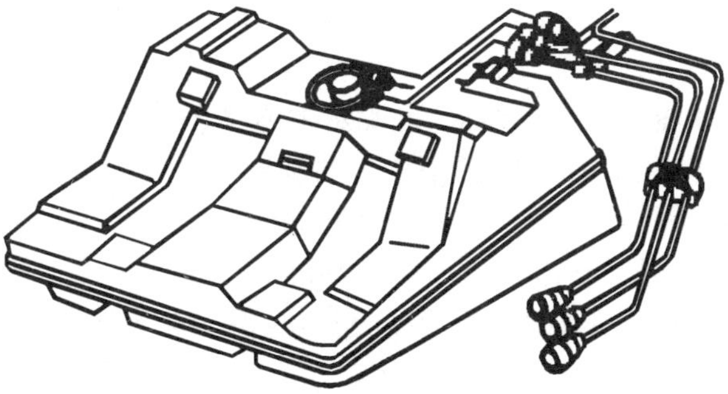

图4.12　燃油箱

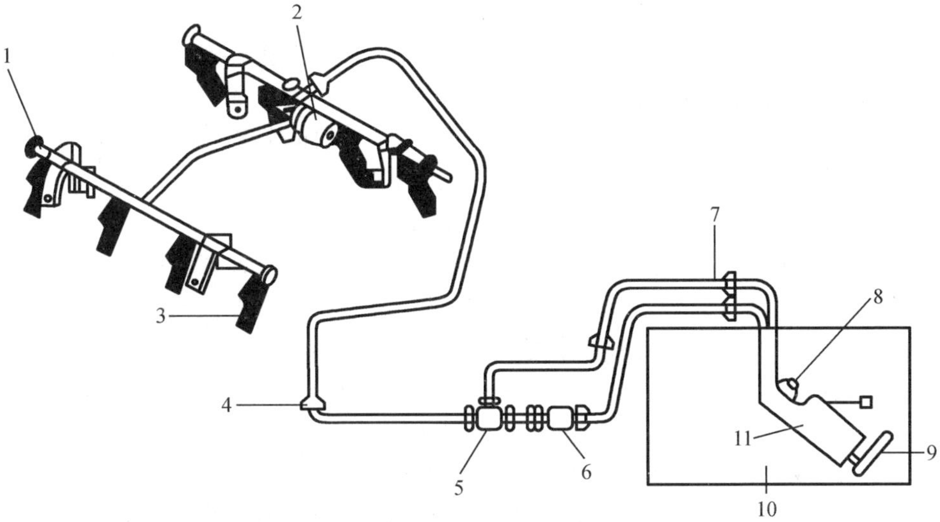

1—燃油导轨;2—脉动衰减器;3—喷油器;4—供油管;5—T形接头;6—燃油滤清器;
7—回油管;8—燃油压力调节器;9—油泵滤网;10—燃油箱;11—燃油泵。

图4.13　无回油燃油系统

任务4.2　燃油供给系统的检修

燃油供给系统是电子燃油喷射系统的重要组成部分,也是发动机故障发生率较高的系统之一,其故障直接影响发动机的使用性能。作为一名汽车机电维修人员,经常要对燃油系统进行例行维护与检修。

一、燃油供给系统的常见故障与检测

1.常见故障

燃油系统主要故障有油压过低、油压过高、喷油器漏油、堵塞或雾化不良等。燃油压力过低将出现车辆怠速不稳、加速不良、回火及行驶无力等现象;燃油压力过高将导致混合气过浓,出现油耗增加、排气冒黑烟等现象;喷油器漏油会使油耗加大;雾化不良易造成混合气无法正常燃烧,影响车辆运行的稳定性。另外,熄火后系统残压不能保持将造成启动困难或难以启动。

当发动机出现怠速不稳、加速无力、高速行驶无力等故障现象,以及进行车辆维护(约40 000 km)时,就应对燃油系统进行检测,以确定故障是否出现在燃油供给系统。

2. 主要检测内容

(1)目视外观检查

燃油系统的外观检查是进行故障诊断的首要环节。维修前应对车辆进行登记,记录车辆VIN码、发动机型号,并向车主询问故障现象,同时查阅该发动机的维修资料。外观检查时,应检查燃油系统各接头处是否泄漏,燃油箱是否损坏或锈蚀,油管是否破损,装配是否稳固,汽油滤清器安装方向是否正确,真空软管是否连接完好,喷油器O形密封圈、插接器、插头及外壳是否正常等。

(2)燃油压力检测

在燃油系统的检修中,燃油压力检测是必不可少的环节。通过燃油压力测试能判断故障产生的原因,找出故障部位后进行维修或更换。

①燃油系统压力释放。为防止在拆卸时,系统内的压力油喷出,造成人身伤害和火灾,在对燃油系统进行拆卸前必须释放残余压力。

卸压方法:启动发动机,维持怠速运转;在发动机运转时,拔下油泵继电器或电动燃油泵电线接线,使发动机熄火;再使发动机启动2~3次,就可完全释放燃油系统压力;关闭点火开关,装上油泵继电器或电动燃油泵电源接线。

②燃油系统压力测试。为了判断燃油系统工作是否正常,需要用燃油压力表测试燃油压力,将测试的工作油压及残余压力与正常值相比较,来判断故障所在部位。

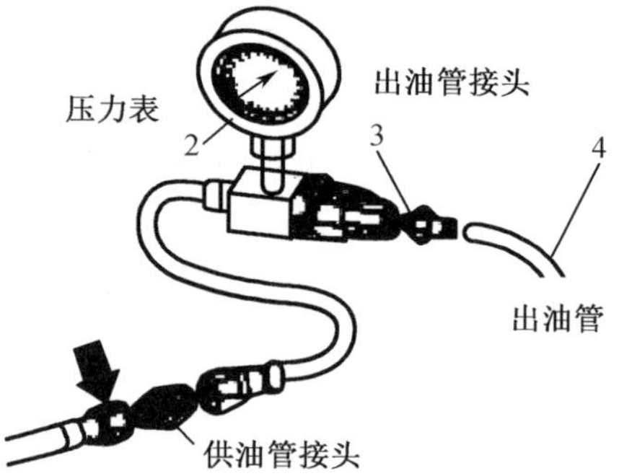

图4.14　燃油压力表

图4.14为燃油压力表。检测方法是:首先释放燃油系统压力,拔下蓄电池负极电缆;将油压表接入合适位置脉动阻尼器位置(对于韩国大宇或通用汽车)或进油管接头处(对于丰田汽车);接好蓄电池负极电缆,启动发动机使其维持怠速运转,发动机运转至正常工作温度后油压表数值应符合要求。油泵停止工作10 min后,读取油压表显示的残余压力,多点喷射系统不低于0.20 MPa,单点喷射系统不低于0.05 MPa。

检查完毕后,释放燃油压力,拆下油压表,装复燃油系统,然后预置燃油压力,启动发动机确定有无泄漏。

不同车型、不同排量的燃油系统油压有差异,维修时应仔细查阅维修车辆的技术资料。不同车型的燃油压力见表4.1。

表4.1　不同车型的燃油压力

车型	排量/L	喷射类型	系统油压(接真空管)/kPa	残压/kPa
桑塔纳2000	1.8	多点喷射	约300	>150(停车10 min后)

表4.1(续)

车型	排量/L	喷射类型	系统油压(接真空管)/kPa	残压/kPa
奥迪 A6	1.8	多点喷射	约350	>250(停车10 min后)
上海别克	3.0	多点喷射	284 ~ 325	>33(停车10 min后)
通用	5.0	单点喷射	75	残压很低
丰田	—	多点喷射	196 ~ 235(怠速) 265 ~ 304(静态)	熄火后5 min不降低
克莱斯勒	2.5	单点喷射	98	残压很低
本田	2.0	多点喷射	265 ~ 305(怠速)	>150(停车10 min后)
福特	2.3	多点喷射	206 ~ 318(怠速)	熄火后5 min不降低

(3)燃油系统压力预置

为避免首次启动发动机时,因系统内无压力而导致启动时间过长,装复燃油系统后应给燃油系统预置一定的压力。通过反复打开和关闭点火开关数次来完成,也可以使电动燃油泵工作约10 s来实现。

残压不能保持的原因有燃油泵单向阀关闭不严、油压调节器阀门关闭不严、喷油器漏油、燃油系统漏油等。

3. 检测流程

燃油系统的主要故障是压力过低、压力过高及残压过低,根据燃油压力表显示的燃油压力进行故障判断,检测流程如图4.15 ~ 图4.17所示。

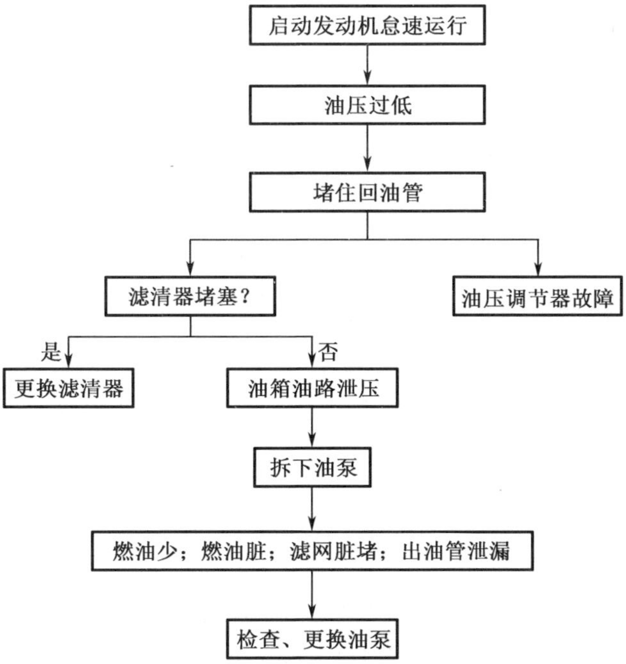

图4.15　油压过低检测流程

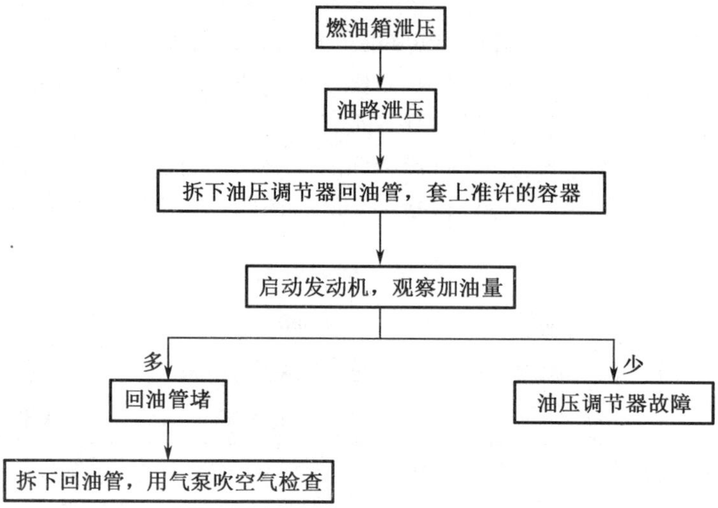

图 4.16　油压过高检测流程

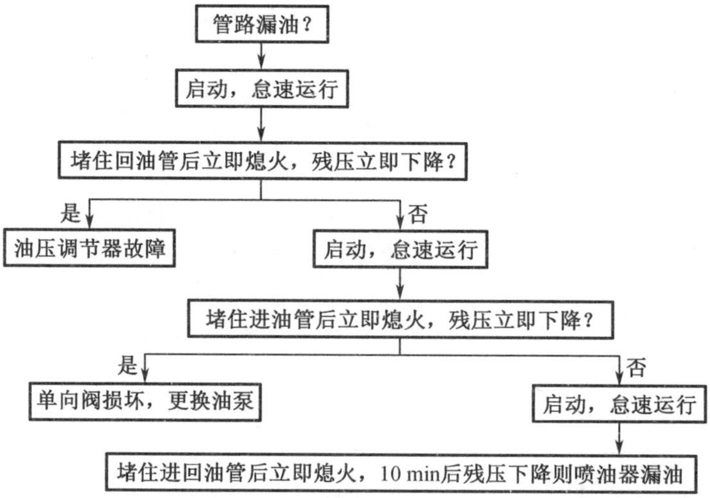

图 4.17　残压过低的检测流程

4. 燃油系统元件的检查与更换

(1)燃油泵的检查与更换

图 4.18 为燃油泵在油箱中的布置,燃油泵的检查项目常包括保持压力和最大压力检测。点火开关置于“ON”,使燃油泵作用 2 ~3 s 后关闭点火开关。5 min 后保持压力应符合规定汽油泵的最大压力 440 ~589 kPa;若不符合,均应更换燃油泵。更换燃油泵前应先释放油箱和油管压力,更换时,其 O 形环组和密封橡胶必须更换。

(2)喷油器的检查和更换

①喷油器线圈电阻值检查。如图 4.19(a)所示,喷油器的检查方法是,断开点火开关,拔下喷油器插头,用万用表测量喷油器线圈电阻值,高阻型为 11 ~17 Ω,低阻型为 2 ~3 Ω,且各缸阻值都应相同。低阻值的喷油器不可直接与蓄电池连接,应串联一个适当阻值的电阻,以免烧坏电磁线圈。

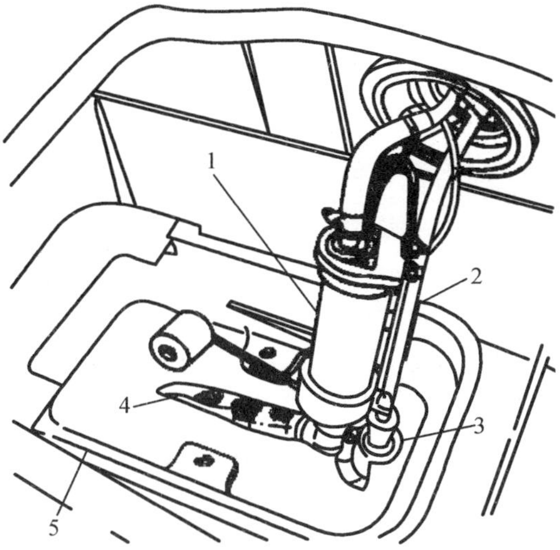

1—汽油泵;2—回油管;3—护盖;4—滤网;5—油池。

图 4.18　燃油泵在油箱中的布置

②喷油器电磁线圈检查。如图 4.19(b)所示,怠速运转发动机,手摸喷油器应有振动感,用听诊器探针接触喷油器应能听到清脆的吸合声,否则说明喷油器不工作。

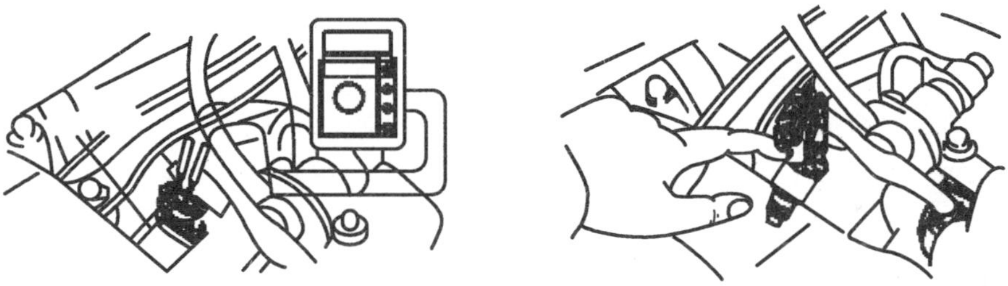

(a) 喷油器的电阻值检查　(b) 用手指检查喷油器的工作情况

图 4.19　喷油器的检查

③喷油质量检查。将喷油器拆下放置在超声波喷油器清洗机上,观察喷油状况和喷油量。15 s 喷油量应是 50 ~ 60 mL,喷出的燃油应是一定锥度的均匀雾状。喷油器雾化情况检查如图 4.20 所示。

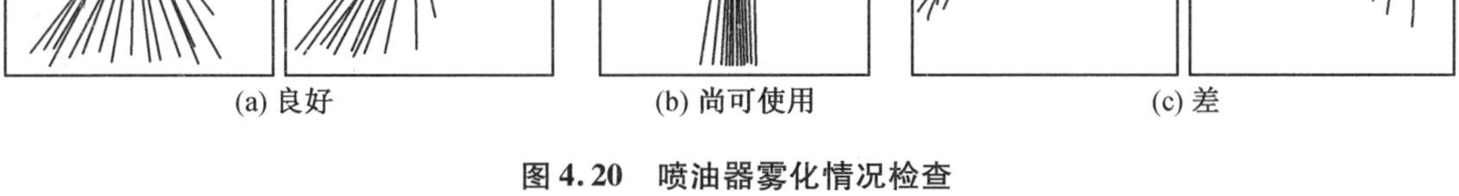

(a) 良好　(b) 尚可使用　(c) 差

图 4.20　喷油器雾化情况检查

④喷油器的更换。图 4.21 所示为喷油器的安装方法。喷油器出了故障只能整体更换,不可维修。安装喷油器时应更换 O 形密封圈,将喷油器装入燃油总管时应不断转动喷油

器,以免损坏 O 形密封圈。用手转动喷油器,如果不能平顺转动,说明 O 形密封圈安装不当,应重新安装喷油器。装完后要用扭力扳手按规定力矩拧紧燃油导轨的连接螺栓。

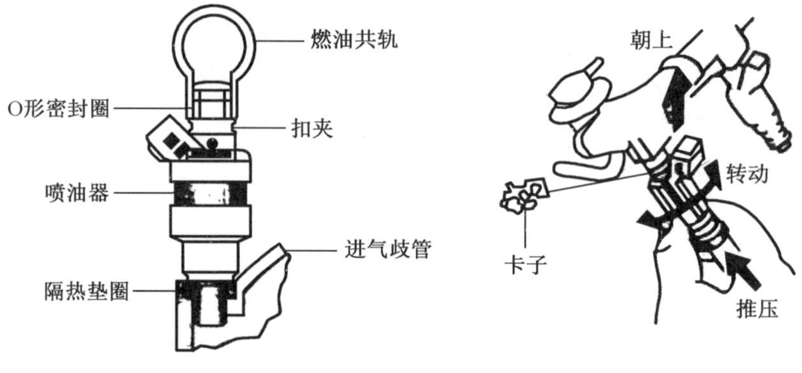

图 4.21 喷油器的安装方法

(3)燃油滤清器的更换

①释放油压(有些发动机,如 Toyota Corona4A – FE 发动机未要求做油压释放)。

②将油盆置于接头下,并将拆开的接头用橡皮塞塞住,再拆开上端的出油管接头即可拆下燃油滤清器。

③按照安装方向装上新的滤清器,更换所有的垫片,装回进出油管接头。

④启动发动机,检查油管接头是否漏油。

(4)燃油压力调节器的检查

油压调节器常见的故障是阀门关闭不严、真空膜片破裂、真空软管破损或连接不可靠。阀门关闭不严会造成燃油管路中的保持压力过低,影响发动机的启动性能。真空膜片破裂会使燃油经真空软管漏至进气管,造成油耗过高、排气冒烟、发动机启动困难等故障。图 4.22 所示为燃油压力调节器的拆卸方法。

①燃油压力调节器的就车检查。检查时用油压表测量发动机怠速运转时的燃油压力,然后拆下调节器上的真空软管。这时燃油压力应升高 50 kPa;否则应予以更换。

②燃油压力调节器的拆卸检查。拆下燃油压力调节器的进油管和真空软管,这时两者之间应不通;否则,表明有泄漏,应予以更换。

二、燃油供给系统检查与故障排除

1. 燃油滤清器及燃油管的拆装与更换

①工具准备:拆装工具,毛巾,油盆,清洁的发动机机油,滤清器,O 形密封圈和垫片,油管、卡箍和内管 O 形密封圈,橡皮塞等。

②目视检查,写出检查内容和结果。

③释放油压,写出操作过程。

④拆卸滤清器及与其相连的油管。

⑤安装新的滤清器及燃油管。

⑥启动发动机,检查油管接头是否漏油。

⑦现场清洁整理。

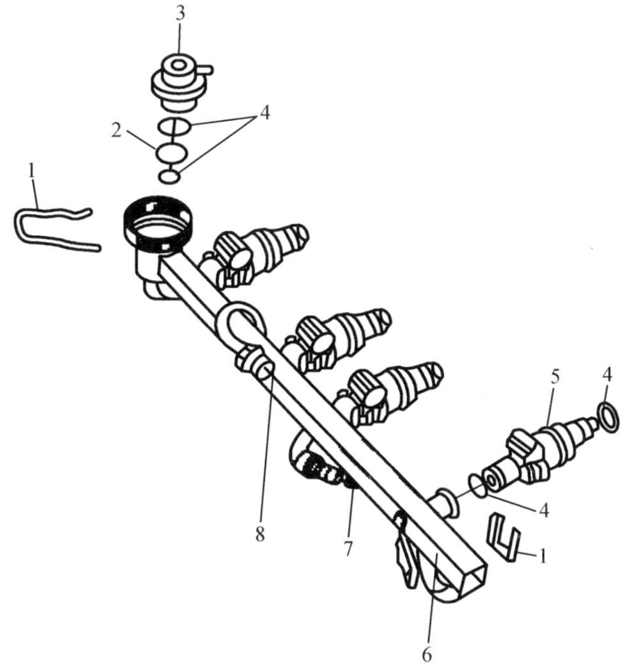

1—固定卡夹;2—过滤网;3—油压调节器;4—密封圈;5—喷油器;
6—燃油分配管;7—回油管接头;8—供油管接头。

图 4.22　燃油压力调节器的拆卸

2. 燃油泵、喷油器的检查与更换

①工具准备:拆装工具,毛巾,油盆,清洁的发动机机油,燃油泵,O 形密封圈和垫片,喷油器 O 形密封圈,橡皮塞等。

②目视检查,写出检查内容和结果。

③释放油压,写出操作过程。

④安装燃油压力表。

⑤检查燃油泵的保持压力和最大供油压力,并与维修资料对照,判断是否正常。

⑥怠速运转发动机,用听诊器检查喷油器的吸合声。

⑦关闭点火开关,拆下喷油器插接器,用万用表检查喷油器电阻值,并与维修资料对照,判断是否正常。

拆下喷油器,在喷油器清洗机上检查喷油量和雾化状况,以及是否滴油。

若不符合要求,按规范更换。

⑧现场清洁整理。

3. 燃油系统简单故障排除

①设置燃油系统故障或检修燃油系统故障车辆。

②分组制订检查步骤,确定维修项目。

③操作程序。目视检查→燃油压力检查→确定故障部位→故障元件检测→元件更换→ 故障排除认证。

④完成作业单或实训报告。

任务4.3 空气供给系统的组成与检查

空气供给系统的作用是为发动机提供清洁的空气并控制发动机正常工作时的供气量，是燃油喷射系统重要的组成部分。空气供给系统主要由空气滤清器、进气压力传感器（D型）或空气流量计（L型）、节气门、怠速空气控制阀等组成。L型空气供给系统的空气流线如图4.23所示。

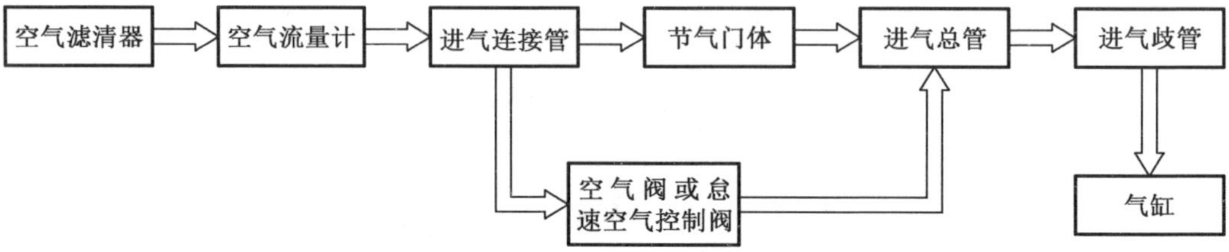

图4.23 L型空气供给系统的空气流线

一、空气供给系统的基础知识

1.空气流量计

空气流量计是发动机控制系统重要的传感器之一，用于测量进入气缸的空气质量或体积流量，并把信息输送到电控单元，它是确定燃油喷射量的最关键的传感器。它安装在空气滤清器与节气门体之间，有翼片式、热线式或热膜式、卡门涡流式等。装有空气流量计的空气供给系统为L型空气供给系统。

确定燃油喷射量是电控燃油喷射系统的基本任务之一。电控单元根据空气的流量信号及发动机的转速信号来确定基本燃油喷射量，再根据发动机的冷却液温度、节气门的开度等信号进行修正。

（1）翼片式空气流量计

翼片式空气流量计于20世纪70年代较为流行，应用在L型电控系统中，测量空气的体积流量。这种流量计属第一代产品，目前已较少采用。

翼片式空气流量计的结构如图4.24所示。缓冲室与补偿板在进气量突然变化时防止翼板转动，旁通道上的怠速空气调整螺栓用来改变旁通道内的空气量。来自空气滤清器的空气通过空气流量计时，空气推力克服弹簧弹力使翼板打开一个角度，发动机转速越快，翼板的开度越大。当吸入空气推开翼板的力与弹簧变形后的回位力相平衡时，翼板停止转动。

翼片式空气流量计的工作原理如图4.25所示。翼板上有一个同轴转动的可动接点，与电位计的可变电阻接触，翼板转动的角度不同时，电阻值也发生变化，使输出电压产生变化，ECU根据电压信号的大小，计算出进气量。

电位计内常装有油泵开关，发动机运转而打开翼板时，油泵开关闭合，熄火时翼板关闭，断开油泵开关，油泵停止工作。

翼片式空气流量计占用空间大，进气阻力大，依靠机械动作输出信号，反应性差，长时间使用易结污垢。

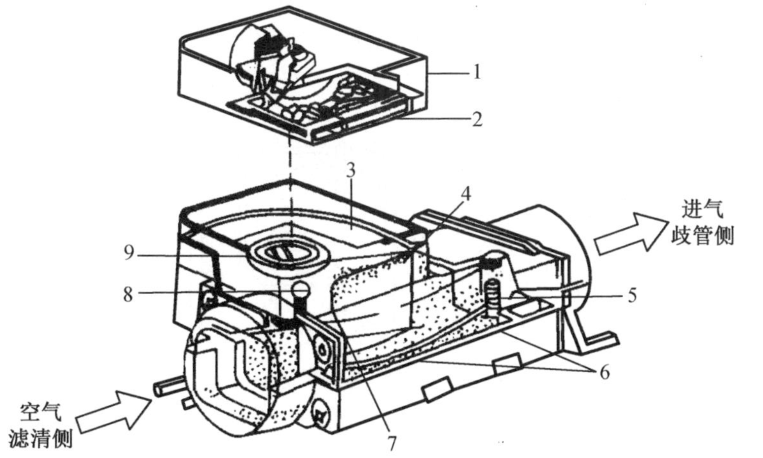

1—电位计;2—线束连接器;3—缓冲室;4—补偿板;5—调整螺钉;6—旁通空气道;7—测量翼板;8—进气温度传感器;9—回位弹簧。

图4.24　翼片式空气流量计

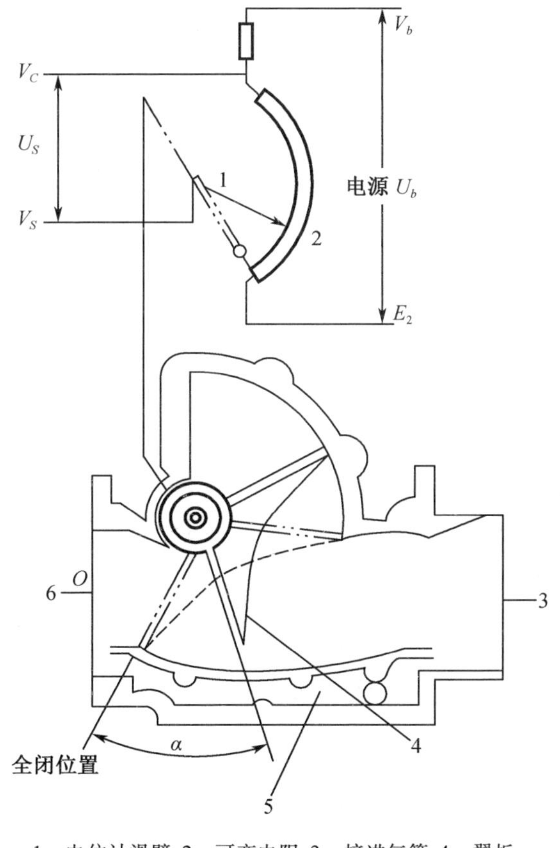

1—电位计滑臂;2—可变电阻;3—接进气管;4—翼板;5—旁通空气道;6—接空气滤清器。

图4.25　翼片式空气流量计的工作原理

量芯式空气流量计是翼片式空气流量计的改进版,用于马自达929发动机,目前已较少使用。量芯式空气流量计如图4.26所示。其工作原理与翼片式空气流量计相同。

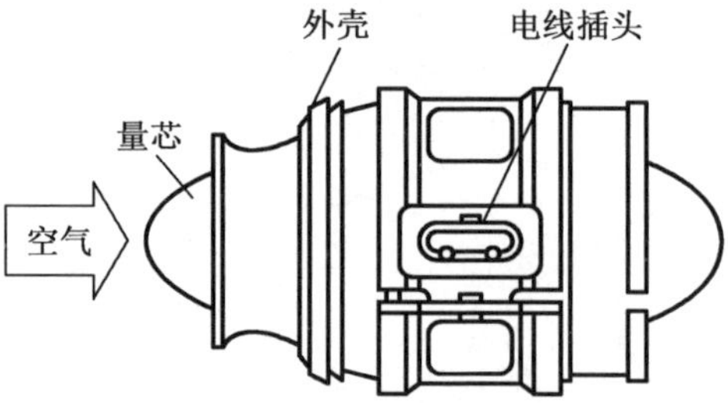

图4.26 量芯式空气流量计

(2)热式空气流量计

热式空气流量计于20世纪80年代初开发研制,能直接测量进气质量,目前广泛使用。这种流量计的主要测量元件是铂金制的热线,可分为热线式和热膜式两种类型,其结构和工作原理基本相同。

如图4.27所示,热式空气流量计主要由热线电阻、冷线电阻、电子电路和防护网组成。热线式空气流量计将热线缠绕在陶瓷管上,热线电阻安装在主进气道中或旁通气道中。热膜式空气流量计将测量元件镀在陶瓷片上,称为热膜。热线式空气流量计前后均有防护网。前端用于进气整流,后端防止因发动机回火而烧坏铂丝。温度补偿电阻能消除进气温度对测量的影响。

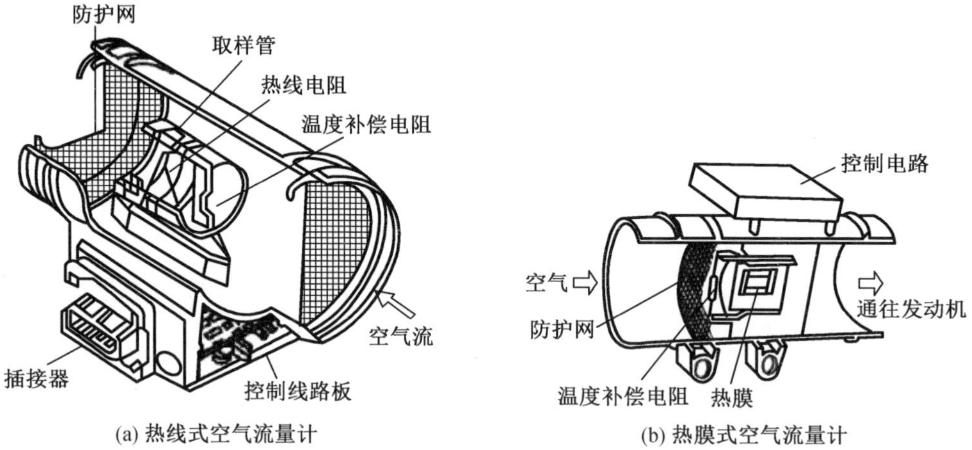

(a) 热线式空气流量计　　(b) 热膜式空气流量计

图4.27 热式空气流量计

热线和温度补偿电阻(冷线)均置于空气通道中的取气管内。当空气流经热线时,热线的温度发生变化,电阻减小或增大,使电路失去平衡。此时电子电路控制电流,使热线的温度保持一定。空气的流量多时,带走的热量增加,热线的电流就会增大,电流量的变化相当于空气量的变化。将流经铂丝的电流转换成电压或频率信号送给电控单元,即可计算出进气量。

热式空气流量计响应速度快、测量精度高、进气阻力小,但制造成本高。热线式空气流量计易受空气灰尘粘污，回火易造成铂丝损坏，属第三代产品。热膜式空气流量计结构简单、使用寿命长，但空气流速不均匀会影响测量精度，属第四代产品，电控发动机使用非常广泛。

某些热线式空气流量计设有自洁电路，发动机熄火后，自动将热线温度加热至1 000 ℃，持续1 s来烧除污物。另外也有一些热线式空气流量计热线温度始终比大气温度高约200 ℃，以防止污物黏附。

(3)卡门涡旋式空气流量计

卡门涡旋式空气流量计利用卡门涡流测量进气量，简化了进气道的结构，进气阻力小，能向电控单元发送数字信号，不同空气流量下均能输出精确的空气信号。

在气流通道中设有涡流发生器，气体通过时在涡旋发生器后产生许多涡旋，即卡门涡旋，卡门涡旋的频率与空气的流速成正比，因此检测卡门涡旋的频率即可知道进气量。

卡门涡旋频率的测量方法有超声波检测法和反光镜检测法。

如图4.28为反光镜检测法检测卡门涡旋空气流量计。空气流经过发生器时，压力发生变化，经压力导向孔作用在反光镜上，使反光镜发生振动，此时，发光二极管投射给光电管的光发生变化，使光电管产生的电流也发生变化，电控单元检测出光电管的电流即可计算出进气量。

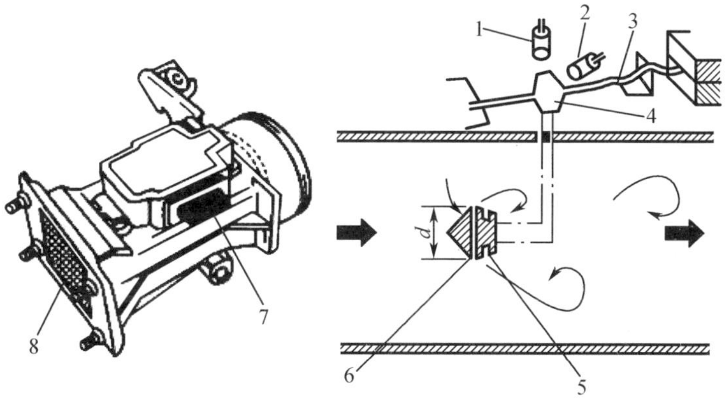

1—发光二极管；2—光电管；3—钢板弹簧；4—反光镜；
5—导压孔；6—涡旋发生器；7—线束插头；8—滤网。

图4.28　反光镜检测式卡门涡旋空气流量计

图4.29所示为超声波式卡门涡旋空气流量计，三菱汽车采用。空气流经过发生器时产生顺、逆向涡旋，信号发生器发出的超声波经过涡旋时产生加速和减速的作用，因而到达接收器的时间或变早或变晚，测出其相位差，利用放大器使之形成数字矩形波，矩形波的脉冲频率为卡门涡旋的频率。

(4)进气歧管绝对压力传感器

进气歧管绝对压力传感器测量进气歧管内的绝对压力，并将压力信号转换成电信号输入电控单元，作为燃油喷射和点火控制的主控制信号。它的真空软管连接在节气门后方的进气歧管上。该传感器发送的压力信号与转速信号一起对空气量进行间接测量，目前应用最广泛的是压敏电阻式和电容式。装有进气歧管绝对压力传感器的空气供给系统为D型空气供给系统。

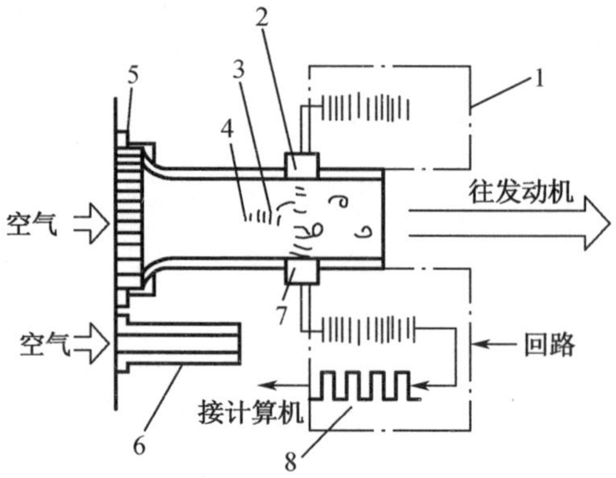

1—超声波信号发生器;2—超声波发射探头;3—涡旋稳定板;4—涡旋发生器;
5—整流器;6—旁通空气道;7—超声波接收探头;8—转换电路。

图 4.29 超声波检测式卡门涡旋空气流量计

图 4.30 所示为皇冠 3.0 型轿车的 2JZ－GE 发动机采用的压敏电阻式进气压力传感器。传感器单元内装有一个半导体材料制成的硅膜片,当压力变化时,其电阻值会发生变化。真空室保持在预定真空度。压敏电阻分别与内部真空室及歧管压力相通。当歧管压力发生变化时,硅膜片弯曲,电阻值改变,当电流流经硅膜片时,其电压降也随之改变,经放大电路处理后输送给电控单元。

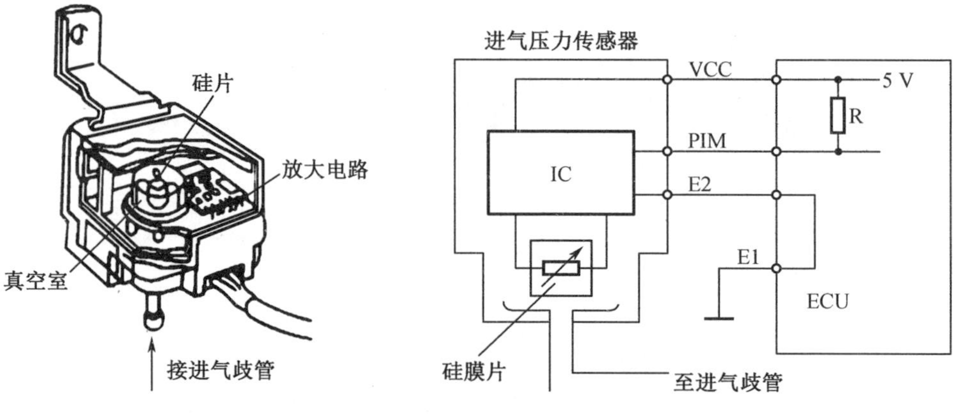

VCC—电源端子(5V);PIM—进气压力信号电压端子;E2—传感器接地端子。

图 4.30 进气压力传感器的结构及电路图

进气压力传感器尺寸小、精度高、成本低、响应快、抗振性好,测量精度基本不受进气温度影响,不需要进行高海拔补偿修正。

(5)节气门位置传感器

节气门位置传感器用来检测节气门的开度及开度变化,以电压信号输入电控单元,是控制燃油喷射及其他辅助控制的重要传感器。它安装在节气门体旁,由节气门轴带动,使传感器内的触点开闭,或使可动触点在电阻上移动。

图 4.31 所示为线性节气门位置传感器的结构及电路图。由印刷式的电阻器和与节气门轴连动的可动触点、怠速触点及各端子组成,能输出节气门从全开到全关的任何位置

信号。

节气门开度变化时,可动触点在电阻器的滑动使电阻值改变,输出电压随之改变,电控单元根据该电压计算节气门开度。信号电压随节气门开度增大而增大。

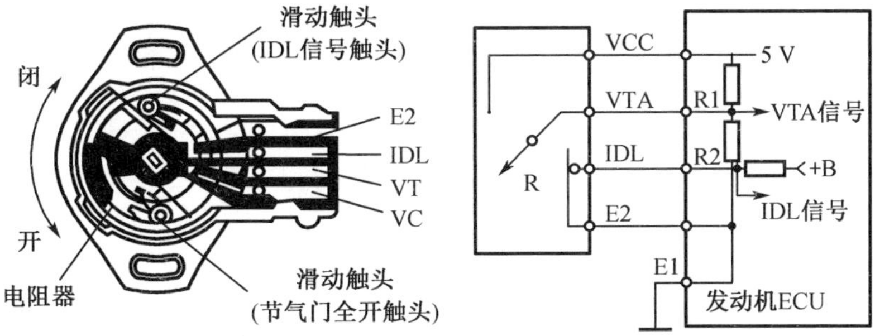

VCC—电源端子(5V);VTA—信号电压端子;IDL—怠速触点;E2—传感器接地端。

图4.31　线性节气门位置传感器的结构及电路图

(6)进气温度传感器

图4.32所示为进气温度传感器与温度特性。进气温度传感器给电控单元提供进气温度信号,作为燃油喷射的修正信号。进气温度传感器可安装在空气滤清器内、进气歧管上或空气流量计内。

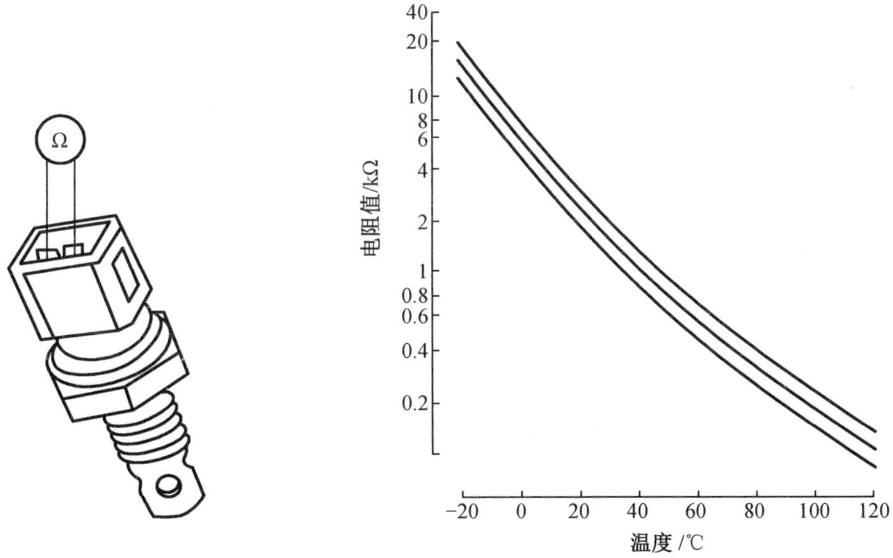

(a)　(b)

图4.32　进气温度传感器与温度特性

进气温度传感器内的热敏电阻为负特性热敏电阻,其阻值随着进气温度的增大而减小,使得分压值也随之减小,电控单元根据分压来判断进气温度。进气温度越低,空气密度越大,需要增加喷油量;反之,则减小喷油量。

二、空气供给系统的组成认知

1. L 型空气供给系统的组成认知

①观察 L 型空气供给系统的组成，画出空气流线图。

②观察空气流量计、节气门位置传感器、进气温度传感器的外形、类型、安装位置，能说出其作用。

③目视检查上述元件的插接器、连接导线是否完好。

④关闭点火开关，正确拆下并安装上述元件的插接器。

2. D 型空气供给系统的组成元件认知

①观察 D 型空气供给系统的组成，画出空气流线图。

②观察进气压力传感器、节气门位置传感器、进气温度传感器的外形、类型、安装位置，能说出其作用。

③目视检查上述元件的插接器、真空软管及连接导线是否完好。

④关闭点火开关，正确拆下并装上上述元件的插接器。

三、知识拓展

电子控制单元电控单元是电子控制系统的核心，它通过采集各种传感器的输入信号，进行运算和处理，对发动机的喷油量、点火正时、怠速转速和尾气排放等进行控制，使发动机在各种工况下保持良好的动力性、经济性和尾气排放性能。

电控单元常安装在仪表板、杂物箱或控制台中其他元件的下面。拆卸和安装电控单元前必须断开蓄电池，拆装过程中应采取防静电措施。许多车型更换电控单元后还须将电控单元与发动机进行匹配。

图 4.33、图 4.34 所示为 Motronic3.8.2 电子控制系统的结构示意图，它是德国波许(BOSCH)公司的多点汽油顺序喷射系统，为 HL 型电喷系统。桑塔纳 2000GSI 型轿车的 AJR 发动机采用该系统。它是在 AFE 型 Motronic1.5.4 系统基础上发展起来的。该系统采用热膜式空气流量计检测发动机进气流量，可直接反映发动机负荷。M3.8.2 系统能依据进气流量信号和曲轴转角信号准确地控制发动机混合气空燃比和点火时间，从而极大地降低了汽车排气污染。

发动机具有自我诊断系统，但是必须用专用仪器方可读出电控单元中储存的故障代码。发动机也同样具有备用功能，例如当水温传感器线路有断路故障时，电控单元就认为水温始终是 19.5 ℃。备用功能用于在控制系统、传感器、执行元件发生某些故障时，维持发动机运转，以便汽车开到修理厂。

采用新的排气系统。将消声器的管径由 50 mm 改为 45 mm，并对原消声器的内部结构进行了调整，从而降低了车内噪声，提高了乘坐的舒适性，同时又使发动机保持良好的动力性能。

采用了汽油蒸汽控制回收系统(AKF 系)。汽油蒸汽控制回收系统采用活性炭罐吸附油箱中挥发的汽油蒸汽，在发动机启动后，再把炭罐中吸附的汽油吹出燃烧，减少废气排放，更为环保。

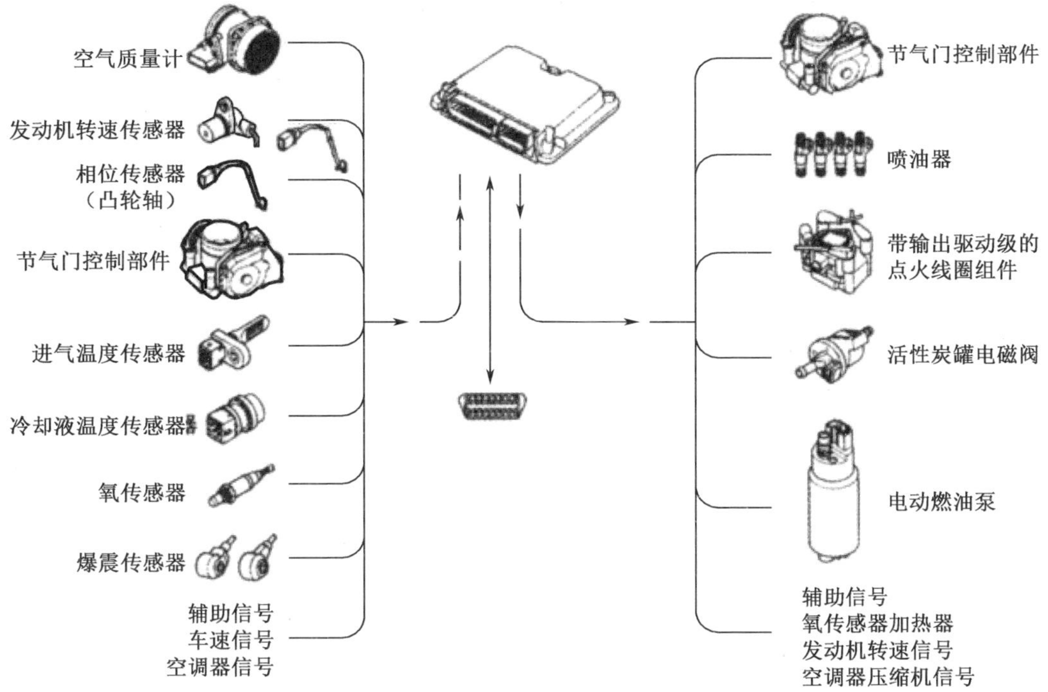

图 4.33　**Motronic 3.8.2** 电子控制系统的传感器与执行器

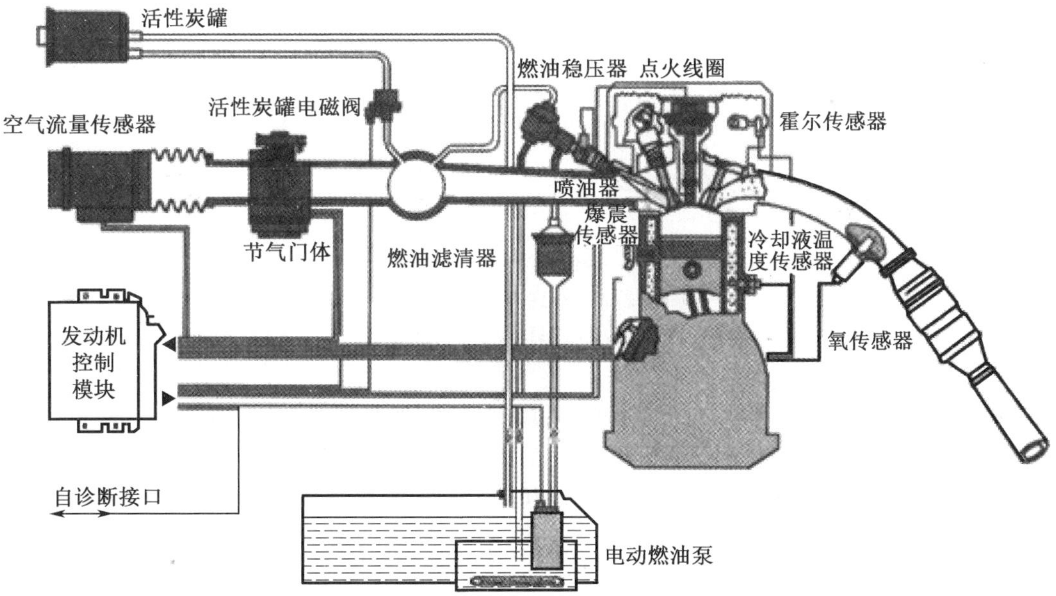

图 4.34　**Motronic 3.8.2** 电子控制系统的燃油喷射结构

AJR 型发动机上装有 2 个爆震传感器，比 AFE 型发动机增加了 1 个，使电控单元能更有效地识别各个气缸的爆震燃烧，迅速调整点火时间，保护发动机免受劣质汽油引起的强烈爆震的危害。有两个点火线圈，即采用了双火花点火系。

任务 4.4 排气系统的组成与检查

汽车排气系统是指收集并且排放废气的系统，排气系统的作用是汇集各气缸的废气，减小排气噪声，消除废气中的火焰和火星，使废气安全地排入大气，并对废气中的有害物质进行排放控制。

一、排气系统的基础知识

1. 汽车排气系统的组成及类型

汽车排气系统一般由排气歧管、排气管、催化转换器、排气温度传感器、消声器和排气尾管等组成，如图 4.35 所示。汽缸中的废气由排气门排出后，经各缸排气歧管汇至排气总管，由三元催化转换器净化处理及消音器消声后从排气尾管排出车外。现代汽车为了对空燃比进行反馈控制，在废气到达三元催化转换器前还须由氧传感器对废气中氧的含量进行检测。

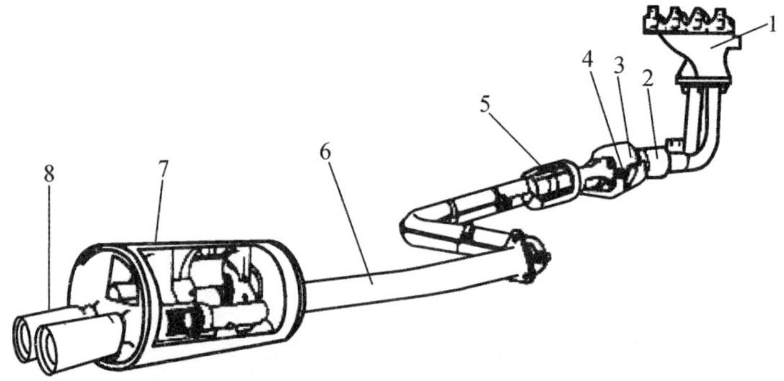

1—排气歧管；2—排气总管；3—催化转化器；4—排气温度传感器；
5—副消声器；6，7—主消声器；8—排气尾管。

图 4.35 汽车排气系统的组成

汽车排气系统分为单排气系统及双排气系统。单排气系统只有一套消音、催化转换装置及一个排气尾管。双排气系统则有两套消音、催化转换装置及排气尾管。

直列发动机采用单排气系统。V 形发动机有两套排气歧管，两套排气歧管通过一条叉型管将两套排气歧管连接到同一个排气管上，这样的系统仍为单排气系统。有些 V 形发动机采用双排气系统，有两个排气支管，各用一套催化转换装置、消声器、排气尾管，车尾可以看到两个排气口。双排气系统降低了排气系统内的压力，使发动机排气更为顺畅，气缸中残余的废气较少，因而可以充入更多的空气。排气系统类型示意图如图 4.36 所示。

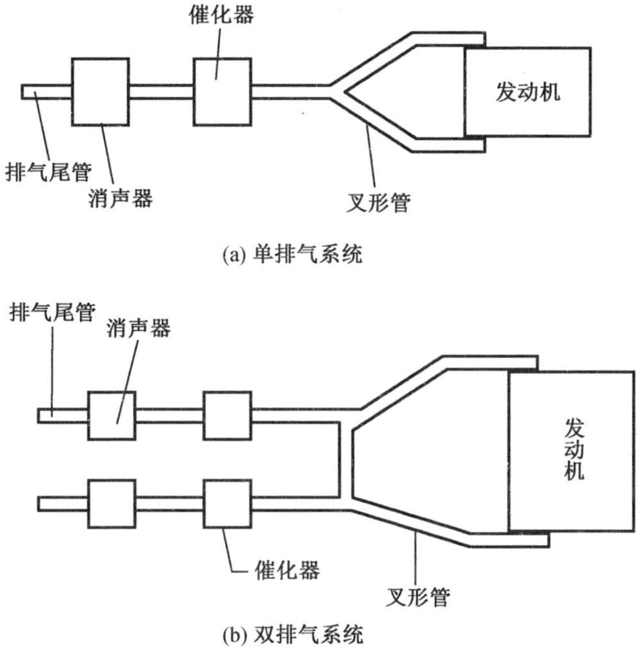

图4.36　排气系统类型示意图

2. 排气系统的组成装置

(1)排气歧管

排气歧管一般采用价格低、耐高温的铸铁或球墨铸铁制造,也有采用不锈钢管制成的。不锈钢排气歧管质量小,耐久性好,同时内壁光滑,排气阻力小。

排气歧管如图4.37所示,其形状十分重要。为了不使各缸排气相互干扰及不出现排气倒流现象,并尽可能地利用惯性排气,应该将排气歧管做得尽可能长,而且各缸歧管应该相互独立、长度相等,每个气缸都有一个排气歧管。好的排气歧管设计会令发动机排气顺畅,功率提高。

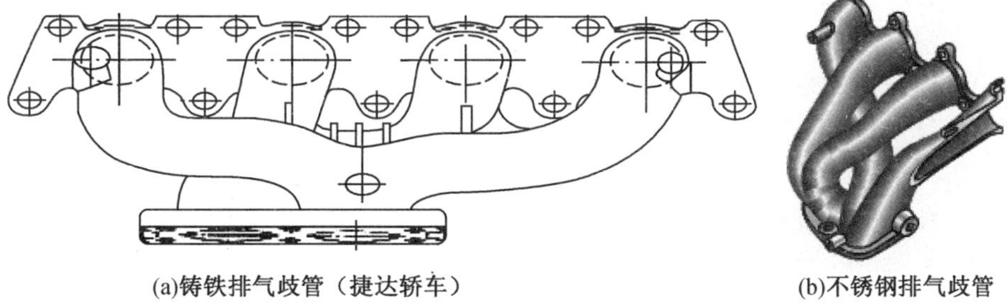

图4.37　排气歧管

(2)排气管

从排气歧管以后的管道,均属排气管。共有三段排气管,中间分别安装催化转换装置与消声器,如图4.38所示。

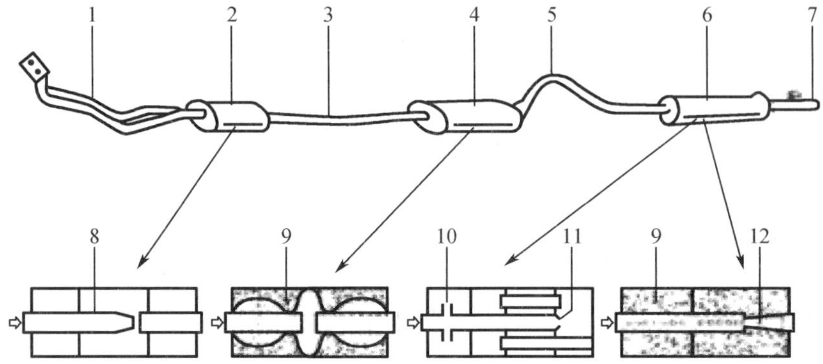

1—前排气管;2—前消声器;3—前连接管;4—中消声器;5—后连接管;6—后消声器;7—尾管;8—穿孔管;9—吸声材料;10—共振器;11—反射孔;12—喷管。

图4.38　排气管及消声器

(3)消声器

发动机排出的废气有一定的能量,由于排气的间歇性,在排气管内引起排气压力的脉动。若将发动机废气直接排放到大气中,将产生强烈的、复杂的噪声。为降低排气的噪声,消除废气中的火焰和火星,在排气管出口处装有消声器,使废气经过消声后进入大气。一般采用2~3个消声器。

汽车消声器用镀铝钢板或不锈钢制造。通常,消声器由共振室、膨胀室和一组不同长度的多孔管构成。有的还在消声器内填充耐热的吸音材料,吸音材料多为玻璃纤维、钢纤维或石棉。消声器原理如图4.39所示。

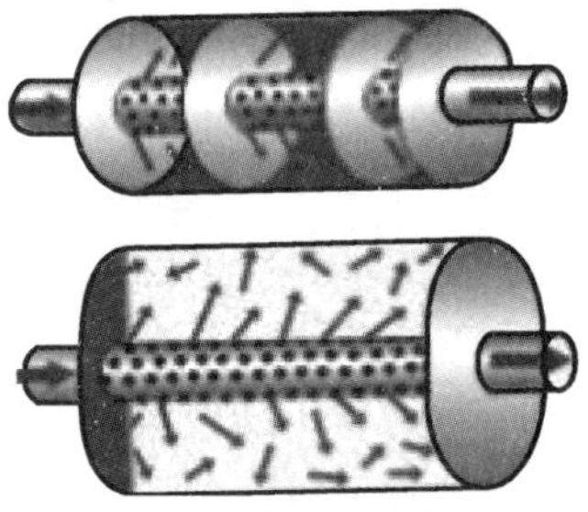

图4.39　消声器原理

消声器的基本原理是消耗废气流的能量,平衡气流的压力波动。有吸收式和反射式两种基本消声方式。在吸收式消声器上,通过废气在吸音材料上的摩擦而减小其能量。反射式消声器则由多个串联的谐振腔与反射管相互连接在一起,废气和声波进入中心管,在其中经多次反射、碰撞、膨胀、冷却,然后传出最后管道,使废气的温度压力和流速都显著降低,从而消减了排气噪声,也消减了火焰和火星。

如图4.40所示为捷达轿车采用的消声器,包括外壳、内壳、内外隔板和进、出口。外壳由双层钢板焊合而成。其间有夹层,内壳为波纹状并与外壳的内壁形成排气通道。这种结构有利于声压的衰减和声波的漫射。可以增进消声的效果。

(4)三元催化转换器

现代汽车为符合废气排放标准,常安装三元催化转换器,将废气中的污染气体,如一氧化碳、碳氢气体及氮氧化合物等,转变为无害气体。三元催化转换器一般安装在排气消声器前部。

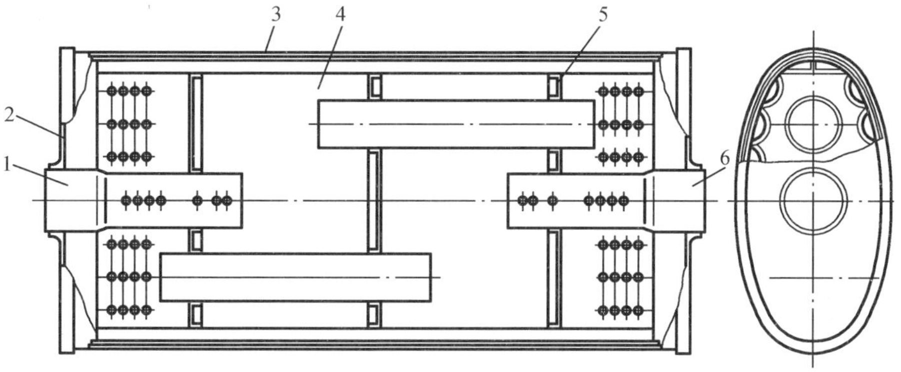

1—进口;2—外隔板;3—外壳;4—内壳;5—内隔板;6—出口。

图4.40　消声器(捷达轿车)

如图4.41所示,三元催化转换器均由金属外壳和催化转换芯子组成。三元催化转换器中的催化剂(铂、铑、钯)涂在整体格栅式载体(陶瓷蜂窝或陶瓷微珠)上,装在一个与排气管连接的套件中。载体上面有许多孔,有害物质通过这些孔时被净化。格栅越薄,净化能力越强。催化剂有助于将一氧化碳转化成二氧化碳,将碳氢化合物转化成二氧化碳和水。另外,它还可以将氮氧化合物还原为氮气和氧气。

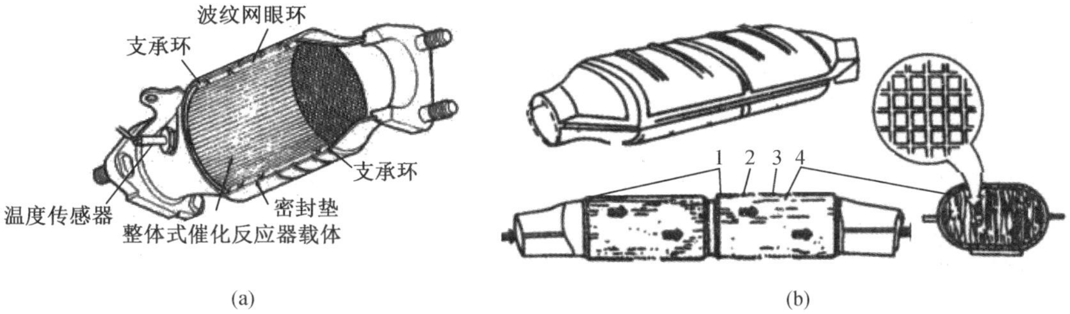

1—密封垫;2—壳体;3—金属网;4—催化剂。

图4.41　三元催化转换器

催化器在空燃比为14.7∶1附近时转换效率最高,混合气过浓或汽油进入排气管,会导致催化器过热而损坏,因此装有催化器的发动机必须将空燃比控制在理论空燃比附近。另外,装有催化器的车辆需要使用无铅汽油,因为含铅汽油中的铅会黏附于催化剂的表面,使其失效。催化器过热时,内部的格栅式载体变松,甚至塌陷,造成排气管堵塞。

3. 排气系统检查

(1)耳听检查

①用手锤或木槌轻轻敲击排气管和消声器,发出清脆的金属敲击声为正常。声音浑浊说明有部件损坏;若有小颗粒掉下的声音,说明消声器内部锈蚀。

②发动机怠速运行时,排气系统若有“咝咝”声或爆破声,说明排气系统开始失效。

(2)目视检查

①工作灯检查。将车辆举起,用工作灯对排气系统进行从头到尾的检查。主要检查外

壳是否掉色生锈，是否有撞伤或开口，悬架及夹紧装置是否擦破或折断，消声器是否开裂等。

②摇动排气尾管，检查固定夹是否夹紧。

③检查排气管是否凹陷弯曲，这些情况会导致排气不畅。

④检查排气管与排气歧管之间的每一个连接处的连接螺栓与密封垫片。

(3)催化器检查

主要检查催化器是否过热。根据催化器外壳颜色及其周围油漆情况进行判断。

二、排气系统检查与拆装

1. 排气系统的认知及检查

①升起并可靠地支撑汽车，正确连接尾气排放机。

②观察排气系统的组成，找出消声器、三元催化转换器及氧传感器。能说出排气系统的类型、主要组成元件的安装位置及作用。

③用工作灯对排气系统进行从头到尾的外观检查。

④空挡、怠速运转发动机，仔细听排气系统发出的声音是否正常，观看排出废气是否有黑烟、蓝烟等不正常现象。

⑤发动机熄火，用手锤或木槌轻轻敲击排气管和消声器，判断是否有不正常的声音。

⑥检查催化器是否过热。

⑦填写检查结果。

⑧整理清洁现场。

2. 排气歧管的拆装

①查阅维修资料，记录该发动机排气系统各螺母、螺栓的上紧力矩。

②查阅维修资料，了解该发动机排气管、排气歧管的拆装要求。

③制定拆装步骤。

④拆下蓄电池负极导线，升起并可靠地支撑汽车，脱开氧传感器导线。

⑤按要求拆卸排气歧管及排气管，如需要，落下汽车。

⑥仔细检查排气歧管是否有裂纹或其他损伤。用直尺或塞尺检查是否翘曲。如需要，则更换排气歧管。

⑦清除排气歧管旧衬垫的全部痕迹并清洁衬垫两边的贴合面。

⑧按照与拆卸相反的顺序安装。注意更换所有密封垫。安装紧固装置螺栓、螺母必须拧紧至规定力矩。

⑨装复后运转汽车并检查是否有废气泄漏。

⑩清洁整理现场。

三、知识拓展

奥迪 A6 型轿车排气歧管的拆装如图 4.42 所示。

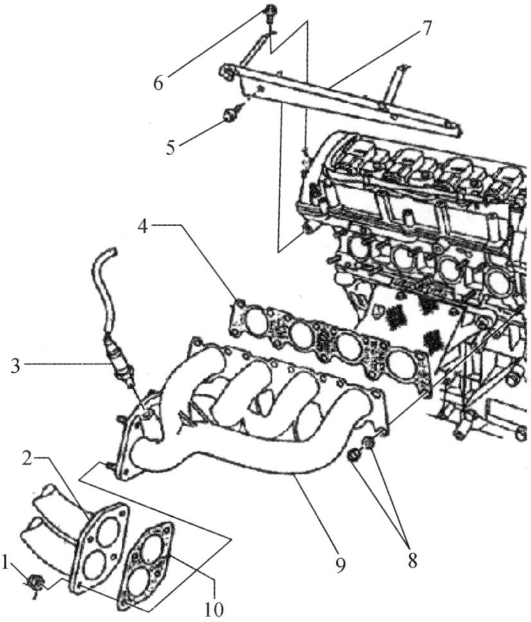

1,5,6,8—螺母;2—带催化转换器的前排气管;3—氧传感器;4—密封垫;
7—隔热板;9—排气歧管;10—密封垫。

图4.42　奥迪A6排气歧管的拆装

【项目小结】

本项目详细介绍了电子控制汽油发动机燃油喷射系统的简单原理,详细讲述了汽油供给系统的组成及组成元件的作用、结构、原理和拆装,重点分析了汽油供给系统的简单故障、检测方法及维修作业规范,简单介绍了空气供给装置的作用、结构、简单原理及常规检测,并对电子控制单元及无回油燃油喷射系统做了适度拓展。

【项目测试】

一、填空题

1. 汽油发动机燃料供给系统一般包括__________、__________和__________等系统。

2. 汽油供给装置包括__________、__________、__________和__________等组成部件。它的作用是完成汽油的__________、__________和__________。

3. 空气的计量装置有__________、__________和__________等。采用__________传感器的称为D型空气供给系统,它对空气流量进行__________测量。

4. 根据物理学的观点,使汽油迅速完全燃烧的途径是将汽油喷散成极细小的颗粒,即使汽油__________,再将这些细小的汽油颗粒加以蒸发,即实现汽油__________,最后使__________与适当比例的__________均匀混合成可燃混合气。

5. 过量空气系数 $\alpha>1$,则此混合气称为__________混合气;当 $\alpha<0.4$ 时,混合气__________,火焰不能传播,发动机熄火,此 α 值称为__________。

6. 车用汽油发动机工况变化范围很大，根据汽车运行的特点，可将其分为__________、__________、__________、__________和__________等基本工况。

7. 汽油滤清器的作用是清除进入前汽油中的__________和__________，从而保证__________和__________的正常工作。

8. 喷油器常安装在__________靠近__________处，这样的喷射称为进气道喷射。喷油器的喷油量与喷油器的__________成正比。

9. 电控单元根据__________和发动机的转速信号确定__________，并控制喷油器的__________，从而实现对燃油喷射量的控制。

10. 残余压力过低会导致__________。

二、判断题(正确的打"√"，错误的打"×")

1. 过量空气系数 α 为1时，不论从理论上或实际上来说，混合气燃烧最完全，发动机的经济性最好。 (　)
2. 混合气浓度越浓，发动机产生的功率越大。 (　)
3. 怠速工况需要供给多而浓($\alpha=0.6\sim0.8$)的混合气。 (　)
4. 更换汽油滤清器前，通常必须将管路中的汽油压力释放掉。 (　)
5. 汽油泵的卸压阀能保持一定的残余压力。 (　)
6. 喷油器的喷射量只取决于油路的燃油压力。 (　)
7. 喷油器是燃油喷射系统的执行器。 (　)
8. 目前，大多数汽油泵装在汽油箱内部。 (　)
9. 油压调节器能使油路油压保持不变，不受节气门开度的影响。 (　)
10. 燃油箱都安装在汽车的后部。 (　)

三、选择题

1. 节气门位置传感器安装在(　)。

A. 节气门上　B. 节气门体上　C. 进气歧管上　D. 都不是

2. 能在电动燃油泵断电后防止燃油倒流的阀门是(　)。

A. 泄压阀　B. 单向阀　C. 安全阀　D. 都不是

3. 进气压力传感器真空软管连接在(　)的进气管道上。

A. 节气门前方　B. 节气门后方　C. 节气门处　D. 都不是

4. 残余油压过低的可能原因是(　)。

A. 单向阀关闭不严　B. 球阀关闭不严　C. 真空软管破裂　D. 回油管堵塞

5. 高阻喷油器的正常电阻值是(　)Ω。

A. 12 ~ 16　B. 20 ~ 40　C. 2 ~ 4　D. 都不是

6. 开大节气门，油压调节器使油压(　)。

A. 升高　B. 降低　C. 不变　D. 先升高后降低

7. 安装在空气滤清器与节气门之间的传感器是(　)。

A. 进气压力传感器　B. 空气流量计

C. 进气温度传感器　D 燃油压力调节器

8. 拔掉燃油压力调节器的真空软管,油压应该(　)。

A. 升高　B. 降低　C. 不变　D. 先升高后降低

9. 工作原理基本相同的是(　)。

A. 热线式与热模式空气流量计　B. 节气门位置传感器与进气温度传感器

C. 热式与卡门涡旋式空气流量计　D. 进气压力传感器与进气温度传感器

10. 对喷油量起决定作用的是(　)。

A. 进气压力传感器　B. 进气温度传感器

C. 节气门位置传感器　D. 空气流量计

四、名词解释

1. 可燃混合气。
2. 燃油喷射。
3. 过量空气系数。
4. 残余压力。

五、简答题

1. 汽油发动机燃料供给系统的作用是什么?
2. 为什么汽油箱在必要时应与大气相通?
3. 汽油滤清器是如何除去汽油中的杂质和水分的?
4. 标出下图中各数字所代表的组成名称,并简述电动燃油泵的工作原理。

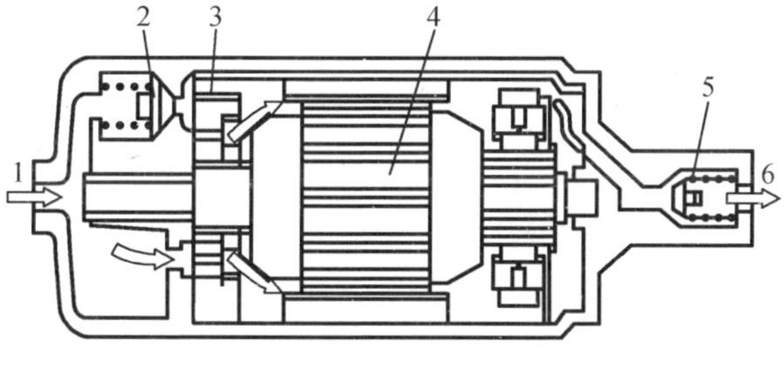

图1　简答题4图

5. 简述L型空气供给系统的空气流动路线。
6. 简要分析燃油系统压力过低的可能原因。
7. 怎样释放燃油系统的油压?什么情况下应释放油压?
8. 燃油是怎样返回油箱的?
9. 燃油压力调节器的膜片破损会发生什么故障?

项目5　柴油发动机燃料供给系统的结构与维修

【项目描述】

柴油发动机是以柴油为燃料的发动机。本项目重点研究的是柴油发动机的燃料供给系统，将对系统的组成、工作原理、主要零部件构造，常见故障诊断与排除、电子控制系统简介等几方面加以介绍。本项目主要有五个学习任务：

任务 5.1 柴油发动机燃料供给系统的组成和工作原理；

任务 5.2 柴油及混合气的形成；

任务 5.3 柴油发动机燃料供给系统主要零部件的构造；

任务 5.4 电子控制柴油喷射系统；

任务 5.5 柴油发动机燃料供给系的维修。

【项目目标】

● **知识目标**

1. 了解柴油发动机的功用和组成。
2. 掌握燃烧室的结构和特点。
3. 了解柴油的性能。
4. 掌握可燃混合气的形成和燃烧过程。
5. 了解喷油器的分类和原理。
6. 掌握喷油泵的结构及工作过程；明确供油正时的意义。
7. 了解电子控制柴油喷射系统的发展和组成。
8. 掌握共轨系统的优点。

● **能力目标**

1. 掌握不同工况的诊断过程。
2. 了解喷油正时的调整。
3. 了解调速器的结构及工作过程。

● **素质目标**

1. 培养学生严谨的工作态度。
2. 培养学生的创新意识及获取新知识的能力。
3. 培养学生分析、解决问题的能力。

任务 5.1　柴油发动机燃料供给系统的组成和工作原理

一、柴油发动机燃料供给系统的组成

1. 柴油发动机燃料供给系统的功用

①完成燃料的储存、滤清和输送工作。

②根据不同工况的要求以一定压力及喷油质量，将燃油定时定量的喷入燃烧室，与空气迅速形成良好的混合气并燃烧。

③根据柴油发动机的负荷变化自动调节循环供油量，以保证柴油发动机的稳定运转，尤其是稳定怠速，限制超速。

④将燃烧后的废气从气缸中导出并排入大气中。

2. 组成

柴油发动机燃料供给系统由空气供给装置、燃油供给装置、混合气形成装置、废气排出装置四部分组成。

①空气供给装置由空气滤清器、进气管道等组成，有的还有增压器；

②燃油供给装置由喷油泵，喷油器，调速器，柴油箱，输油泵，油水分离器，柴油滤清器，喷油提前器，高、低压油管等辅助装置；

③混合气形成装置，即燃烧室；

④废气排出装置由排气管道及排气消声器组成。

柴油发动机燃料供给系统如图 5.1 所示。

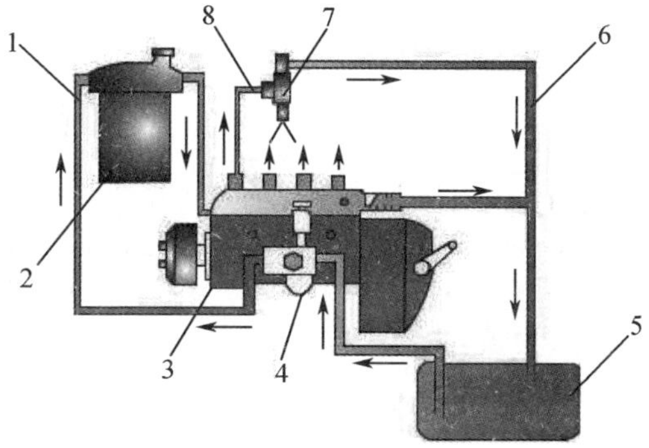

1—低压油管；2—柴油滤清器；3—喷油泵；4—输油泵；
5—柴油箱；6—回油管；7—喷油器；8—高压油管。

图 5.1　柴油发动机燃料供给系统

当柴油发动机工作时，输油泵从燃油箱吸出柴油，经油水分离器除去柴油中的水分，再经柴油滤清器滤除柴油中的杂质，然后输入喷油泵。在喷油泵内，柴油经过增压和计量之后，经高压油管供入喷油器，最后通过喷油器将柴油喷入燃烧室。喷油泵前端装有喷油提前器,后端与调速器组成一体。输油泵供给的多余柴油及喷油器顶部的回油均经回油管返回燃油箱。

3. 燃烧室

(1)定义

当活塞到达上止点时,气缸盖和活塞顶组成的密闭空间称为燃烧室。

(2)分类

燃烧室分为分统一式燃烧室和分隔式燃烧室两大类。

统一式燃烧室有凹顶活塞顶部与气缸盖底部所包围的单一内腔,几乎全部容积都在活塞顶面上。燃油自喷油器直接喷射到燃烧室中,借喷出油注的形状和燃烧室形状的匹配,以及燃烧室内空气涡流运动迅速形成混合气,所以又叫作直接喷射式燃烧室。

统一式燃烧室缸盖底面是平的,活塞顶部下凹(ω 形、浅盆形、球形、U 形)。

①ω 形燃烧室(图 5.2)中柴油直接喷射在活塞顶的浅凹坑内,喷射的柴油雾化要好,而且要均匀地分布在空气中。要求喷射压力高,一般为 17 ~ 22 MPa;要求雾化质量高,因此,采用多孔喷嘴,孔数一般为 6 ~ 12 个。

a. 优点。这种燃烧室形状简单、结构紧凑,燃烧室与水套接触面积小、散热少,可减少热损失,热效率高、经济性较好。

b. 缺点。这种燃烧室工作粗暴、喷射压力高、制造困难、喷孔易堵。

②球形燃烧室(图 5.3)中空气由缸盖螺旋形进气道以切线方向进入气缸,绕气缸轴线高速螺旋转动,并一直延续到压缩行程。喷油器沿气流运动的切线方向喷入柴油,使绝大部分柴油直接喷射在燃烧室壁面上形成油膜。小部分柴油雾珠散布在压缩空气中,并迅速蒸发燃烧,形成火源。油膜一方面受灼热的燃烧室壁面的加温,同时又受已燃柴油的高温辐射,使柴油发动机逐层蒸发,与涡流空气边混合边燃烧。

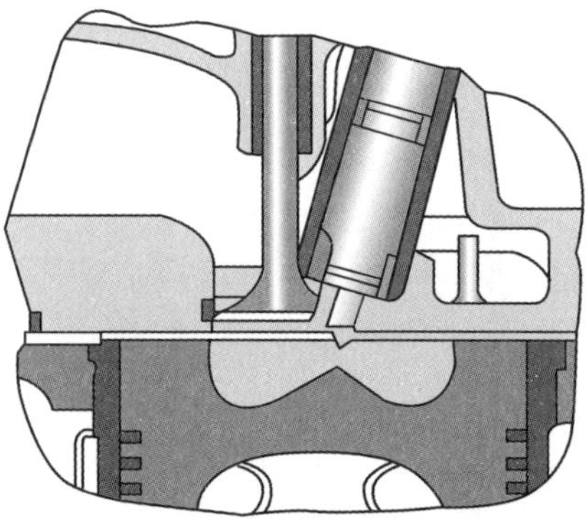

图 5.2 ω 形燃烧室

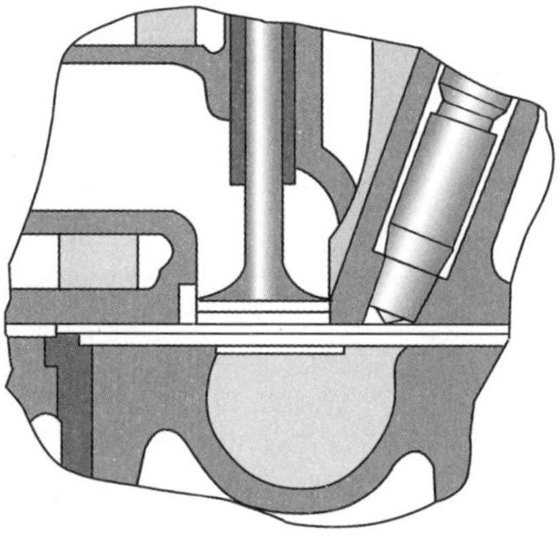

图 5.3 球形燃烧室

a. 优点。这种燃烧室工作柔和、噪声小、又称轻声发动机。

b. 缺点。这种燃烧室启动困难,螺旋形进气道结构复杂、制造困难。

③分隔式燃烧室由两部分组成,一部分位于活塞顶与气缸底面之间,称为主燃烧室,另一部分在气缸盖中,称为副燃烧室。这两部分由一个或几个孔道相连。

常见的分隔式燃烧室有涡流室式燃烧室和预燃室式燃烧室两种。

a. 涡流室式燃烧室(图5.4),它的副燃烧室是球形或圆柱形的涡流室,其容积约占燃烧室总容积的50%～80%,涡流室有切向通道与主燃烧室相通。在压缩行程中,气缸内的空气被活塞推挤,经过通道进入涡流室,形成强烈、有组织的高速旋转运动(每分钟几百转)柴油喷入涡流室中,在空气涡流的作用下,形成较浓的混合气。部分混合气在涡流室中着火燃烧,已然与未然的混合气高速(经通道)喷入主燃烧室,借活塞顶部的双涡流凹坑,产生第二次涡流,促使混合气进一步混合和燃烧。

(a)要求。顺气流方向喷射,由于涡流运动促进了混合气的形成与燃烧,可采用较大孔径的喷油器,喷射压力也较低(12～14 MPa)。

(b)优点。工作柔和、空气利用率较高、喷射压力也较低。

(c)缺点。热损失大、经济性差、启动困难。

b. 预燃室式燃烧室(图5.5)中缸盖上有预燃室,占燃烧室总容积的1/3,预燃室与主燃室有通道,活塞为平顶。因为通道不是切向的,所以压缩时不产生涡流。连通预燃室与主燃室的孔道直径较小,由于节流作用产生压力差,使预燃室内形成紊流运动,油束大部分射在预燃室的出口处,只有少部分与空气混合(出口处较浓,上部较稀),上部着火后,产生高压,将已燃的和出口处较浓的混合气一同高速喷入主燃烧室,在主燃烧室内产生强烈的燃烧扰流运动,使大部分燃料在主燃烧室内混合和燃烧。

预燃室式燃烧室的优缺点与涡流室式燃烧室基本相同。

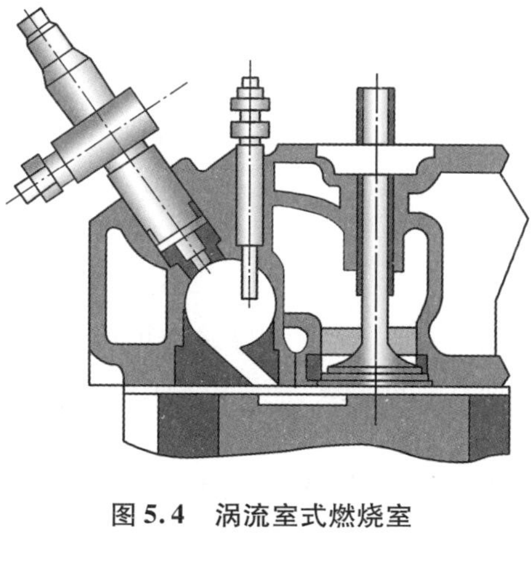

图5.4　涡流室式燃烧室

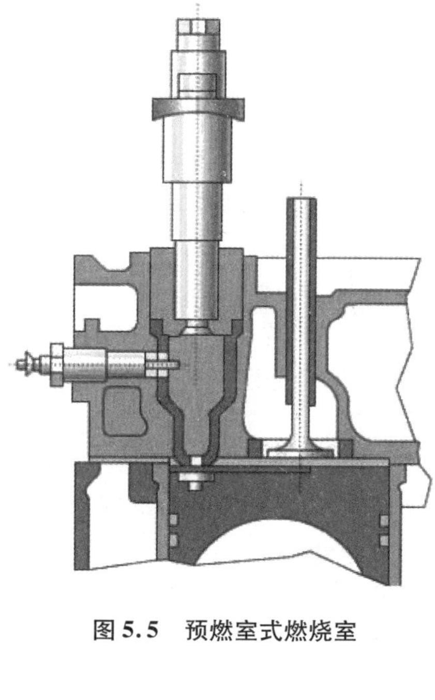

图5.5　预燃室式燃烧室

任务5.2 柴油及混合气的形成

一、柴油及其使用性能

柴油和汽油一样都是石油制品。在石油蒸馏过程中，温度在200～350 ℃之间的馏分即为柴油。柴油分为轻柴油和重柴油。轻柴油用于高速柴油发动机；重柴油用于中、低速柴油发动机。汽车柴油发动机均为高速柴油发动机，所以使用轻柴油。

1. 轻柴油的牌号及规格

轻柴油按质量分为优等品、一等品和合格品三个等级，每个等级又按柴油的凝点分为10,0，－10，－20，－35和－50等六种牌号。

2. 轻柴油的使用性能

为了保证高速柴油发动机正常、高效的工作，轻柴油应具有良好的发火性、低温流动性、蒸发性、化学安定性、防腐性和适当的黏度等诸多的使用性能。

(1)发火性

发火性指柴油的自燃能力，用十六烷值评定。柴油的十六烷值大、发火性好、容易自燃。国家标准规定轻柴油的十六烷值不小于45。

(2)蒸发性

蒸发性指柴油蒸发气化的能力，用柴油馏出某一百分比的温度范围即流程和闪点表示。比如50%馏出温度，即柴油馏出50%的温度，此温度越低，柴油的蒸发性越好。国家标准规定此温度不得高于300 ℃，但没有规定最低温度限。为了控制柴油的蒸发性不致过强，标准中规定了闪点的最低数值。柴油的闪点指在一定的实验条件下，当柴油蒸汽与周围空气形成的混合气接近火焰时，开始出现闪火的温度。闪点低，蒸发性好。

(3)低温流动性

用柴油的凝点和冷滤点评定低温流动性。凝点是指柴油失去流动性开始凝固时的温度；冷滤点则是指在特定的试验条件下，在1 min内柴油开始不能流过过滤器20 mL时的最高温度。一般柴油的冷滤点比其凝点高4～6 ℃。

(4)黏度

黏度是评定柴油稀稠度的一项指标，与柴油的流动性有关。黏度随温度而变化，当温度升高时，黏度减小，流动性增强；反之，当温度降低时，黏度增大，流动性减弱。

(5)安定性

GB/T252—1994中规定的实际胶质、10%蒸余物残炭和氧化安定性，总不溶物等三项指标，是柴油安定性的评定指标。

(6)防腐性

柴油的防腐性用硫含量、硫醇硫含量、酸度、铜片腐蚀及水溶性酸或碱等指标来评定。

(7)清洁性

柴油中的灰分、水分和机械杂质，是评定柴油清洁性的指标。

二、柴油发动机可燃混合气的形成与燃烧

1. 可燃混合气形成的特点

由于柴油的蒸发性和流动性都比汽油差，因此柴油发动机不能像汽油发动机那样在气缸外部形成可燃混合气。柴油发动机的混合气只能在气缸内部形成，即在接近压缩行程终点时，通过喷油器把柴油喷入气缸内。柴油油滴在炽热的空气中受热、蒸发、扩散并与空气混合形成可燃混合气，最终自行发火燃烧。其主要特点如下：

①柴油黏度大，不易挥发，必须以雾状喷入；

②混合气不均匀，燃烧室内过量空气系数变化很大；

③混合气在燃烧室内形成，所以混合空间小，而且时间短，只占15°～35°曲轴转角；

④可燃混合气的形成和燃烧过程是同时、连续重叠的，即边喷射、边混合、边燃烧，成分不断变化。

2. 可燃混合气的形成与燃烧

可燃混合气的形成与燃烧大体分为四个时期。

(1)备燃期(从喷油开始到开始着火燃烧为止)

喷入气缸中的雾状柴油并不能马上着火燃烧，气缸中的气体温度，虽然已高于柴油的自燃点，但柴油的温度不能马上升高到自燃点，要经过一段物理和化学的准备过程。也就是说，柴油在高温空气的影响下，吸收热量，温度升高，逐层蒸发而形成油气，向四周扩散并与空气均匀混合(物理变化)。

随着柴油温度升高，少量的柴油分子首先分解，并与空气中的氧分子进行化学反应，具备着火条件而着火，形成了火源中心，为燃烧做好了准备。这一时期很短，一般仅为0.000 7～0.003 s。

(2)速燃期(从燃烧开始到气缸内出现火焰时为止)

火源中心已经形成，已准备好的混合气迅速燃烧，在这一阶段由于喷入的柴油几乎同时着火燃烧，而且是在活塞接近上止点、气缸工作容积很小的情况下进行燃烧的，因此，气缸内的压力迅速增加，温度升高很快。

(3)缓燃期(从最高压力点开始到出现最高温度时为止)

这一阶段喷油器继续喷油，由于燃烧室内的温度和压力都高，柴油的物理和化学准备时间很短，几乎是边喷射边燃烧。但因为气缸中氧气减少，废气增多，燃烧速度逐渐减慢，气缸容积增大。所以气缸内压力略有下降，温度达到最高值，通常喷油器此时已结束喷油。

(4)后燃期(缓燃期以后的燃烧)

这一时期，虽然不喷油，但仍有一少部分柴油没有燃烧完，随着活塞下行继续燃烧。后燃期没有明显的界线，有时甚至延长到排气冲程还在燃烧。后燃期放出的热量不能充分用来做功，很大一部分热量将通过缸壁散至冷却水中，或随废气排出，使发动机过热，排气温度升高，造成发动机动力性下降，经济性下降。因此，要尽可能地缩短后燃期。

3. 可燃混合气形成的要求

综上所述，要使燃烧过程进行得好，混合气的形成好坏是关键，所以对混合气形成的有如下要求。

(1)必须要有足够的空气量和适当的柴油量

因为柴油燃烧放出热量是由于柴油和空气中的氧气在一定温度和压力条件下产生化

学作用的结果，所以空气与柴油是放热的两个重要因素。空气量与柴油量比例不同，所形成的可燃混合气的成分也就不同，一般要求过量空气系数（实际空燃比与理论空燃比的比值）α 为 1.3～1.5。若 α 过大，则混合气过稀、燃烧速度慢、散发热量多、发动机转速下降；若 α 过小，则混合气过浓、燃烧不完全、油耗增加、冒黑烟、经济性变坏。可见 α 是影响发动机功率和油耗的重要因素。

（2）喷油时刻要准确，混合气形成的规律应合适

气缸中燃烧过程的主要放热阶段应该是上止点稍后，容积小，可得到较高的压力，热效率高，热损失小，所以要求喷油时刻要准确。喷油过早或过晚对发动机工作都是不利的。

①过早时，混合气提前形成，并在活塞到达上止点前像爆炸似的同时着火燃烧，结果给正在上行的活塞造成一个短时间阻力，并严重“敲缸”，工作粗暴。

②过晚时，混合气在活塞下行时才开始形成和燃烧，使燃烧空间增大，从气缸壁面传走的热量增加，造成发动机过热，燃烧压力降低气体压力推动活塞的效果减小，甚至有可能使部分混合气来不及燃烧而随废气排出去，使发动机转速下降。

最好的喷油时刻与燃烧室的结构和发动机转速有关，对于一定结构的发动机在规定转速下，可通过试验找到一个功率大、油耗低的最好喷油时刻，这一时刻通常用曲轴距活塞到达上止点的转角表示，称为喷油提前角。

（3）喷油质量应与燃烧室形状相适应，形成均匀的混合气

①雾化良好：喷油泵和喷油器的喷射质量应与燃烧室相适应。

②燃烧室的形状：空气产生相应流动来促进混合。

（4）与气流的搅动，燃料的性能相适应

燃烧室的形状造成切向进气，形成进气涡流，从而与柴油的十六烷值高、燃点低、备燃期短相适应。

可燃混合物的形成方法如下。

①空间雾化混合方式。这种方式将柴油喷向燃烧室的空间，形成雾状混合物，再在空间蒸发形成混合气。

a. 油雾形成。燃料以高压、高速从喷油器以圆锥形的油束喷出，如图 5.6 所示。图中 β 表示喷雾锥角，指油束的扩散程度。β 越大，扩散越好。L 表示射程，指油束的穿透能力。雾化质量表示油束喷散雾化的程度，喷散得越细、越均匀，则雾化质量越好。

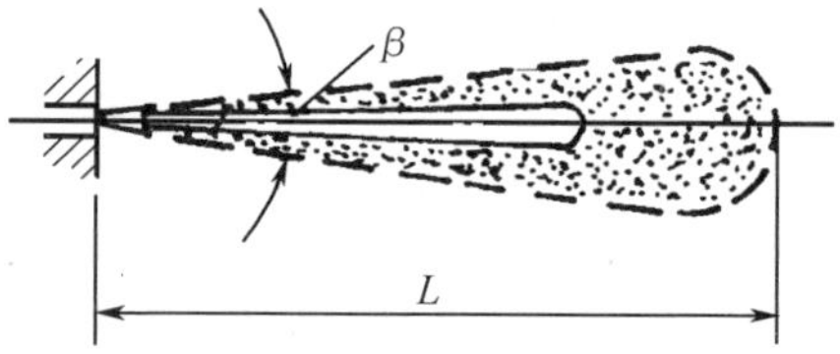

图 5.6　油束的形状

b. 空气运动促进混合。使油粒分布得更均匀，最有效的措施是使空气运动，多采用下列两种方法。

（a）使进气产生涡流，利用弱涡流切向进气道或强涡流螺旋进气道，可以在进气行程中使空气绕气缸轴线旋转运动，如图 5.7 所示。

（b）产生挤压涡流，利用活塞顶部的特殊形状，在压缩过程中和做功行程开始时，使空气在燃烧室中产生强烈的旋转运动，它存在于上止点附近，持续时间较短，如图 5.8 所示。

转速愈高，涡流也愈强，气流对油束的吹散作用也愈大。此外，空气涡流运动还可以加速火焰的传播，促使燃烧及早地结束。

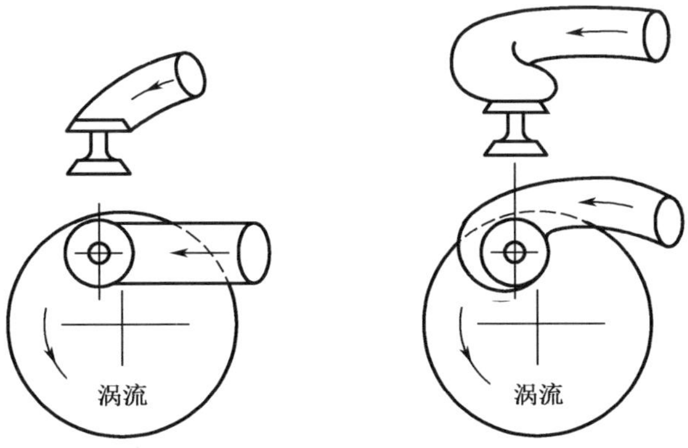

(a) 切向进气道　　(b) 螺旋进气道

图 5.7　进气涡流的形成

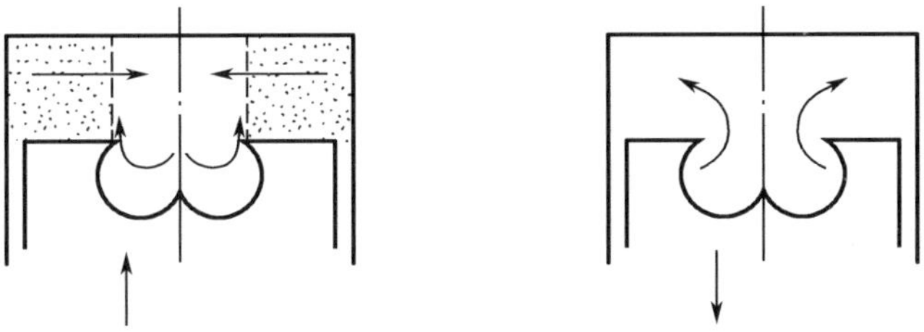

(a) 挤压流动　　(b) 膨胀流动

图 5.8　挤压涡流的形式

②油膜蒸发混合方式。如图 5.9 所示，它是将柴油喷向球形油膜燃烧室的壁面上，在强烈的空气涡流作用下，燃油的大部分(95%)形成油膜。由于油束贯穿缸内空气和燃烧室壁的反射，有少量油粒(5%)悬浮在空间，形成着火源。油膜在空间火源的热能作用下，逐层蒸发、逐层卷走、逐层燃烧，产生了燃气涡流，其燃烧速度是前期慢、后期快，使燃烧过程加速进行到终点。

③复合式—U 形燃烧室，即空间雾化混合和油膜蒸发混合，二者兼而有之，低速以前者为主，高速以后者为主。

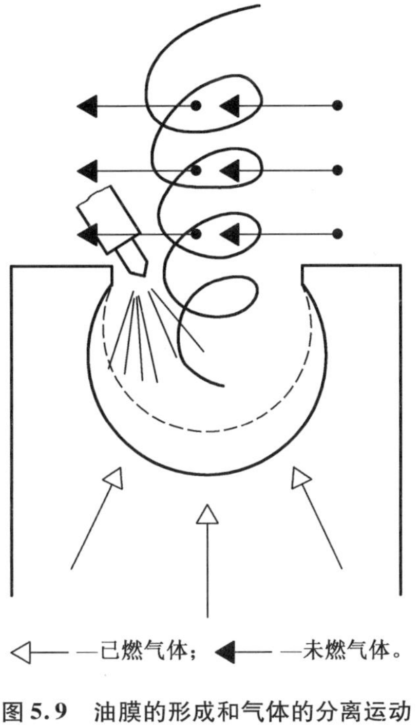

图 5.9　油膜的形成和气体的分离运动

任务5.3 柴油发动机燃料供给系统主要零部件的构造

一、喷油器

1.喷油器的功用和要求

(1)喷油器的功用

①使一定数量的燃油得到良好的雾化。

②使燃油的喷射按燃烧室类型合理分布。

(2)喷油器的要求

①应具有一定的喷射压力和射程、合适的喷雾锥角和雾化质量。

②停喷要迅速,不发生燃油滴漏。

③开始喷油少,中期喷油多,后期喷油少。

2.喷油器的分类

采用闭式喷油器,按结构形式分为孔式和轴针式两种基本形式,如图5.10所示。

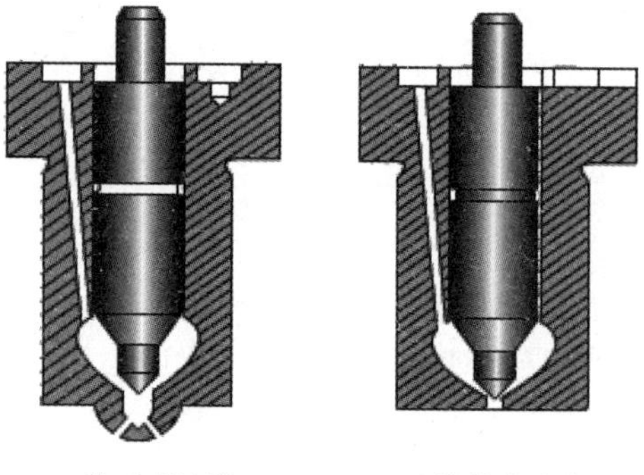

(a) 孔式喷油器　(b) 轴针式喷油器

图5.10　闭式喷油器的两种基本形式

(1)孔式喷油器

孔式喷油器主要用于直接喷射燃烧室,具有孔数1~8个,孔径0.2~0.8 mm。

孔式喷油器具有如下特点:

①喷孔的位置和方向与燃烧室形状相适应,以保证油雾直接喷射在球形燃烧室壁上;

②喷射压力较高;

③喷油头细长,喷孔小,加工精度高。

(2)轴针式喷油器

轴针式喷油器的特点如下:

①不喷油时针阀关闭喷孔,使高压油腔与燃烧室隔开,燃烧气体不致冲入油腔内引起积炭堵塞;

②喷孔直径较大，便于加工且不易堵塞；

③针阀在油压达到一定压力时开启，供油停止时，又在弹簧作用下立即关闭，因此，油喷开始和停止都干脆利落，没有滴油现象；

④不能满足对喷油质量有特殊要求的燃烧室的需要。

喷油器主要部件为喷油嘴（针阀和阀体），对采用耐热强度好的优质轴承钢制成，为不可互换的高压精密偶件，配合间隙为0.001～0.003 mm。

3. 喷油器的工作原理

①喷油。油泵泵油→环形高压油腔进油→承压锥面承受油压推针阀上行→密封锥面离座→喷油孔喷油。

针阀最大升程为针阀关闭时其凸肩与针阀体下端面的距离大小决定喷油量多少，一般为0.4～0.5 mm。

②停喷。油泵停止泵油→高压油腔油压下降→调压弹簧伸张→挺杆推针阀下行→密封锥面落座→喷空关闭→不喷油。

③回油。少量高压油经针阀偶件间间隙挤上，经回油管流回柴油箱或柴油滤清器，润滑、冷却针阀偶件并防背压增加。

④调压。旋动调压螺钉或增减垫片，改变调压弹簧对针阀的压紧力，即可改变喷油压力。

针阀上端由调压弹簧压紧，产生关闭压力 p_1，从进油到进入高压室在油压作用力，在承压锥面上形成一个向上的轴向压力 p_2，成为开启压力。

若喷油泵供油，则 $p_2>p_1$；喷油器喷油，喷油泵停供，则 $p_2<p_1$，喷油器停喷。

孔式喷油嘴有1～7个喷孔，喷孔直径为0.25～0.5 mm，多用于直接喷射式燃烧室。轴针式喷油嘴是单孔式，喷孔直径1～3 mm。

轴针制成圆柱形成或倒锥形，喷雾形状分别为空心柱形和扩散的锥形，多用于分开式燃烧室。轴针式有两个可变断面，圆柱形轴针的通过断面是先大后小，喷油特性是先少后多；倒锥形轴针的通过断面是先小后大又变小，喷油特性是先少后多又变少，能较好地满足喷油的前期少、中期多、后期少的特性要求。

二、喷油泵

1. 喷油泵的功用

①提高油压（定压），即将喷油压力提高到10～20 MPa。

②控制喷油时间（定时），即按规定的时间喷油和停止喷油。

③控制喷油量（定量），即根据柴油发动机的工作情况，改变喷油量，以调节柴油发动机的转速和功率。

2. 对喷油泵的要求

①各缸供油量相等。在标定工况下各缸供油量差不得超过3%～4%。

②各缸供油提前角要相同。误差小于0.5°～1°曲轴转角。

③各缸供油持续角一致。

④供油迅速、停喷干脆，以防止滴漏现象的发生。

3. 喷油泵的分类

①柱塞式喷油泵。

②泵—喷油器式,将喷油泵和喷油器结合在一起。

③转子分配式喷油泵。

4. 柱塞式喷油泵的工作原理

(1)柱塞副的结构

常用柱塞副的结构如图 5.11 所示。

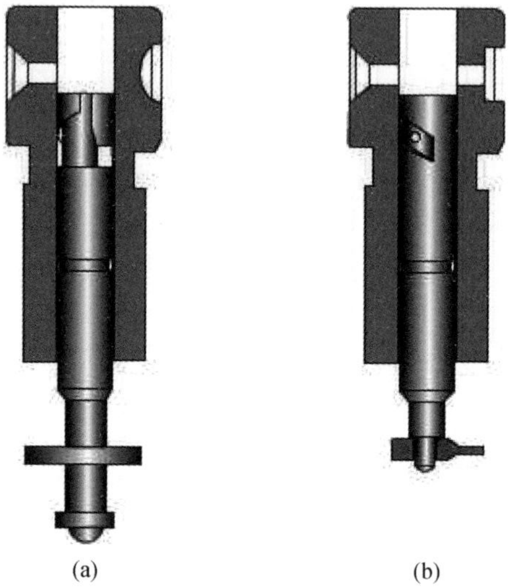

图 5.11　常用柱塞副的结构

①柱塞为一光滑的圆柱体,在其上部铣有螺旋或斜槽或中心孔,轴向孔和径向孔使槽和柱塞上端的泵油室相通。柱塞的下部置有安装弹簧座的圆柱体和十字凸块,或压入调节臂,以使柱塞能往复运动,调节供油量。

②柱塞套筒为光滑的圆柱形长孔,套筒上部开有一个进油和回油用的小孔,或开有两个径向孔,两孔中一孔进油一孔回油,它们与壳体上的低压进油室相通。

③柱塞套筒装在壳体座孔内,并用定位螺钉和定位孔来固定,以防止柱塞套筒转动。

④柱塞和柱塞套筒是一对精密的偶件,不能互换。柱塞副用耐磨性高的优质合金钢或轴承钢制成,并进行热处理和时效处理。

(2)柱塞的进油、压油、回油过程。

①柱塞的进油、压油和回油过程如图 5.12 所示。

a. 进油过程指柱塞从下止点至进油孔以下时,燃油在真空吸力及输油泵的压力下充满泵油室。

b. 压油过程指当柱塞从下止点向上移动到将进油孔关闭时,泵油室内的燃油压力将骤然升高,推开出油阀,将高压油压人高压油管。

c. 回油过程指当柱塞上移到螺旋槽线或斜槽上限,高出进油孔的下沿时,高压油通过柱塞上的直槽或中心孔高速流回低压油室。由于泵油室内的油压急剧下降,出油阀在弹簧和残余压力的作用下迅速回位,油泵停止供油。柱塞继续上升,直到上止点为止,都是回油过程。

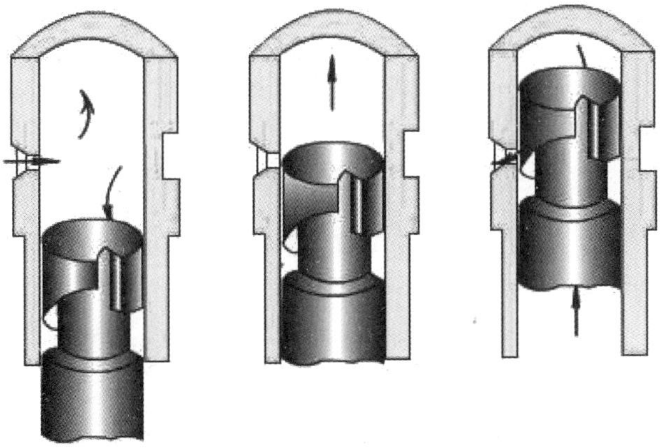

图5.12　柱塞的进油、压油和回油过程

②柱塞在向上运动的全行程中,包括预备行程、减压行程、有效行程和剩余行程。柱塞的驱动示意图如图5.13所示。

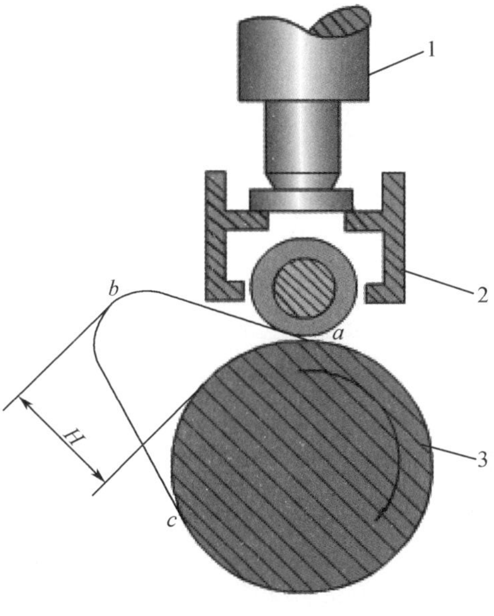

1—柱塞;2—滚轮体;3—凸轮;*H*—凸轮和柱塞的升程;

ab—凸轮的升弧(工作面);*bc*—凸轮的降弧。

图5.13　柱塞的驱动示意图

a. 预备行程指柱塞从下止点开始上行至其上端面将进油孔关闭所移动的距离。

b. 减压行程指从预备行程开始到出油阀开启时柱塞上升行程。

c. 有效行程指从出油阀开启到柱塞打开回油孔时柱塞移动的距离;喷油泵每次泵出的油量取决于有效行程的长短。

d. 剩余行程指从有效行程结束,到到达上止点为止柱塞移动的距离。

(3)油泵供油量的调节原理

改变柱塞斜槽棱边与柱塞套上回油孔的相对角位置,即改变了柱塞的有效行程,使喷油泵供油量改变。如图 5.14 所示,喷油泵采用齿杆式油量调节机构,柱塞下端的榫舌嵌入控制套筒相应的切槽中。套筒松套在柱塞套上。在控制套筒上部套有一个可调齿圈,用螺钉锁紧。可调齿圈与齿杆相啮合。齿杆的轴向位置由驾驶员或调速器控制。移动齿杆时,齿圈连同控制套筒带动柱塞相对不动的柱塞套转动,以调节供油量。

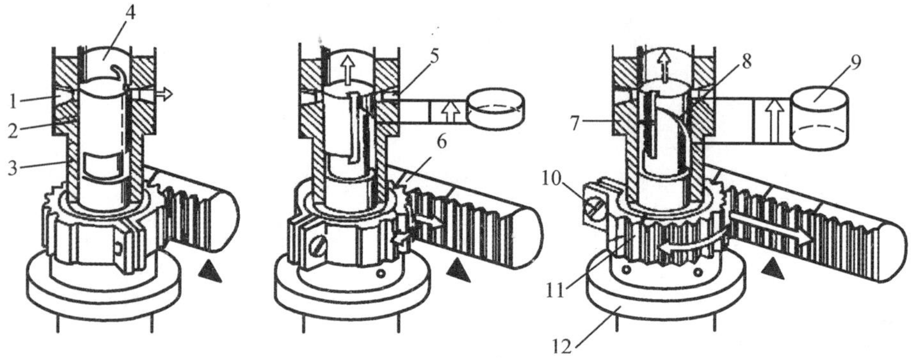

1,5—柱塞套油孔;2—柱塞;3—柱塞套;4—柱塞腔;6—调节齿杆;7—直槽;
8—螺旋槽;9—循环供油量容积;10—调节齿圈紧固螺钉;11—调节齿圈;12—控制套筒。

图 5.14 循环供油量的调节

5. 柱塞式喷油泵的构造和组成

柱塞式喷油泵由分泵、油量调节机构、驱动机构、泵体(壳体)四部分组成。

(1)分泵

分泵主要由柱塞偶件(柱塞和柱塞套筒)、出油阀偶件(出油阀和出油阀座)、复位弹簧、弹簧座、出油阀弹簧、出油阀压紧螺母等零件组成(图 5.15)。

①柱塞偶件的结构。柱塞偶件由柱塞和柱塞套筒组成,如图 5.16 所示。柱塞为一光滑的圆柱体,在其上部铣有螺旋槽或斜槽,并利用直切槽或中心孔(轴向孔和径向孔)使槽和柱塞上端的泵油室相通。柱塞的下部制有安装弹簧座的圆柱体和十字凸块(或压入调节臂)以便使柱塞能往复运动,调节供油量。柱塞套筒为光滑的圆柱形长孔,套筒上部开有两个进油和回油用的小孔,或开有三个径向孔,两孔进油一孔回油,它们与壳体上的低压进油室相通。柱塞套筒装在壳体座孔内,并用定位螺钉和定位孔来固定,以防止柱塞套筒转动。柱塞和柱塞套筒是一对精密的偶件,不能互换。柱塞副用耐磨性高的优质合金钢(轴承钢)制

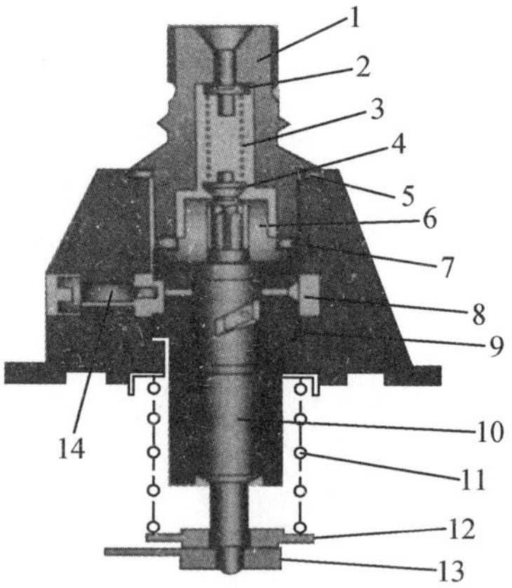

1—出油阀压紧座;2—减容体;3—出油阀弹簧;
4—出油阀;5—密封垫;6—出油阀座;
7—密封垫;8—径向油孔;9—柱塞套;
10—柱塞;11—柱塞弹簧;12—弹簧座;
13—油量调节臂;14—定位螺钉。

图 5.15 分泵的组成

成,并进行热处理和时效处理。

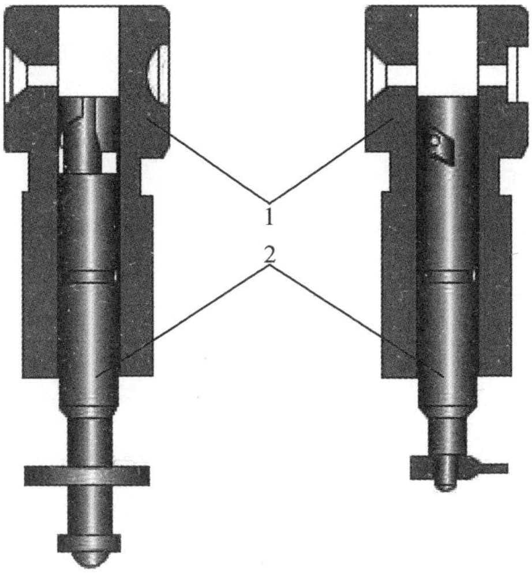

1—柱塞套;2—柱塞。

图 5.16　柱塞偶件的结构

②柱塞式喷油泵的泵油过程。采用柱塞泵的柴油发动机每缸的供油主要靠对应缸分泵的柱塞偶件提供。柱塞式喷油泵的泵油过程分为进油过程、压油过程和回油过程三阶段,如图 5.17 所示。

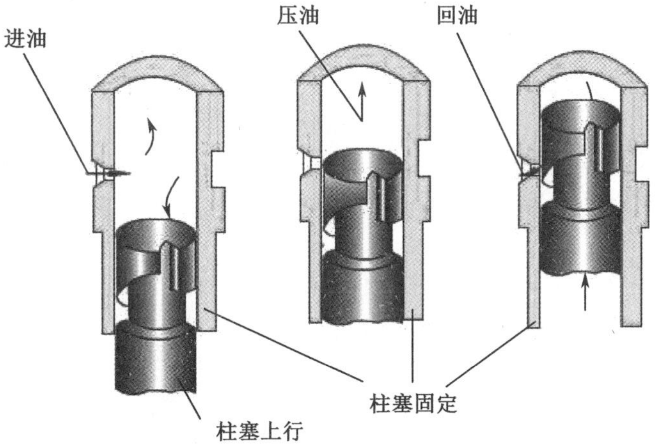

图 5.17　柱塞式喷油泵的进油、压油、回油过程

a. 进油过程。柱塞从上止点至进油孔以下时,燃油在真空吸力及输油泵的压力作用下充满泵油室。

b. 压油过程。当柱塞从下止点向上移动到将进油孔关闭时,泵油室内的燃油压力将骤然升高,推开出油阀,将高压油压入高压油管。

c. 回油过程。当柱塞上移到螺旋槽线或斜槽上限高出进油孔的下沿时,高压油通过柱塞上的直槽或中心孔高速流回低压油室。由于泵油室内的油压急剧下降,出油阀在弹簧和残余压力油的作用下迅速回位,油泵停止供油。柱塞继续上升,直到上止点为止,都属于回油过程。

③柱塞的行程。柱塞在从下止点向上止点运动的全行程中,包括预备行程、减压带行程、有效行程和剩余行程,如图 5.18 所示。

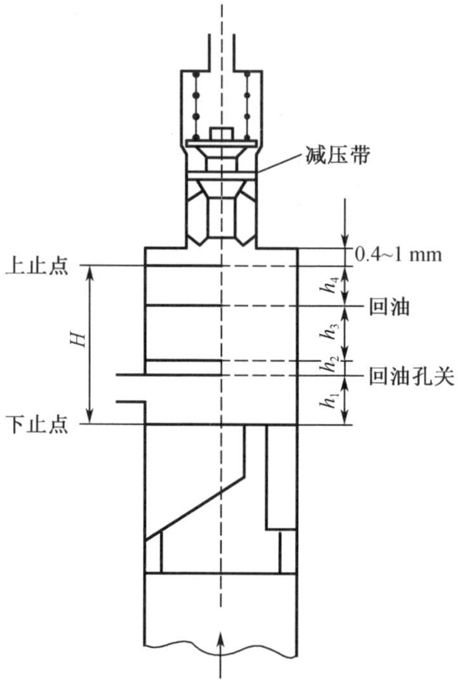

h_1—预备行程;h_2—减压带行程;h_3—有效行程;h_4—剩余行程;H—全行程。

图 5.18 柱塞的各种行程

a. 柱塞的预备行程(h_1)。柱塞从下止点上升到其上端面将进油孔完全关闭时所移动的距离。

b. 柱塞的减压带行程(h_2)。柱塞从预备行程结束到出油阀开启(减压带开始离开阀座的导孔)时所移动的距离。

c. 柱塞的有效行程(h_3)。柱塞从出油阀开启,到柱塞的螺旋线或斜槽上线打开回油孔时移动的距离。

d. 剩余行程(h_4)。柱塞从有效行程结束(开始回油),上升到上止点时移动的距离。

显然,喷油泵每次泵出的油量取决于有效行程的长短。因此,欲使喷油泵能随发动机工况不同而改变供油量,只需改变有效行程。一般由改变柱塞斜槽棱边与柱塞套上油孔的相对位置来实现。将柱塞按图 5.19(a)中箭头所示的方向转一个角度,有效行程和供油量即增加;反之,则减少。当柱塞转到图 5.19(b)所示位置时,直槽对正回油孔,柱塞不可能完全封闭油孔,即有效行程为零,喷油泵处于不泵油的状态。

④柱塞偶件的检修。柱塞偶件的检修主要包括柱塞偶件的外观检验和柱塞的滑动性能试验两个方面的内容。

a. 柱塞偶件的外观检验。柱塞偶件外观检视,发现有以下情况时应更换柱塞:柱塞表面有明显磨损痕迹;柱塞弯曲或头部变形;柱塞或柱塞套有裂纹;柱塞头部斜槽、直槽及环槽边缘有剥落或锈蚀等现象；柱塞套的内圆表面有锈蚀或显著的划痕；齿杆式油量调节机构的柱塞副，其柱塞下端凸耳与旋转套筒配合间隙超过0.15 mm(标准为0.02 ~0.10 mm)。

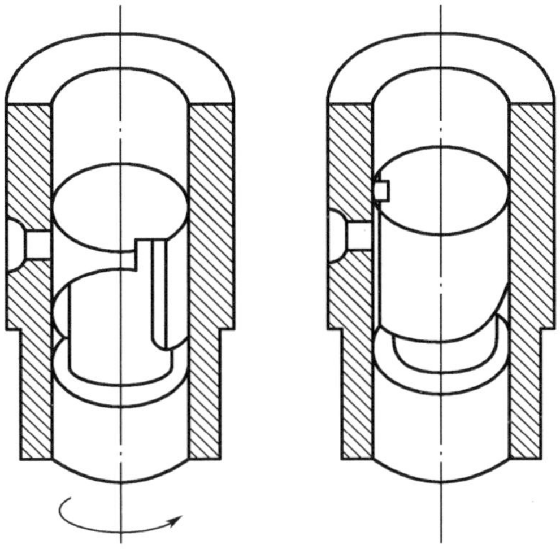

(a) 增大供油量　　(b) 供油量为零

图5.19　供油量的调节

b. 柱塞的滑动性能试验。先用洁净的柴油仔细清洗柱塞副，并涂上干净的柴油进行试验。将柱塞套倾斜60°左右，拉出柱塞全行程的1/3左右。放手后，柱塞应在自重作用下平滑缓慢地进入套筒内。然后转动柱塞，在其他位置重复上述试验，柱塞均应能平稳地滑入套筒内。如下滑时在某个位置有阻滞现象，可用抛光剂涂在柱塞表面，插入柱塞套内研配，若柱塞顶部边缘部分有毛刺而产生阻滞时，可用细质油石磨去毛刺，然后清洗干净，涂上抛光剂与柱塞套互研至无阻滞时为止。如果柱塞下滑很快，说明磨损过度，必须成对更换。

⑤出油阀偶件的结构与原理。出油阀偶件由出油阀和阀座组成，是精密偶件，采用优质合金钢制造，其导孔、上下端面及座孔经过精密的加工和研磨，配对以后不能互换，如图5.20所示。

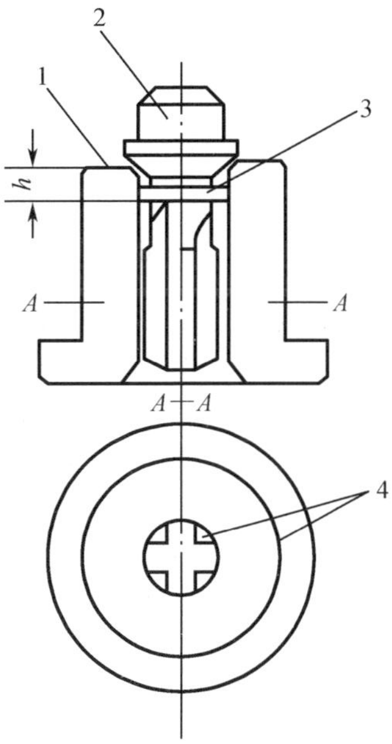

1—出油阀座；2—出油阀；
3—减压环带；4—切槽。

图5.20　出油阀偶件的结构

出油阀的圆锥部是阀的轴向密封锥面，阀的锥部在导孔中滑动配合起导向作用。尾部加工有切槽，形成十字形断面，以便使燃油通过。出油阀中部的圆柱面叫减压带，它与密封锥面间形成了一个减压容积。阀座的下端面和柱塞套筒的上端面是精密加工严密贴合，它是通过压紧螺母以规定的扭紧力矩来压紧的。压紧螺母与阀座之间有一定厚度的铜制高圈。在出油阀压紧螺母内腔装有带槽的减容器，以减小内腔空间的容积，促进喷停迅速，限制出油阀最大升程。出油阀上减压环带的作用如下。

a. 防止喷油前滴油，提高喷射速度。喷油泵供油时，待油压高于出油阀弹簧的预紧力和高压油管内的残余压力后，出油阀升起，其密封锥面离开阀座。必须等到出油阀上的减压环带完全离开阀座的导向孔时，泵油室的燃油才能进入高压油管。

b. 防止喷油后滴油，提高关闭速度。停止供油时，出油阀减压环带的下沿进入导管时，高压油管与泵室的通路便被切断。当出油阀完全落座后下降了一距离 h，因而高压油管的容积得到增大，使油压迅速地下降 1 ~2 MPa，断油迅速、干脆，防止因油压的波动和“管缩油涨”而产生喷后滴油。

c. 防止燃油倒流，使高压油管内保持一定的残余压力。

⑥出油阀偶件的检修。出油阀偶件的检修项目和方法包括以下几个方面。

a. 出油阀偶件的外观检验。发现有下列情况之一者应更换出油阀：出油阀的减压环带有严重的磨损痕迹；锥面磨损过多，并有金属剥落痕迹和划痕；出油阀体与阀座端面及锥面有裂纹；阀体或阀座锥面锈蚀。

b. 出油阀滑动性试验。将出油阀及阀座在柴油中浸泡后，拿住阀座，并在垂直位置向上抽出阀体约 1/3，松开时阀体应能在自重下落座。以在几个不同位置上试验都能符合上述要求为良好。

(2)油量调节机构

①油量调节机构的作用。根据柴油发动机的转速和负荷变化相应的转动柱塞，改变供油有效行程，保证各缸供油量均匀一致。

②油量调节机构结构形式。油量调节机构的结构包括油杆式和拨叉式。

a. 齿杆式油量调节机构。这种机构由齿杆、齿扇和传动套等组成，如图 5.21 所示。各缸供油均匀性的调整，是通过改变齿扇与传动套圆周方向的相对位置来实现。齿杆的轴向位置由驾驶员或调速器控制，齿扇通过传动套带动柱塞套筒相对于柱塞套筒转动，来调节供油量。

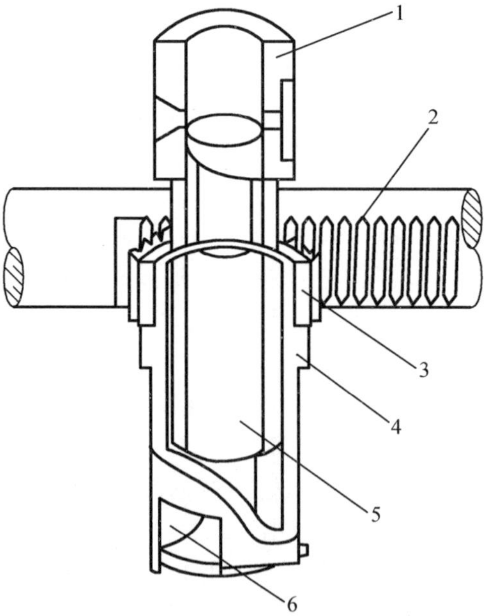

1—柱塞套；2—齿条；3—可调齿圈；4—传动套筒；5—柱塞；6—传动套筒上切槽。

图 5.21 齿杆式油量调节机构

由于齿杆式油量调节机构零件较多，为了保证各分泵柱塞和齿杆位置一致，各分泵柱塞的传动套、齿扇、齿杆柱塞都有装配位置标记，如图5.22，装配时标记对齐。

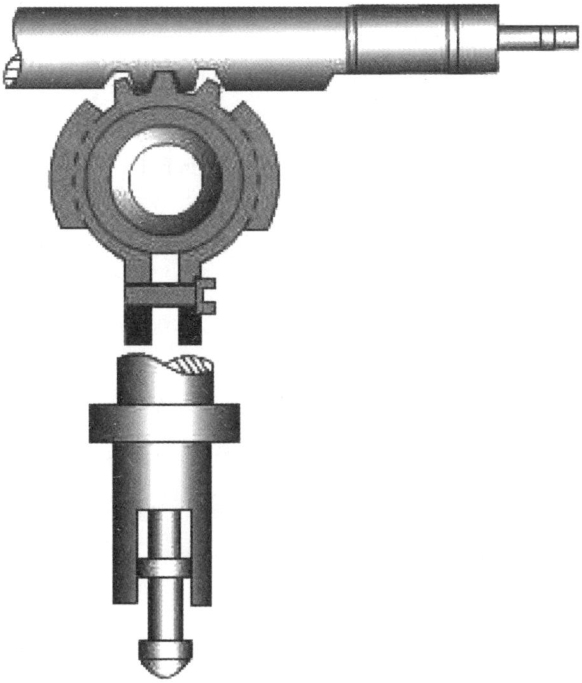

图5.22　油量调节机构的装配标记

b. 拨叉式油量调节机构。如图5.23所示，这种机构通过改变拨叉在供油拉杆上的位置对各缸供油量进行调整。传递的方式依次为：拉杆移动→拨叉移动→调节臂转动→柱塞转动。

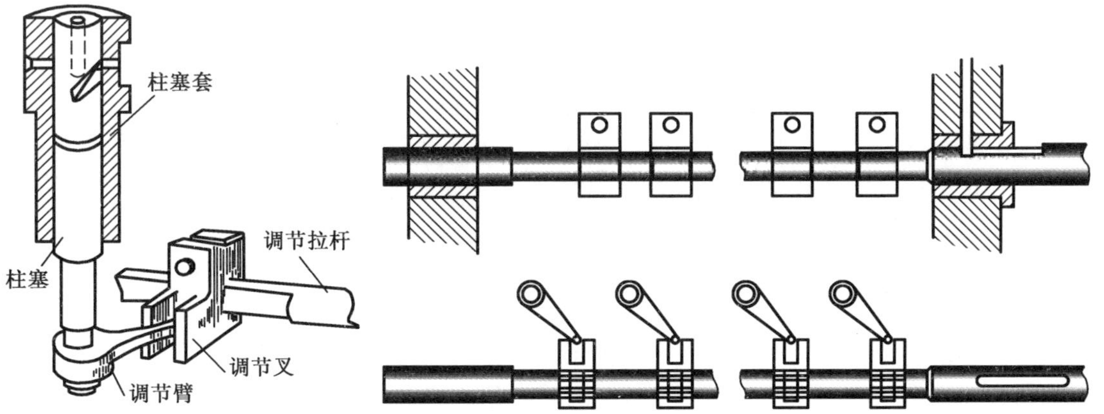

图5.23　拨叉式油量调节机构

(3)分泵驱动机构

①分泵驱动机构的作用。该机构用于推动柱塞往复运动，完成进油、压油、回油过程；保证供油正时。

②分泵驱动机构的组成。该机构由凸轮轴、滚轮体组成。

a. 凸轮轴。

(a)凸轮轴的功用。凸轮轴用来传送推力使柱塞运动,产生高压油;同时保证各分泵按柴油发动机的工作顺序和一定的规律供油。

(b)凸轮轴的构造。凸轮轴上的凸轮数目与缸数相同,排列顺序与柴油发动机的工作顺序相同。四行程柴油发动机曲轴转两周,喷油泵的凸轮轴转一周,各分泵都供一次油。多加入中间传动齿轮,喷油泵凸轮轴的旋转方向与曲轴相同。相邻工作两缸凸轮间的夹角叫供油间隔角,角度的大小同配气机构凸轮轴同名凸轮的排列,四缸柴油发动机共油间隔角为90°,六缸柴油发动机共油间隔角为60°。凸轮轴的构造如图5.24所示。

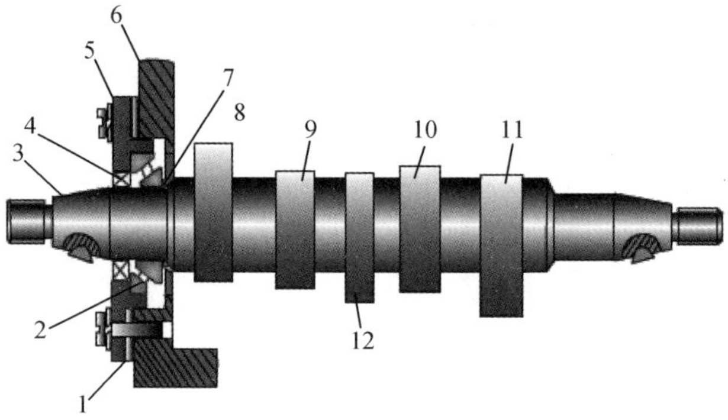

1—密封调整垫;2—锥形滚柱轴承;3—连接锥面;4—油封;5—前端盖;
6—壳体;7—调整垫;8、9、10、11—凸轮;12—输油泵偏心轮。

图5.24 凸轮轴的构造

(c)凸轮轴的制造材料。由于负荷大,凸轮轴的驱动齿轮采用钢制齿轮。

不少凸轮轴的外形对称,凸轮在轴上的距离相等,轴两端尺寸相同。凸轮的工作段是切线形状,可快速建立油压。

b. 滚轮体传动件。

(a)滚轮体传动件的功能。该机构变凸轮的旋转运动为自身的直线往复运动,推动柱塞上行供油。调整各分泵的供油提前角和供油间隔角。

(b)调整垫块式滚轮体(图5.25)。带有滑动配合衬套的滚轮体松套在滚轮轴上,滚轮轴也松套在滚轮架的座孔中,因此相对运动发生在三处,相对滑动相应降低,减轻了磨损,且磨损均匀。

滚轮体的周向定位方法:一是在滚轮体圆柱面上开轴向孔,用定位螺钉插入槽中防止转动;二是利用加长滚轮轴,使其一端插入壳体导孔一侧的滑槽中。

调整垫块安装在滚轮架的座孔中,用耐磨材料制成,磨损后可翻转使用。制有不同厚度的垫块,厚度差为0.1 mm,相应凸轮轴转角为0.5°,反映到曲轴上为1°。

(c)调整螺钉式滚轮体(图5.26)。这种机构在滚轮架上端有工作高度可调节的调整螺钉,拧出调整螺钉,h 值增大,供油提前角即增大;拧入螺钉,h 值减小,供油提前角即减小。

(d)供油提前角调整的必要性。若柱塞下端、垫块、滚轮和凸轮磨损,则滚轮体的工作高度变小,供油提前角减小,供油起始角减小,凸轮与滚轮的接触点(供油始点)即上移,喷油始点压力、喷油持续时间长短、每一循环供油量的多少将发生变化，因此必须定期地对供油提前角进行检查和调整。

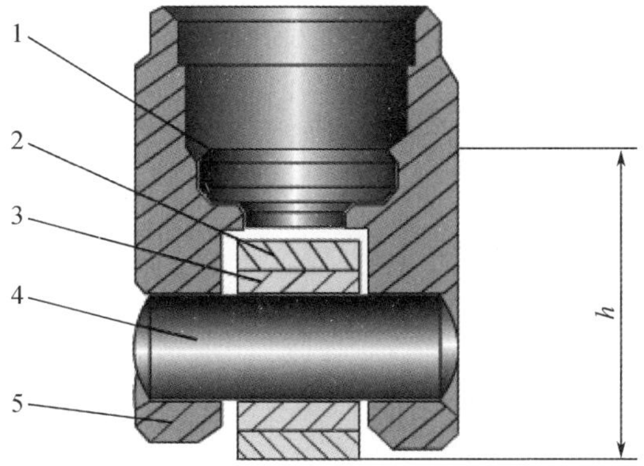

1—调整垫块；2—滚轮；3—滚轮衬套；4—滚轮轴；5—滚轮架。

图5.25　调整垫块式滚轮体

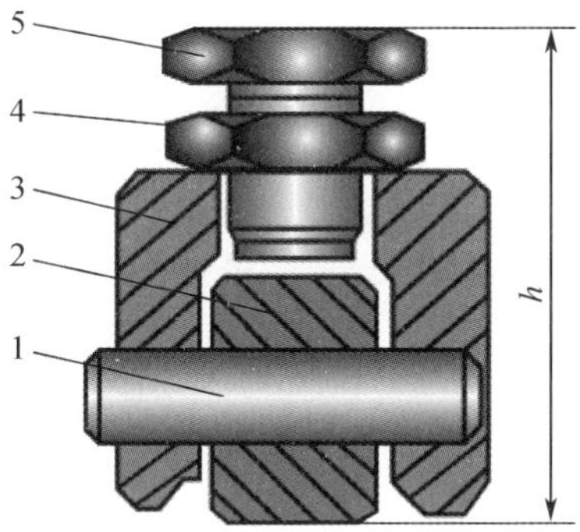

1—滚轮轴；2—滚轮；3—滚轮架；
4—锁紧螺母；5—调整螺钉。

图5.26　调整螺钉式滚轮体

(e)供油提前角的调整方法。对单个分泵进行调整，使分泵供油提前角一致，供油间隔角度相等；对整个喷油泵进行统一调整，达到柴油发动机规定的供油提前角的要求。

(f)喷油泵供油时刻的表示方法有如下两种。

供油起始角：指第一缸分泵柱塞开始供油时，相应凸轮的中心线与滚轮体中心线的夹角。

柱塞的预行程：利用量具测量预行程大小。

喷油泵的供油起始角与柴油发动机的供油提前角完全不同，二者的角度含义不同，一个是凸轮轴的转角，另一个是曲轴的转角。

(4)泵体

泵体是喷油泵的基础件，多用铝合金铸成。泵体分为组合式和整体式两种。

组合式有上下两部分，用螺栓连接在一起。上体安装分泵，下体安装驱动件和油量调节件。

整体式泵体可使刚度加大，在较高的喷油压力下工作而不变形，但分泵和驱动件等零件的拆装较麻烦。

6. 喷油泵的驱动与供油正时

(1)喷油泵的驱动

喷油泵是由柴油发动机曲轴前端的正时齿轮通过一组齿轮来驱动，如图5.27所示。喷油泵驱动齿轮和中间齿轮上都刻有正时标记。

有的喷油泵直接利用其前端壳体上的凸缘盘固定在驱动齿轮后面的箱体上，固定螺栓处是弧形槽连接，可利用壳体相对于凸轮轴的转动来调节供油提前角的大小。

(2)联轴器

①作用。联轴器用于补偿喷油泵安装时凸轮轴和驱动轴的同轴度偏差；用少量的角位移调节供油提前角，以获得最佳的喷油提前角。

②构造。传统的联轴器多采用胶木盘交叉连接，这种构造现已被挠性片式联轴器所代替，如图5.28所示。其挠性作用是通过两组圆形弹性钢片来实现的。靠其挠性可使驱动轴

与凸轮轴在少量同轴度偏差的情况下无声传动。两组圆形弹性钢片有所不同,钢片的内孔与主动连接叉紧固连接,外孔是两个弧形孔,用两个连接螺钉和调节器连接,以便调节供油提前角的大小。

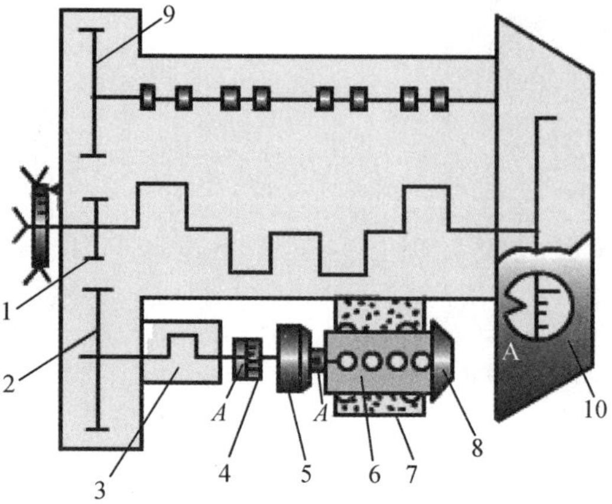

1—曲轴正时齿轮;2—喷油泵驱动齿轮;3—空气压缩机曲轴;4—联轴器;
5—供油提前角自动调节器;6—喷油泵;7—托板;8—调速器;
9—配气机构驱动齿轮;10—飞轮上的喷油正时标记;A—各处标记位置。

图 5.27 喷油泵的驱动与供油正时

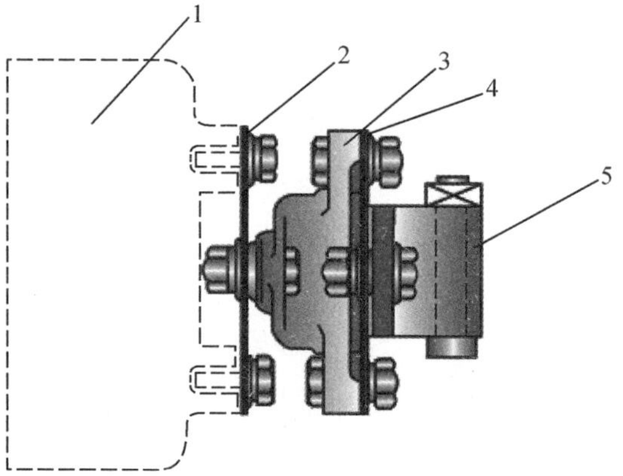

1—供油提前角自动调节器;2,4—弹簧钢片;3—连接叉;5—喷油泵凸轮轴。

图 5.28 挠性片式联轴器

(3)供油提前角调节装置

①供油提前角调节的必要性。供油提前角过大时,燃油在气缸内空气温度较低的情况下喷入,混合气形成条件差,燃烧前集油过多,会引起柴油发动机工作粗暴,怠速不稳和启动困难;供油提前角过小时,将使燃料产生过后燃烧,燃烧的最高温度和压力下降,燃烧不完全和功率下降,甚至排气冒黑烟,柴油发动机过热,导致动力性和经济性降低。

最佳的供油提前角不是一个常数,应随柴油发动机负荷(供油量)和转速变化而变化,即随转速的增大而加大。

车用柴油发动机根据其常用的某个供油量和转速范围来确定一个供油提前初始角,其初始角的获得,可通过联轴器或转动喷油泵的壳体来进行微量的调节。因柴油发动机转速变化范围较大,还必须使供油提前角在初始角的基础上随转速而变化。因此车用柴油发动机多装有供油提前角自动调节器。

②供油提前角自动调节器的构造和工作原理。如图5.29所示,供油提前角自动调节器装于喷油泵凸轮轴的前端,用联轴器来驱动,由主动件、从动件和离心件三部分组成是一个密封体,内腔充满润滑油。

当柴油发动机转速达到设定值时,两个飞块在离心力的作用下绕其轴销向外甩开,滚轮迫使从动盘带动凸轮轴沿箭头方向转动一个角度 $\Delta\theta$,直到弹簧的张力与飞块的离心力平衡为止,这时主动盘又与从动盘同步旋转。此时,供油提前角等于初始角加上 $\Delta\theta$。

当柴油发动机转速再升高时,飞块进一步张开,从动盘相对于主动盘又沿旋转方向向前转动一个角度,这样,随转速的升高,提前角不断增大,直到达到最大转速。

当柴油发动机转速降低时,飞块收拢,从动盘便在弹簧力的作用下相对于主动盘后退一个角度,供油提前角便相应减小。

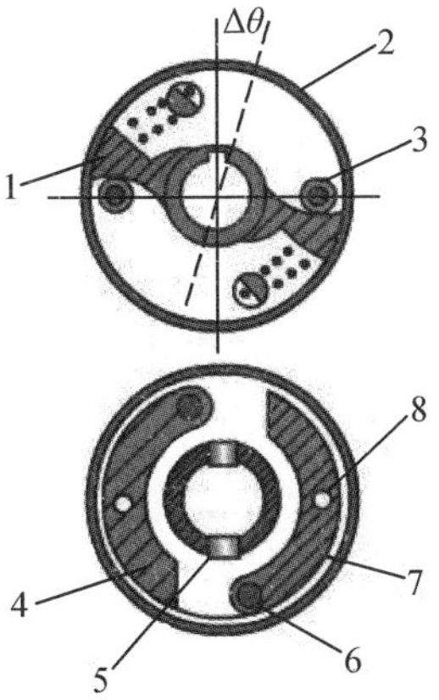

1—从动盘臂;2—从动盘;
3—滚轮;4—飞块;5—凸块;6—弹簧座;
7—主动盘;8—飞块销钉。

图5.29　供油提前角自动调节器的工作原理图

三、调速器

1. 柱塞式喷油泵的特性

(1)速度特性

喷油泵的速度特性是指供油拉杆位置不变时,喷油泵每一个循环供油量(Δg)随转速变化的规律。

柱塞泵的供油特性是指每一循环的供油量(Δg)随转速的升高而增加。

(2)产生喷油泵速度特性的原因

①柱塞运动速度增加时,由于柱塞套筒上的进、回油孔的节流作用,产生早喷晚停的现象,且节流作用随着转速的升高而增加,“早喷”和“晚停”的程度也随着增大。

②柱塞运动速度增加时,泄漏时间缩短,泄漏量减少。

(3)喷油泵速度特性带来的不良后果

①转速升高,高速时飞车。每循环供油量增加,充气系数下降,造成油多气少而冒黑烟,形成恶性循环而“超速”(飞车),严重时旋转机件损坏。

②转速降低,低速时熄火。每循环供油量减少,充气系数上升,造成油少气多而“游车”(不稳定),甚至熄火。

2. 调速器的作用

当负荷改变时,调速器自动地改变供油量,维持发动机稳定运转。对于在良好的道路上行驶的汽车来说,调速器多用于限制柴油发动机的最高转速 n_{max} 和保持稳定的最低转速 n_{min}(怠速)。

①限制最高转速。全负荷时,由于负荷的减小,转速将升高。当转速超过额定最高转

速 n_{max} 时,调速器开始自动减油,使扭矩迅速减小,直到 nT(停供转速)时即停止供油。n_{max} 与 nT 差值一般不大于 200 r/min。

②保持平稳怠速。由于各种必然原因和偶然原因(水温、油温、机温、内部阻力、气门和喷嘴因积炭影响而关闭不严或短暂停喷等),会引起启动力的变化,使发动机怠速升高或降低。随发动机转速的降低调速器自动加油,扭矩增加;又随发动机转速的升高调速器自动减油,扭矩减小,使怠速保持稳定。

3. 调速器的种类

按作用原理可分为机械离心式调速器(车用柴油发动机)、真空膜片式调速器(少数小功率柴油发动机)和复合调速器(机械离心式和真空膜片式合为一体)。

按调节范围可分为两速式调速器和全速式调速器。

(1)两速式调速器

能保持柴油发动机平稳的怠速,防止游车或熄火;又能限制柴油发动机不超过某一最大转速,从而防止了飞车。至于中间转速,则利用人工调节供油量。两速式调节器多用于车用柴油发动机。

(2)全速式调速器

全速式调速器不但能保持柴油发动机最低稳定转速和限制最大转速,而且能根据负荷的大小保持和调节任一选定转速的调速器。这种调速器多用于工况多变和突变的柴油发动机,如矿用车、越野车、自卸车等。

4. 离心式调速器的工作原理

(1)基本工作原理

如图 5.30 所示,机械离心式调速器是根据弹簧力和离心力相平衡进行调速的,工作中,弹簧力总是将供油拉杆向循环供油量增加的方向移动;而离心力总是将供油拉杆向循环供油量减少的方向移动。当负荷减小时,发动机转速升高,离心力大于弹簧力,供油拉杆向循环供油量减少的方向移动,循环供油量减小,发动机转速降低,离心力又小于弹簧力,供油拉杆又向循环油量增加的方向移动,循环供油量增加,发动机转速又升高,直到离心力和弹簧力平衡,供油拉杆才保持不变。这样转速基本稳定在很小的范围内。

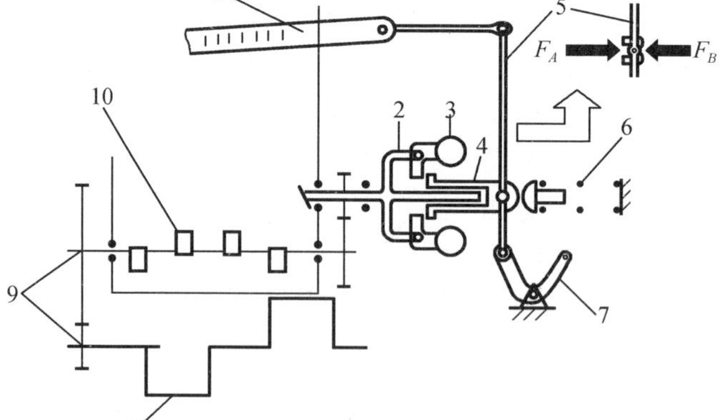

1—供油拉杆;2—飞锤架;3—飞锤;4—滑套;5—操纵臂;6—调速弹簧;
7—加速踏板;8—曲轴;9—正时齿轮;10—喷油泵凸轮轴。

图 5.30 机械离心式调速器原理图

反之当负荷增加时,发动机转速降低,弹簧力大于离心力,供油拉杆向循环供油量增加的方向移动,循环供油量增加,发动机转速升高,弹簧力又小于离心力,供油拉杆又向循环供油量减小的方向移动,循环供油量减小,发动机转速又降低,直到离心力和弹簧力平衡。

①启动工况。将调速手柄从停车挡块移至最高速挡块上。调速手柄带动摇杆和滑块,使调速杠杆以其下端的铰接点为支点向右摆动,并推动喷油泵供油量调节齿杆克服供油量限制弹性挡块的阻力,向右移到启动油量的位置。

②怠速。柴油发动机启动后,将调速手柄置于怠速位置。这时调速手柄通过摇杆、滑块使调整杠杆向左摆动,并拉动供油量调节齿杆左移至怠速油量的位置。

③中速。柴油发动机转速较高,飞锤外移直到飞锤底部与内弹簧座接触为止。柴油发动机在中等转速范围内工作时,飞锤的离心力不足以克服怠速弹簧和高速弹簧的共同作用力,飞锤始终紧靠在内弹簧座上而不能移动,不起调节供油量的作用。但驾驶员可根据需要改变调速手柄的位置,使供油量调节齿杆增加或减少供油量。

④最高转速。此时,飞锤的离心力相应增大,并克服全部调速弹簧的作用力,飞锤离心力与弹簧作用力达到新的平衡。若柴油发动机转速超过规定的最高转速,则飞锤的离心力便超过调速弹簧的作用力,供油量调节齿杆向减油方向移动。

⑤停车。将调速手柄置于停车挡块上,调速杠杆以其下端的铰接点为支点向左摆动,并带动供油量调节齿杆向左移动到停油位置,柴油发动机停车。

(2)工作原理

① 一定的调速弹簧的刚度和预紧力,对应一定的柴油发动机转速。如果调速弹簧有两个刚度和预紧力,就能控制两个转速,这就是双速式调速器;如果调速器的预紧力可以由驾驶员任意决定,则能控制任意转速,这就是全速式调速器。双速式调速器和全速式调速器的最大区别除工作点不同外,关键在于是否直接操纵供油拉杆或利用调速器间接操纵供油拉杆。

②柴油发动机稳定运转,必须达到两个平衡。一是柴油发动机的平衡状态;二是调速器的平衡状态。

③人工调节和自动调节是互不干涉运动的代数和关系。如图5.31所示,人工调节的支点是 b 点,自动调节的支点是 c 点,二者是互为支点、互不影响的关系。供油拉杆的位移量,是驾驶员和调速器分别操纵或同时操纵所产生的位移代数和。

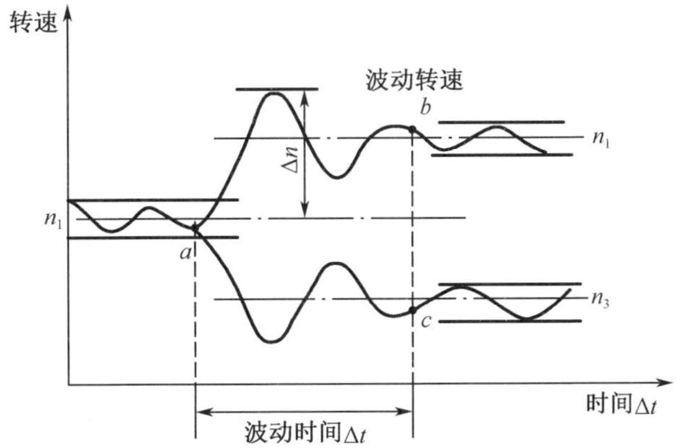

图5.31　调速器的过渡过程

④调速器的稳定性。调速过程不是复位,而是柴油发动机在一定的转速范围内获得新的平衡点,这是由于调速弹簧较前略有变软或变硬。在一个平衡位置(选定的转速),由于负荷的变化,柴油发动机达到另一个平衡位置以接近其原来的转速,此过程称为过渡过程。在过渡过程中柴油发动机的转速波动的幅度和持续的时间越小越好。

可见,负荷多变和突变的柴油发动机,在工作中其供油拉杆是在振荡中不断过渡的。柴油发动机在一定范围内维持新的平衡,平衡是短暂的,不平衡是经常的。

5. 离心调速器的结构形式

离心调速器由离心元件(飞块)、调速弹簧(压簧、拉簧、扭簧)、传动定位和调整机构(杆式、板式和杠杆等)三大部分组成。

(1)大飞块和浮动杠杆的结构

如图 5.32 所示,大飞块和浮动杠杆的结构特点如下。

①离心元件是两个大飞块,内装压缩式调速弹簧。外弹簧在怠速时起作用,高速时内、外弹簧都起作用。

②浮动式调速杠杆,杠杆比可变。

③操纵臂直接操纵调速杠杆。

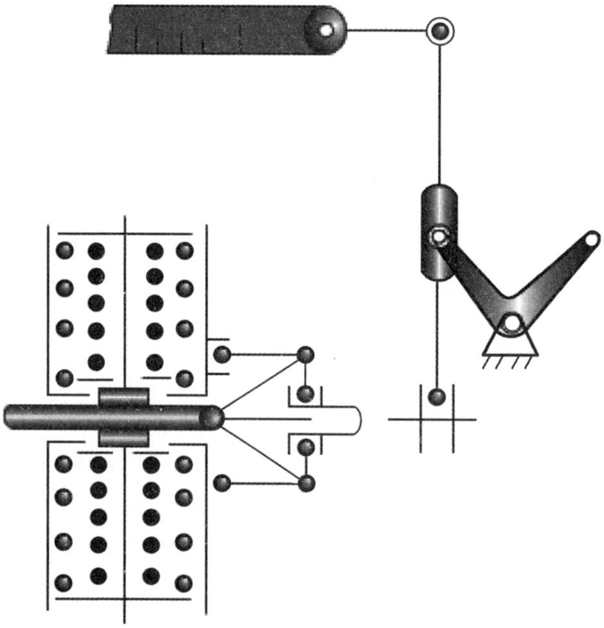

图 5.32 大飞块和浮动杠杆结构

(2)锥形飞块和倒挂式调速杠杆机构

如图 5.33 所示,锥形飞块和倒挂式调速杠杆机构的结构特点如下。

①两个飞块收拢时呈锥形,张开时为圆柱形,其内臂联动。该机构结构紧凑、灵敏度高。

②调速杠杆通过支持杆和浮动杠杆间接地操纵齿杆,杠杆比大于 1。

③摆动式拉力调速弹簧。

④操纵臂是通过拉簧间接操纵调速杠杆和供油齿杆,是全速式调速器(RSV)。

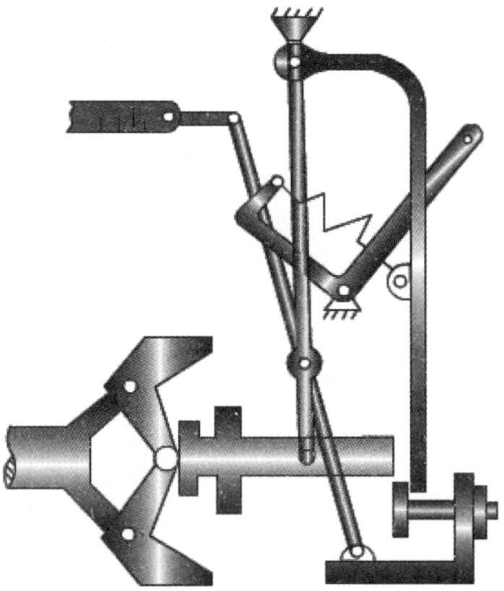

图5.33　锥形飞块和倒挂式调速杠杆机构

(3)球盘式结构

如图5.34所示,球盘式结构特点如下。

①具有飞球式离心元件,杠杆比等于1,灵敏度差。

②操纵臂间接操纵传动板和供油拉杆,是全速式调速器。

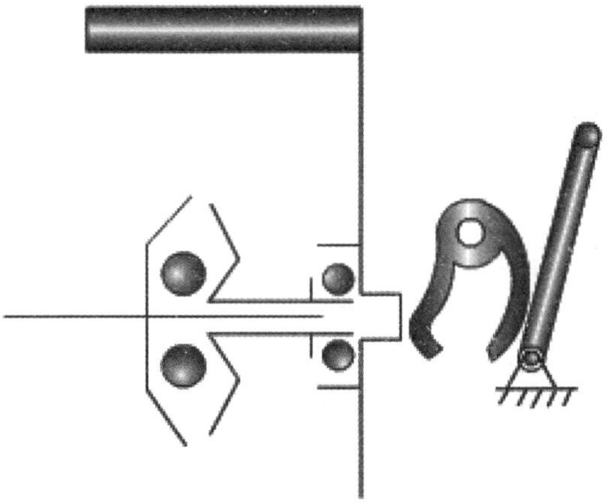

图5.34　球盘式结构

任务5.4 柴油发动机电子控制燃油喷射系统

一、柴油发动机电子控制技术的发展

载货汽车和轿车的柴油发动机不仅随着转速改变喷油量和喷油时间，而且随着负荷的变化采用复杂的控制模型对温度、进气压力等参数进行补偿控制。进入20世纪80年代，越来越多的汽车柴油发动机采用了电子控制技术，而且电子控制技术实现的功能越来越多，这些技术在不同的柴油发动机上、不同的条件下逐步实施，使柴油发动机的电子控制技术水平一步一步地提高，一代又一代地向前发展。

柴油发动机电子控制技术是在解决能源危机和排放污染两大难题的背景下，在飞速发展的电子控制技术平台上发展起来的。汽油发动机电子控制技术的发展为柴油发动机电子控制技术的发展提供了宝贵经验。到目前为止，柴油发动机电子控制柴油系统的主要类型有：电子控制直列泵、电子控制分配泵和电共轨燃油系统。

二、柴油发动机电子控制燃油喷射系统的优点

1. 改善低温启动性

电子控制系统能够以最佳的程序帮助驾驶员进行启动操作，使柴油发动机低温启动更容易。

2. 降低氮氧化物和烟度的排放

采用柴油发动机电子控制技术，可精确地将喷油量控制在不超过冒烟界限的适当范围内，同时根据发动机工况调节喷油时刻，从而有效地抑制排烟。

3. 提高发动机的运转稳定性

采用柴油发动机电子控制系统，无论负荷怎样增减，都能保证发动机怠速工况下以最低的转速稳定运转，有利于提高其经济性。

4. 提高发动机的动力性和经济性

柴油发动机电子控制系统中，电控单元根据传感器信号精确计算喷油量和喷油正时，从而提高发动机动力性和经济性。

5. 控制涡轮增压

采用电子控制技术可以对增压装置进行精确的控制。

6. 适应性广

只要改变电控单元的控制程序和数据，一种喷油泵就能广泛用在各种柴油发动机上，而且柴油发动机燃油喷射控制可与变速器控制、怠速控制等各种控制系统进行组合实现集中控制，有利于缩短柴油发动机电子控制系统的开发周期、降低成本，从而扩大柴油发动机电子控制系统的应用范围。

三、柴油发动机电子控制燃油喷射系统的功能与组成

1. 柴油发动机电子控制系统的功能

①燃油喷射控制。燃油喷射控制主要包括供（喷）油量控制、供（喷）油正时控制、供（喷）油速率控制和喷油压力控制等。

②怠速控制。柴油发动机的怠速控制主要包括怠速转速控制和怠速时各缸均匀性的控制。

③进气控制。柴油发动机的进气控制主要包括进气节流控制、可变进气涡流控制和可变配气正时控制。

④增压控制。柴油发动机的增压控制主要是由电控单元根据柴油发动机转速信号、负荷信号、增压压力信号等,通过控制废气旁通阀的开度或废气喷射器的喷射角度、增压器涡轮废气进口截面大小等措施,实现对废气涡轮增压器工作状态和增压压力的控制,以改善柴油发动机的扭矩特性,提高加速性能,降低排放和噪声。

⑤排放控制。柴油发动机的排放控制主要是废气再循环(EGR)控制。电控单元主要根据柴油发动机转速和负荷信号,按内存程序控制 EGR 阀开度,以调节 EGR 率。

⑥启动控制。柴油发动机启动控制主要包括供(喷)油量控制、供(喷)油正时控制和预热装置控制,其中供(喷)油量控制和供(喷)油正时控制与其他工况相同。

⑦巡航控制。带有巡航控制功能的柴油发动机电子控制系统,当通过巡航控制开关选定巡航控制模式后,电控单元即可根据车速信号等自动维持汽车以一定车速行驶。

⑧故障自诊断和失效保护。柴油发动机电子控制系统中也包含故障自诊断和失效保护两个子系统。柴油发动机电子控制系统出现故障时,自诊断系统将点亮仪表盘上的故障指示灯,提醒驾驶员注意,并储存故障码,检修时可通过一定的操作程序调取故障码等信息;同时失效保护系统启动相应保护程序,使柴油能够继续保持运转或强制熄火。

⑨柴油发动机与自动变速器的综合控制。在装有电控自动变速器的柴油车上,将柴油发动机控制电控单元和自动变速器控制电控单元合为一体,实现柴油发动机与自动变速器的综合控制,以改善汽车的变速性能。

2. 柴油发动机电子控制燃油喷射系统的组成

如图 5.35 所示,柴油发动机电子控制燃油喷射系统除了控制喷油量外,对喷油正时和喷油的压力都有很高的要求。柴油发动机电子控制燃油喷射系统的喷油压力较高,约 19.6 MPa。

各种柴油电子控制系统的区别在于控制功能、传感器的数量和类型、执行元件的类型、电控单元控制软件、主要电子控制元件的结构原理和安装位置,基本组成与其他电子控制系统一致,也由传感器、电控单元、执行元件三部分组成。

(1)传感器

①加速踏板位置传感器;

②反馈信号传感器;

③燃油温度传感器;

④其他传感器和信号开关。

(2)柴油发动机控制电控单元

根据各传感器输入信号和内存程序,计算出供(喷)油量和供(喷)油开始时刻,并向执行元件发出执行令信号。

四、柴油发动机电子控制燃油喷射系统的分类

①根据喷油量的控制分为位置控制式、时间控制式。

②由产生高压油的机构不同分为直列泵式、分配泵式(图 5.36,图中 VSV 指电子真空

阀)、泵喷油器式、单缸式、共轨式电子控制燃油喷射系统。

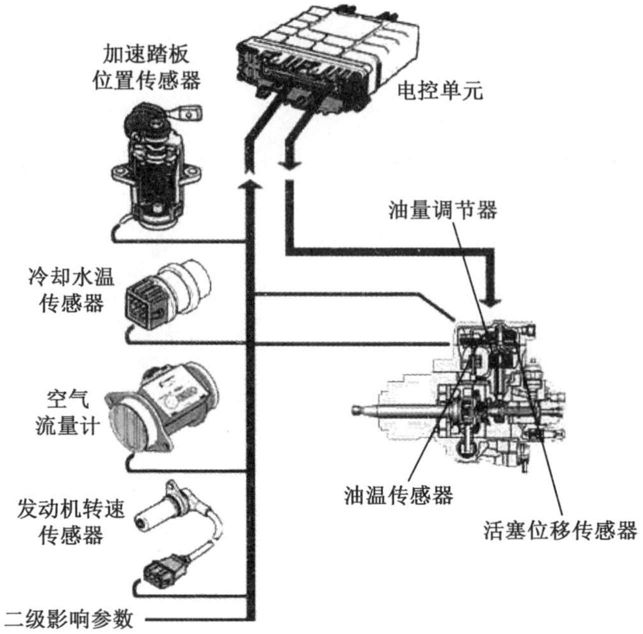

图 5.35 柴油发动机电子控制燃油喷射系统

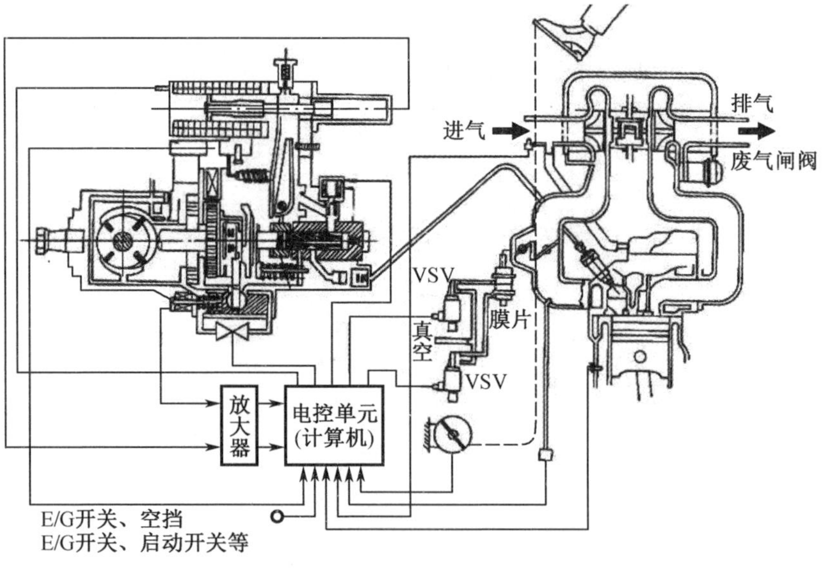

图 5.36 分配喷泵式电子控制燃油喷射系统

五、共轨式柴油发动机

共轨系统将燃油压力产生和燃油喷射分离开来,如果把单体泵柴油喷射技术比作柴油技术的革命,那么共轨式柴油发动机就可以称作“反叛”了,因为它背离了传统的柴油系统而近似于顺序汽油喷射系统。共轨系统开辟了降低柴油发动机排放和噪声的新途径。共轨式柴油发动机如图5.37所示,其具有以下特点。

图5.37　共轨式柴油发动机

1.供油系统得到精确控制

低压油泵将柴油从油箱中吸出,经过过滤提供给高压油泵,在低压泵内由电磁阀控制燃油到达高压泵室,燃油进入管形蓄压器——燃油轨道。在共轨上有压力传感器时时监测燃油压力,并将这一信号传递给电控单元,通过对流量的调节控制共轨内的燃油压力达到期望值,喷射压力根据发动机运转条件的不同从200~1 800 bar① 不等,再通过电脑控制将不同压力的柴油分别喷射到气缸中。共轨系统不但保持了燃油压力,还消除了压力波动。

燃油喷射是很复杂的机械、液压、电子系统联合作业的过程,要适应发动机各种工况下的工作环境,在燃烧之前燃油必须经过过滤和增压,在准确的时间以一定的喷射速率喷射到每一个气缸内。发动机电脑控制废气再循环、增压、排气后处理系统,以得到最佳的发动机特性和废气排放。

2.最小排量的共轨式柴油发动机和最新一代共轨式柴油发动机

喷油器的紧凑结构使得共轨系统即使对于小排量四气门发动机也是一个实用方案。在1999年底诞生了装配三缸共轨柴油发动机的Smart,它的排量只有799 mL,最大功率为30 kW,在转速为1 800~2 800 r/min时输出最大扭矩100 N·m。

2008年,奔驰公司推出的E320上安装了第二代共轨式柴油发动机,最大功率为150 kW,转速为1 000 r/min时输出扭矩250 N·m,转速达到1 400 r/min时即可达到峰值扭矩的85%,在转速达到1 800~2 600 r/min的广阔区域内实现500 N·m的峰值扭矩。0~100 km/h的加速时间只有7.7 s,最高车速为243 km/h。综合油耗为每100 km 6.9 L,80 L的油箱使续行能力达到了1 000 km,而配有汽油发动机的E320的综合油耗是每100 km 9.9 L。

3.柴油共轨系统已开发了三代,具有强大的技术潜力

第一代共轨系统高压泵总是保持在最高压力,导致能量的浪费和很高的燃油温度。第二代共轨系统可根据发动机需求而改变输出压力,并具有预喷射和后喷射功能。预喷射降低了发动机噪声,在主喷射之前百万分之一秒内,少量的燃油被喷进了气缸压燃,预加热燃

---

① 1 bar = 10^5 Pa

烧室。预热后的气缸使主喷射后的压燃更加容易，缸内的压力和温度不再突然地增加，有利于降低燃烧噪声。在膨胀过程中进行后喷射，产生二次燃烧，将缸内温度增加 200 ~ 250 ℃，降低了排气中的碳氢化合物。

由于其强大的技术潜力，今天各制造商已经把目光聚焦在了共轨系统第三代——压电式共轨系统。这种系统中压电执行器取替了电磁阀，得到了更加精确的喷射控制；取消了回油管，在结构上更简单；压力在 200 ~ 2 000 bar 弹性调节；最小喷射量可控制在 0.5 mm^3，减小了烟度和 NO_x 的排放。

任务 5.5 柴油发动机燃料供给系统的维修

一、柴油发动机启动困难维修

柴油发动机启动困难或者无法启动，可按照以下步骤查找故障原因。

①低压油路故障(图 5.38)。

②高压油路故障(图 5.39)。

③无法启动、排白烟故障(图 5.40)。

④不能启动、排黑烟故障(图 5.41)。

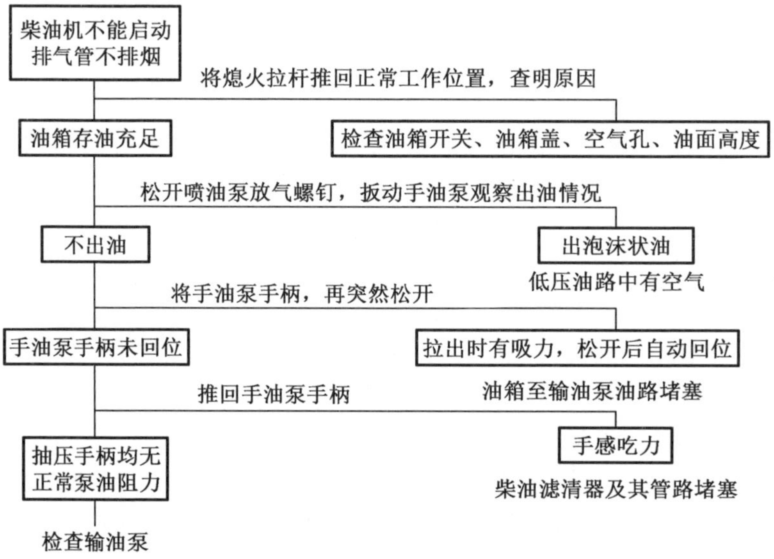

图 5.38 低压油路故障诊断与步骤

二、柴油发动机功率不足故障诊断

柴油发动机功率不足，可按照以下步骤查找故障原因。

①柴油发动机运转均匀，但无高速且排烟少故障诊断与步骤(图 5.42)。

②柴油发动机运转不均匀，排气管排白烟故障诊断与步骤(图 5.43)。

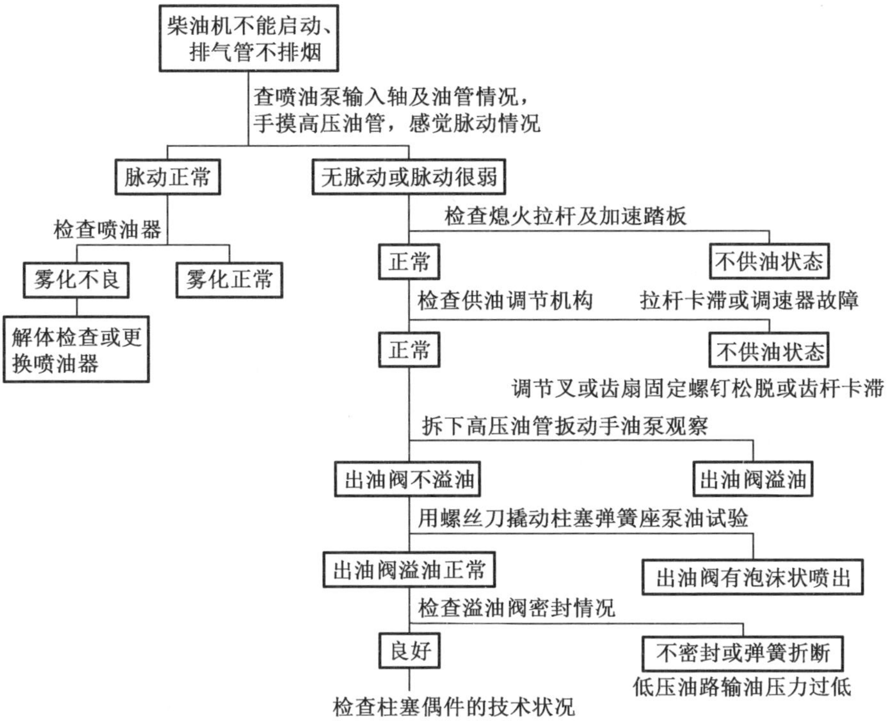

图 5.39　高压油路故障诊断与步骤

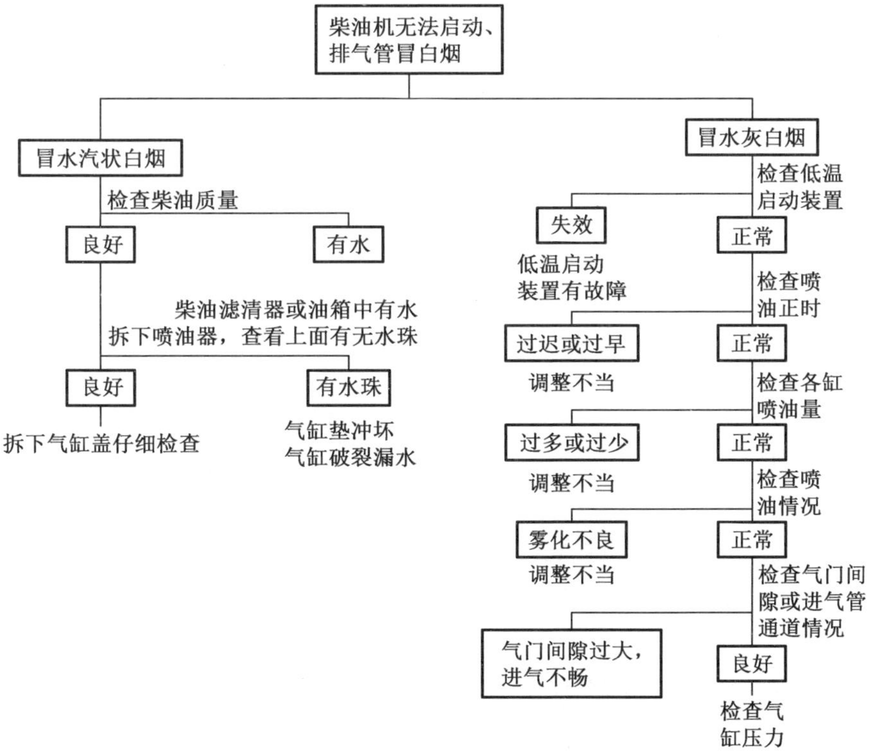

图 5.40　柴油发动机无法启动、排白烟的故障诊断与步骤

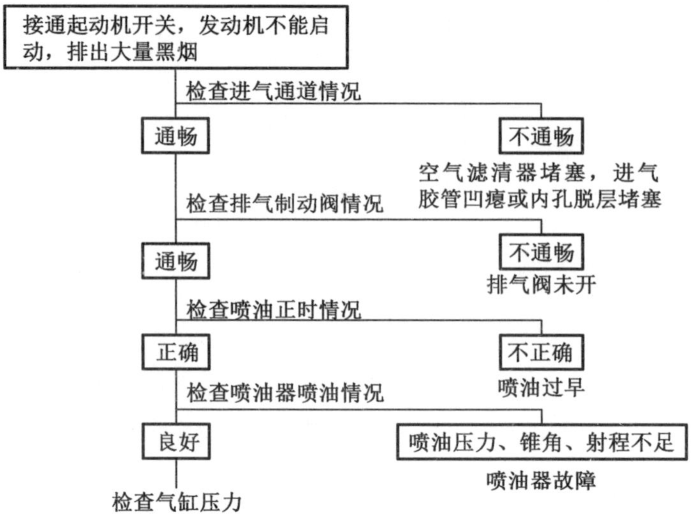

图 5.41 柴油发动机不能启动、排黑烟的故障诊断与步骤

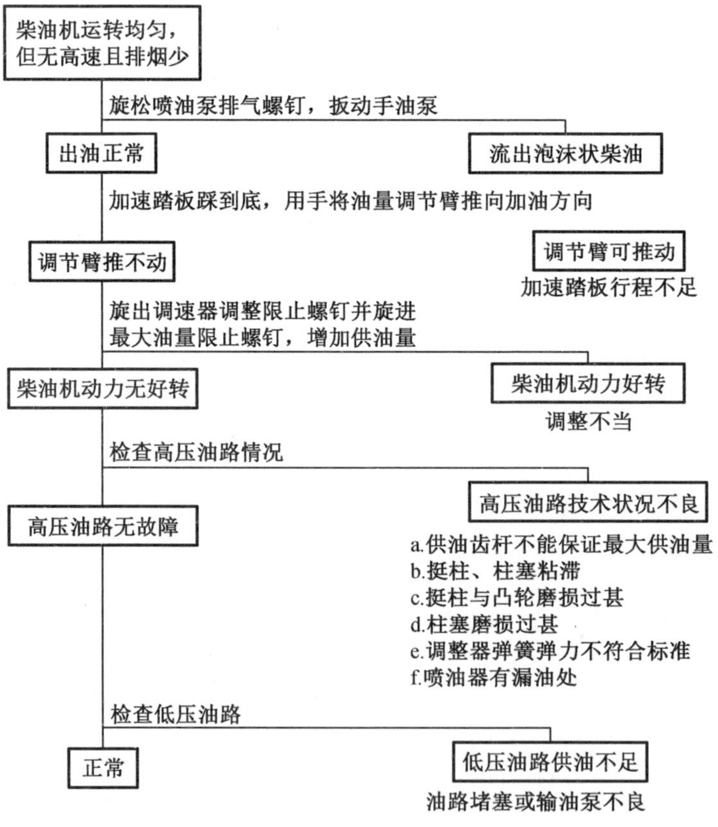

图 5.42 柴油发动机运转均匀，但无高速且排烟少的故障诊断与步骤

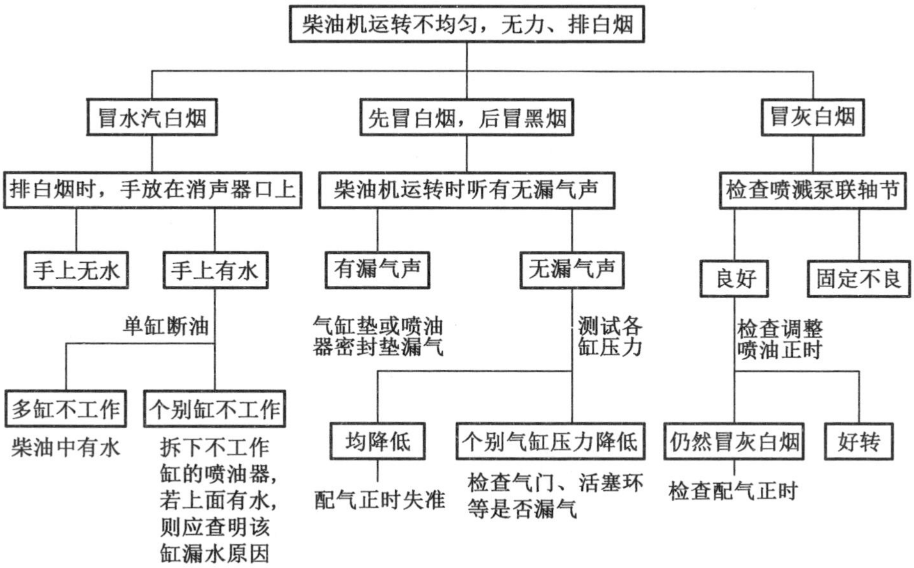

图5.43　柴油发动机运转不均匀、排气管排白烟故障的诊断与步骤

三、游车故障诊断

柴油发动机出现游车故障时，可按照图5.44所示的步骤查找故障原因。

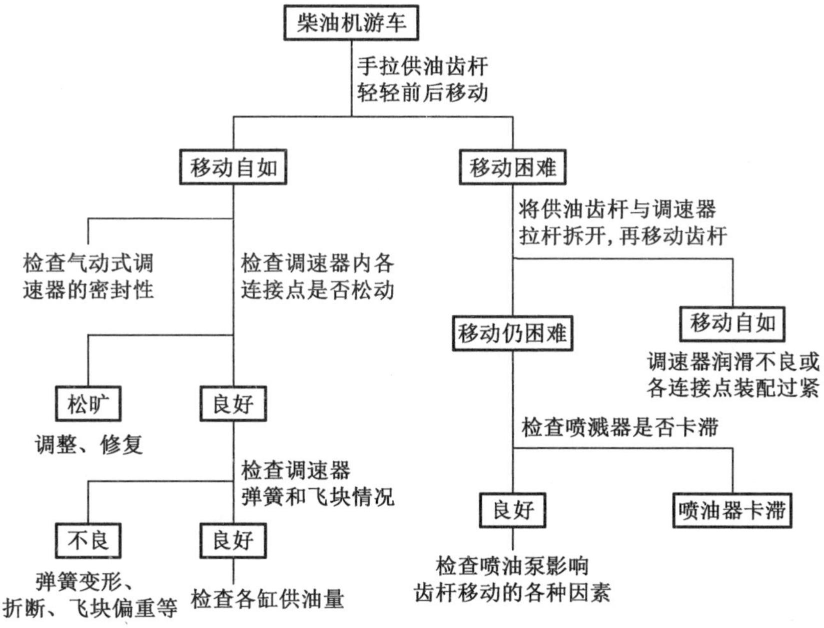

图5.44　柴油发动机游车故障的诊断与步骤

四、柴油发动机工作粗暴维修

柴油发动机工作粗暴，可按照图 5.45 所示的步骤查找故障原因。

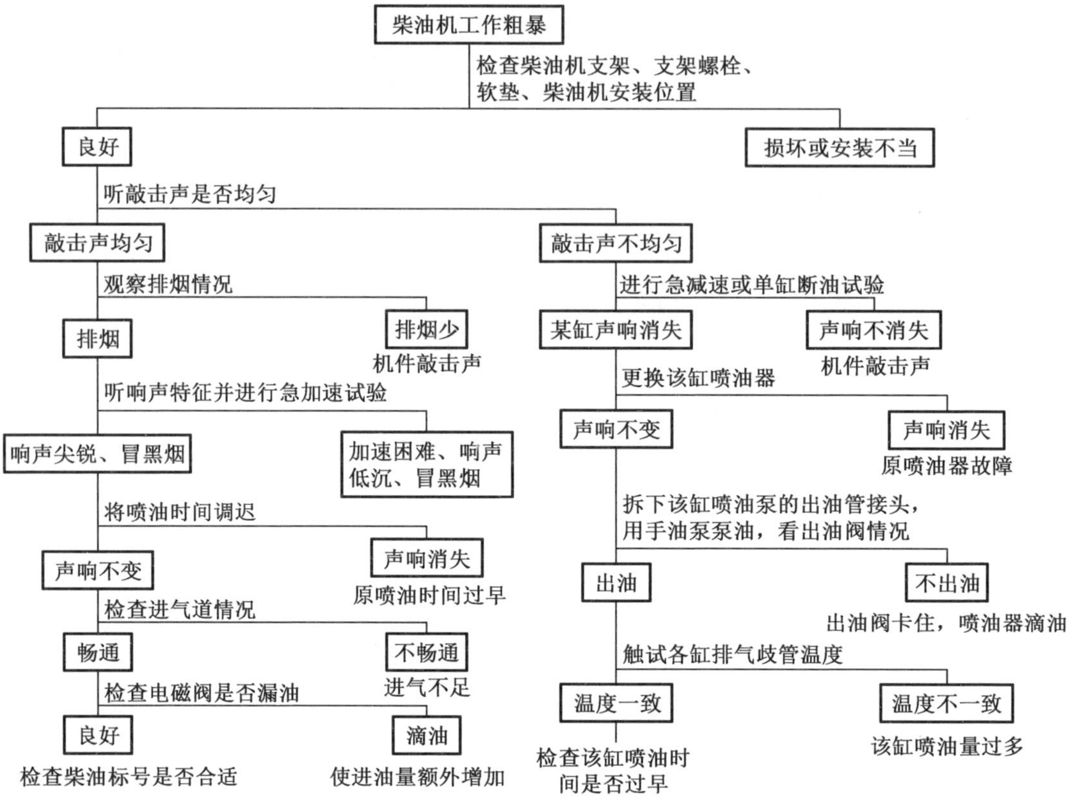

图 5.45 柴油发动机工作粗暴的诊断与步骤

五、柴油发动机飞车维修

1. 故障现象

柴油发动机转速失控，突然超过额定转速，减小油门、拉回熄火拉杆转速仍不能控制，伴有强烈振动、噪声和浓烟。

2. 故障原因

喷油泵油量调节机构脱开；加速踏板拉杆或油量调节机构卡滞；柱塞弹簧折断或柱塞卡在高速位置；调速器高速限位螺钉或最大供油量调整不当；调速器内润滑油过多；调速器杠杆、销子脱落或飞块销轴断裂，飞块甩脱；飞块的质量不等或飞块压力轴承损坏；调速器弹簧折断或弹力下降。

3. 故障诊断与排除

当柴油发动机发生飞车后应迅速采取紧急措施使柴油发动机停止运转。主要措施有：迅速放松加速踏板、将熄火拉杆拉回到停车位置；将减压手柄拉到减压位置；关闭排气制动阀门，使柴油发动机制动熄火或挂上挡踩刹车起步，强制柴油发动机熄火；堵住进气管，切断空气进入气缸通道；松开喷油泵上各缸高压油管接头或松开喷油泵进油管接头，切断油路。

六、柴油发动机供给系统的维护

1. 柴油的净化

加注前充分沉淀；加注时严格过滤；定期检查、清洗、更换柴油滤清器。

2. 低压油路的维护

低压油路漏油、进气，导致柴油发动机供油不足或供油中断、难以启动、运转不稳、功率下降或停车熄火。应定期目检低压油管和供油部件是否有泄漏，低压油路一旦进气，应及时排除。

3. 喷油泵的维护

喷油泵的维护主要是外部清洁，定期检查、补充润滑油；检查、校紧喷油泵与柴油发动机连接；根据需要检查、校验喷油正时、雾化质量。维护时，不要随意调整喷油泵后盖加铅封的调整螺钉，以免造成油泵损坏等事故。

4. 柴油滤清器的维护

可重复使用的柴油滤清器，按说明书定期清洗，汽车长期在尘土飞扬的环境中运行时，应缩短滤清器维护周期；滤芯若有破损，应及时更换。

七、喷油器的检修

1. 针阀偶件检验

密封性、喷雾质量、滑动性和外观检验。

(1)密封性检验(图5.46)

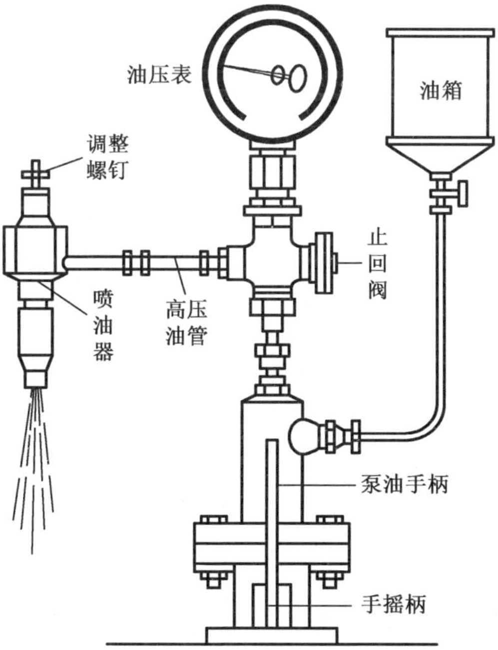

图5.46　密封性检验

将喷油压力调至标准值以上。测量油压从 20 MPa 降至 18 MPa，时间 9～12 s；否则针阀偶件密封性变差。

(2)喷雾质量检验

喷油压力为标准值，以每分钟 60～70 次泵油。喷油响声应清脆有力、油雾细密均匀、无油滴、无飞溅；断油干脆、无后滴；雾锥、射程应符合要求。

(3)表面直观检验

密封锥面无烧蚀、变形和积炭，针阀偶件不得有锈迹、划痕、裂纹，喷孔不得有烧蚀或堵塞现象。

(4)滑动性试验

针阀偶件洗净后倾斜 45°放置，将针阀从针阀体中抽出约 1/3，松手后针阀因自重能缓缓滑入阀体内，无任何卡滞现象。

2. 针阀偶件的修复

针阀偶件有卡滞现象或密封锥面密封不严，可配对研磨修复；阀体上端面出现锈蚀或划痕，可在平面玻璃板上涂上研磨膏研磨；喷油孔堵塞，先将偶件浸透，用细铜丝等软材料疏通；导向圆柱面磨损、针阀偶件有裂纹及其他严重损伤时，均应更换偶件。

3. 喷油器其他零件的检修

喷油器体破裂，调压弹簧弹力下降、变形或折断，顶杆弯曲变形等，均应更换新件。更换后，检验喷油器密封性，调整喷油压力、喷雾质量。

八、喷油泵和调速器的检修

1. 喷油泵的解体

①喷油泵拆卸解体之前，用柴油彻底清洗外部。

②尽量使用专用工具。

③泵体水平放置，拆卸上泵体，注意保护上、下泵体接合面，不得磕碰。

④零件按顺序放置，避免磕碰，绝对不允许互换。

⑤对有装配位置要求的零件，应标明原装配位置，以防装配时错位。

⑥拆卸调速器驱动轴套时，应使用专用工具，不可敲打，以免损坏。

⑦凸轮表面无磨损时，不必拆卸凸轮轴。如需拆卸，应保护轴承配合面，记下凸轮轴两端垫片数或总厚度，供装配时参考。

2. 输油泵的检修

①泵体的检修。泵体出现裂纹，挺柱总成、推杆、油泵活塞及手泵活塞等承孔磨损严重，应更换。止回阀座出现磨损、凹痕或腐蚀斑点，可修磨更换新件。

②柱塞弹簧、止回阀弹簧出现裂纹、变形、折断或弹力明显减弱，均应更换新件。

3. 喷油泵的装配及注意事项

①装配前必须注意零件的清洁。

②柱塞套装入上泵体时，定位槽应对准定位螺孔。拧入定位螺钉时，应注意垫片厚度。垫片过厚，定位螺钉不能进入定位槽；垫片过薄，定位螺钉顶住柱塞套，引起柱塞卡滞。垫片要求是：拧紧定位螺钉，柱塞套有微量转动和上下移动。

③出油阀紧固，应分几次拧紧至规定扭矩。检查柱塞转动是否灵活。

④柱塞弹簧下座不可装反或歪斜。

⑤泵体倾斜45°,供油拉杆能借自重下滑(未连接调速器传动板时)。

⑥滚轮体工作高度应符合规定,各缸滚轮体的高度偏差不大于0.02 mm。滚轮体导向螺钉务必拧紧,防止导向螺钉松脱、滚轮体转位而造成事故。

⑦装合上、下泵体时,注意调整垫块不得落下;柱塞调节臂对准调节叉槽口。上、下泵体合装后,拧紧螺母时,必须对角均匀拧紧。

⑧喷油泵装配完毕后,检查在凸轮最大升程时柱塞顶部余隙不小于0.3 mm。

⑨输油泵推杆倒角大的一端应朝向输油泵活塞,不得装反。

⑩调速器传动盘、推力盘工作表面应无沟痕。钢球在球座内、球座在圆盘支架、推力盘在驱动轴套上,应滑动自如,不允许有阻滞和旷动。

⑪供油拉杆与传动板连接螺母应拧到拉杆直径为7.8 mm的一段,以免传动板卡在供油拉杆的台肩上。

⑫应按技术要求对弹簧进行检验,不合格时须更换。

九、柴油发动机供给系统的调试

喷油泵及调速器经检修装复,应在喷油泵试验台上进行调试。检查调整项目包括柱塞预行程、齿杆行程、转速、供油量、供油间隔角等。

1. 喷油泵总成调试前的准备工作

①用夹具将喷油泵固定在试验台上,油泵前端与试验台传动轴的联轴器连接,根据油泵类型、结构尺寸,选用合适垫块,调整油泵凸轮轴与试验台传动轴的同轴度。连接油泵与试验台油管,检查补足油泵润滑油。

②启动试验台,使输油泵向油泵供油,调整试验台低压油压力至160 kPa,排除低压油腔中的空气。

拧松标准喷油器上放气螺钉,将转速逐渐增加到400 r/min左右。转动操纵臂至最大供油位置运转3 ~5 min后停机。

试运转过程中,运转应平顺,无异响,操纵臂及供油拉杆移动自如,管路接头无渗漏,凸轮轴轴承温度正常。若有异常,须排除后才能进行油泵调试。

2. 喷油正时的就车检查与校正

(1)喷油泵装车

喷油泵经解体、调试、在装车后启动前,为保证喷油正时,须校对喷油正时。以喷油泵与柴油发动机用联轴节安装连接方式为例。

①喷油泵装车前,找准第一缸开始喷油位置。

②将喷油泵固定在柴油发动机上,先不连接高压油管及油泵主从动联轴节。

③顺着喷油泵旋向缓慢转动油泵凸轮轴,观察第一缸高压油管接头口油平面;油面刚开始波动,即为第一缸分泵开始喷油时刻。

④确保油泵轴位置不变,连接主、从联轴节(中间凸缘盘紧固螺钉应在主动盘弧形槽中间)。

(2)喷油正时的检查、调整

①原则。配气正时,喷油泵驱动齿轮安装正确。

②原理。改变柱塞顶封闭进油孔——滚轮体与油泵凸轮凸起接触时刻。

③方法。因喷油泵结构、与发动机连接方式而异。

a. 转动泵体法。拧松喷油泵壳体上与柴油发动机的紧固螺钉，顺着油泵凸轮轴旋向转动泵体，喷油时间延迟，逆着凸轮轴旋向转动泵体，喷油时间提前。

b. 转动泵轴法。松开从动联轴节与中间凸缘紧定螺钉，顺着凸轮轴旋向转动油泵凸轮轴，喷油时间提前；反之，喷油时间延迟。

c. 升降泵体法。单缸柴油发动机，先应松开油泵与柴油发动机安装螺母，取出喷油泵，增加油泵与柴油发动机间的垫片，喷油时间延迟；反之，喷油时间提前。调整后拧紧安装螺钉，启动柴油发动机，检查柴油发动机在喷油提前角改变前后的性能变化，直至符合要求。

【项目小结】

本项目详细介绍了柴油发动机燃料供给系统的组成和工作原理、柴油及混合气的形成、柴油发动机燃料供给系统主要零部件的构造，重点分析了电子控制柴油喷射系统的工作原理，及柴油发动机燃料供给系统的维修。通过本项目的学习，学生能了解柴油发动机的功用和组成及电子控制柴油喷射系统的原理，掌握喷油正时调整的技能。

【项目测试】

一、简答题

1. 柴油发动机燃料供给系统的组成有哪些？
2. 柴油发动机燃烧室的分类及各自的特点是什么？
3. 柱塞式喷油泵的工作原理是什么？
4. 油量调节机构的作用是什么？
5. 调速器的作用是什么？
6. 喷油器的功用有哪些？

项目6　点火系统的结构与检修

【项目描述】

点火系统是汽油发动机重要的组成部分，点火系统的性能对发动机的功率、油耗和排气污染等影响很大。本项目主要有两个学习任务：

任务6.1 点火系统的结构；

任务6.2 点火系统的检修。

【项目目标】

● 知识目标

1. 了解点火系统的作用与组成；熟悉传统点火系统的主要零部件的构造及工作原理。
2. 掌握分电器的拆装和总成试验方法；掌握分电器主要零件的检修工艺及标准。
3. 掌握火花塞的清洁、检验方法和正确选用知识；掌握点火开关、点火线圈、高压线等零部件的检验方法及判定标准。
4. 熟悉点火提前角的意义；掌握点火正时的检测和调整方法。
5. 了解电子点火系统的类别、熟悉电子点火系统主要零部件的构造。
6. 掌握点火系统主要零部件的拆装注意事项、检修方法及标准。
7. 掌握传统点火系统、电子点火系统故障的诊断思路、诊断结果分析和排除方法、步骤。

● 能力目标

1. 了解点火系统的各个结构组成。
2. 掌握点火系统的检修参数及修理办法。

● 素质目标

1. 培养学生严谨的工作态度。
2. 培养学生的创新意识及获取新知识的能力。
3. 培养学生分析、解决问题的能力。

任务6.1 点火系统的结构及故障诊断

一、点火系统的结构特点

点火系统主要部件的车上布置如图6.1所示。该车采用微机控制点火系统，主要由点火线圈、点火器、分电器、火花塞及ECM等组成。

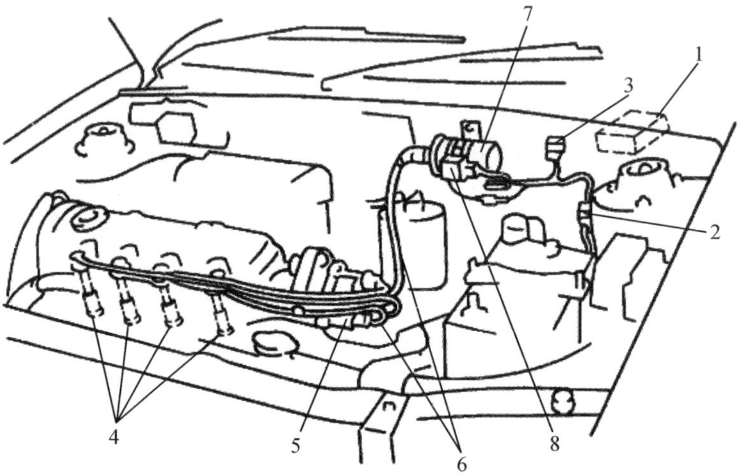

1—ECM;2—抑噪器;3—监控连接器;4—火花塞;5—分电器;
6—高压阻尼线;7—点火线圈;8—点火器。

图6.1 点火系统主要部件的车上布置

点火系统电路如图6.2所示。发动机运行时，ECU不断地采集发动机的转速、负荷、冷却水温度、进气温度等信号，并根据存储器ROM中存储的有关程序与有关数据，确定出该工况下最佳点火提前角和初级电路的最佳导通角，并以此向点火控制模块发出指令。

点火控制模块根据ECU的点火指令，控制点火线圈初级回路的导通和截止。当电路导通时，有电流从点火线圈中的初级线圈通过，点火线圈此时将点火能量以磁场的形式储存起来。当初级线圈中电流被切断时，在其次级线圈中将产生很高的感应电动势，经分电器送至工作气缸的火花塞，点火能量被瞬间释放，并迅速点燃气缸内的混合气，发动机完成做功过程。

二、点火系统的故障诊断与排除

点火系统的故障诊断与排除见表6.1。

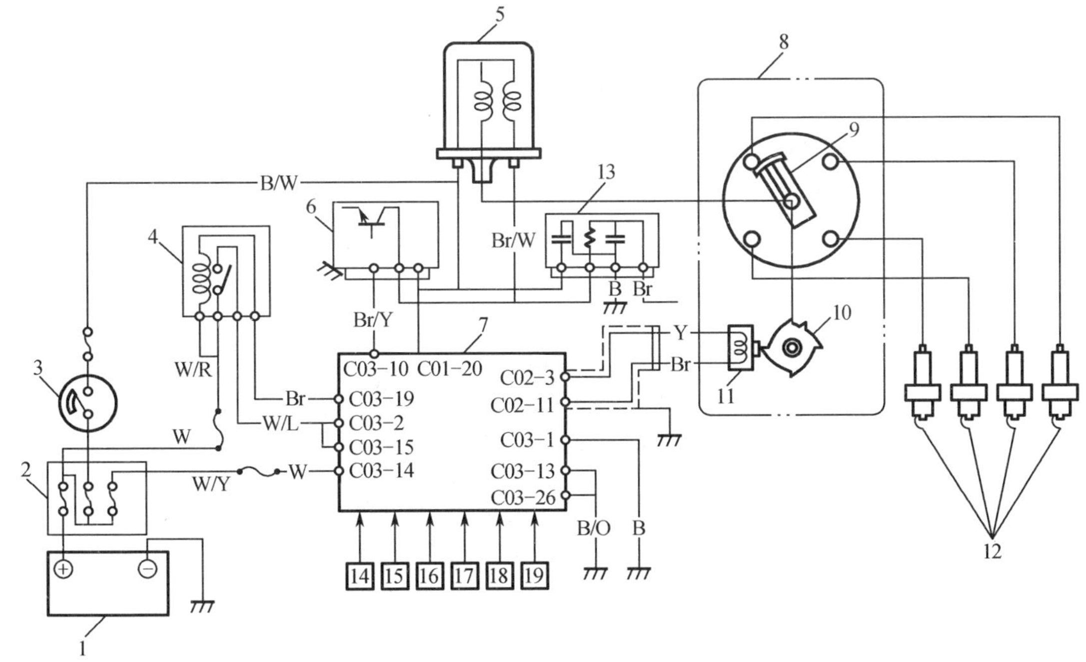

1—蓄电池;2—熔丝盒;3—点火开关;4—主继电器;5—点火线圈;6—点火器;7—ECM;8—分电器;9—分电器分火头;10—信号盘;11—CMP 凸轮轴位置传感器;12—火花塞;13—抑噪器。

图 6.2　点火系统电路

表 6.1　点火系统故障的诊断与排除

故障现象	故障原因	故障排除
发动机不能启动或启动困难	点火线圈的熔丝熔断; 引出线或高压阻尼线连接松动或未连接; 高压阻尼线故障; 火花塞故障; 分电器盖或转子破裂; 信号转子空气间隙失调; 点火线圈故障; 抑噪器故障; 凸轮轴位置传感器故障; 点火器故障; ECM 故障; 点火正时失调	更换 紧固或连接 更换 调整、清洗或更换 更换 调整 更换 更换 更换 更换 更换 调整
燃油经济性差或发动机性能不良	点火正时不正确; 火花塞或高压阻尼线故障; ECM 故障	调整 调整、清洗或更换 更换

任务 6.2 点火系统的检修

一、点火系统的检修

1. 火花塞火花测试

①从所有喷油器上拔下喷油器连接器,见图 6.3。

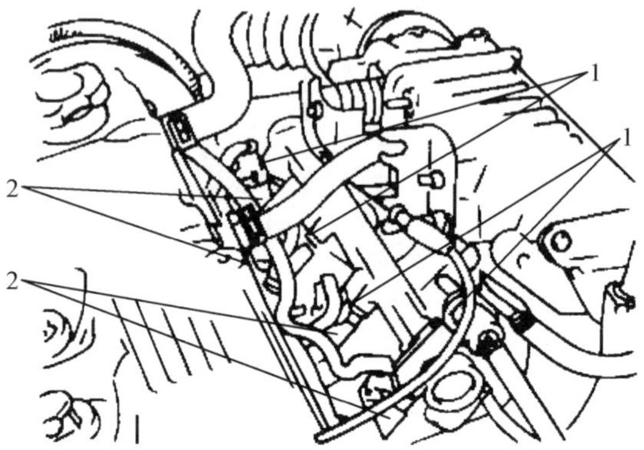

1—喷油器连接器;2—喷油器。

图 6.3 拔下喷油器连接器

②从所有火花塞上拆下高压线。

③拆下火花塞,将高压线接到火花塞上,然后将火花塞搭铁。

④启动发动机,检查每个火花塞是否都发出火花。

⑤如果没有火花产生,检查高压线、火花塞、点火线圈、分电器、点火器及相关元件。

2. 检查高压线

①拆下高压线,见图 6.4。

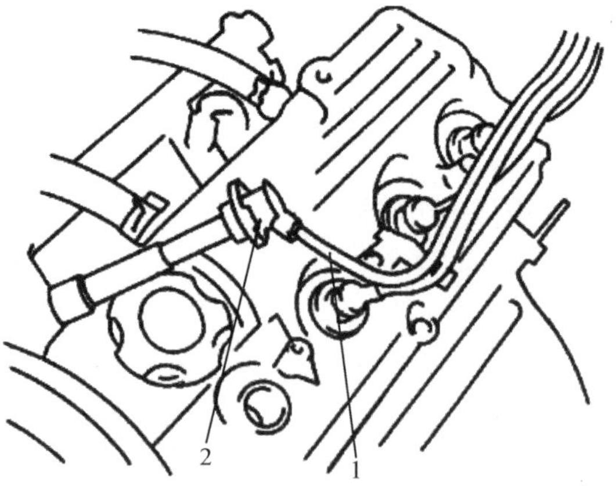

1—高压线;2—高压线盖帽。

图 6.4 拆下高压线

②用欧姆表测量高压线的电阻值(图6.5),Z－7E型为每米7 kΩ,Z－16E型为每米16 kΩ。

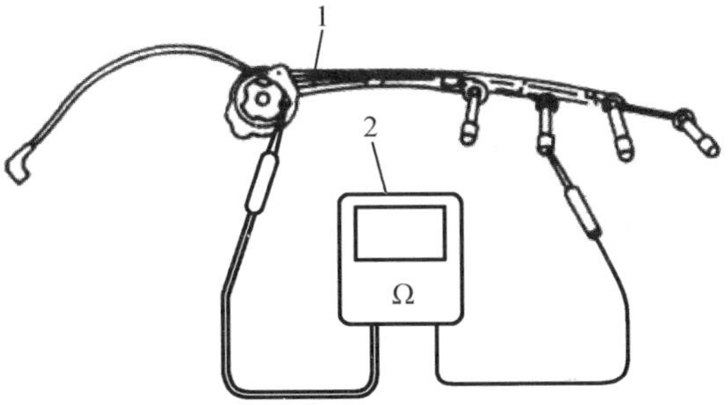

1—高压线;2—欧姆表。

图6.5　测量高压线的电阻值

③若检测结果不符合要求,检查分电器端子。如有必要,更换高压线和(或)分电器盖。

3. 检查火花塞

①拆下火花塞。

②检查火花塞电极是否磨损、积炭,绝缘体是否损坏。

③若发现不正常,应调整火花塞电极间隙,其标准值为0.7～0.8 mm。用火花塞清洗剂清洗火花塞或用相应规格的新火花塞更换。火花塞规格:NGK BKR6E、DENSOK20PR－U。

4. 检查抑噪器

①拆除抑噪器,见图6.6。

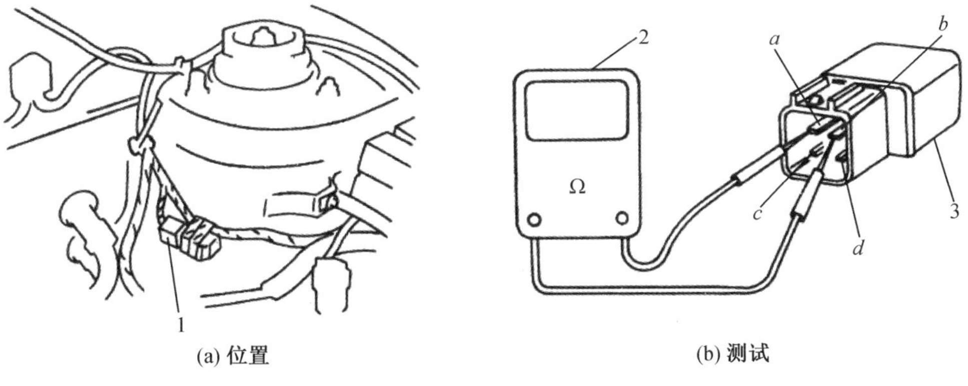

1—连接器;2—欧姆表;3—抑制器;*a*、*b*、*c*、*d*—端子。

图6.6　拆除抑噪器

②用欧姆表测试抑噪器连接器端子间的导通性:端子*a*与*b*应不导通,端子*a*与*c*应不导通,端子*c*与*d*应导通(约2.2 kΩ)。

5. 检查点火器

①拔下点火器连接器,见图6.7。

②从点火线圈上拆下点火器。

③将灯泡接到点火器的端子*c*和蓄电池正极接柱,蓄电池负极接至点火器安装支耳,再将蓄电池正极接至点火器端子*b*。此时灯泡应不亮。

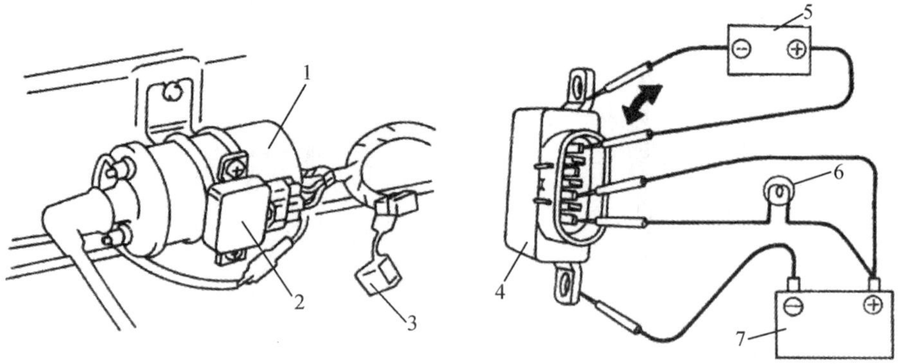

(a) 拆卸点火器　　(b) 测试点火器

1—点火线圈;2、4—点火器;3—连接器;5—串联的三节电池;6—灯泡;7—蓄电池。

图 6.7　检查点火器

④将三节 1.5 V 的电池串联后负极接到触发器的安装支耳,正极接到点火器的端子 a,灯泡应点亮;否则,更换点火器。

6. 检查点火线圈

①握住高压线盖,从点火线圈上拆下高压线。

②拔下点火线圈连接器。

③如图 6.8 所示测试点火线圈电阻值(20 ℃时),初级线圈为 1.33 ~ 1.63 Ω,次级线圈为10.7 ~ 14.5 kΩ。

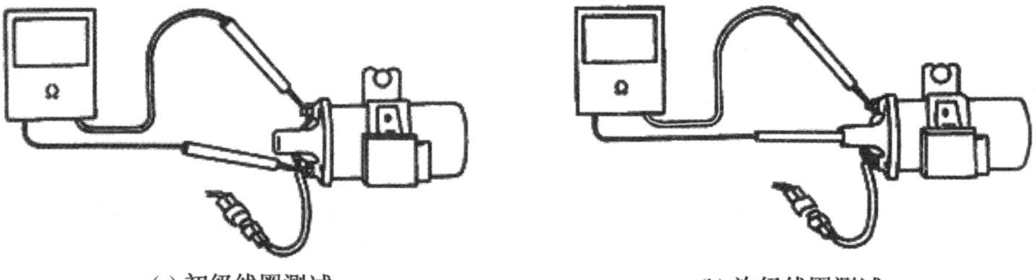

(a) 初级线圈测试　　(b) 次级线圈测试

图 6.8　测试点火线圈电阻值

7. 检查分电器

①检查分电器盖和信号盘是否破裂,其端子是否腐蚀和损坏。如必要,应更换。

②检查信号盘间隙如图 6.9 所示。

a. 拆下分电器盖和分火转子。

b. 用塞尺检测信号盘信号齿与凸轮轴位置传感器之间的间隙 a,其值应为 0.2 ~ 0.4 mm。

c. 若间隙不在规定值范围内,则松开凸轮轴位置传感器紧固螺钉,用旋具移动凸轮轴位置传感器,将间隙调至规定值。调整后拧紧紧固螺钉,并重新检测信号盘间隙。

8. 凸轮轴位置传感器的检查

①断开分电器引出线连接器,如图 6.10 所示。

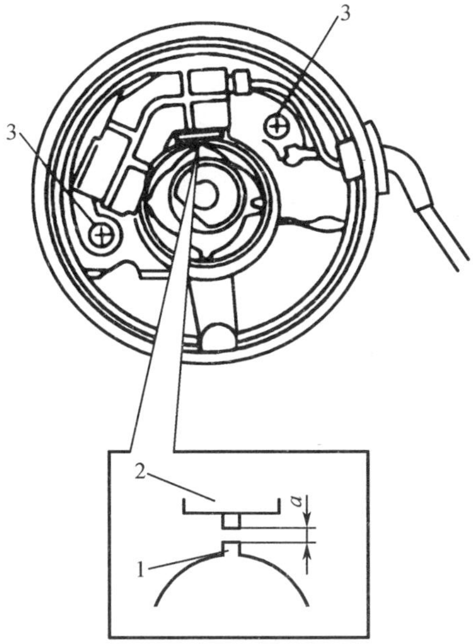

1—信号盘信号齿；
2—凸轮轴位置传感器；3—紧固螺钉。

图6.9　检查信号盘间隙

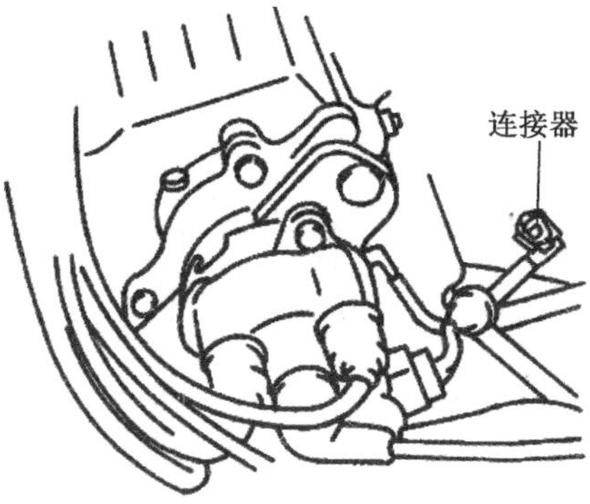

图6.10　断开连接器

②用欧姆表测凸轮轴位置传感器的电阻值：-10～50 ℃时，电阻值为185～275 Ω；50～100 ℃时，电阻值为240～325 Ω。

③若测量的电阻值不满足规定，则应更换凸轮轴位置传感器。

9. 调整点火正时

①变速器置空挡或P挡(A/T)，拉紧驻车制动器。

②使用SUZUKI诊断仪时，关闭点火开关，将SUZUKI诊断仪连接到连接器。

③启动发动机，暖机至正常温度。

④确定所有电器连接正常。

⑤检查并确定发动机怠速在规定值以内。

⑥将点火正时固定在初始位置。

a. 使用SUZUKI诊断仪时，选择SUZUKI诊断仪中的MISC模式将点火正时固定在初始位置。

b. 不使用SUZUKI诊断仪时，从连接器上拆下SUZUKI诊断仪，用短接线将监控连接器的端子D和E短接或将监控连接器的端子E与车身搭铁，如图6.11所示，即可将点火正时固定在初始位置。

⑦拆下空气滤清器，用正时灯检查点火正时，初始点火正时应为$(5\pm1)°$(上止点前)，如图6.12所示。

⑧若点火正时在规定值以外，松开凸缘螺栓，当发动机运行时转动分电器总成，以调整点火正时，如图6.13所示，然后以13 N·m的转矩拧紧螺栓，重新检查点火正时。

⑨检查和调整点火正时初始状态后，断开监控连接器的短接线以释放固定的点火正时。

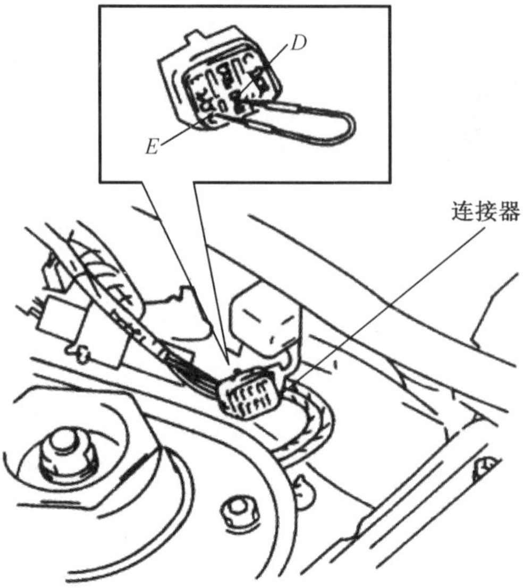

图 6.11　连接器端子 *D* 和 *E*

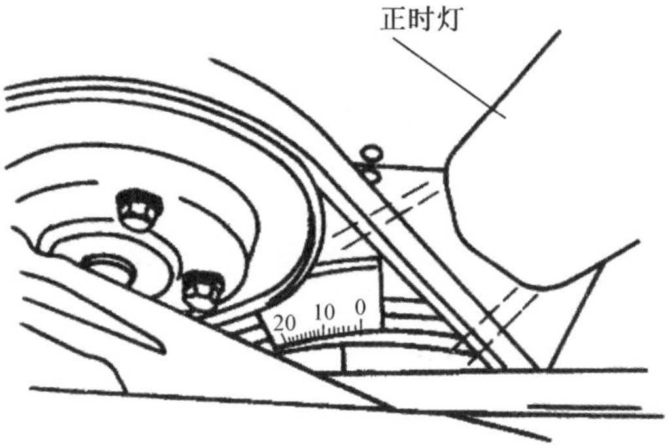

图 6.12　检查初始点火正时

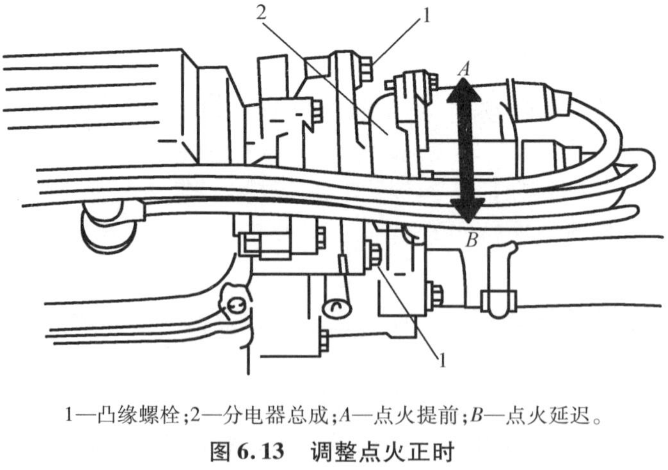

1—凸缘螺栓;2—分电器总成;*A*—点火提前;*B*—点火延迟。

图 6.13　调整点火正时

⑩发动机怠速运转(测试开关端子没有搭铁),检查点火正时是否在12°(上止点前)左右,同时检查发动机转速升高时的点火提前角。

⑪若上述检查不符合要求,检查测试开关端子及ECM。

10. 分电器组件的分解

分电器组件的分解见图6.14。

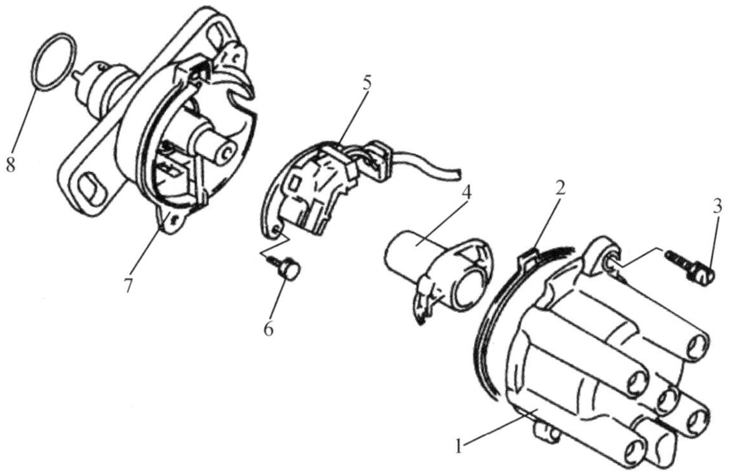

1—分电器盖;2—分电器盖密封垫;3—分电器盖安装螺钉;4—分火盘;5—CMP(凸轮轴位置)传感器;6—CMP传感器安装螺钉;7—分电器室;8—O形密封圈。

图6.14　分电器组件的分解

二、知识拓展

随着科技的发展,计算机控制点火系统已经取代了传统蓄电池点火系统和电子控制点火系统。计算机控制点火系统主要由监测发动机运行状况的传感器、处理信号和发出点火指令的电控单元ECU,对点火指令做出响应的执行器等组成,传感器大多与汽车喷射系统、怠速控制系统等电子控制系统共用,而且都有一个ECU集中控制。

在传感器输入ECU的信号中,曲轴位置信号和凸轮轴位置信号是保证ECU控制点火系统正常工作的基本信号。曲轴位置传感器向ECU提供发动机转速,曲轴转角信号,转速信号用于计算确定点火提前角,转角信号用于控制点火时刻(点火提前角)。凸轮轴位置传感器采集凸轮轴的位置信号输入ECU,以便ECU是辨别一缸压缩上止点,从而进行点火时刻控制和爆燃控制。由于凸轮轴位置传感器能够识别是哪一缸活塞即将到达上止点,所以又称为判缸传感器。曲轴位置传感器和凸轮轴位置传感器所采用的结构因车型不同而不同,有磁感应式、光电式和霍尔式三大类。目前,磁感应式传感器在汽车上的应用与日俱增。

执行器主要包括点火控制器,点火线圈以及火花塞等。点火控制器是计算机控制点火系统的功率输出,它接收ECU输出的点火控制信号并进行放大,以便驱动点火线圈工作。

【项目小结】

本项目通过对点火系统结构的介绍,让学生了解点火系统的作用与组成,熟悉传统点火系统主要零部件的构造及工作原理。通过点火系统的检修,让学生掌握分电器的拆装和总成试验方法；掌握分电器，点火开关，点火线圈、高压线主要零件的检修工艺及标准；掌握传统点火系统、电子点火系统故障诊断思路，诊断结果分析和排除方法、步骤。

【项目测试】

一、填空题

1. 汽油发动机点火系按其组成和产生高压电的方式不同可分为________、________、________和________。

2. 按磁路结构形式的不同，点火线圈一般分为________式和________式两种。

3. 配电器由________和________组成。

4. 国产汽车用高压导线有________和________两种。

5. 将万用表两表笔分别接每条高压线的两端，测量其电阻值，一般来说，应不大于________。

6. 低压电路断路时，打开点火开关，电流表指________或小于正常放电值不摆动。

7. 磁感应式电子点火系统又称为磁脉冲式电子点火系统，由________、________和________等部件组成。

8. 霍尔式点火信号传感器主要由________和________组成。

9. 点火控制器除有点火控制功能外，还有________、________、________和________等功能。

10. 光电式传感器主要由________、________和________三部分组成。

二、判断题（正确的打"√"，错误的打"×"）

1. 电容器安装在分电器的外壳上，它与断电器触点串联。 （ ）

2. 火花塞将高压电引入燃烧室，产生电火花点燃混合气。 （ ）

3. 如果火花塞上有积炭、积油等时，可以用砂纸打磨。 （ ）

4. 应用专用工具扳动侧电极来调整，不能扳动或敲击中心电极。 （ ）

5. 打开点火开关，摇转曲轴或启动发动机，电流表指针指示 5 ~7 A 放电位置不动，表明低压电路短路。 （ ）

三、简答题

1. 如何用试灯法检测点火线圈初级绕组？

2. 如何清洁火花塞？

3. 如何检测点火控制器？

4. 简要叙述电子控制点火系统的工作原理。

6. 如何选用火花塞？

项目7 润滑系统的构造与维修

【项目描述】

发动机工作时，相对运动的零件表面(如曲轴与轴承、活塞与气缸壁、正时齿轮副等)之间必然会产生摩擦，摩擦使零件表面迅速磨损，而且由于摩擦产生的热量可能导致零件表面烧蚀，致使发动机无法正常运转，同时零件表面之间的摩擦还会增大发动机内部的功率消耗。因此，为保证发动机正常工作，必须对相对运动的零件表面加以润滑。发动机的润滑是由润滑系统来实现的。本项目主要有两个学习任务：

任务7.1 发动机润滑系统的认识；

任务7.2 润滑系统的构造与维护。

【项目目标】

● 知识目标

1. 了解发动机润滑系统的作用、组成和润滑方式；熟悉各种发动机的润滑油路走向。

2. 熟悉齿轮泵、转子泵的构造；掌握机油泵的拆装、试验，其主要零件的检验与修理工艺。

3. 熟悉机油集滤器、粗滤器、细滤器的结构；掌握其检修、更换工艺。

4. 了解机油冷却器结构，熟悉其检查方法；熟悉曲轴箱通风装置的作用，掌握其检查与清洗方法。

5. 掌握发动机润滑系统常见故障的判断与排除方法。

● 能力目标

1. 能够进行润滑系统一、二级维护作业。

2. 会进行润滑系统常见故障的诊断和维修。

● 素质目标

1. 培养学生严谨的工作态度。

2. 培养学生的创新意识及获取新知识的能力。

3. 培养学生分析、解决问题的能力。

任务 7.1 发动机润滑系统的认识

一、润滑系统的基础知识

1. 润滑系统的功用

润滑系统的功用就是在发动机工作时连续不断地把数量足够的洁净润滑油输送到全部传动件的摩擦表面,并在摩擦表面之间形成油膜,实现液体摩擦,从而减小摩擦阻力、降低功率损耗、减轻机件磨损,以达到提高发动机工作可靠性和耐久性的目的。润滑系统的具体功用可归纳为以下七个方面。

①润滑功用。润滑油可实现润滑运动零件表面,实现液体摩擦,减小零件的摩擦阻力和磨损、降低发动机的摩擦功率损失。

②清洗功用。润滑油在润滑系统内不断循环,清洗摩擦表面,带走磨屑和其他异物。

③冷却功用。润滑油在润滑系统内循环带走零件摩擦产生的热量,起到冷却作用,使零件温度不致过高。

④密封功用。润滑油在运动零件之间形成油膜,提高零件的密封性,有利于防止漏气或漏油。

⑤防锈蚀功用。润滑油在零件表面形成油膜,对零件表面起保护作用,防止零件与水分、空气及燃气接触而发生氧化和锈蚀。

⑥液压功用。润滑油可用作液压油,起液压作用,如液压挺柱。

⑦减振缓冲功用。润滑油可在运动零件表面形成油膜,利用润滑油膜的不可压缩性,缓解配合件之间的冲击并减小振动,起减振缓冲作用。

2. 润滑方式

①压力润滑。压力润滑利用机油泵,将具有一定压力的润滑油源源不断地送往摩擦表面的间隙中。这种方式主要应用于负荷大,运动速度高的零件,例如在曲轴主轴承、连杆轴承及凸轮轴轴承、摇臂等处形成油膜以保证润滑。

②飞溅润滑。飞溅润滑利用发动机工作时运动零件飞溅起来的油滴或油雾来润滑摩擦表面的润滑方式称为飞溅润滑。这种方式主要应用于裸露在外的承受载荷较轻的零件(如气缸壁),相对滑动速度较小的零件(例如,活塞销及配气机构的凸轮表面、挺柱等)得到润滑。

③定期润滑(不属于润滑系统)。对于负荷较小的发动机辅助装置则只需要定期、定量加注润滑脂进行润滑。这种方式主要应用于辅助机件,例如水泵、发电机轴承与汽车底盘等。定期润滑不属于润滑系统的工作范畴。近年来,在发动机上采用含有耐磨润滑材料(如尼龙、二硫化钼等)的轴承来代替加注润滑脂的轴承。

一般的汽车发动机都同时采用两种以上的润滑方式,称为复合式润滑。

3. 滤清方式

汽车发动机润滑系统一般设有润滑滤清装置,润滑油滤清方式通常有三种形式:全流式、分流式与并用式,如图 7.1 所示。

①全流式。这种方式的滤清器与主油道串联。从机油泵压送出的油全部经过滤清器供给各个摩擦部位,润滑油起到较好的清洁作用。若滤清器被堵塞,就会出现润滑不良的

后果,因此和滤清器并联一个旁通阀,在滤清器被堵塞的情况下,润滑油可绕过滤清器向各摩擦部位供油。丰田、标致、桑塔纳及奥迪汽车在发动机润滑系统上采用了全流式滤清方式。

②分流式。这种方式的滤清器与主油道并联。该方式仅将油路中的一部分油滤清。

③并用式。这种方式采用两个滤清器,分别与主油道串、并联。该方式就是将全流式与分流式合起来使用。

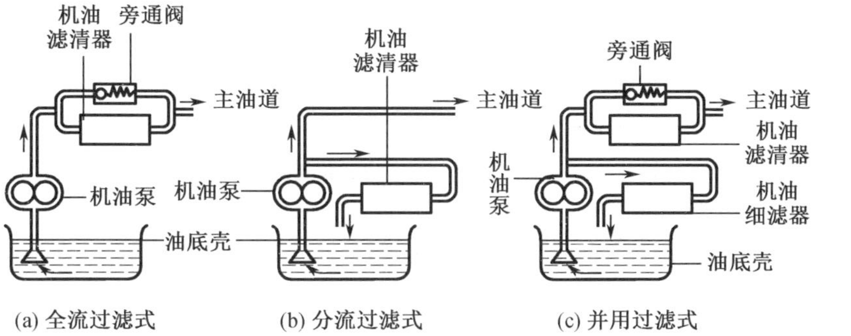

图 7.1　润滑系统机油滤清的方式

4. 润滑系统的组成

润滑系统一般由机油泵、油底壳、润滑油道、润滑油管、机油滤清器、阀类、机油散热器、机油压力表、温度表、机油标尺等组成,如图 7.2 所示。

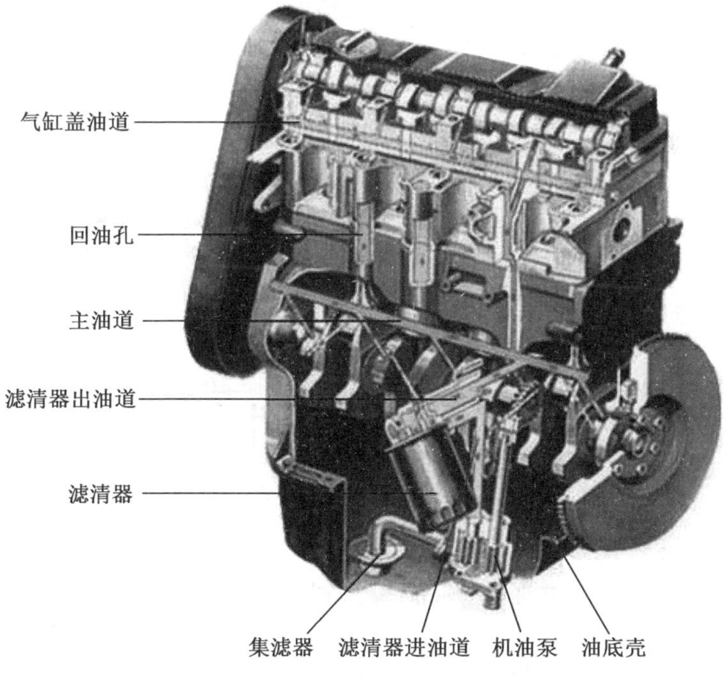

图 7.2　润滑系统的组成结构图

①机油泵。机油泵可保证润滑油在润滑系统内循环流动,并在发动机任何转速下都能以足够高的压力向润滑部位输送足够数量的润滑油。

②油底壳。油底壳是存储润滑油的容器,一般位于曲轴箱下。

③机油滤清器。机油滤清器由集滤器、粗滤器和细滤器组成,用来滤除润滑油中的金属磨屑,机械杂质和润滑油氧化物。这些杂质若随同润滑油进入润滑油路,必将加剧发动机零件的磨损,甚至可能堵塞油管或油道,无法进行发动机润滑。

④主油道。主油道直接在缸体与缸盖上铸出,向各润滑部位输出润滑油。

⑤机油冷却器。在热负荷较高的发动机上装备有机油冷却器,用来降低润滑油的温度,一般发动机是采用汽车行驶中的迎面空气流吹拂油底壳的方式来冷却润滑油的。由于润滑油在循环过程中,吸收零件摩擦所产生的热量会引起温度升高,导致润滑油温度过高,黏度下降,在摩擦表面不易形成油膜。此外还会加速润滑油老化变质,缩短润滑油使用期,因此应对润滑油进行适当冷却,以保持油温在正常范围之内,即 70 ~ 90 ℃。

⑥阀类。在发动机的润滑油路中,设有各种阀,如限压阀、旁通阀、进油限压阀等,以确保润滑系统正常工作。

a. 限压阀。限压阀油泵端盖上也可以单独设置,用于限制润滑系统内的最高油压,防止因压力过高而造成过分润滑及密封垫圈发生泄漏现象。当油压超过正常工作范围时,机油压力便克服弹簧张力打开球阀,部分机油在泵内泄回进油端而不输出,保持润滑油路内油压正常。正常的油压应为 150 ~ 600 kPa。

b. 旁通阀。旁通阀一般装在粗滤器上。若粗滤器的滤芯被杂质堵塞,机油便顶开旁通阀直接进入主油道,以保证发动机各部件有足够的润滑油。旁通阀与限压阀的结构基本相同,只是其安装位置、控制压力,溢流方向不同,通常旁通阀弹簧刚度要比限压阀弹簧刚度小得多。

c. 进油限压阀。进油限压阀一般装在细滤器上。当润滑油路中油压低于 100 kPa 时,进油限压阀不开启,机油细滤器停止工作,保证主油道内的油压足够。

d. 机油冷却器开关。机油冷却器开关装在细滤器上。当气温高于 293 K(20 ℃)时,由驾驶员打开此开关,使部分机油流经机油散热器进行冷却,以保持机油的散热性能。

e. 机油冷却器安全阀。机油冷却器安全阀装在细滤器上。当油压高于 400 kPa 时,机油冷却器安全阀开启,使部分机油经此阀泄入油底壳,防止冷却器损坏。

⑦润滑油压力表和机油压力过低警告灯。该警告灯用来指示机油压力,便于驾驶员能随时掌握润滑系统的工作状况。当主油道内的油压低于 100 kPa 时,警告灯发亮,应立即停车检查。

⑧油尺。油尺用来检查油底壳内油量和油面的高低。它是一片金属杆,下端制成扁平,并有刻线。机油油面必须处于油尺上下刻线之间。

5. 润滑系统的油路

现代汽车发动机的润滑油路方案大致相似,只是某些具体的结构略有差别,如图 7.3 所示。

①现以东风 EQ6100 - 1 型发动机的润滑系统为例加以说明,如图 7.4 所示。在该润滑系统中,曲轴的主轴颈、连杆轴颈、凸轮轴轴颈、凸轮轴推力凸缘、摇臂轴正时齿轮和分电器传动轴等都采用压力润滑方式,其余部分采用飞溅润滑方式。

该型发动机在工作时,机油泵经固定式集滤器从油底壳中吸取润滑油,机油泵加压后的机油分成两路:大部分的润滑油经机油粗滤器滤去较大的机械杂质,流入纵向的主油道,执行润滑任务;另一小部分润滑油(约10%～15%),经限压阀流入机油细滤器内,滤去较细的机械杂质和胶质后流回油底壳。一般汽车每行驶50 km左右,全部润滑油就能通过机油细滤器,滤清一次。如果润滑油泵出油压力低于一定值,则机油细滤器进油限压阀不开启,以保证压力油全部进入主油道。

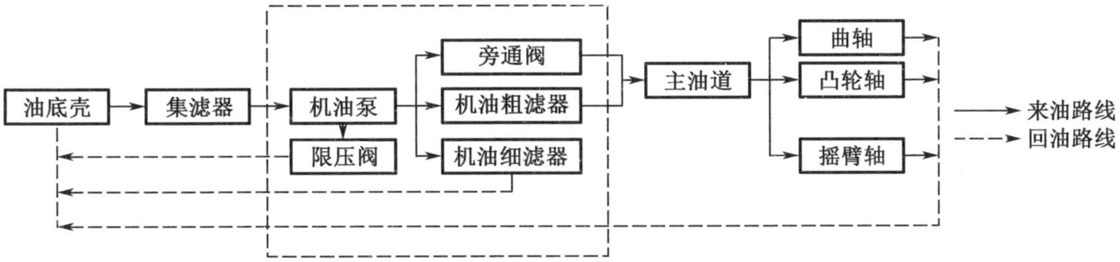

图7.3 润滑油路示意图

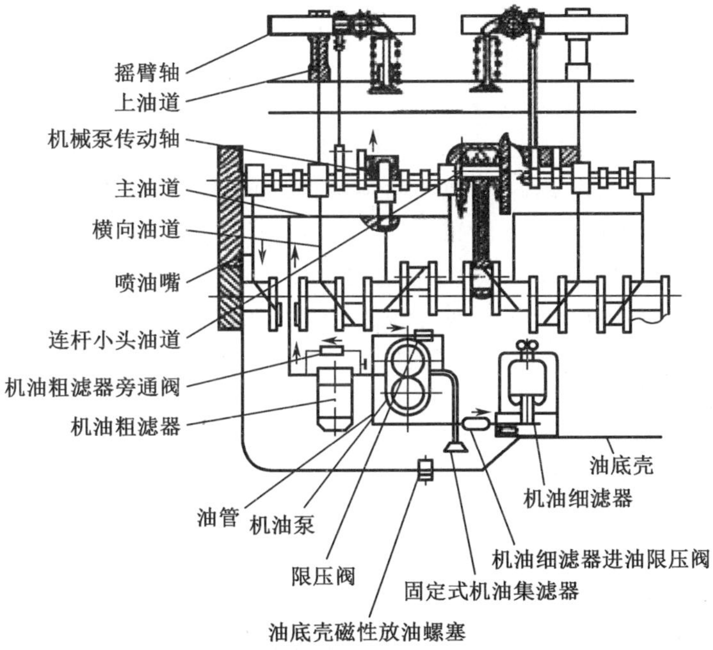

图7.4 东风EQ6100-1型发动机润滑系统油路图

润滑油进入主油道后,通过上曲轴箱中的七条横向油道分别润滑主轴颈和凸轮轴轴颈。润滑油还通过曲轴中的斜向油道从主轴颈处流向连杆轴颈,同时也从凸轮轴的第二、四轴颈处,经两个上行油道通向摇臂支座,润滑摇臂轴、推杆球头和气门端部。第三条横向油道还通向机油泵传动轴,这些摩擦表面都能得到压力润滑。另外,还有一部分润滑油,由第一条横向油道通过喷油嘴喷射出来,以润滑正时齿轮副。此外,在第一、二横向油道之间还有油管从主油道接出,通到空气压缩机曲轴中心的油道,润滑空压机的连杆轴颈后,经回油道流回到油底壳中。主油道中还有机油压力传感器和油压过低信号器,并通过导线分别与驾驶室中的机油压力表和机油压力过低警报灯相连，以检测油压并显示润滑系统的工作状态。

当连杆大头上对着凸轮轴一侧的小孔与曲轴的连杆轴颈上的油道孔口相通时，润滑油将由此小孔喷向凸轮表面、气缸壁及活塞等处，润滑推杆球头和气门端的机油顺推杆表面流到杯形挺柱内，再由挺柱下部的油孔流出与飞溅的润滑油共同润滑凸轮的工作表面。飞溅到活塞内部的润滑油溅落在连杆小头的切槽内，以润滑活塞销。

若机油粗滤器被杂质严重淤塞，当机油粗滤器进油和出油道中的压力差达到0.15 ~ 0.18 MPa 时，机油泵与主油道之间与机油粗滤器并联设置的旁通阀被推开，则机油不经过机油粗滤器滤清而直接进入主油道，确保对发动机各部分的正常润滑。

为了防止润滑系统的油压过高，减少发动机的功率损失。在机油泵端盖内设置柱塞式限压阀。当机油泵出油压力超过规定值时，作用在阀上的机油总压力将超过限压阀弹簧预紧力，顶开柱塞阀而使一部分机油流回到机油泵的进油口，在机油泵内形成小循环。

在机油细滤器的下面还设置了可接机油散热器的阀门。机油散热器一般安装在冷却水散热器的前面。在酷热的季节，当发动机长时间在大负荷高转速下工作时，驾驶员可将阀门打开，使部分机油流入机油散热器进行散热。在寒冷的季节或在气温低于 20 ℃的情况下，汽车行驶于路况较好的路面上时，须将阀门关闭，由进油限压阀来控制通往散热器的油路，以保证主油道的油压不致过低。

②桑塔纳轿车 JV 型发动机润滑油路如图 7.5(a)所示。转子式机油泵位于曲轴箱内，由曲轴通过链轮驱动。机油集滤器安装于机油泵进油口处。机油滤清器串联安装于机油泵出口与主油道之间。在此系统中，曲轴的主轴颈、曲柄销、凸轮轴颈及中间轴(分电器和机油泵的传动轴)颈均采用压力润滑，其余部分则用飞溅润滑或润滑脂润滑。

当发动机工作时，润滑油从油底壳经集滤器被机油泵送入机油滤清器。如果油压太高，则润滑油经机油泵上的安全阀返回机油泵入口。全部润滑油经滤清器滤清之后进入发动机主油道。滤清器盖上设有旁通阀，当滤清器堵塞时，润滑油不经过滤清器滤清，而通过旁通阀直接进入主油道。润滑油经主油道进入五条分油道，分别润滑五个主轴承。然后，润滑油经曲轴上的斜油道，从主轴承流向连杆轴承润滑曲柄销。主油道中的部分润滑油经第六条分油道供入中间轴的后轴承。中间轴的前轴承由机油滤清器出油口的一条油道供油润滑。主油道的另一条分油道直通凸轮轴轴承润滑油道，此油道也有五个分油道，分别向五个凸轮轴承供油。在凸轮轴轴承润滑油的后端，也就是整个压力润滑油路的终端，装有最低润滑油压力报警开关。当发动机启动之后，润滑油压力较低，最低油压报警开关闭合，油压指示灯亮。当润滑油压力超过 31 kPa 时，最低油压报警开关断开，指示灯熄灭。另外，在机油滤清器上也装有润滑压力开关。当发动机转速超过 2 150 r/min 时，润滑油压力若低于 180 kPa，这时开关触点闭合，报警灯亮，同时蜂鸣器也鸣响报警。桑塔纳轿车 JV 型发动机润滑系统的循环路线如图 7.5(b)所示。

③柴油发动机润滑系统油路。如图 7.6 所示为斯太尔 WD15 系列柴油发动机润滑油路。如图 7.7 所示为6135 型柴油发动机润滑系统的油路，其中的机油细滤器与粗滤器并联。机油泵压出的润滑油绝大部分经粗滤器进入主油道，少部分经细滤器流回油底壳；曲轴为空心的，其空腔形成润滑油道。润滑油经此分别润滑各个连杆轴承；曲轴主轴承为滚动轴承，以飞溅方式润滑；润滑顶置式气门传动机构的润滑油由第二个凸轮轴轴承引出的油道，一直通到气缸盖上气门摇臂轴的中心油道中。再由此流向各个摇臂的工作面，然后

顺推杆表面下流到杯形的挺柱内。凸轮工作表面由挺柱下部两个油孔流出的润滑油及飞溅的润滑油润滑。

在发动机标定转速(1 800 r/min)下,润滑油压力应保持在0.3～0.4 MPa之间。限压阀与机油细滤器相连。

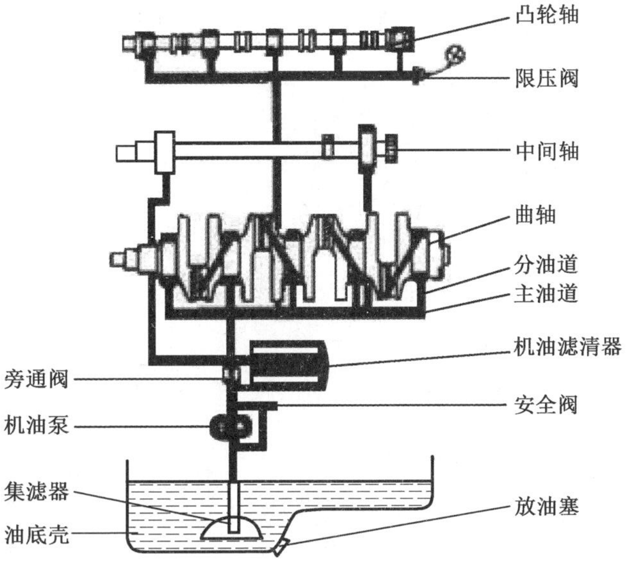

(a) 发动机润滑油路简图

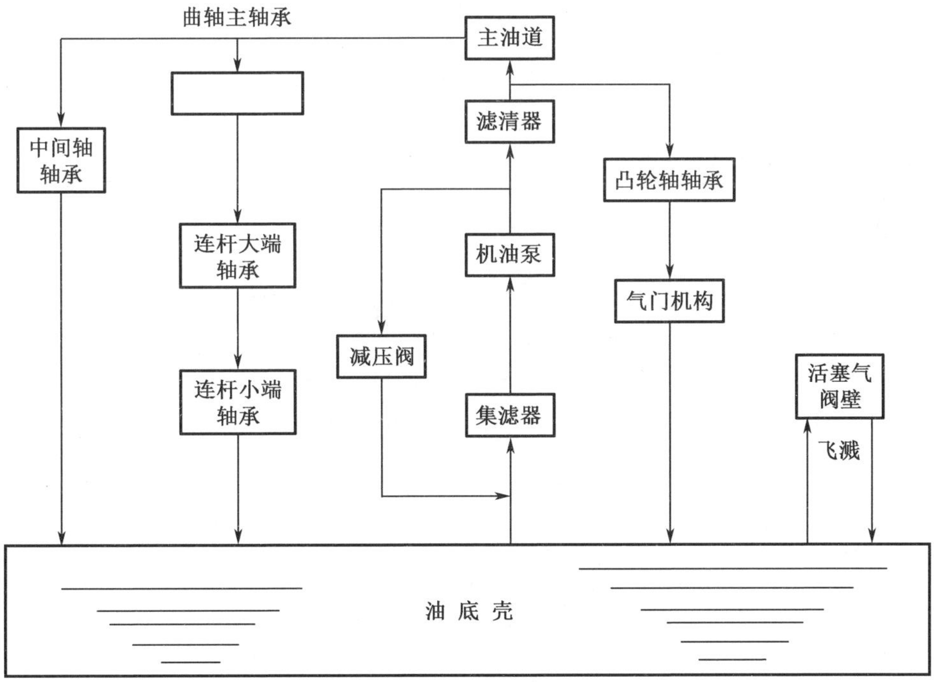

(b) 发动机润滑系统循环路线

图7.5　桑塔纳轿车JV型发动机润滑系统

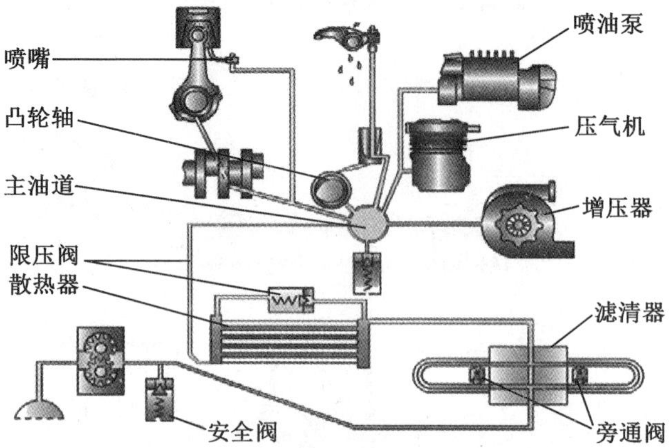

图 7.6 斯太尔 WD15 系列柴油发动机润滑油路

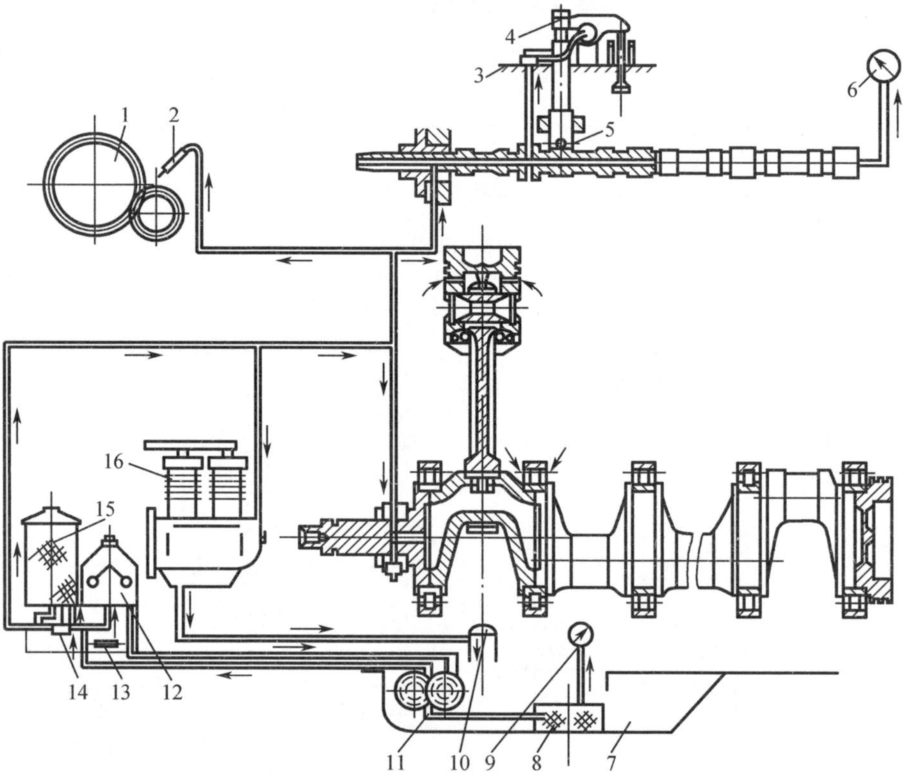

1—齿轮泵;2—喷嘴;3—气缸盖;4—气门摇臂;5—气门挺柱;6—油压表;7—油底壳;8—机油集滤器;9—温度表;10—加油口;11—机油泵;12—机油细滤器;13—限压阀;14—旁通阀;15—机油粗滤器;16—空气压缩机。

图 7.7 6135Q 型柴油发动机润滑系统示意图

二、知识拓展

汽车发动机润滑系统所用的润滑剂包括润滑油（又称机油）和润滑脂两种。

1. 润滑油的分类

国际上广泛采用美国汽车工程师协会（SAE）黏度分类法和美国石油研究所（API）质量分类法，而且二者已被国际标准化组织（ISO）认可。

（1）国外发动机润滑油的分类

①SAE 黏度分类法。美国汽车工程师协会按照润滑油的黏度等级，把润滑油分为冬季用润滑油和非冬季用润滑油。

冬季用润滑油有 6 种牌号：SAE0W、SAE5W、SAE10W、SAE15W、SAE20W 和 SAE25W。

非冬季用润滑油有 4 种牌号：SAE20、SAE30、SAE40 和 SAE50。

SAE 黏度分类指标指明油料使用的环境温度。号数较大的润滑油黏度较大，适于在较高的环境温度下使用。

上述牌号的润滑油只有单一的黏度等级，当使用这种润滑油时，汽车驾驶员须根据季节和气温的变化随时更换润滑油。目前使用的润滑油大多数具有多黏度等级，其牌号有 SAE5W－20、SAE10W－30、SAE20W－40 等。例如，SAE10W－30 被称为多等级油，它在低温下使用时，其黏度与 SAE10W 一样，而在高温下，其黏度又与 SAE30 相同。前一个数字越低，如“10”，油在低温时变黏的可能越小。第二个数字越高，如“30”，油在高温下变稀的可能性越小。“W”表示“冬季”，表示这个黏度是用于低温的。因此，这种润滑油可以冬夏通用。

②API 质量分类法。API 质量分类法是美国石油研究所根据润滑油的性能及其最适合的使用场合，把润滑油分为 S 系列和 C 系列两类，如表 7.1 所示。

S 系列为汽油发动机润滑油，目前有 SA、SB、SC、SD、SE、SF、SG、SH、SJ 和 SL 十个级别。

C 系列为柴油发动机润滑油，目前有 CA、CB、CC、CD、CE 和 CF 六个级别。

API 润滑油质量等级指出润滑油能承受的行驶条件范围。对于汽油发动机而言，适用润滑油是 SA 至 SL 等级，但只有 SE 或更高的等级是用于汽车的。对于柴油发动机，润滑油划分为从 CA 至 CF－4 的等级，CF－4 为最高质量等级。

表 7.1　汽油发动机和柴油发动机的 API 质量分类

<table>
<tr><th colspan="3">汽油发动机</th><th colspan="3">柴油发动机</th></tr>
<tr><th>API</th><th>维修及机油说明</th><th>质量</th><th>API</th><th>维修及机油说明</th><th>质量</th></tr>
<tr><td rowspan="2">SL
SJ
SH
SG</td><td rowspan="2">适用于在各种条件下工作的发动机</td><td rowspan="6">高
↑
低</td><td>CF－4</td><td>提供比 CF 分类更好的特性和质量</td><td rowspan="6">高
↑
低</td></tr>
<tr><td>CF</td><td>提供比 CE 分类更好的洗洁剂弥散和抗热性能</td></tr>
<tr><td>SF</td><td>适用于在连续高速、高温并且反复停机－开机条件下工作的发动机</td><td>CE</td><td>适用于在低速、高负载条件和高速、高负载条件下工作的发动机</td></tr>
<tr><td>SE</td><td>适用于在比 SD 分类更严酷的条件下工作的发动机。</td><td>CD</td><td>适用于在高速、高功率输出条件下工作的发动机</td></tr>
<tr><td rowspan="2">SD
SC
SB
SA</td><td rowspan="2"></td><td>CC</td><td>适用于在比 CB 分类更严酷的条件下工作的发动机</td></tr>
<tr><td>CB
CA</td><td></td></tr>
</table>

(2)我国发动机润滑油的分类

我国发动机润滑油按其使用性能分成若干质量等级,每个质量级又按润滑油黏度大小分成若干黏度等级。

①质量等级。我国的润滑油分类法参照采用ISO分类方法。GB/T7631.3—1995规定,按润滑油的性能和使用场合划分。

汽油发动机润滑油:SC、SD、SE、SF、SG和SH等六个级别。

柴油发动机润滑油:CC、CD、CD-Ⅱ、CE、CF-4等五个级别。

二行程汽油发动机润滑油:ERA、ERB、ERC和ERD等四个级别。

质量等级越靠后,其使用性能越优良。除上述分类外,国家标准还规定了汽油发动机与柴油发动机上均可通用的润滑油质量等级,这类润滑油称为通用油,具体规格有SD/CC、SE/CC、SF/CD等。如SD/CC级是指该级别润滑油的质量等级相当于汽油发动机润滑油的SD级和柴油发动机润滑油的CC级。

②黏度等级。《发动机黏度分类》(GB/T14906—1994)确定了发动机润滑油的黏度等级。它是参照美国SAE黏度分类法制定的。我国发动机润滑油分为0W、5W、10W、15W、20W、25W、20、30、40、50、60共十一个黏度等级,等级越往后,适应的气温越高,其中带字母W的代表冬季用油,其余为夏季用油。此外,为增宽润滑油对季节和气温的适应范围,还规定了冬夏两季均可使用的多级油。我国目前该等级润滑油有5W/20、5W/30、5W/40、10W/40、15W/40、20W/40等。

③牌号。发动机油的牌号由质量等级和黏度等级两部分组成。每一种使用级别又有若干种单一黏度等级和多黏度等级的润滑油牌号。例如,CC级润滑油有三个单一黏度等级和六个多黏度等级的润滑油牌号,它们分别是30、40和50号及5W/40、10W/30、15W/40和20W/40。例如,SC30表示质量等级为SC级、黏度等级为30的汽油发动机润滑油;SE/CC30表示汽油发动机和柴油发动机上通用的润滑油,质量等级符合SE级汽油发动机润滑油和CC级柴油发动机润滑油,黏度等级为30。我国润滑油使用分类与API使用分类的对应关系见表7.2。

表7.2 我国润滑油使用分类与API使用分类的对应关系

我国的分类	API分类	对应关系	我国的分类	API分类	对应关系
SC	SC	≠	SF	SF	=
SD	SD	≠	CC	CC	=
SE	SE	=	CD	CD	=

2.发动机润滑油的选用

选用发动机润滑油,首先根据车辆使用说明书或发动机的工作条件确定发动机润滑油的质量等级;其次,根据车辆使用地区的气温情况选择合适的润滑油黏度等级。

(1)质量等级的选用

发动机润滑油质量等级的选用必须严格按照汽车使用说明书的规定。在无车辆使用说明书的情况下,可根据发动机工作条件的苛刻程度,选用合适质量等级的润滑油。具体方法参照如下。

①汽油发动机润滑油质量等级的选用。汽油发动机工作条件的苛刻程度与发动机进排气系统中有无附加装置及其类型有关。因此,可按附加装置选用润滑油质量等级,如装有 PCV 装置的汽车可选用 SD 级,解放 CA1091 型汽车、红旗轿车等就要求使用该级别润滑油;装有 EGR 装置的汽车可选用 SE 级润滑油;装有废气催化转换装置的汽车可选用 SF 级润滑油;采用电喷燃油系统的汽车要求使用 SF 级以上的润滑油,如桑塔纳 2000 型轿车等。

②柴油发动机润滑油质量等级的选用。柴油发动机工作条件的苛刻程度可用柴油发动机强化系数来表示。强化系数越高,表示润滑油工作条件越苛刻,要求选用的润滑油质量等级越高。强化系数小于 50 的柴油发动机应选用 CC 级,如黄河 JN1171 型柴油发动机等;强化系数大于 50 的柴油发动机应选用 CD 级以上的润滑油,如南京依维柯等车型。

(2)黏度等级的选用

黏度等级的选用是根据车辆使用地区和季节气温来选择的,我国润滑油黏度等级与适用温度范围如表 7.3 所示。由于单级润滑油不可能同时满足低温及高温的要求,因此只能根据当地季节气温适当选用;而多级油的优越性是它的黏度 - 温度性能好,适用温度范围宽,特别是在严寒地区、短途运输、低温启动较多时,其优越性更为明显,故应尽量选用多级油。

表 7.3　我国发动机润滑油黏度等级与适用范围

SAE 黏度级别	适用气温/℃
5W/30	-30 ~ 30
10W/30	-25 ~ 30
15W/30	-20 ~ 30
15W/40	-20 ~ 40
20/20W	-15 ~ 20
30	-10 ~ 30
40	-5 ~ 40

3. 使用润滑油的注意事项

①如果不是通用润滑油,则汽油发动机润滑油不能用于柴油发动机上。同样,柴油发动机润滑油也不能用于汽油发动机上。不同牌号的润滑油不得混用。

②质量等级较高的润滑油可替代质量等级较低的润滑油;反之,则不能。

③经常检查润滑油的液面高度。检查时应使发动机处于水平位置,发动机停转几分钟后再进行,润滑油标尺上的油痕应在 max 与 min 之间。

④注意车辆使用地区的气温变化,及时换用温度等级适宜的润滑油。在满足使用要求的前提下,润滑油的黏度应尽可能选择小一些。

⑤适时(定期或按质)换润滑油。可按车辆使用说明书或该车型规定的换油里程要求更换润滑油。

⑥严防水分、杂质等污染润滑油。

4. 润滑剂的使用特性及添加剂

(1)合成润滑油

合成润滑油是利用化学合成方法制成的润滑剂。其主要特点是有良好的黏度－温度特性,可以满足大温差的使用要求;有优良的热氧化安定性,可长期使用不须更换。使用合成润滑油,发动机的燃油经济性会稍有改善,并可降低发动机的冷启动转速。目前,合成润滑油的价格比从石油提炼出来的润滑油贵;但是,随着生产规模的扩大和制造工艺的改进,合成润滑油的价格将会越来越便宜,未来将是合成润滑油的时代。

(2)润滑脂

润滑脂是将稠化剂掺入液体润滑剂中所制成的一种稳定的固体或半固体产品,其中可以加入旨在改善润滑脂某种特性的添加剂。润滑脂在常温下可附着于垂直表面而不流淌,并能在敞开或密封不良的摩擦部位工作,具有其他润滑剂所不能代替的特点。因此,在汽车的许多部位都使用润滑脂润滑。

任务7.2 润滑系统的构造与维护

有些部件在前面润滑系统的组成中已进行了阐述,这里只介绍其中主要部件的构造与维护。

一、润滑系统构造的基础知识

1. 机油泵

机油泵用于提高机油压力,保证机油在润滑系统内不断循环,目前发动机润滑系统中广泛采用的是齿轮式机油泵和转子式机油泵两种。也有一些发动机采用往复滑阀式机油泵。

(1)齿轮式机油泵

齿轮式机油泵分为外啮合齿轮式机油泵和内啮合齿轮式机油泵两种。

①外啮合齿轮式机油泵。外啮合齿轮式机油泵的结构如图7.8所示。

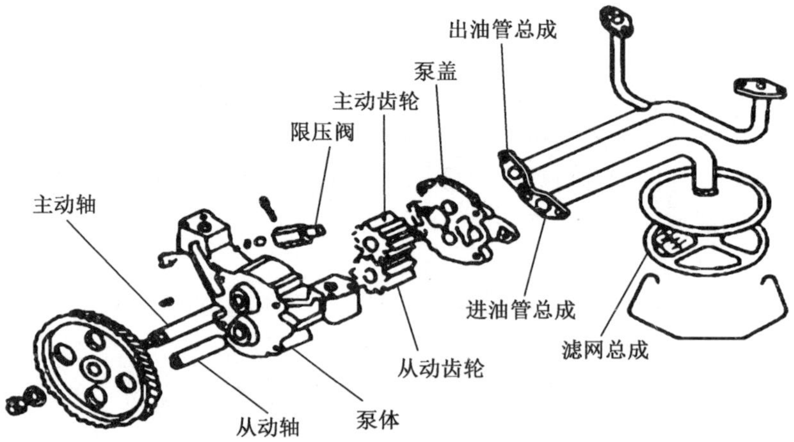

图7.8 外啮合齿轮式机油泵结构

外啮合齿轮式机油泵由主动轴、主动齿轮、从动轴、从动齿轮、壳体等组成。主动轴下端用半圆键固装着主动齿轮，上端制有长槽与分电器传动轴连接。分电器轴通过齿轮由凸轮轴驱动。主、从动齿轮的齿数相同且相互啮合，装在壳体内，齿轮与壳体的径向和端面间隙很小。主动轴与主动齿轮半圆键连接，从动齿轮空套在从动轴上。

泵盖与壳体间的密封垫做得很薄。密封垫用来调整泵盖与主、从动齿轮的间隙和防止漏油。齿轮式机油泵齿轮与泵体的径向间隙一般不超过0.20 mm，齿轮端面间隙不超过0.05～0.20 mm。间隙过大，润滑油压力降低，泵油量减少。齿轮与壳体内壁及泵盖的间隙很小，用以保证机油泵产生必要的油压。

机油泵盖上装有限压阀，可将主油道的油压控制在正常范围内（0.15～0.6 MPa）。若油压超出上述范围，可增加或减小限压阀内垫片的厚度，以调整限压阀内弹簧的预紧力，从而保证主油道内的油压在正常范围内。

泵盖上装有卸压槽，为保证油泵连续供油，前一对齿轮未脱离啮合，后一对齿轮已进入啮合，在两对轮齿之间形成封闭的间隙，因齿间间隙不断减小，封闭在齿间的润滑油会产生很大的推力，作用于齿轮和齿轮轴，加剧了轴与齿轮孔间的磨损。为此在泵盖上铣出一条与出油腔相通的卸压槽，齿间的压力油则通过卸压槽导向出油腔，以降低其压力。

a. 工作原理。外啮合齿轮式机油泵的工作原理如图7.9所示。

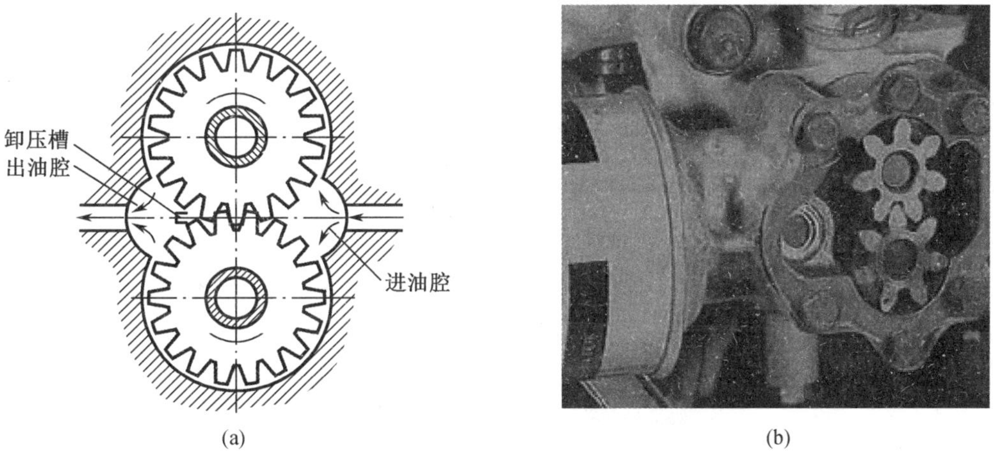

图7.9　外啮合式机油泵工作原理

（a）吸油。齿轮的端面由机油泵盖封闭，泵体、泵盖和齿轮的各个齿槽组成工作腔。发动机工作时，当主动齿轮（半圆键）带动从动齿轮按图中所示箭头方向旋转时，进油腔的容积由于轮齿逐渐脱离啮合而增大，腔内产生一定的真空，润滑油从进油口吸入进油腔。

（b）压油。润滑油泵齿轮旋转时把齿间所存的润滑油带到出油腔内，此处的容积由于轮齿逐渐进入啮合而减小，压力升高，机油经出油口压入润滑油道。

只要发动机连续运转，润滑油就不断地被机油泵输送到各润滑部位，且输出的油量与发动机的转速成正比。

b. 外啮合齿轮式机油泵安装位置及驱动方式。外啮合齿轮式机油泵的安装位置一般在曲轴箱内，通常由曲轴或凸轮轴经中间传动机构驱动，汽油发动机的齿轮式机油泵典型的传动方式是机油泵与分电器由凸轮轴或中间轴上的曲线齿齿轮经同一个传动轴驱动。

c. 外啮合齿轮式机油泵的特点。外啮合齿轮式机油泵的优点是结构简单、制造较容易、效率高、功率损失小、工作可靠、使用寿命长；缺点是需要中间传动机构、体积大、制造成本较高、供油不均匀等。国产普通桑塔纳、捷达、奥迪、切诺基等轿车都采用这种齿轮泵。

d. 常见外啮合齿轮式机油泵的构造。

(a)桑塔纳轿车发动机的齿轮式机油泵构造。桑塔纳轿车发动机的外啮合齿轮式机油泵构造如图 7.10 所示。它由中间轴螺旋齿轮驱动，主、从动齿轮轴平行布置，而且主动齿轮轴较长，上端通过定位螺栓与上支承套连成一体，与分电器轴上螺旋齿轮啮合，同时驱动分电器和机油泵。泵盖固定于泵体下端面，两者之间设有一个 0.2 mm 厚的衬垫，既可以防止油泵漏油，又可以调整齿轮端面与泵盖之间的间隙。吸油管分别与机油泵盖上的进油口和集滤器相连接。限压阀装在泵盖上，发动机转速过高，会使油泵泵油压力超过限压阀的开启压力，限压阀打开，以减小机油压力。

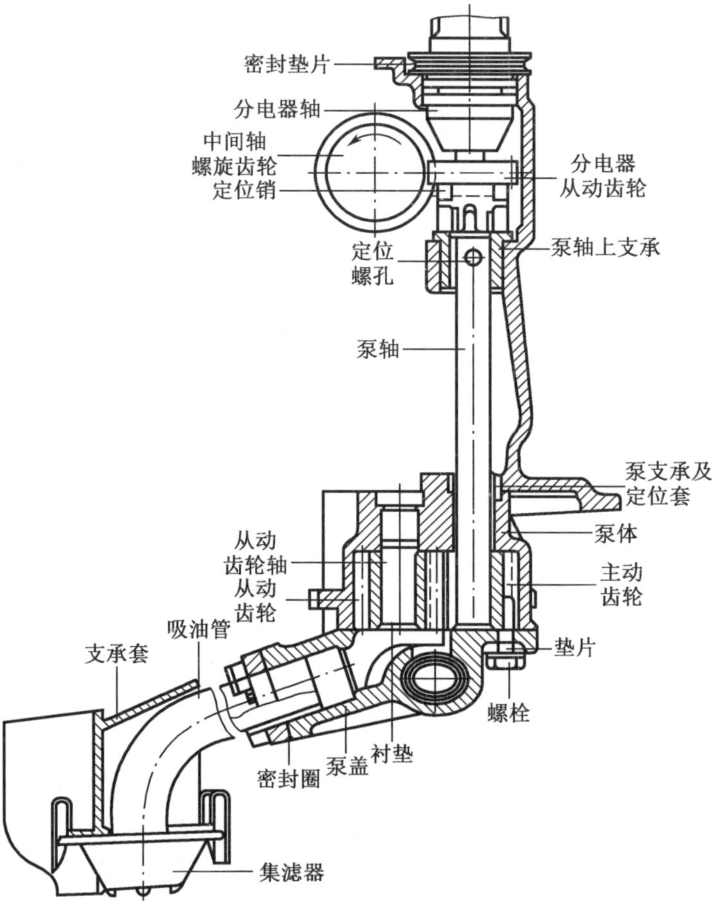

图 7.10　桑塔纳轿车发动机的外啮合齿轮式机油泵构造

(b)东风 EQ6100－1 型发动机的齿轮式油泵。东风 EQ6100－1 型发动机的外啮合齿轮式机油泵的构造如图 7.11 所示，其工作原理如前所述。

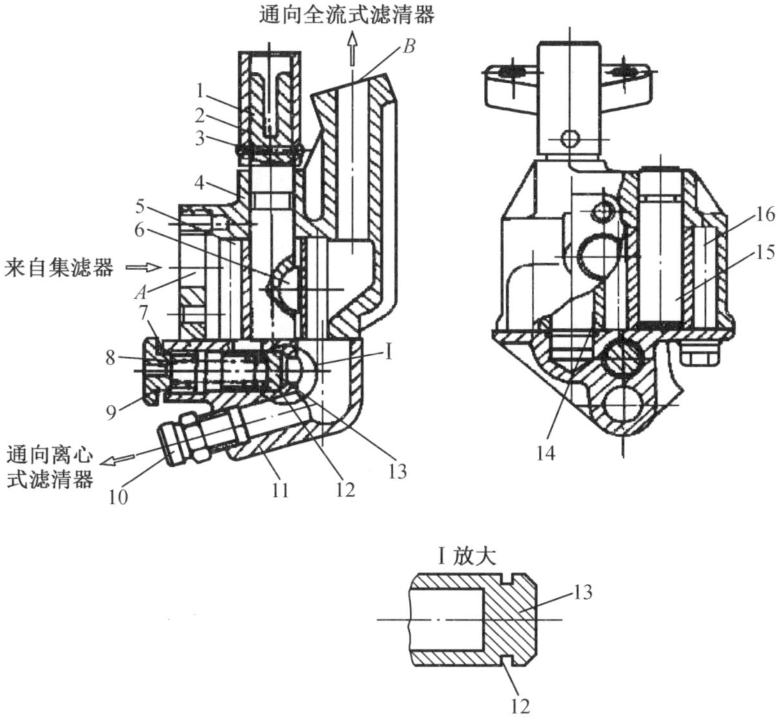

1—主动齿轮轴；2—连轴套；3—铆钉；4—机油泵体；5—主动齿轮；6—半圆键；7—垫片；8—限压阀弹簧；9—螺塞；10—管接头；11—机油泵盖；12—集垢槽；13—柱塞式限压阀；14—挡圈；15—从动齿轮轴；16—从动齿轮；*A*—进油口；*B*—出油口。

图 7.11　东风 EQ6100－1 型发动机外啮齿轮式机油泵构造

②内啮合齿轮式机油泵。内啮合齿轮式机油泵也称内接齿轮泵，其工作原理与外啮合齿轮式机油泵（或齿轮式机油泵）相同。

内接齿轮泵的结构如 7.12 所示。其外齿轮是主动齿轮，套在曲轴前端，通过花键由曲轴直接驱动。内接齿轮是从动齿轮，装在机油泵体内，泵体固定在机体前端。

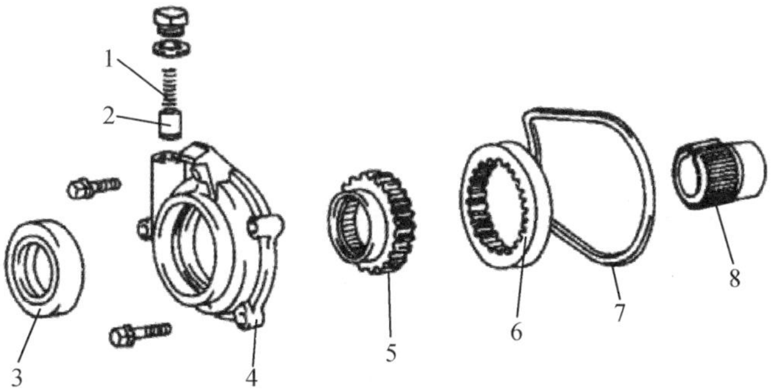

1—安全阀弹簧；2—安全阀柱塞；3—曲轴前油封；4—机油泵体；5—主动外齿轮；6—从动内齿轮；7—O 形密封圈；8—花键套。

图 7.12　内接齿轮泵

内接齿轮泵由曲轴直接驱动，无须中间传动机构，所以零件使量少、制造成本低、占用空间小、使用范围广。但是这种机油泵在内、外齿轮之间有一处无用的空间，使机油泵的泵油效率降低。另外，如果曲轴前端轴颈太粗，机油泵外形尺寸随之增大，发动机驱动机油泵的功率损失也相应有所增加。

（2）转子式机油泵

①构造。转子式机油泵通常安装在曲轴箱前端，由曲轴带轮或链轮驱动。其结构原理如图 7.13 所示。它主要由内转子、外转子和油泵壳体等组成。内转子有外齿，通过键固定于主动轴上。外转子有内齿，外圆柱面与壳体配合自由地安装在泵体内。内外转子有一定的偏心距，内转子一般有四个或以上的凸齿，外转子的凹齿数比内转子的凸齿数多一个，外转子在内转子的带动下转动，内、外转子的齿形轮廓为次摆线。壳体上设有进油口和出油口。

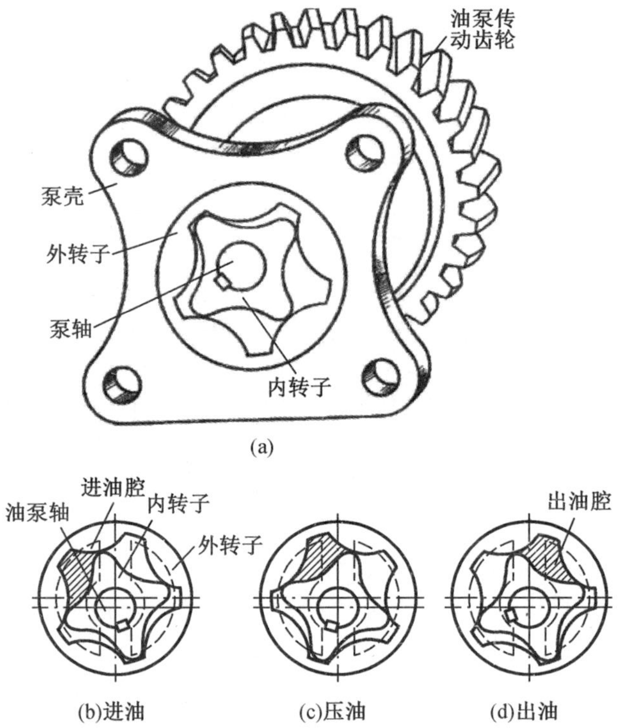

图 7.13 转子式机油泵结构原理图

②工作原理。机油泵传动轴通过半圆键带动内转子转动，内转子通过与外转子共轭曲线齿形轮廓的啮合，同方向带动外转子转动（外转子与机油泵体内孔间隙配合）。在内、外转子的转动过程中，转子每个齿的齿形齿廓线上总能互相圆点接触。因此，在内、外转子之间形成了四个互相封闭的工作腔。由于外转子总是慢于内转子且内、外转子中心偏置，这四个工作腔容积随着转子的转动发生了变化，容积增大的区域形成了一定真空，进油口设在这里；容积减小的区域压力提高，出油口设在这里。每个工作腔总是在最小时与壳体上的进油孔接通，随后容积逐渐变大，形成真空，把润滑油吸进工作腔。当该容积旋转到与泵体上的出油孔接通且与进油孔断开时，容积逐渐变小，工作腔内压力升高，将腔内润滑油从出油孔压出。直至容积变为最小，又重新与进油孔接通开始进油为止。如此往复循环，不

断吸油、压油，将润滑油压送到各配合面。

③转子式机油泵的特点。转子式机油泵的优点是结构紧凑、供油量大而且油压均匀、噪声小，吸油真空度较高。而且，当机油泵安装在曲轴箱外或安装位置较高时，采用转子式机油泵比较合适。其缺点是内、外转子的啮合表面滑动阻力较大，发动机功率消耗增多，而且由于转速较高，容易产生气泡，影响正常供油。

(3)往复滑阀式机油泵

①构造。有些发动机采用体积流量可变的往复滑阀式机油泵。该机油泵形状发生了很大变化，通过采用特性曲线调节方式，可以进行润滑油体积流量调节，其结构如图7.14所示。

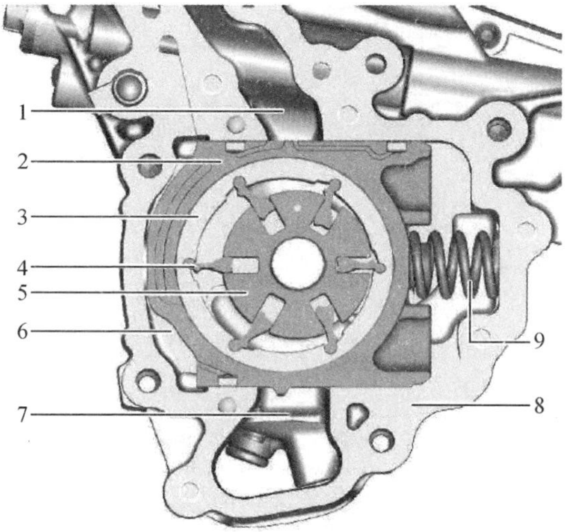

1—压力侧；2—滑阀；3—外转子；4—摆杆；
5—内转子；6—调节油室；7—抽吸侧；8—壳体；9—主弹簧。

图7.14　往复滑阀式机油泵

②工作原理。往复滑阀式机油泵的核心部分是滑阀。滑阀可沿泵的轴线移动。处于输送设置时，滑阀位于偏离泵轴线中心的位置。通过这种方式可使抽吸侧体积流量显著增加并使压力侧体积流量显著减小，这样可以提高泵功率。滑阀朝泵轴线方向移动时，体积流量变化减小直至几乎不再产生任何体积流量变化；泵功率也会随之减小直至最后调节至最小输送功率。滑阀位置取决于调节油室内的润滑油压力，该压力可使滑阀克服弹簧力移动。如果该压力较小，滑阀就会偏离中心且输送功率较高；如果该压力较大，滑阀就会逐渐压向中心且输送功率降低。进行纯粹的体积流量调节时，调节油室内的压力与主机油通道内的压力相同，通过这种方式可在不受所需体积流量的影响下保持压力相对均衡。造成机油回路内所需体积流量存在巨大差异的一个原因在于可变凸轮轴控制装置VANOS。在VANOS调节单元内，润滑油不仅用于润滑，而且还用于液压油。因此进行调节时需要大量机油，从而造成系统内的压力下降。压力下降时，机油泵内的滑阀就会朝更高输送功率方向移动，因此可提供更高体积流量并补偿压力下降。

2. 机油滤清器

发动机工作时，金属磨屑和大气中的尘埃以及燃料燃烧不完全所产生的炭粒会渗入润滑油中,润滑油本身也因受热氧化而产生胶状沉淀物,润滑油中含有这些杂质。如果把这样的脏机油直接送到运动零件表面,润滑油中的机械杂质就会成为磨料,加速零件的磨损,并且引起油道堵塞及活塞环、气门等零件胶结。因此必须在润滑系统中设有机油滤清器,使循环流动的润滑油在送往运动零件表面之前得到净化处理。保证摩擦表面的良好润滑,延长其使用寿命。

润滑油在流到运动零件摩擦表面之前,所经过的滤清器滤芯越细,滤清次数越多,将使润滑油阻力越增大,为此在润滑系统中一般装有几个不同滤清能力的滤清器——集滤器、粗滤器和细滤器,分别串联或并联在主油道中,这样既能使润滑油得到较好的滤清,又不至于造成很大的流动阻力。现代汽车上,多将粗滤器和细滤器制成整体,定期更换。

(1)集滤器

①功用。集滤器用金属丝编造的滤网,是润滑系统的进口,装在机油泵之前,用来滤除润滑油中粗大的杂质,防止其进入机油泵。

②类型。目前汽车发动机所用的集滤器有浮式集滤器和固定式集滤器两种,如图 7.15 所示。

③构造与工作原理。浮式集滤器悬浮在润滑油中,位于油面以下吸油,这样可防止吸入泡沫。浮式集滤器的固定油管装在机油泵上,吸油管一端和浮筒焊接,另一端与固定油管活络连接,这样可以使浮筒自由地随润滑油液面升起或降落。

当机油泵工作时,润滑油从罩板与滤网间的狭缝被吸入吸油管进入机油泵,通过滤网缝隙时,杂质被滤去。若滤网被杂质淤塞时,机油泵所形成的真空,迫使滤网向上,使滤网的环口离开罩板,润滑油便直接从环口进入吸油管,以保证机油供给不致中断。

在国产桑塔纳、捷达、奥迪等轿车及依维柯轻型车上,均采用深入油面以下的固定式集滤器。与浮式集滤器相比,固定式集滤器虽然吸入润滑油的清洁度稍差,但结构简单,并可防止油面上的泡沫被吸入润滑系统,所以应用广泛。

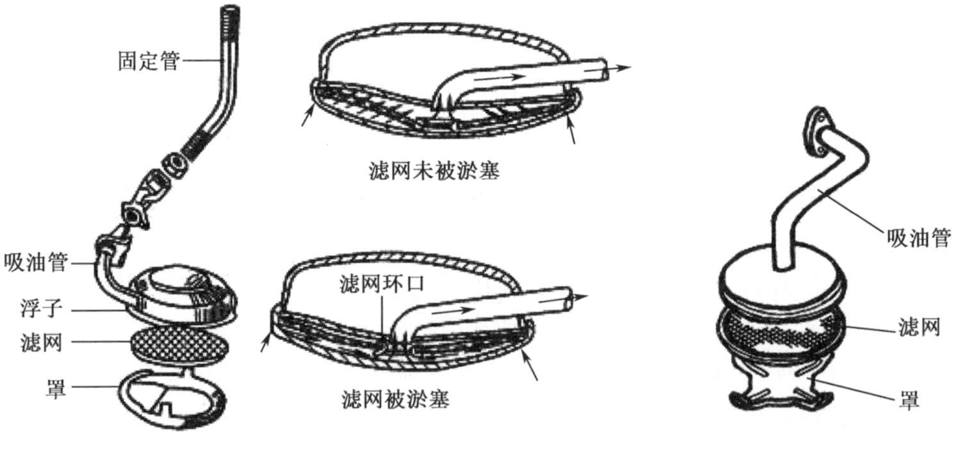

(a) 浮式集滤器　　(b) 固定式集滤器

图 7.15　集滤器的结构

(2)粗滤器

①功用。粗滤器用来过滤润滑油中颗粒较大(直径为0.04 mm以上)的杂质。它对润滑油的流动阻力较小,通常串联于机油泵与主油道之间,属于全流式滤清器。

②类型。粗滤器根据滤芯的不同,有多种不同的结构形式。传统的粗滤器多采用金属片缝隙式和绕线式;现在发动机多采用纸质式或锯末式。

③构造与工作原理。如图7.16所示为货车用纸质粗滤器,主要由外壳、端盖和滤芯等组成。滤芯通过滤芯密封圈、滤芯压紧弹簧,压靠在外壳滤芯底座与端盖之间,外壳与端盖由密封垫圈、螺杆连接,端盖通过螺栓固定于缸体,并和缸体上相应的油孔对齐。

从机油泵输出的压力油经端盖上的进油孔进入粗滤器与滤芯之间,经滤芯过滤后,进入滤芯筒并经端盖上的出油孔进入主油道。

旁通阀装于端盖上,当滤芯发生淤塞而阻力增加时,旁通阀打开,外壳内的润滑油经旁通阀和端盖出油孔进入主油道,以保证主油道所需的润滑油量。

当滤芯阻力增大使油压超过规定值时,指示器将驾驶室仪表上的指示灯接通,指示灯闪亮,表明需要更换滤芯或者对粗滤器进行维护。发动机冷启动时,由于润滑油黏度大,使滤芯阻力增加,指示灯也闪亮,但当发动机温度升高润滑油变热时,该灯熄灭。

如图7.16(b)所示为纸质滤芯的构造。芯筒是滤芯的骨架,用薄铁皮制成,其上加工出许多圆孔。微孔滤纸一般都折叠成扇形和波纹形,以保证在最小体积内有最大的过滤面积,并提高滤芯刚度。滤芯用塑胶与上、下端盖黏合在一起。

微孔滤纸经过酚醛树脂处理,具有较高的强度、抗腐蚀能力和抗水湿性能。因此,纸质滤清器具有质量小、体积小、结构简单、过滤阻力小、滤清效果好、成本低和保养方便等优点。为了维护方便,目前越来越多的发动机采用旋装式滤芯结构。滤芯为纸质折叠式结构,封闭式外壳,定期更换,直接旋装于滤清器盖上。

(3)细滤器

①功用。细滤器用来清除微小杂质(直径在0.001 mm以上)、胶质、水分。细滤器大多为分流式,全流式须装旁通阀。

②类型。按过滤方式不同,细滤器分为过滤式和离心式两种。过滤式细滤器与粗滤器结构基本相同,只是滤芯能过滤掉更细小颗粒的杂质。过滤式细滤器存在着滤清能力与通过能力的矛盾。为此,汽车发动机多采用离心式细滤器。这种细滤器过滤能力强,流动阻力大,与主油道并联安装,属于分流式滤清器。

③构造与工作原理。离心式细滤器一般应用在载重货车和工程机械上。它主要由三部分组成:壳体与滤清器盖、转子轴、转子体与转子盖。EQ6100-1型发动机的离心式细滤器的结构如图7.17所示。

转子轴固定于滤清器外壳上,转子体上压有三个衬套,并与转子体端套连成一体,套在转子轴上可以自由转动。压紧螺套将转子盖与转子体紧固在一起后,须经动平衡检验。转子下面装有止推轴承,转子上面装有支承垫,并用弹簧压紧以限制转子轴向窜动。转子下端有两个水平安装的互成反向的喷嘴。滤清器盖用压紧螺母装在滤清器壳体上,使转子密封。滤清器盖与壳体具有高度的对中性,使转子达到一定转速,以保证润滑油的滤清质量。

发动机工作时,从机油泵来的润滑油进入滤清器进油孔 B。若润滑油压力低于0.1 MPa时,进油限压阀不开启,润滑油则不进入细滤器而全部流向主油道,以保证发动机可靠润滑。当润滑油压力超过0.1 MPa时,进油限压阀被顶开,润滑油沿壳体中的转子轴内的中

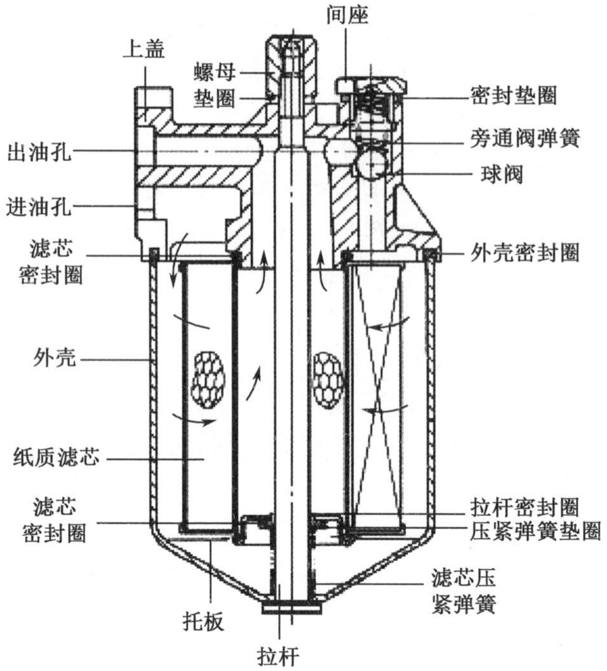

(a) 粗滤器的构造

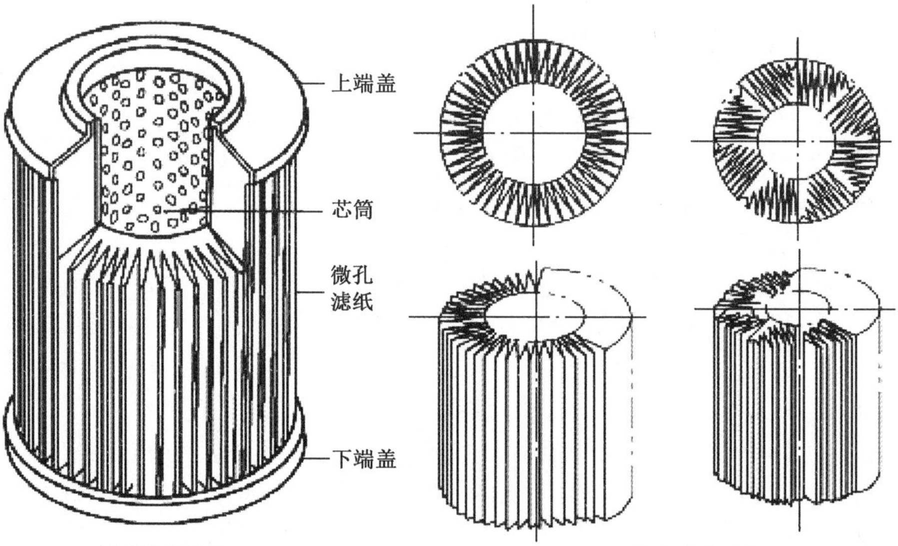

(b1)纸质滤芯总成

(b2)微孔滤芯形状

(b) 纸质滤芯

图 7.16 货车用纸质粗滤器

心油道，经出油孔 C 进入转子内腔，然后经进油孔 D、通过喷嘴油道 E 从两喷嘴喷出。在润滑油喷射的反作用力的推动下，转子及转子内腔的润滑油高速旋转。在离心力作用下，润滑油中的杂质被甩向转子盖内壁并沉淀，清洁的润滑油由孔 D 进入，再经喷嘴喷出。喷出的润滑油经滤清器出油孔 F 流回油底壳。管接头与润滑油散热器相连，当润滑油温度过高时,可旋松润滑油散热器开关,使部分润滑油流向散热器进行冷却。滤清器还设有润滑油散热器安全阀,当油压高于0.4 MPa时,旁通阀被顶开,部分润滑油便流回油底壳,以防油压过高而损坏机油散热器。

离心式滤清器滤清能力高、通过能力好,且不受沉淀物影响,不须更换滤芯,定期清洗即可;但对胶质滤清效果较差。这种滤清器由于出油无压力,一般只作为分流式细滤器使用。在有些小功率发动机上也有用它作为全流式离心细滤器的。

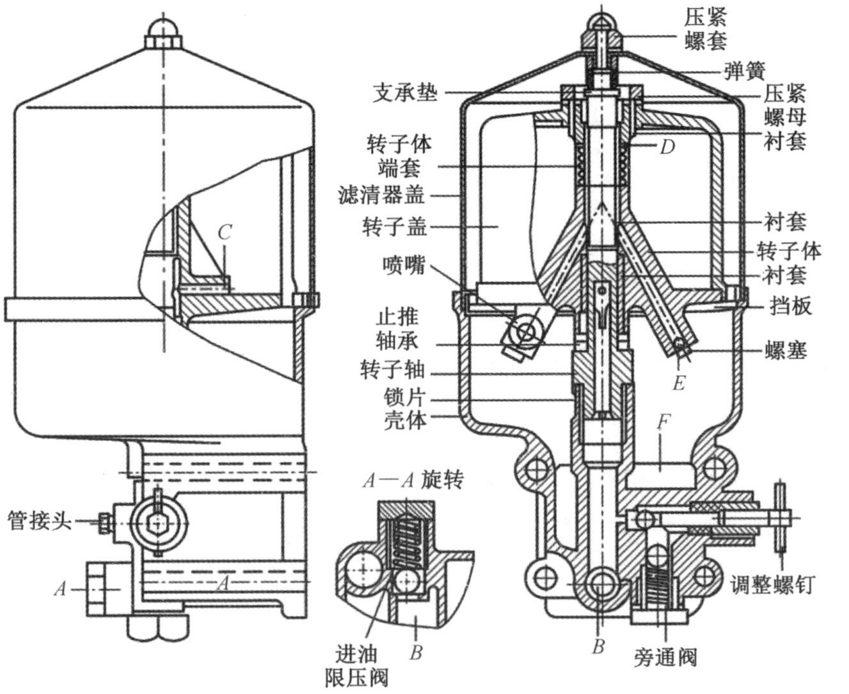

A—滤清器进油管路;B—滤清器进油孔;C—出油孔;D—进油孔;E—喷嘴油道;F—滤清器出油管路。

图7.17　EQ6100－1型发动机的离心式细滤器结构

(4)复合式机油滤清器

桑塔纳2000型等轿车发动机为了简化结构,方便更换,采用细滤芯与粗滤芯串联,且在同一壳体内的复合式滤清器,其结构如图7.18所示。

机油滤清器的工作过程:从油底壳来的脏润滑油从端盖周边的油孔进入滤清器内,经褶纸和尼龙滤芯过滤后进入滤清器中心油腔。当机油压力大于止回阀的弹簧弹力时,推开止回阀,过滤后的润滑油流向端盖油道后进入发动机主油道。

褶纸粗滤芯由棉花、毛绒、人造纤维等不同类型的材料制成,能吸附不同类型和不同直径的杂质。细滤芯则由尼龙制成。复合式滤清器的工作流程如图7.18(b)所示。

为了安全起见,滤清器有一个旁通阀,当滤芯被堵塞润滑油压力增大时,旁通阀打开,润滑油绕过滤芯直达中心油腔,可防止发动机缺油。发动机停止工作,机油泵停止泵油。滤清器中心油腔的压力下降,止回阀在弹簧的作用下关闭,以维持发动机内有足够的润滑油,利于下次启动。

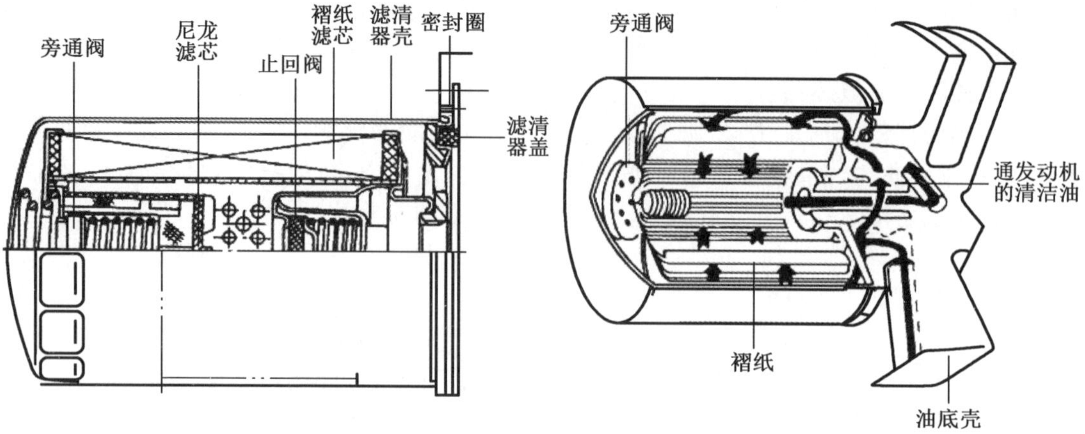

(a) 桑塔纳轿车发动机机油滤清器结构　(b) 复合式滤清器的工作流程

图 7.18　桑塔纳轿车发动机滤清器

3. 机油冷却器

热负荷较大的发动机，如大功率柴油发动机、大排量汽油发动机等，除利用油底壳对机油进行散热外，还设有专门的润滑油冷却装置，以便对润滑油进行强制性冷却，保证润滑油在最有利的温度范围内工作。

机油冷却器有风冷式和水冷式两种形式。机油冷却器和冷却水散热器结构基本相同，但它采用横流式结构，布置在冷却水散热器前面。机油散热器油路与主油道并联，利用风扇风力使润滑油冷却。

(1)风冷式机油冷却器

风冷式冷却器很像一个小型散热器一般安装在发动机冷却系散热器的前面，利用汽车行驶时的迎面风和冷却风扇的风力使润滑油冷却，如图 7.19 所示。

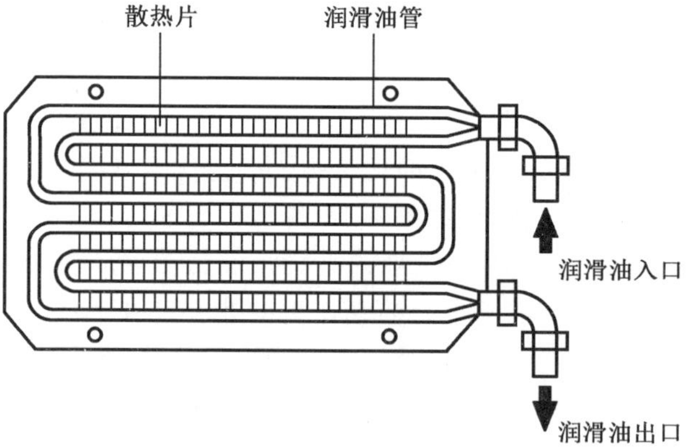

图 7.19　风冷式机油冷却器

(2)水冷式机油冷却器

水冷式机油冷却器(机油散热器)装在发动机冷却水路中，当油温较高时靠冷却液降温，而启动期间油温较低时，则从冷却液吸热迅速提高润滑油温度。水冷式机油冷却器外形尺寸小，布置方便，且不会使润滑油冷却过度，润滑油温度保持稳定，因而在轿车上应用较广。如图 7.20 所示为几种常见的水冷式机油冷却器,冷却器串接于机油泵与主油道之间。利用发动机冷却液流经散热片间缝隙,带走润滑油热量,冷却后的润滑油再流入主油道。

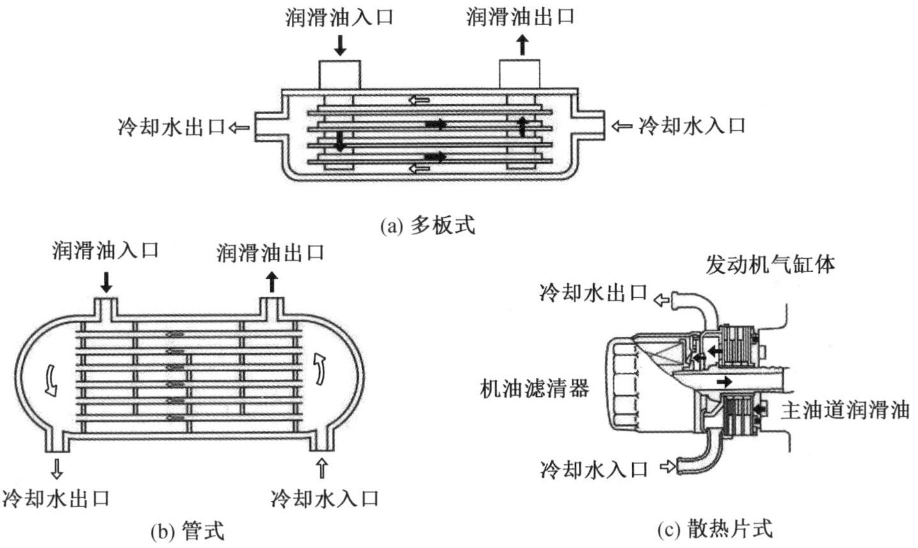

图 7.20　水冷式机油冷却器

如图 7.21 所示为布置在机油滤清器上的水冷式机油滤清器。润滑油进入滤清器滤清之后直接进入冷却器,在冷却器芯内流动,从散热器出水管引来的冷却液在冷却器芯外流过。两种流体在冷却器内进行热交换,使高温润滑油得以冷却降温。

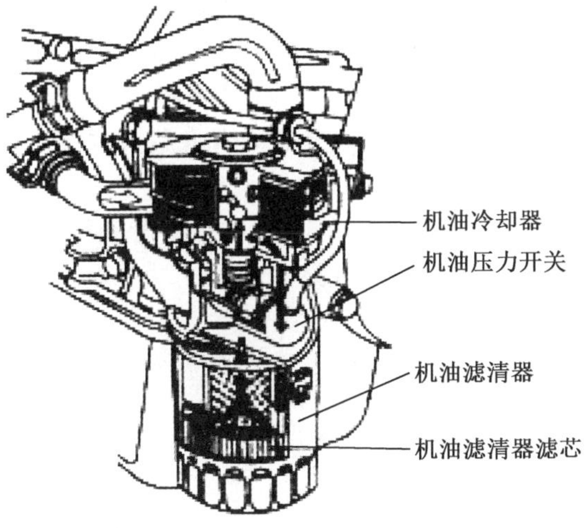

图 7.21　水冷式机油滤清器

二、润滑系统的检修与拆装

1. 检查和更换润滑油

(1)检查润滑油

①用油尺检查发动机润滑油液位。

②检查润滑油的黏度。

③检查润滑油是否有污物和污染状况。

④检查发动机的各接触面、油封、排放塞是否漏油。

(2)更换润滑油

以上检查中,如发现润滑油黏度不符合、有污物和污染应更换润滑油,如有漏油应查明故障部位并修理好,再更换润滑油。

①开启润滑油加注口盖并移除油尺。

②升起汽车并将润滑油回收容器放在车下。

③拆卸排放塞和垫片,排放发动机润滑油。

④根据车型正确选取润滑油规格。

⑤更换发动机机油滤清器。使用专用维修工具(SST),拆卸机油滤清器;检查和清洁机油滤清器安装表面;在新的机油滤清器垫片上涂清洁的发动机润滑油;轻缓地拧动机油滤清器使其就位,然后上紧直到垫片接触底座;使用专用维修工具再次上紧3/4圈,确保总成安装固定可靠,密封良好。注意,在某些类型的发动机上,机油滤清器从发动机室更换。

⑥安装一个新的垫片和排放塞。

⑦将汽车放回地面。

⑧向发动机中添加适量润滑油,拧紧加注口盖。

⑨更换发动机润滑油后的检查。预热发动机以及停止发动机。静置车辆5 min或者更长时间以后,检查油尺以确保油位处于规定的范围内(冷车时液面高度应在油尺标记“MAX”与“MIN”之间)。注意:汽车停放在一个平面上时检查油位;从发动机已经停止5 min或者更长时间之后检查油位,目的是为了可以允许发动机各个区域的润滑油完全沉积在油底壳中。

⑩检查润滑油压力及报警装置。根据车型不同,润滑油压力在发动机怠速、低压及高压时都应正常;润滑油压力报警装置性能良好。

⑪保持发动机怠速转,举升车辆至高位。

⑫检查发动机各部渗漏。发动机预热后,在冲击载荷作用下,各部不应有渗、漏油现象。

⑬将车辆放低,塞上车轮挡块。

⑭关闭发动机,将车辆静置5min以上再次检查润滑油液位。若润滑油不足,则视情况添加,调整液面至正常范围。

⑮油脂更换。使用一把润滑脂枪,从润滑脂嘴将润滑脂压入,直到新鲜的润滑脂从对面的润滑脂嘴、润滑脂出口或者护套端慢慢流出。但某些地方仅能补充。

2. 机油滤清器检修或拆装

(1)机油集滤器的检修

①机油滤网堵塞,应用柴油或煤油清洗后用压缩空气吹干。

②浮子有破损，应进行焊修。

(2)机油粗滤器的拆装和检修

①机油粗滤器的拆装。

a. 松开紧固螺母分解底座和外壳推杆总成；

b. 取出密封垫圈、滤芯压紧弹簧垫圈和弹簧；

c. 松开阀座取出旁通阀弹簧和钢球；

d. 清洗各零件，注意不要损坏各密封圈；

e. 正确装配旁通阀弹簧和钢球；

f. 正确安装弹簧、垫圈、滤芯、密封垫圈；

g. 安装外壳拉杆总成和底座并用紧固螺母紧固；

h. 实操结束后应把场地及工、量具和机件等整理好。

②机油粗滤器的检修。

解放 CA6102 型发动机装有锯末滤芯粗滤器，并在粗滤器上装有滤芯更换指示器，在发动机正常工作时，指示灯持续发亮说明滤芯堵塞需要更换；但发动机冷启动时指示灯短时间发亮是正常现象。东风 EQ6100－1 型发动机装有以微孔滤纸为过滤材料的全流式机油粗滤器，在粗滤器的底座上装有旁通阀，工作可靠。拆装外壳时，注意滤芯与底座之间的密封圈不可丢失，检查各密封圈，如有老化发硬、开裂破损应予更换。无特殊情况不得拆卸和调整旁通阀。装配时应先充满润滑油，并检查与气缸体平面结合处是否平整，垫片是否完好，最后拧紧固定螺栓。

(3)机油细滤器的拆装和检修

①离心式机油细滤器的拆装。

a. 松开外罩上盖形螺母，取下密封垫圈、外罩、推力弹簧和推力片；

b. 将转子转动到喷嘴对准挡油盘缺口处，取出转子体总成；

c. 松开转子罩上的紧固螺母，分解转子总成；

d. 松开进油阀座，拆卸阀座垫圈、进油阀弹簧、进油阀柱塞；

e. 清洗各零件；

f. 正确装配进油阀柱塞、弹簧、阀座垫圈及阀座并拧紧阀座螺母；

g. 正确对正转子罩和转子座装配记号，装好橡胶密封垫、弹性垫圈、上轴承等，紧固锁紧螺母(扭矩不得超过 30～50 N·m)；

h. 正确安装转子体与底座；

i. 装止推弹簧下面的推力片时，应将光面对着转子，然后装上推力弹簧、外罩、密封垫圈，用盖形螺母紧固；

j. 实操结束后应把场地及工具、量具和机件等整理好。

②离心转子式机油细滤器的检修。离心转子式机油细滤器在使用中会发生机件磨损、密封垫损坏、喷嘴堵塞、转子停转及轴承松旷等故障。

若喷嘴孔堵塞，可以用压缩空气吹通，不能用金属丝穿透，以免刮伤喷孔。

密封圈损坏、变形或老化发硬应更换。转子轴磨损，轴与孔的配合间隙超过 0.15 m 或与轴承的配合间隙大于 0.10 m 时，可用镀法修复转子轴。

进油阀座磨损，可用细研磨剂研磨阀座，并更换新的钢球。如果弹簧弹力降低，应更换新的弹簧。

同时，还应注意，维修细滤器时，注意转子座下面的单向推力球轴承座圈不可丢失；装转子总成时，应注意对准转子罩与转子座之间的装配记号，以免破坏转子总成平衡；转子上的锁紧螺母不可拧得过紧，如超过 29 ~49 N · m，将破坏转子的正常工作。

3. 检修机油泵（以桑塔纳轿车发动机机油泵为例）

（1）机油泵的解体与清洗

①拆卸机油泵粗集油器、连接管（吸油管组）。

②拆卸机油泵盖组，检查泵盖上限压阀组。

③分解主、从动齿轮，再分解齿轮和轴。

④清洗分解后的各零件。

（2）机油泵主要零件的检修

①检查驱动轴与壳体的间隙。轴与孔的配合间隙应小于 0.12 mm。

②检查壳体与盖的龟裂、损伤情况。

③检查安全阀的损伤情况，如弹簧的弹性、自由长度等。自由长度缩短 1/10，或弹力减小，应更换新件。

④检查驱动齿轮、从动齿轮之间啮合间隙。使用塞尺检查主、从动齿轮齿侧啮合间隙超过 0.10 mm 时应进行调整。测量应在相邻 120°的三点上进行。

⑤检查齿轮与泵壳的配合间隙。齿顶与泵壳之间、齿轮端面与泵盖工作面之间的间隙，其值应在 0.05 ~0.20 mm。

⑥检查机油泵盖的磨损与翘曲情况。

⑦主动轴弯曲度超过 0.03 mm 时，应进行校正或更换。

（3）机油泵的装配和试验

①正确安装齿轮和轴。

②装配泵盖组，并以 10 N · m 的力矩拧紧螺栓。

③安装机油泵粗集滤器、连接管（吸油管组）。

④进行工作性能的试验。

a. 简易试验法。将机油泵和集滤器装复后，一同放入清洁的机油池中，用螺丝刀按顺时针方向转动机油泵轴，应有机油从出油孔中排出，如用拇指堵住出油孔，继续转动机油泵时，应感到有压力。

b. 试验台试验法。将机油泵装复后应在试验台上试验。检测泵油量及泵油压力。机油泵压力的调整，可以通过增减限压阀弹簧座处的垫片来调整。

（4）实操结束后整理场地及工、量具和机件等

4. 曲轴箱通风系统（PCV 阀）维护

①检查曲轴箱通风系统通气软管是否老化或破损。

②检查、清洁 PCV 阀及其滤清器。

a. 使发动机怠速运转，从气缸罩盖软管处拆下 PCV 阀，检查 PCV 阀是否堵塞。若把手放在 PCV 阀接口处，手指可感到有强烈的真空吸力。另一种检查方法是，将 PCV 阀装复后从空气滤清器上卸下曲轴箱进气管，用一张薄纸轻轻盖在管口上，待曲轴箱内压力减小时（约 1 min 后），应明显见到薄纸被吸向管口。此外，停止发动机运转后，卸下 PCV 阀后用手摇动检查，若听到有“咔嗒”声，说明 PCV 阀灵活可用。

b. 发动机运转时，用手捏紧 PCV 阀软管检查工作状况，能听到清晰的开闭响声。

c. 检查通风系统滤清器是否堵塞、污损，视情况进行清洁与更换。

三、润滑系统的常见故障诊断与排除

发动机润滑系统的常见故障有润滑油压力过低或过高、润滑油消耗过多、润滑油温度过高和滤清器效能减弱等。

1. 润滑油压力过低

(1)故障现象

①发动机怠速运转后，机油压力表读数过低，发动机在正常温度和转速下，机油压力表读数始终低于规定值，油压报警灯闪烁；

②发动机转速提高后，警报蜂鸣器同时发出警报。

(2)故障原因

①润滑油油量不足。

②润滑油黏度太低。

③润滑油压力传感器效能不佳或失效。

④润滑油压力表失准。

⑤润滑油池油面太低。

⑥汽油泵膜片破裂，使汽油漏入油底壳而稀释润滑油。

⑦气缸体水套出现裂纹，使冷却水漏入油底壳而稀释润滑油。

⑧润滑油被稀释。

⑨机油泵齿轮磨损、泵盖磨损或衬垫太厚造成供油压力太低。

⑩润滑系统内、外管路或管接头泄漏。

⑪限压阀过软或调整不当、关闭不严、弹簧折断。

⑫机油滤清器旁通阀弹簧折断，或弹簧过软。

⑬机油滤清器堵塞。

⑭曲轴主轴承、连杆轴承、凸轮轴轴承间隙过大。

(3)故障诊断与排除

①观察机油压力表或报警指示灯，发现润滑油压力过低或为零时，应立即停车熄火，否则会很快发生烧瓦抱轴等机械事故。先拔出机油尺，检查油底壳内润滑油量及润滑油品质，若油量不足，应及时添加；若润滑油中含水或燃油时，应通过拆检，查出渗漏部位；若润滑油黏度过小，则应更换合适牌号的润滑油。

②若润滑油量充足，再检查机油压力传感器的导线是否松脱。若连接良好，在发动机运转时，拧松机油压力传感器或主油道螺塞，若机油从连接螺纹孔处喷出有力，则为机油压力表或其传感器故障。

③若润滑油喷出无力，则应立即熄火，检查集滤器、机油泵、限压阀、粗滤器滤芯是否堵塞且旁通阀是否无法打开，各进出油管、油道及油堵是否漏油。

④若以上检查均正常，则应检查曲轴轴承、连杆轴承或凸轮轴轴承的间隙是否过大，间隙增大会直接影响润滑油压力。

2. 油压力过高

(1)故障现象

①发动机在正常温度和转速下，机油压力表读数高于规定值。

②发动机在运转中，机油压力表读数突然增高；机油压力表读数低，但高压机油冲裂机油压力传感器或机油滤清器盖等。

(2)故障原因

①机油压力表或其传感器工作不良。

②油底壳油面太高。

③润滑油黏度太大。

④机油限压阀发卡或调整不当。

⑤气缸体的油道堵塞。

⑥机油粗滤器滤芯堵塞且旁通阀开启困难。

⑦曲轴主轴承、连杆轴承或凸轮轴轴承的间隙过小。

(3)故障诊断与排除

若发现润滑油压力过高，应熄火排除故障，否则容易冲裂机油滤清器盖或机油传感器。

①首先检查油底壳油平面是否太高、润滑油黏度是否过大。

②检查限压阀是否调整不当(弹簧是否过硬)；对于新装发动机，应检查主轴承、连杆轴承或凸轮轴轴承是否间隙过小。

③检查滤清器滤芯是否堵塞，旁通阀弹簧是否过硬。

④检查主油道是否堵塞。

⑤若润滑油压力突然增高，而未见其他异常现象，应检查机油压力传感器及导线是否有搭铁故障。

⑥接通点火开关，机油泵即有压力指示，则应检查机油压力表、传感器是否完好。

3. 润滑油变质

(1)故障现象

①润滑油颜色发生明显变化，失去黏性；

②含有水分，机油乳化，乳浊状并有泡沫。

(2)故障原因

①活塞环漏气。

②润滑油使用时间太长，润滑油因持续在高温和氧化作用下逐渐老化变质。

③机油滤清器堵塞而失去滤清作用。

④曲轴箱通风不良，润滑油中混杂废气中的燃油，促使润滑油变质。

⑤发动机缸体或缸垫漏水。

(3)故障诊断与排除

①用机油尺取几滴润滑油滴在中性纸上，若发黑则说明润滑油变质。

②用手捻搓，有滑腻感，说明润滑油内混有燃油。

③若取出的润滑油为乳浊状且有泡沫，说明润滑油中进水。

④润滑油过脏，更换润滑油及机油滤清器。

4. 润滑油消耗异常

(1)故障现象

①润滑油消耗量超过规定值。

②排气管冒蓝烟。

③积炭增多。

(2)故障原因

①活塞与缸壁间隙过大。

②扭曲活塞环方向装反。

③活塞环抱死,或其开口转到一起。

④活塞环磨损过甚或弹力不足。

⑤活塞环端隙、边隙或背隙过大。

⑥气门杆油封损坏(尤其是进气门杆油封)。

⑦进气门导管磨损过甚;曲轴箱通风不良。

⑧正时齿轮室密封不良;凸轮轴后油封漏油。

⑨油底壳或气门室盖漏油。

⑩润滑系统各零部件向外渗漏;曲轴后油封密封不良。

(3)故障诊断与排除

①首先检查外部是否有漏油,应特别注意曲轴前端和后端、凸轮轴后端油堵是否漏油。

②若排气管冒蓝烟,则为烧润滑油造成的。当发动机大负荷、高速运转时,排气管大量冒蓝烟,同时润滑油加注口(设在下曲轴箱上)也向外冒蓝烟,这是由于活塞、活塞环与气缸壁磨损过甚造成的;活塞环的端隙、边隙或背隙过大;多个活塞环端隙口转到一起,扭曲环装反等,使润滑油窜入燃烧室。

③若发动机大负荷运转时,排气管冒蓝烟,但润滑油加注口无烟,则为气门杆油封损坏,气门导管磨损过甚(尤其是进气门),使润滑油被吸入燃烧室。若短时间冒蓝烟后停止,而油底壳的润滑油未见减少,则是湿式空气滤清器内的油面过高所致。

④对于采用气压制动的汽车,若从贮气筒的放污螺塞处放出较多的润滑油,则是由于空气压缩机的活塞、活塞环与气缸壁磨损过甚造成的。

5. 油底壳油面自行升高

(1)故障现象

不加润滑油,油底壳油面自行升高。

(2)故障原因

①气缸套防水圈、气缸垫损坏。

②气缸套破裂或有气孔。

③混合气、燃油或废气窜入曲轴箱;柴油发动机采用强制润滑的喷油泵漏油。

(3)故障诊断与排除

①检查润滑油中是否含有水分,如含有水分,则检查气缸垫上油孔与水道孔是否损坏,水套下部密封圈是否失效,气缸套是否破裂。

②如润滑油明显变稀,说明有燃油或混合气进入曲轴箱,在曲轴箱凝结成液滴后流入油底壳和润滑油混在一起。应检查曲轴箱通风系统中PCV阀及管路和各缸缸压,检查是否有活塞环漏气现象。

③对于柴油发动机,还应检查喷油泵柱塞与柱塞套、输油泵柱塞与壳体是否配合不良,导致柴油渗漏。

【项目小结】

本项目介绍了发动机润滑系统的功用、组成及各组成部件的结构和原理,机油集滤器、粗滤器、细滤器的结构及其检修、更换工艺。通过本项目的学习，学生能够了解机油冷却器结构，熟悉其检查方法，熟悉曲轴箱通风装置的作用，掌握检查与清洗方法，基本能够掌握发动机润滑系统常见故障的判断与排除方法。熟练进行润滑系统一、二级维护作业。

【项目测试】

一、填空题

1. 润滑系统的功用有__________、__________、__________、__________、__________、__________和__________。

2. 发动机润滑方式有__________、__________和__________等。

3. 机油滤清方式有__________、__________和__________三种。

4. 发动机润滑系统的基本组成有__________、__________、__________、__________、__________和__________等。

5. 机油泵的作用是将一定__________和的润滑油供到润滑表面，汽车发动机常用的机油泵有__________和__________两种。

6. 东风 EQ6100 型汽车的发动机润滑系统中，流经粗滤器的润滑油流入__________，流经细滤器的润滑油流入__________。

7. 机油泵上装限压阀的作用是维持__________内油压的正常，当油压过高时，多余的润滑油经限压阀流回__________或__________。

8. 转子泵有内、外两个转子，工作时__________转子带动__________转子转动，且内转子的转速比外转子的转速__________。

9. 机油粗滤器上装旁通阀的功用是为了防止因__________而断油，当旁通阀打开时，机油经此阀流入。

10. 曲轴箱通风方式有__________和__________两种。

二、判断题（正确的打“√”，错误的打“×”）

1. 对负荷大，相对运动速度高的摩擦面均采用压力润滑，所以活塞与气缸壁之间一般也采用压力润滑。 （ ）

2. 细滤器能过滤掉很小的杂质和胶质，所以经过细滤器过滤的润滑油应直接流向机件的润滑表面。 （ ）

3. 机油泵盖上铣有一个卸压槽，使啮合齿隙间与出油腔相通，以降低机油泵主、从动齿轮啮合齿隙间的油压。 （ ）

4. 曲轴箱的强制通风是靠进气管管口处的真空度，将曲轴箱内的气体排出的。 （ ）

5. 离心式机油细滤器，在发动机熄火后不应有转动声。 （ ）

三、选择题

1. 转子式机油泵工作时（ ）。

A. 外转子转速低于内转子转速　　B. 外转子转速高于内转子转速

C. 内外转子转速相等

2. 正常工作的发动机，其机油泵的限压阀应该是（ ）。

A. 经常处于关闭状态　　B. 热机时开启,冷机时关闭
C. 经常处于溢流状态　　D. 热机时关闭,冷机时开启
3. 机油浮式集滤器滤网的中心有一圆孔,其作用是(　)。
A. 便于拆装　　B. 防止滤网堵塞时中断供油
C. 增大供油量　　D. 便于进油流畅
4. 粗滤器滤芯堵塞时,旁通阀打开,(　)。
A. 使润滑油不经滤芯,直接流回油底壳　B. 使润滑油直接进入细滤器
C. 使润滑油直接流入主油道　　D. 使润滑油流回机油泵
5. 发动机的活塞与气缸壁间多采用(　)。
A. 压力润滑　　B. 定期润滑　　C. 飞溅润滑
6. 曲轴连杆轴承处的润滑油多来自(　)。
A. 曲轴主轴径　　B. 凸轮轴轴径　　C. 活塞与气缸壁
7. 大多数汽油发动机都采用(　)。
A. 自然通风法　　B. 强制通风法　　C. 两种通风法都采用
8. 新装的发动机,若曲轴主轴承间隙偏小,将会导致机油压力(　)。
A. 过高　　B. 过低　　C. 略偏高　　D. 略偏低
9. 机油消耗异常,但无外观症状,其故障部位可能在(　)。
A. 气缸 - 活塞配合副　　B. 空气压缩机　　C. 机油渗漏
10. 水冷式机油散热器安装时,与(　)
A. 冷却水道并联　　B. 机油细滤器串联
C. 主油道串联　　D. 机油粗滤器并联

四、简答题

1. 简要叙述润滑系统的功用及基本组成。
2. 一般润滑油路中有哪几种机油滤清器,它们应该串联还是并联?为什么?
3. 简要叙述齿轮式机油泵、转子式机油泵的结构和工作原理。
4. 画图说明 EQ6100 型发动机润滑系统的循环路线。
5. 画图说明桑塔纳 2000 型轿车发动机润滑系统的循环路线。
6. 机油泵磨损损坏现象的主要检测项目有哪些?
7. 机油变质诊断方法有哪些?
8. 如何更换发动机润滑油?
9. 润滑系统中的限压阀与旁通阀各起什么作用?
10. 简述桑塔纳轿车发动机机油滤清器的结构和工作过程。
11. 发动机工作时,润滑油压力过高或过低的原因有哪些,如何诊断排除?

项目8　冷却系统的构造与维修

【项目描述】

在发动机工作时,可燃混合气燃烧的最高温度可达 2 500 ℃以上。活塞、气缸、气缸盖和气门等直接与高温可燃混合气接触的零部件会强烈受热,这将导致发动机工作温度过高(过热),从而引起充气系数下降和燃烧不正常(会产生爆震或早燃);若不及时冷却,则其中运动机件将可能因受热膨胀而破坏正常间隙,还会使润滑油燃损或变质,造成润滑能力下降,使零部件急剧磨损,甚至还会出现卡死、损坏等现象。因此,为保证发动机正常工作,使其具有较高的经济性、动力性、耐久性和可靠性,必须采用合理的冷却方法。现代汽车发动机上采取的各种冷却措施就是使发动机在工作中得到适度的冷却,从而保持发动机在最适宜的温度范围内工作,只有这样才能保证发动机长期正常运转。本项目主要有两个学习任务:

任务 8.1 发动机冷却系统的认识;

任务 8.2 发动机冷却系统的构造与维护。

【项目目标】

● 知识目标

1. 能阐述冷却系统的功用、类型与组成。
2. 能识别发动机冷却系统各部件。
3. 能对照实车描述冷却水的循环路线。
4. 掌握发动机水冷却系统主要部件的结构与维修。
5. 熟悉发动机冷却系统的常见故障的诊断和维修程序。

● 能力目标

1. 了解发动机冷却系统的功能、组成;熟悉冷却液的循环形式;熟悉发动机冷却系统主要小总成部件的结构。

2. 掌握散热器、水泵的检修工艺方法;节温器的检查试验方法;各种风扇离合器的检查和修理。

3. 掌握发动机冷却系统常见故障的判断与排除方法。

● 素质目标

1. 培养学生严谨的工作态度。
2. 培养学生的创新意识及获取新知识的能力。
3. 培养学生分析、解决问题的能力。

任务8.1 发动机冷却系统的认识

一、冷却系统的基础知识

1.冷却系统的功用

冷却系统的功用就是使工作中的发动机得到适度的冷却,从而使发动机在最适宜的温度范围内工作。在采用水冷却系统的发动机中,发动机的正常工作温度是以冷却液温度85~105 ℃ 为最佳。

2.冷却系统的类型

汽车发动机的冷却系统按冷却介质的不同可以分为两种,即风冷却系统和水冷却系统,如图8.1所示。目前汽车发动机上大都采用水冷却系统,只有少数汽车发动机采用风冷却系统。

(1)风冷却系统

将发动机中高温零件的热量,直接散入大气,使发动机的温度降低而进行冷却的一系列装置称为风冷却系统,如图8.2所示。

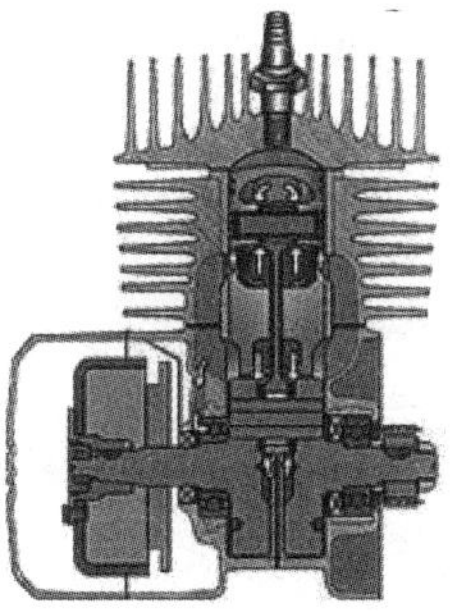

(a) 风冷却系统

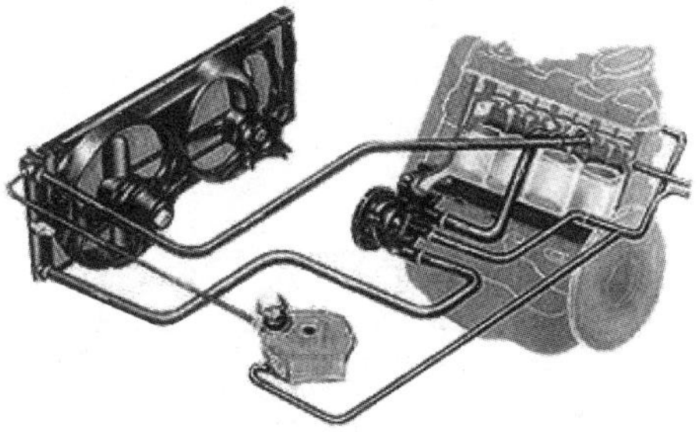

(b) 水冷却系统

图8.1 冷却系统的两种类型

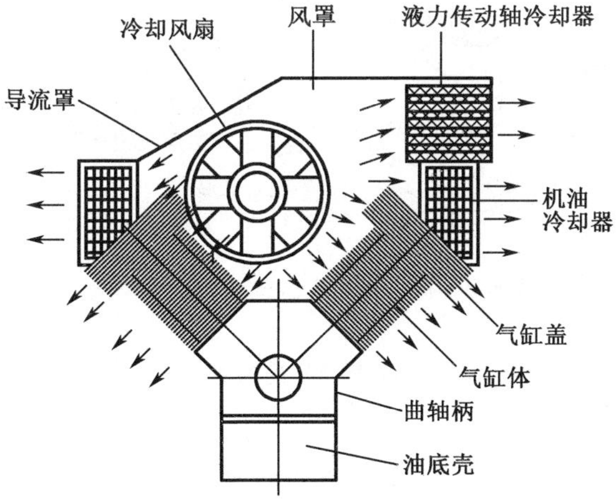

图8.2 风冷却系统

发动机最热的部分是气缸盖，为了加强冷却，现代风冷却系统发动机气缸盖都用导热性能良好的铝合金铸造，而且为了增大散热面积，在气缸体和气缸盖上制有许多散热片。

采用风冷却系统的发动机，利用车辆前进中的空气流，或特设的风扇鼓动空气吹过散热片，将热量带走。为了更有效地利用空气流加强冷却，发动机上一般都装有导流罩，并设有分流板，以保证各缸冷却均匀。考虑到各气缸背风面冷却的需要，在有些发动机上还装有气缸体导流罩。对于V形风冷发动机，有的仍采用一个风扇，装在发动机前方中间位置，靠导流罩将气流分别引向左、右两列气缸外侧表面；有的还采用两个风扇，分别装在左右两列气缸前端。

风冷却系统结构简单、使用和维修方便，但冷却强度不易控制和调节、功率消耗大、噪声大，由于发动机与空气之间温差较大，故风冷却系统的散热能力对气温变化不敏感，在现代汽车发动机上较少采用。

(2)水冷却系统

将发动机中高温零件的热量先传导给冷却液，再散入大气中去，使发动机的温度降低而进行冷却的一系列装置，称为水冷却系统。

水冷却系统冷却均匀可靠、工作噪声小、冷却强度调节方便、效果好，因此被广泛应用于现代汽车发动机中。

3. 水冷却系统的组成和冷却原理

(1)组成

水冷却系统一般由散热器、水泵、水管、水套、节温器、散热器、百叶窗、膨胀水箱、冷却液温度表和风扇等组成。如图8.3所示为桑塔纳轿车发动机冷却系统。

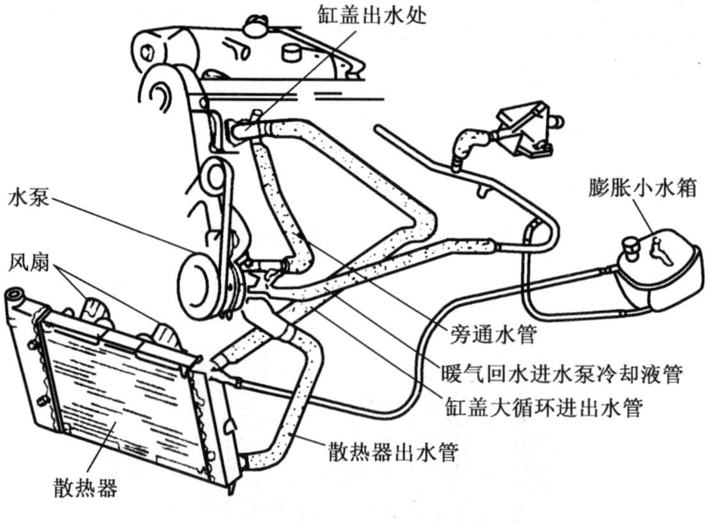

图8.3　桑塔纳轿车的发动机冷却系统

①冷却系统的主要部件有水泵、散热器、膨胀水箱(或补偿水箱)、发动机水套、风扇、水管等。

②冷却液温度调节装置有节温器、温控开关、风扇离合器等。

③冷却液温度监控报警装置有冷却液温度传感器、报警灯等。

(2)冷却系统的工作原理

发动机的冷却系统为强制冷却系统,即通过水泵的作用,提高冷却液的压力,强制冷却液在发动机水套和散热器中循环流动,水套直接布置在气缸的周围,利用冷却液吸收水套周围的热量,冷却液再流到散热器内,将热量传给散热片使之被流经散热器的空气带走,经过冷却后的冷却液再进入水套。如此不断循环进行散热,保持发动机的最佳工作温度。

(3)冷却系统的循环水路

为了保证发动机在不同负荷、不同转速和气候条件下能够保持正常的工作温度,发动机冷却系统的冷却液的循环方式及路线是随着发动机工作温度的变化而改变的。由装在缸盖出水管或水泵进水管上的节温器进行控制。发动机冷却系统循环水路如图8.4所示。

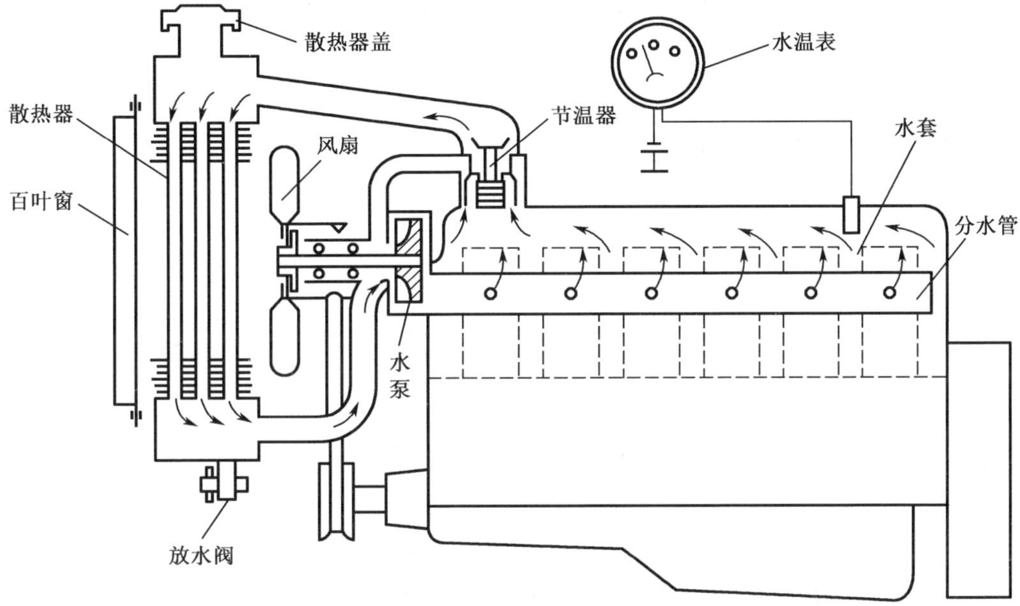

图8.4　发动机冷却系统循环水路

水冷却系统有大循环和小循环两种循环方式,如图8.5所示。当发动机温度较低时,节温器的副阀门开启,主阀门关闭,冷却液从水泵流出,经分水管→水套→出水口→水泵,进行的是小循环。其目的是使发动机温度迅速升高到正常工作温度。当温度达到80 ℃以上时,节温器的副阀门闭,主阀开启,冷却液从水泵流出,经分水管→水套→出水口→上水管→散热器→下水管→水泵,进行大循环。在这一过程中,由于冷却液流经水套周围时,吸收了气缸和燃烧室的热量,并经散热器将热量散发到空气中去,从而达到了保持发动机的正常工作温度。

(4)水冷却系统强度调节装置

除节温器调节冷却液温度外,一般汽车在散热器前端还安装了百叶窗,根据发动机的温度调节散热器风流强度,以改变发动机的散热效果。有些汽车还装有自动风扇离合器,由发动机周围的温度自动控制风扇离合器的接合或分离,来调节流经散热器中冷却液的温度,从而改变发动机的冷却程度。

①百叶窗、风扇离合器、硅油风扇离合器用于改变通过散热器的空气流量。

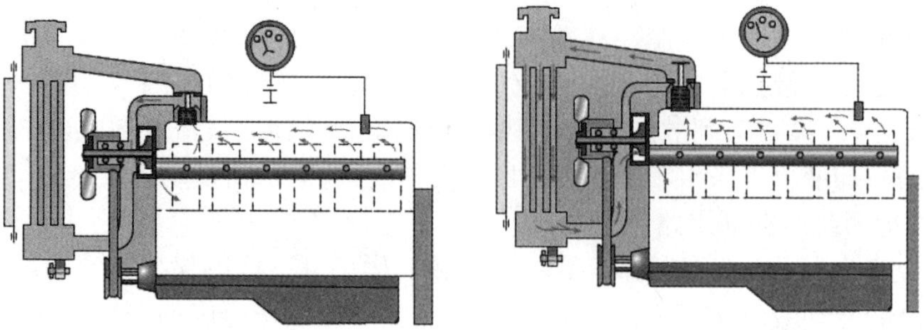

(a) 小循环　　(b) 大循环

图 8.5　发动机冷却系统两种循环方式

②节温器用于改变通过散热器的冷却水的流量。

二、发动机冷却系统的识别与描述

水冷却系统强度周节装置如图 8.6 所示。

①识别汽车上发动机冷却系统的各部件。

②正确描述发动机冷却系统工作原理。

③正确描述发动机冷却系统水路,并画出冷却系统循环水路示意图。

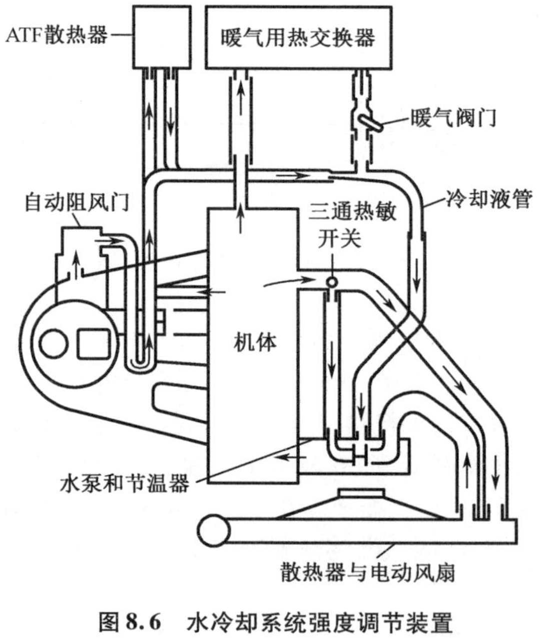

图 8.6　水冷却系统强度调节装置

三、知识拓展

冷却液是发动机冷却系统中重要的工作介质，汽车常用的冷却液有水冷却液和加有防冻剂的防冻冷却液。

1. 水冷却液

水冷却液是指直接将水作为发动机的冷却液。它的特点是简单、方便，但易结冰、结垢、沸点低。

水在0 ℃时会结冰，如果发动机水冷却系统中的冷却液结冰，将会使冷却液终止循环而影响发动机正常工作，甚至可能会使气缸体、气缸盖和散热器等因为水结冰时体积膨胀而导致胀裂；冷却水最好选用软水，即含矿物质少的水（如雨水、雪水、自来水等），否则易在水套内产生水垢，使气缸体和气缸盖的导热性能变差，造成发动机过热；水的沸点低，容易蒸发，须经常添加。

2. 防冻冷却液

防冻冷却液是一种含有特殊添加剂的冷却液，起冷却、防冻、防锈、防积水垢和提高冷却液沸点等作用，现代汽车发动机普遍采用防冻冷却液。

（1）防冻冷却液的种类

防冻冷却液主要由冷冻剂和水按一定比例混合而成。按冷冻剂种类的不同，防冻冷却液分为酒精型、甘油型、乙二醇型三种。目前使用较多的为乙二醇型防冻冷却液。

乙二醇是一种无色黏稠液体，能与水以一定比例混合，沸点为197.4 ℃，冰点为 -11.5 ℃，与水混合后还可使防冻冷却液的冰点显著降低（最低可达 -68 ℃）。

乙二醇型防冻冷却液是用乙二醇作为冷冻剂，与水、防腐剂、染色剂等多种添加剂配制而成。用不同比例的乙二醇和水混合可配制不同冰点的防冻冷却液。这类防冻冷却液沸点高、冰点低、冷却效率高，但有毒性、对金属有腐蚀作用，故使用中应注意安全。

专用防冻冷却液（长效冷却液）一般呈红色或绿色。两者几乎都有相同的成分。

（2）乙二醇型防冻冷却液的牌号

乙二醇型防冻冷却液分为防冻冷却液和防冻浓缩液两大类。防冻冷却液按其冰点不同，分为 -25、-30、-35、-40、-45、-50 共六个牌号，可直接加入车中使用。防冻浓缩液便于储运，使用时应根据产品说明书规定的比例，用蒸馏水或去离子水稀释。

（3）乙二醇型防冻冷却液的选用

乙二醇型防冻冷却液的牌号是按冰点来划分的，选用时应根据车辆使用地区冬季的最低气温来选择合适的牌号。为防意外，选用的防冻冷却液冰点应比最低气温低10 ℃左右。

（4）乙二醇型防冻冷却液使用注意事项。

①车辆首次使用乙二醇型防冻冷却液时，应将散热器中原有的水放尽，最好能用散热器清洗剂将其中的水垢和沉淀物清除，其加入量一般为散热器容量的95%。

②用防冻浓缩液配制时，不能使用河水、井水、自来水等。

③防冻冷却液和添加剂均为有毒物质，使用中应注意安全。

④定期检查冷却液液面高度，并适时补充冷却液。乙二醇型防冻冷却液使用一段时间后，会因蒸发而使液面下降，此时可补充蒸馏水或去离子水使其保持原有量，在补充数次后，考虑到添加剂的损耗，应补充同型号的冷却液。补充冷却液时，应在发动机关闭后处于冷却状态时进行；否则，热水喷出会伤人。

⑤根据行驶里程或时间长短来更换发动机冷却液,因为难以通过目视来判断它的变质程度,更换周期一般为每 40 000 km 或 1 ~2 年。

⑥不同牌号的防冻冷却液不可混合使用。

任务 8.2 发动机冷却系统的构造与维护

在冷却系统的组成中,有些部件已在前述模块中阐述过,这里介绍其中主要部件的结构、原理及检修方法。

一、冷却系统主要部件的基础知识

1. 发动机水套

(1)水套的功用

水套就是水冷发动机的气缸盖和气缸体中铸造出来的贮水和连通的夹层空间,使水得以接近受热零件,并可在其中循环流动,如图 8.7 所示。

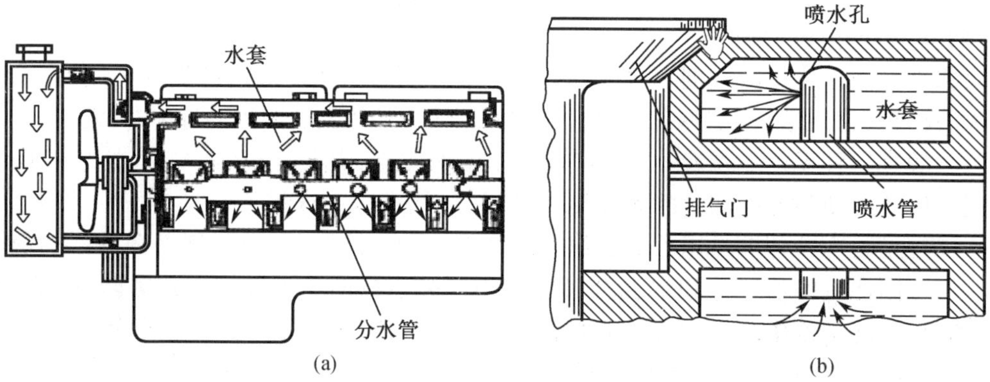

图 8.7 水套

(2)水套的构造

水套主要由分水管和喷水管组成。

①分水管。水套中的分水管能使冷却液均匀流到各缸,从而达到多缸发动机各气缸冷却强度均匀的目的。插入缸体水套的分水管一般是一根铜制的扁管,沿纵向开了若干个出水孔。离水泵越远处,出水孔越大。这就使水流速度较低的发动机后部的气缸有足够的冷却强度,如图 8.7(a)。

②喷水管。水套中的喷水管,强制冷却排气门,如图 8.7(b)所示。

2. 水泵

(1)水泵的功用

水泵的作用是对冷却液加压,强制冷却液在冷却系统中循环流动。常见的水泵安装在发动机前端,由发动机曲轴通过三角皮带驱动。目前,汽车发动机上广泛采用离心式水泵,其具有结构简单、体积小、出水量大、维修方便,同时当水泵因故障而停止工作时,不妨碍冷却液在冷却系统内热对流而自然循环等优点。水泵在汽车发动机上得到了广泛的应用。

(2)水泵的构造

水泵安装在发动机前端,现代汽车发动机均采用离心式水泵。这种水泵结构简单、体积小、出水量大、维修方便,获得广泛应用。离心式水泵主要由壳体、叶轮转子、水泵轴、轴承、水封等组成。叶轮转子上有六枚叶片,壳体与叶轮转子之间用橡胶密封圈进行密封。水泵的结构如图8.8所示。

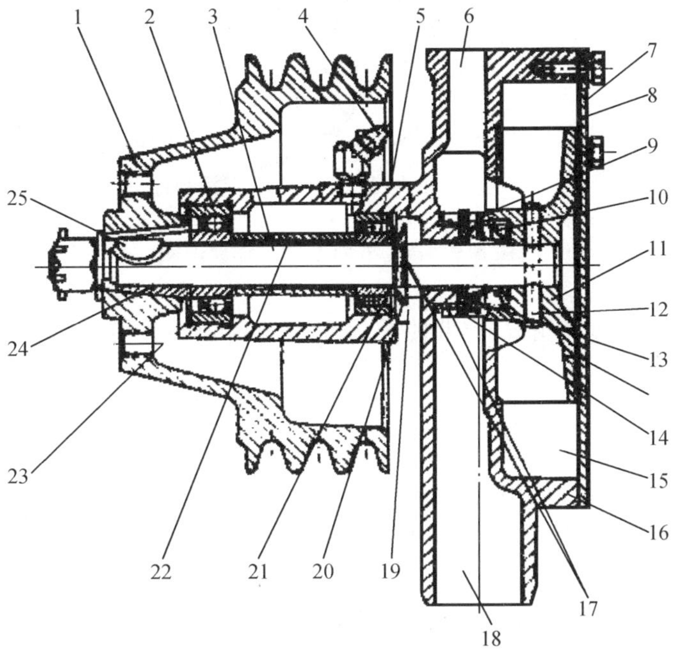

1—V带轮;2、5—轴承;3—水泵轴;4—油嘴;6—旁通口;7—盖板;8—衬垫;9—胶木弹簧垫;10—水封弹簧;11—叶轮;12—锁销;13—水封皮碗;14—水封密封垫;15—出水口;16—泵壳;17—锁环;18—进水口;19—检视孔;20—抛水圈;21—油封;22—隔套;23—锁环;24—锥形套;25—半圆键。

图8.8　水泵的结构

水泵外壳一般用螺栓固定在发动机前端。水泵轴由两个滚珠轴承支承在水泵外壳上。水泵轴的一端铣削成平面与水泵叶轮承孔相配合,并通过螺钉固紧,以防叶轮轴向窜动;水泵轴的另一端用半圆键与凸缘盘连接,并用槽形螺母锁紧。凸缘盘用来安装风扇带轮。

叶轮的前端为水封装置,它包括:带有两凸缘的夹布胶木密封垫圈卡于水泵外壳的两槽内,以防止转动。弹簧通过水封环将水封皮碗的一端压在水封座圈上,而另一端压向夹布胶木密封垫圈上;为了防止水泵内腔的水沿水泵轴向前渗漏,夹布胶木密封垫圈又压在水泵叶轮毂的端面上。当有少量的水滴由水封处渗出时,为避免破坏轴承的润滑,渗漏的水滴可从泄水孔泄出。

(3)离心式水泵的工作原理

离心式水泵的工作原理,如图8.9所示。当水泵工作时,叶轮旋转,进水腔A体积增大,产生真空,在真空吸力的作用下,冷却液由散热器经进水管进入水泵,然后被叶轮带到出水腔B,由于这时出水腔B的体积是不断缩小的,所以压力增加,这样冷却液就通过出水管被压入发动机缸体水套中。如此连续不断地工作,就强制冷却液在冷却系统内循环流动。

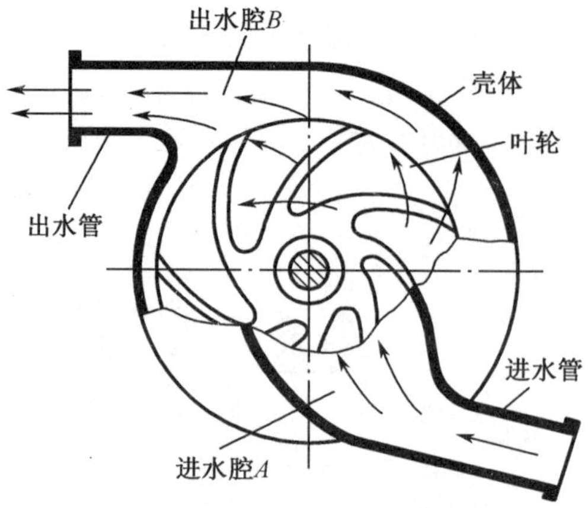

图 8.9 离心式水泵的工作原理图

水泵的动力由曲轴带轮经 V 带传至风扇带轮，再通过凸缘带动水泵轴和水泵叶轮转动。

3. 散热器

(1)散热器的功用

散热器也称之为水箱，功用是将冷却液从水套内吸收的热量传递给外界空气，使冷却液降温，并为冷却系统储存一定量的冷却液。

(2)散热器的结构

散热器安装在发动机的前端，为集中风向、加速气流、提高散热效果，通常在散热器的后部加装护风圈。散热器必须有足够的散热面积，通常使用导热性能、结构刚度和防冻性能较好的铜、铝、铝锰合金等材料制造。散热器主要由上储水室、下储水室和散热器芯管、散热器盖等部分组成，如图 8.10 所示。

按照散热器中冷却液流动的方向，可将散热器分为纵流式和横流式两种。纵流式的散热器芯竖直布置，上接进水室，下连出水室，冷却液由进水室自上而下地流过散热器芯进入出水室[图 8.11(a)]。横流式的散热器芯横向布置，左、右两端分别接进、出水室，冷却液自进水室经过散热器芯到出水室横向流过散热器[图 8.11(b)]。大多数新型轿车采用横流式散热器，这样可以使发动机机罩的外廓较低，有利于改善车身前端的空气动力性。

(3)上、下储水室

散热器上储水室为钢皮制成的容器，上储水室顶部有加水口，平时用散热器盖盖住，并装有进水橡胶皮管，与发动机上出水管相连接。下储水室也是用钢皮制成的容器，下储水室的出水橡胶软管与水泵进水口相连接，一般在下储水室装有放水开关。由发动机出水管流出的温度较高的热水进入上储水室，再由上储水室向下流动，通过散热器芯管时，被与汽车行驶方向相反的空气流将水流中的热量带走，经散热器冷却管散热冷却后流入下储水室，由散热器出水管流出后被吸入水泵。

为防止冷却液在汽车颠簸时从散热器顶部的孔口溅出和散失，散热器孔口应密封，但随着冷却液温度的上升，冷却系统内水蒸气必然增多，导致压力过大，这样散热器有破裂的可能。为解决这个问题，一般在散热器上设置加压阀、负压阀和溢流管。当冷却液温度过高时，散热器内从加压阀排出的水蒸气经溢流管引向膨胀水箱，当发动机的温度下降，散热器内的压力减小时,膨胀水箱内的冷却液经溢流管通过负压阀又能及时流回散热器。

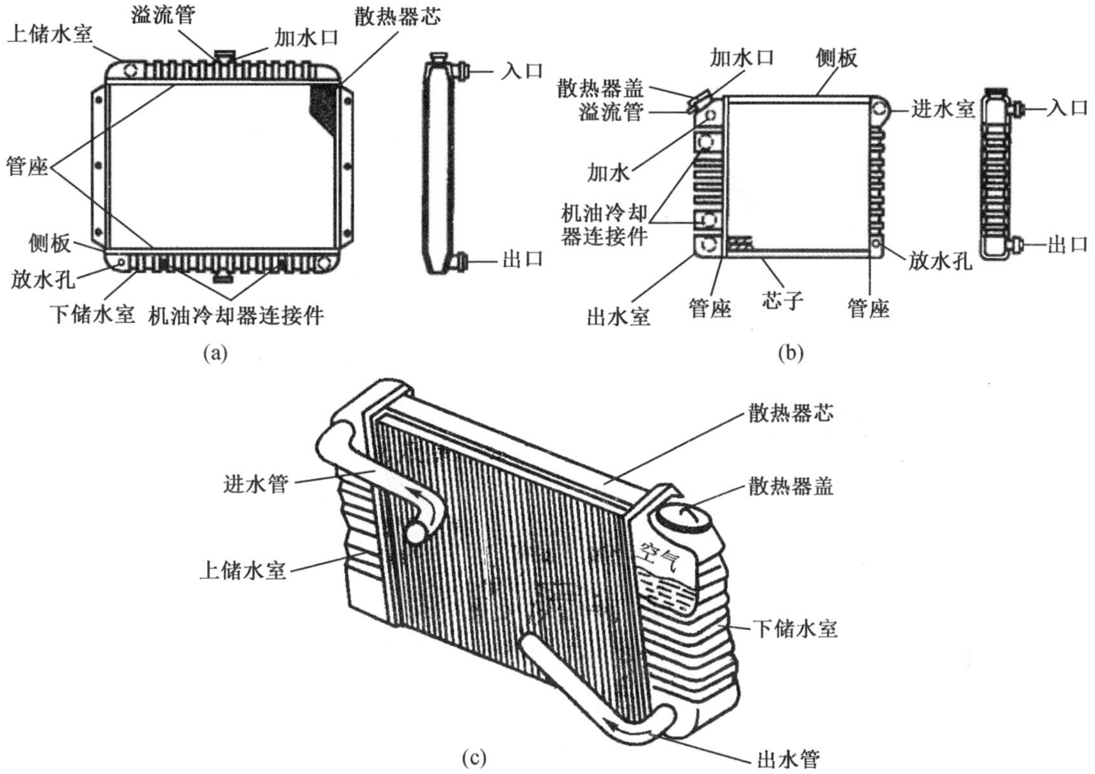

图 8.10　散热器

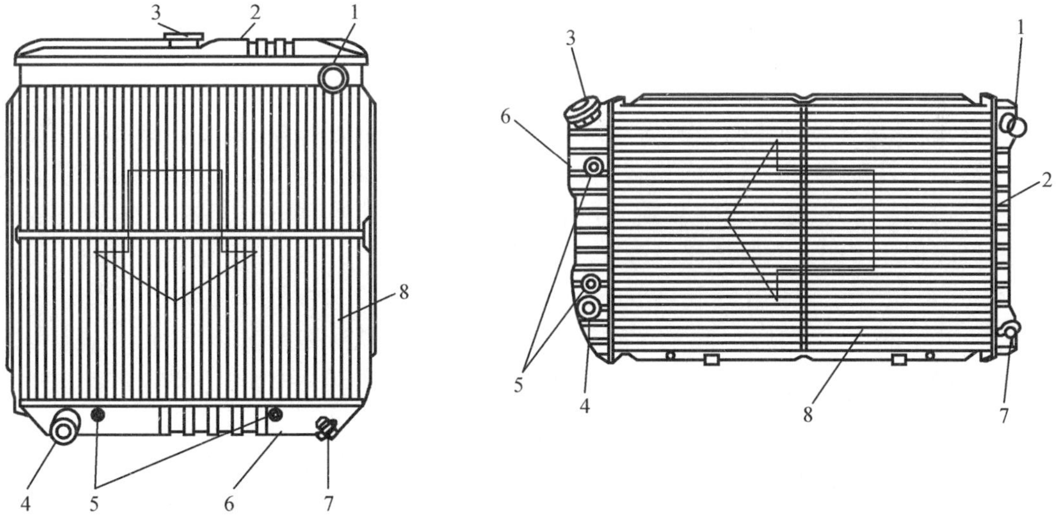

(a) 纵流式　　　　(b) 横流式

1—进水口;2—进水室;3—散热器盖;4—出水口;

5—变速器油冷却器进、出口;6—出水室;7—放水阀;8—散热器芯。

图 8.11　散热器中冷却液流动的两种方向

(4)散热器芯

散热器芯的结构形式主要有管片式、管带式和板式三种,如图8.12所示。

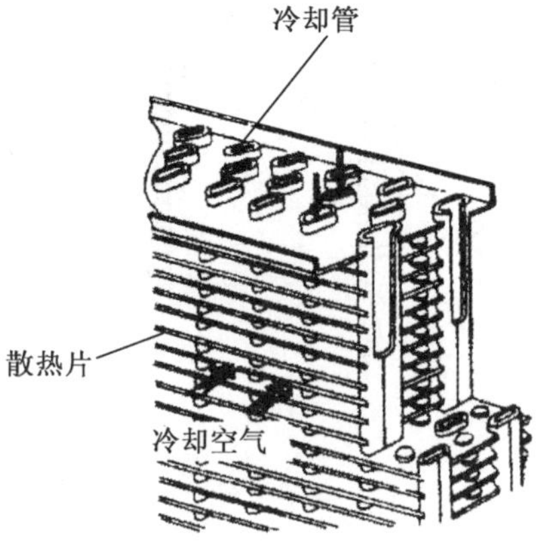

(a) 管片式

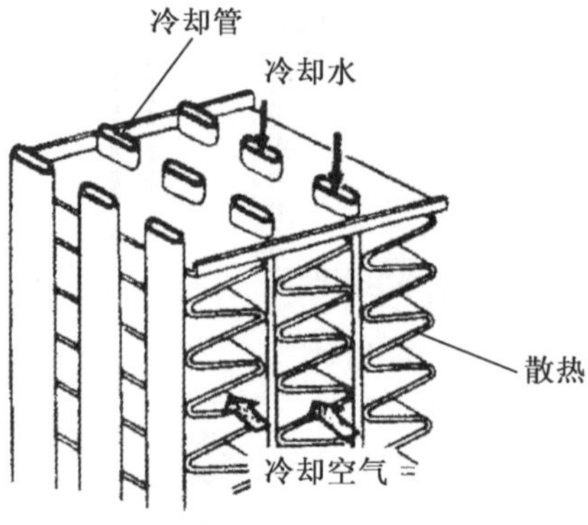

(b) 管带式

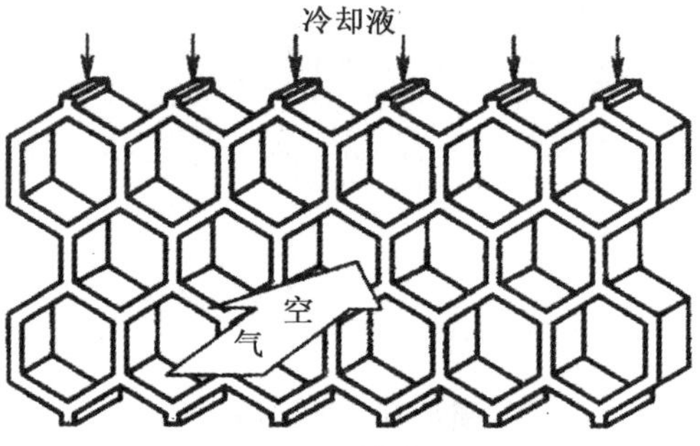

(c) 板式

图8.12 散热器芯的结构形式

图8.12(a)所示为管片式,它由许多散热管和散热片组成。散热管是焊接在进、出水室之间的直管,是冷却液的通道。散热管大多采用扁圆形断面,因为扁管与圆管相比,在容积相同的情况下具有较大的散热面积;当管内的冷却液冻结膨胀时,扁管可以借其横断面变形而避免破裂。此外,为了进一步提高散热效果,在冷却管外面横向套装了很多散热片来增加散热面积并增加整个散热器的刚度和强度。

图8.12(b)所示为管片式散热器芯,波纹状散热带与冷却管相间排列。在散热带上开有形似百叶窗的孔,以破坏空气流在散热带表面上的附面层,提高散热能力。与管片式相比,这种散热器芯散热能力强、制造工艺简单、质量小、成本低,在轿车上得到广泛应用,但刚度不如管片式好。

图8.12(c)所示为板式散热器芯,这是一种新型的散热器芯,散热带呈蜂窝状排列。它的散热线路短、面积大,有利于散热;但制造工艺要求相对复杂、制造成本高,强度一般。

(5)散热器盖

现代汽车封闭式水冷系统广泛采用具有蒸汽阀和空气阀散热器盖,这种散热器盖具有自动阀门,在发动机热状态正常时,阀门关闭,将冷却系统与大气隔开,防止水蒸气逸出,可提高冷却液的沸点(冷却系统压力每增加6.8 kPa,水的沸点约提高1.6 ℃),使冷却液不易沸腾，同时可以提高散热器水与空气的温差，提高冷却效率，并且可以减少冷却液的流失；在冷却系统内压力过高或过低时，自动阀门则开启以使冷却系统与大气相通，可防止当散热器内冷却液减少，或压力降低时冷却管被大气压瘪。散热器盖结构与工作原理如图8.13所示。

散热器盖具有空气和蒸汽阀，一般情况下，两阀借弹簧关闭。当散热器内部压力大于规定值时（一般为0.026~0.037 MPa，某些轿车可达0.1 MPa），蒸汽阀打开，蒸汽及冷却液由蒸汽排出管流出。当发动机停止工作，冷却液温度降低，体积收缩后，散热器内的压力低于大气压力时（冷却系统中产生的真空度值约为0.01~0.02 MPa），空气阀打开，使空气或储水箱中的冷却液流入散热器内，以防止散热器或水管塌陷，并保持冷却液的量。

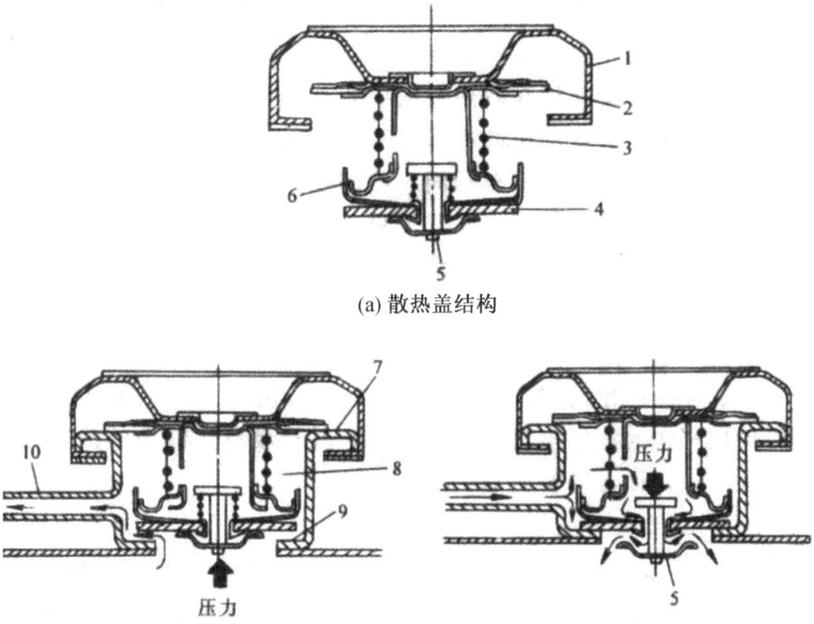

(a) 散热盖结构

(b) 蒸汽阀开启　　(c) 空气阀开启

1—散热器盖；2—上密封衬垫；3—压力阀弹簧；4—下密封衬垫；5—空气阀；6—蒸汽阀；
7—加冷却液口上密封面；8—加冷却液口；9—加冷却液口下密封面；10—溢流管。

图8.13　散热器盖结构与工作原理（空气阀和蒸汽阀）

4.冷却液补偿装置

冷却液补偿装置有补偿水箱和膨胀水箱两种。

(1)补偿水箱

补偿水箱亦称储液罐或副水箱，作用是减少冷却液的损失。它是一个塑料小箱，用软管连接到散热器的蒸气导出口，防止冷却液损失，对散热器内的冷却液起到自动补偿作用。补偿水箱只有一根软管通散热器盖，其上有检查冷却液高度的标记刻线，如图8.14所示。

补偿水箱设置于散热器的一侧，通过橡胶水管与散热器加水口处的出气口相连。当冷却液温度升高、体积膨胀时，散热器中多余的冷却液流入膨胀水箱中；而当冷却液温度降低、体积收缩时，散热器内产生一定真空，膨胀水箱中的冷却液又被吸回散热器中。散热器可以经常保持在满水状态，以提高冷却效果。散热器上水箱也可以做得小些，同时冷却液损失很少，驾驶员也不必经常检查冷却液量。膨胀水箱上印有两条液面高度标记线：Dl

(低)与 GAO(高),或者 FULL(充满)与 ADD(添加)。冷却液温度在 50 ℃以下时,液面高度不应低于 DI(ADD)线;否则需补充冷却液,补充时冷却液可从膨胀水箱口加入,高度不超过 GAO(FULL)线。

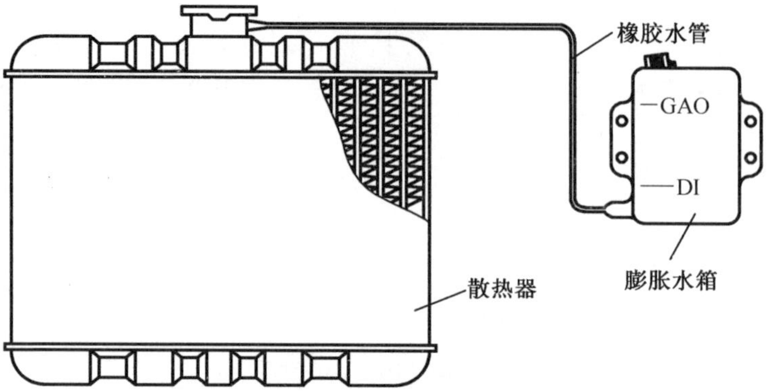

图 8.14 补偿水箱

桑塔纳 2000 型发动机冷却系统采用了自动补偿封闭式散热器,散热器右侧有补偿水箱,它可以减少冷却液的损失。当冷却液温度 50 ℃时,补偿水箱的水位应位于两个标志之间。它的冷却液温度由于封闭的缘故可以达到 135 ℃。

(2)膨胀水箱

膨胀水箱除具备补偿水箱的功能外,还具有水汽分离的功能。膨胀水箱的一根软管通散热器盖,另一根通水泵的进水管。

5. 节温器

(1)节温器的功用和类型

节温器安装在冷却液循环的通路中,其功用是根据发动机负荷大小及冷却液温度高低来改变冷却液的流动路线及流量,自动调节冷却系统的冷却强度,使冷却液温度保持在最适宜的范围内。

节温器按结构可分为蜡式、双金属式和折叠式。

目前汽车发动机上广泛采用蜡式节温器,它具有对水压影响不敏感、工作性能稳定、水流阻力小、结构坚固和使用寿命长等优点。

(2)蜡式节温器构造

蜡式节温器安装在缸盖出水口处,其结构如图 8.15 所示。中心杆的上端固定于支架,下端插入胶管的中心孔内。胶管与外壳之间的环形内腔装有石蜡。节温器外壳上端装有主阀门,下端套装有副阀门,弹簧位于主阀门与支架下底之间。

(3)蜡式节温器的工作原理

①低温时,石蜡呈固态,弹簧将主阀门压在阀座上,而副阀门开启,冷却液进行小循环。

这样,发动机开始工作时,冷却液快速升温,能很快暖机,在短时间内达到发动机正常工作温度。

②当温度升高时,节温器外壳中的石蜡由固态变为液态,体积增大,在外壳容积不能增大的情况下,石蜡挤压胶管,胶管收缩而对中心杆锥状端头产生推力,因中心杆固定在支架上不能移动,只能使外壳压缩弹簧向下移动并带动阀门下行。这时,主阀门打开,副阀门关

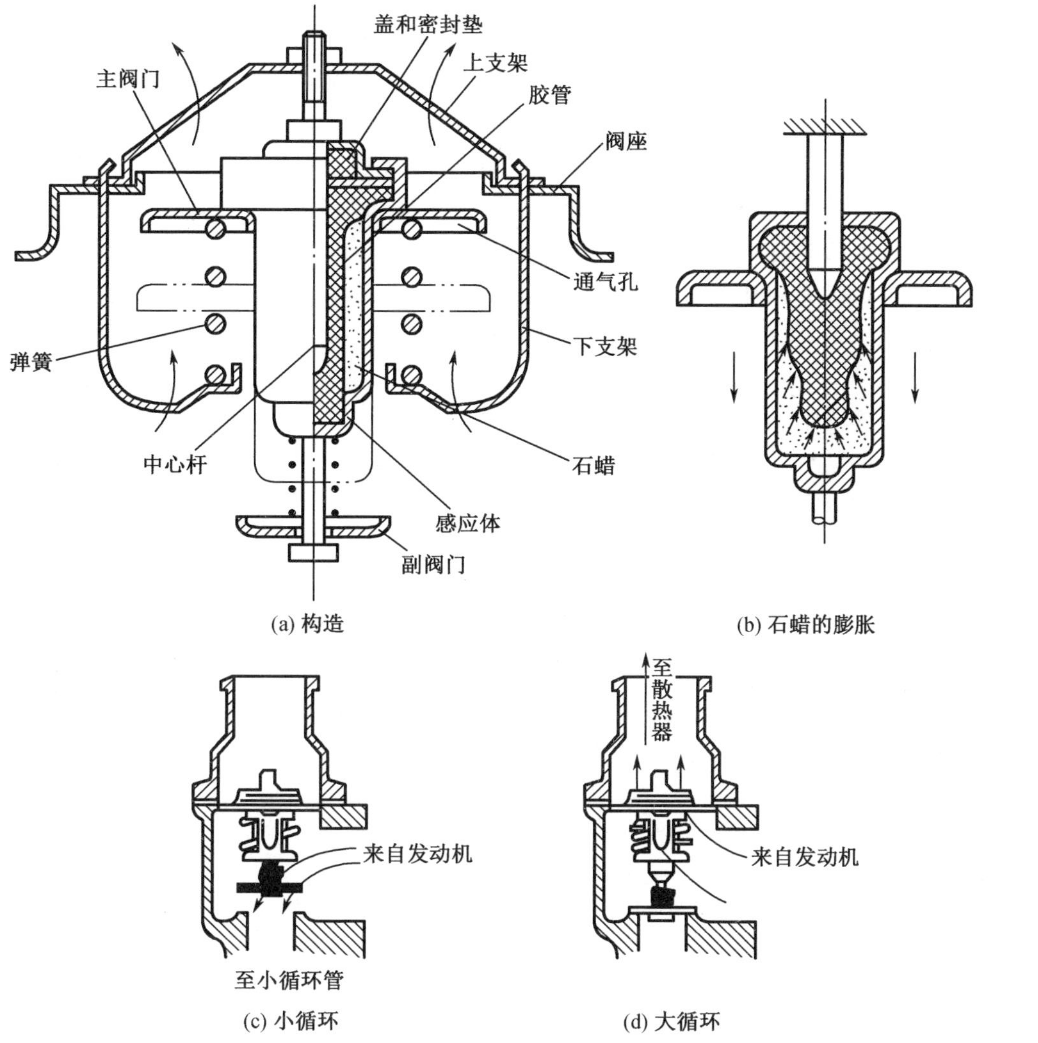

图 8.15　蜡式节温器

闭,冷却液经主阀门流入散热器,进行大循环。

各种发动机上使用的节温器原理相似,只是其性能参数不同,即阀门打开的温度不同。如 EQ6100－1 型发动机的蜡式节温器,当冷却液温度低于 76 ℃时,主阀门关闭,副阀门打开,冷却液进行小循环;当冷却液温度达到 76 ℃时,主阀门开始打开,副阀门逐渐关闭,冷却液大小循环同时存在;当冷却液温度超过 86 ℃时,主阀门全开,副阀门刚好关闭,冷却液进行大循环。

桑塔纳 2000 型轿车发动机的蜡式节温器,当冷却液温度低于 85 ℃时,进行小循环;当冷却液温度高于 85 ℃时,部分冷却液进行大循环;当冷却液温度达到 105 ℃时,全部冷却液参加大循环。

6. 风扇

(1)风扇的功用

风扇安装在发动机与散热器之间,其功用是将空气吸进散热器并吹向发动机外壳,加快降低散热器中水的温度，同时使发动机外壳及附件得到适当冷却。

冷却风扇的扇风量主要与风扇的直径、转速、叶片形状、叶片安装角及叶片数目有关。目前，风扇的类型很多，如图 8.16 所示，但汽车用的水冷发动机上大多数采用螺旋桨式风扇，其叶片多用薄钢板冲压制成，横断面多为弧形，也可以用塑料或铝合金翼形断面。后者虽然制造工艺较复杂，但效率较高，功率消耗较少，在轿车和轻型汽车上得到了广泛的应用。为了减轻振动噪声，叶片间夹角不等，叶片数目通常为 4 ~6 片。叶片与风扇旋转平面之间安装呈一定的倾斜角度（一般为 30° ~45°偏扭角），偏扭角可为定值，也可制成变偏扭角。因风扇旋转时叶和叶尖的气流速度外大内小，为了提高风扇的效率，叶片从叶根到叶尖偏扭角逐渐减小。有些汽车发动机风扇的冲压叶片端部呈弯曲状，以增加扇风量［如图 8.16(a)所示］。

为提高扇风效率，有一种带辅助叶片的导流风扇，如图 8.16(d)所示。它在叶片表面上铸有凸起的辅助叶片，因此增加了空气的径向流量，防止了叶片表面的气流发生附面层分离和涡流现象，从而改善了冷机性能，并降低了噪声。为了提高风扇的效率，可以在风扇外围装设一个护风罩，如图 8.16(g)所示。使气流分布更均匀，且集中穿过风扇，减少空气回流现象。

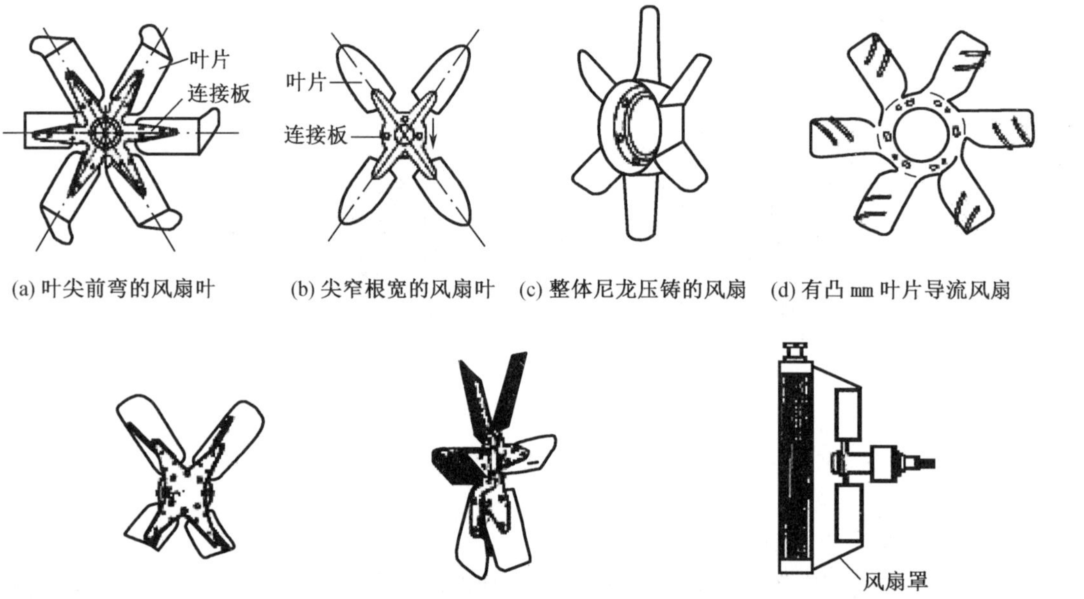

(a) 叶尖前弯的风扇叶　(b) 尖窄根宽的风扇叶　(c) 整体尼龙压铸的风扇　(d) 有凸 mm 叶片导流风扇

(e) 不等间隔的风扇叶　(f) 不等曲率弧度的风扇叶　(g) 风扇罩

图 8.16　风扇的类型

（2）风扇的类型

风扇有机械驱动风扇和电机驱动风扇两种。

①机械驱动风扇一般采用钢板冲压而制成，与水泵同轴。风扇和发电机一起通过 V 形带由曲轴带轮驱动。通常将发电机的支架做成可移动式的，以便调节 V 形皮带的松紧度。皮带过松，将引起皮带相对皮带轮打滑，使风扇的扇风量减少，发动机过热；皮带过紧，将增加发电机轴承的磨损。因此要求皮带必须保持一定的紧度，一般是用大拇指以一定的力（如 EQ6100 -1 型发动机规定为 30 ~50 N）按下皮带时产生 10 ~15 mm 的挠度为宜。机械

驱动风扇如图8.17所示。

②现代汽车发动机风扇通常采用合成树脂材料制成，以减少噪声，且广泛采用电动风扇，电机驱动风扇不与水泵同轴。风扇的转动由受冷却液温度控制的温控开关控制，发动机低温时风扇不转动，当发动机高温后风扇才转动，且某些发动机风扇有高、低两个挡位，由专门的电路控制。电机驱动风扇如图8.18所示。桑塔纳轿车发动机低速挡风扇接通温度为95 ℃，高速挡接通温度为105 ℃。

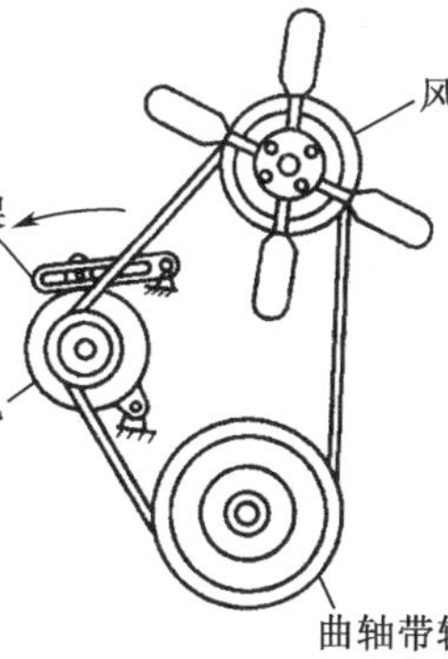

图8.17　机械驱动风扇

(3)电动风扇离合器

一些汽车发动机采用各种自动风扇离合器控制风扇的扇风量，以改变冷却强度。这种方法是根据发动机的温度自动控制风扇转速，以达到改变通过散热器的空气流量的目的。这不仅能减少发动机功率损耗，节约燃料，还能降低发动机噪声，提高发动机使用寿命。

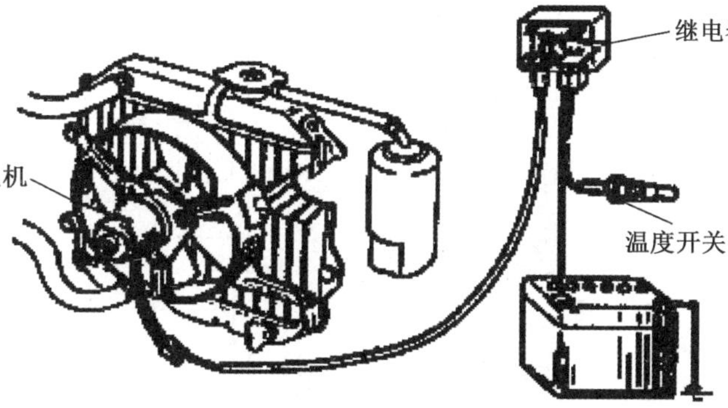

图8.18　电机驱动风扇

目前，常见的风扇离合器有硅油式、机械式和电磁式三种类型，其中以硅油式应用最多。

硅油式风扇离合器如图8.19所示，它安装在风扇与水泵之间，由主动部分、从动部分和控制部分组成。主动轴与水泵轴通过螺栓连成一体，主动板连接在主动轴的前端，从动板与前盖、壳体连成一体，风扇固定在壳体上。前盖与从动板之间的空间构成储油室，内部充满了黏度很大的硅油。主动板与壳体之间的空间为离合器工作室。从动板上有进油孔，常温下由阀片关闭，高黏度硅油不能进入工作室，离合器处于分离状态。主动板、主动轴与水泵轴一起转动，使风扇随壳体在主动轴上空转打滑，冷却系统的冷却强度相对较低。

当流经散热器的空气温度升高时，即冷却液温度升高时，双金属感温器受热变形，迫使阀片轴相对于从动板转动，从而带动阀片转动，打开进油孔，于是硅油进入工作室，由于主动板与从动板之间工作面的缝隙中进入了黏度很大的硅油，主动板利用硅油的黏性即可带动从动板和风扇转动，这时离合器处于接合状态，风扇转速升高。

从动板外缘有一个回油孔，硅油可在其离心力作用下，经回油孔从工作室返回储油室，从而使硅油在工作室与储油室之间循环流动，防止工作室中硅油温度过高而影响其黏度。

若流过散热器的空气温度下降，双金属感温器恢复原状，阀片关闭进油孔，在离心力作用下，硅油经回油孔从工作室返回储油室，离合器又回到分离状态，风扇转速降低。

解放 CA6102 型发动机采用的硅油风扇离合器工作时，当吹向感温器的气体温度超过 65 ℃时，阀片转至进油孔打开位置，离合器接合。当吹向感温器的气体温度超过 35 ℃时，阀片关闭进油孔，离合器分离。

桑塔纳 2000GSi 型轿车 AJR 发动机风扇采用温控热敏开关控制的风扇，叶片数目为 9 片，外缘设计成一个圆环，将这 9 片叶片连在一起，两个冷却风扇分别由两个调速电动机带动，提高了风扇系统工作的可靠性。当冷却液温度为 84 ~ 91 ℃时，风扇停转；当冷却液温度为 92 ~ 97 ℃时风扇以 2 300 r/min 的低转速运转；当冷却液温度为 99 ~ 105 ℃时，风扇以 2 800 r/min 的高转速运转；当冷却液温度为 93 ~ 98 ℃时，风扇改为低转速运转。

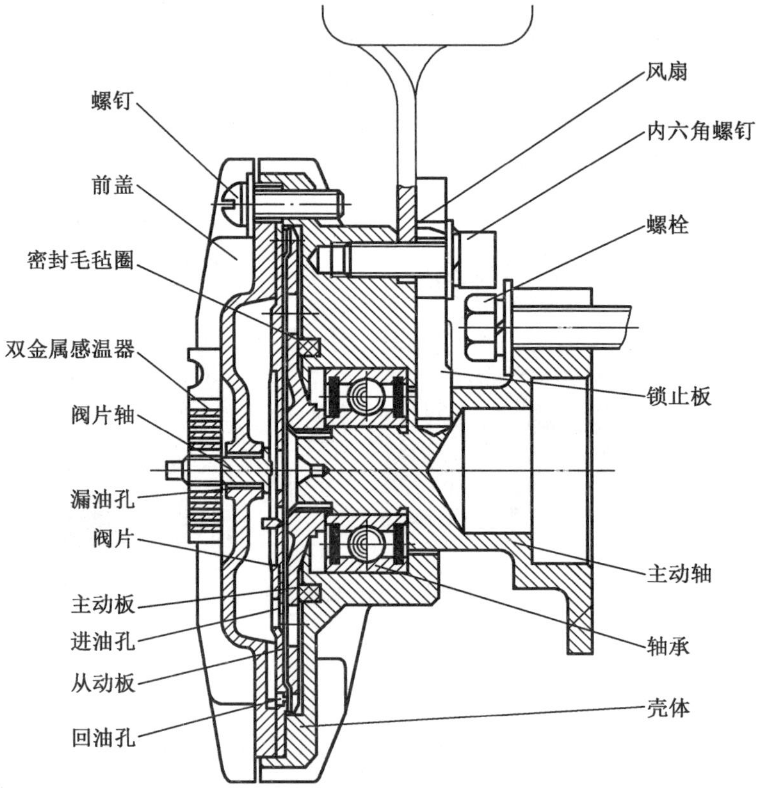

图 8.19　硅油式风扇离合器

7. 百叶窗

由于节温器的存在，在冬季冷车启动后的热车过程中，或在严寒冷却液温度较低时，水只进行小循环，水在散热器内有冻结的危险。为此，须在散热器前安装挡风装置，用来调节流过散热器的空气流量，以调节冷却液的冷却强度，使发动机保持在狭窄的正常温度范围内，并保持机罩内的正常温度不低于 20 ℃，以改善燃油的汽化条件，减少排气的污染。

百叶窗由许多片活动挡板组成，安装在散热器前面，有垂直安装的，也有水平安装的。驾驶员通过一套操纵机构来控制百叶窗的开度，有些汽车采用调温器来自动控制百叶窗开度。

二、冷却系统的检查与维护

1. 检查散热器、膨胀箱、箱盖压力阀及水管

①冷却系统各部件无变形、破损及渗漏。

②散热器盖、膨胀箱盖结合表面良好、密封，箱盖压力阀清洁，不堵塞，能正常开启。

2. 冷却液的检查和更换

(1)检查冷却液品质及液面高度

储液罐的冷却液液面高度在储液罐上、下标线之间，则冷却液量为合适；如果低于下标线，则应补充冷却液。

(2)补充冷却液

应待发动机冷却后，用抹布裹着散热器盖将其打开，添加冷却液至规定位置。一定要注意等待发动机冷却后再打开加水盖，以防烫伤或引起缸体、缸盖变形。

(3)视情况更换冷却液

如果冷却液变得污浊或充满水垢，应将冷却液全部放掉并清洗冷却系统，然后添加冷却液至标准高度。

(4)排放冷却液

①旋开冷却液储液罐盖。注意旋开盖子时，在盖子上盖一块抹布，以防有蒸汽喷出。

②在发动机下放置一个干净的收集盘。

③松开夹箍，拔下散热器的下水管，放出冷却液。

(5)加注冷却液

①冷却液品种要符合本地气候条件。

②加注冷却液至冷却液储液罐最高点标线处。

③旋紧储液罐盖子。

④使发动机运转5 ~7 min。

⑤检查冷却液液面，必要时加注冷却液到最高点标线处。

⑥按时更换冷却液，普通冷却液应每6个月更换1次。长效防锈防冻液一般2年更换1次。

3. 水泵的维护(以桑塔纳轿车为例)

(1)水泵的解体与清洗

①清除水泵表面脏污，将水泵固定在台虎钳上。

②拧松并拆下带轮紧固螺栓，拆卸带轮。

③用专用拉具拆卸水泵轴凸缘。

④拧松并拆卸水泵前壳体的紧固螺栓，将前泵壳段整体卸下，并拆下衬垫。

⑤用拉具拆卸水泵叶轮。

⑥从水泵叶轮上拆下锁环和水封总成。

⑦压出水泵轴和轴承(如果水泵轴和轴承经检测需要更换，则先将水泵加热到75 ~85 ℃)。

⑧拆卸油封及有关衬垫，从壳体上拆下浮动座。

⑨换位夹紧，拆卸进水管紧固螺栓，拆卸进水管。

⑩拆卸密封圈、节温器。

⑪将拆卸的零件放入清洗剂中清洗。

(2)水泵的常见故障

水泵常见的损伤有壳体的渗漏、破裂,水泵轴的弯曲、磨损,水泵叶轮叶片的破裂,水封垫圈与橡木垫圈的磨损,水泵轴与轴承的磨损,轴承与轴承座孔的磨损。

①水泵壳体。如果水泵壳体破裂,可在裂纹两端各钻直径为 2.5 mm 的孔,沿裂纹开 V 形口,采用铸铁焊条乙炔焊时,须在焊前对壳体件预热;也可以用铸铁焊条采用电焊。

②轴承座孔。轴承座孔经常由于压入、压出轴承使座孔产生磨损。修理时,往往采用压配合镶入衬套的方法进行修复。

③水泵叶轮。水泵叶轮片破裂,通常用堆焊法进行修复。

④水泵轴。水泵轴一般用中碳钢制造,轴颈工作时经常发生磨损,轴颈磨损用镀铬、镀铁法进行修复。水泵轴弯曲时应进行校正。

(3)水泵主要零件配合精度

①水泵轴与轴承的配合精度一般为 -0.010 ~ +0.012 mm,大修允许精度为 -0.010 ~ 0.030 mm。

②水泵轴承与承孔的配合精度一般为 -0.02 ~ +0.02 mm,大修允许精度为 -0.02 ~ +0.044 mm。

③水泵轴与叶轮承孔的配合精度,无固定螺栓(螺母)的一般为 -0.04 ~ -0.02 mm;有固定螺母的一般为 -0.01 ~ +0.01 mm。

④水泵叶轮装合后,一般应高出泵轴 0.1 ~0.5 mm。

⑤水泵装合后,叶轮外缘与泵壳内腔之间的间隙,一般为 1 mm;叶轮与泵盖之间应有 0.075 ~1.00 mm 间隙。

(4)水泵的装配与试验

①安装密封圈和节温器并以 10 N · m 的力矩拧紧。

②安装进水管,拧紧进水管螺栓。

③安装油封及有关衬垫和浮动座。

④安装水泵轴和轴承。

⑤安装水封和锁环。

⑥安装水泵叶轮。

⑦安装衬垫及前泵壳体,用 20 N · m 的力矩拧紧螺栓。

⑧压入水泵轴凸缘。

⑨安装水泵带轮,用 20 N · m 力矩拧紧螺栓。

⑩水泵装合后,水泵下方的泄水孔应畅通,并加注规定牌号的润滑脂。

⑪水泵装合后应进行检验。首先用手转动 V 带轮,泵轴应无阻滞现象,叶轮与泵壳应无碰击感觉。

⑫试验。在水泵试验台上进行试验时,当水泵轴以 1 000 r/min 的速度运转时,每分钟的排水量不应低于规定的数值,在 10 min 的试验中不应出现有金属摩擦声和漏水现象。水泵的最高转速为 6 000 r/min,进口压力为 0.10 MPa,出口压力为 0.16 MPa。

(5)实训结束后整理场地及工具、量具和机件等。

4. 检查节温器的工作状况(以捷达轿车为例)

①节温器应工作灵敏、准确,在一定的温度下开启。

②水温表指示正确。

③节温器的检测。

a. 从发动机上拆下节温器；

b. 将节温器放在一个充满水的容器内加热，用温度表监测温度（如图8.20所示）；

c. 水温约87 ℃时，节温器阀门必须开启；

d. 水温约120 ℃时，应完全打开，阀门最低行程为7 mm。

④节温器的更换。蜡式节温器安全寿命一般为50 000 km。因其安全寿命较短，而且失效后无法修复，因此要求按照其安全寿命定期更换。

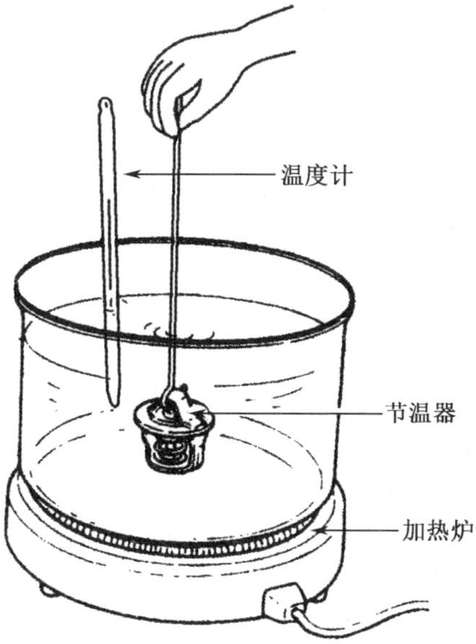

图8.20　节温器的检查

5. 检查风扇的工作状况

①风扇运转平稳，高、低挡转速有明显变化，无异响。

②热敏开关工作灵敏、准确，高、低速挡开启温度准确。

③硅油风扇离合器工作正常。

④风扇的检修。

a. 风扇叶片的检修。

b. 电动风扇热敏开关的检查。以桑塔纳轿车的发动机为例，检查电动风扇热敏开关。将电动风扇热敏开关放入加热的水中，用万用表测量第一挡，当水温达到93～98 ℃时应能导通，当水温将到88～93 ℃时，应断开。第二挡为105 ℃时导通；93～98 ℃时应断开。否则，应更换电动风扇热敏开关。

c. 风扇离合器的检修。

(a)在汽车二级维护时，应对电动风扇离合器的电磁风扇离合器进行就车检查。检查时，先把点火开关旋到ON挡，并使风扇离合器脱离温控器的控制，观察风扇应转动平衡，工作电流应符合原设计规定的范围。

(b)硅油风扇离合器在日常维护时，应进行就车冷态检查。当汽车停放约12 h后，在发动机启动前用手指拨动风扇叶片应感到有明显的转动阻力。发动机启动后，运转1～2 min后熄火，此时拨转风扇叶片若感到转动阻力明显减小，可以认为硅油风扇离合器工作正常。

(c)二级维护时，应就车检查风扇离合器的接合、分离状况。在导风圈上部打一个小孔，把管式温度计从小孔插入风扇和散热器之间，测量风扇离合器开始接合与分离时，散热器后端热风流的温度应符合原厂规定。如北京切诺基汽车的接合温度为72 ℃；CA1091型汽车风扇离合器开始接合时的热风温度为65 ℃，开始分离的温度为70 ℃。

6. 散热器的维护

(1)散热器水垢的清洗

散热器水垢的清洗，一般采用化学方法，原理是利用酸或碱类物质与水垢发生化学反应，生成可溶于水的物质，而将水垢清洗除去。

清洗时，一般采用循环法，即先用酸性溶液洗涤，再用碱性溶液冲洗中和，清洗时除垢剂以一定的压力（一般为10 kPa），在气缸体水套或散热器内循环。一般经过3～5 min后即可清洗完毕。如果散热器内积垢严重时，应拆去上、下水室，再使用通条疏通。

(2)拆卸散热器

①排放冷却液。

②松开冷却液管上的夹箍，拔下散热器的冷却液软管。

③拔下位于电控冷却风扇罩壳上的热敏开关插头。

④将电控风扇连同罩壳一起拆下。

⑤拆下散热器。(注意：为防止损坏冷凝器及制冷剂管路，不要压迫、扭曲及弯曲制冷剂管路)

(3)散热器的渗漏检查

可将专用的检查仪安装到散热器上，用检查仪手泵对冷却系统加压到 100 kPa 左右，然后仔细观察检查仪上压力表的指示压力变化，如果 2 min 内压力下降 15 kPa，即压力指示出现明显下降时，说明冷却系统存在渗漏部位，应予以排除。如堵死散热器的进出口，在散热器内充入 50 ~ 100 kPa 压力的压缩空气，并将其浸泡在水中，检查有无气泡冒出。如有气泡冒出，则在冒泡部位做好记号，以便焊修。再将压力提高到 120 ~ 150 kPa，此时膨胀水箱盖上的压力阀必须打开；否则，应更换。

例如，桑塔纳 2000 轿车发动机，使用手动真空泵使压力上升到 0.15 MPa。在 0.12 ~ 0.15 MPa 时，压力阀必须打开；在大于 -0.01 MPa(绝对压力为 0.09 MPa)时，真空阀应打开。

(4)散热器的修理

①焊漏。在用焊锡焊漏时，最好使用小型号的乙炔焊炬加热，并尽可能使散热器焊漏后，保留较多的散热面积。焊漏后切断的冷却管的数量不得超过管数总量的 10%，切断散热片的面积不得大于迎风总面积的 10%。

②疏整散热片。

③冷却系统修理竣工时，还应进行系统泄漏试验。

④安装散热器。安装散热器时与拆卸的顺序相反。

三、发动机冷却系统的故障诊断

1. 冷却液温过高(发动机过热)

(1)故障现象

①运行中的汽车，在百叶窗完全打开的情况下，冷却液温度表指针经常指在 100 ℃以上，且散热器伴随有“开锅”现象；

②燃烧室内出现“炽热点”，发动机熄火困难；

③汽油发动机易发生爆燃或早燃，柴油发动机易发生早燃使工作粗暴。

出现这些现象，可判定发动机有冷却液温度过高的故障发生。

(2)冷却液温过高的原因及处理方法

①冷却液不足。按规定补充冷却液。

②风扇带松弛、沾油打滑或断裂。调整风扇带的松紧度或更换风扇带。

③混合气过稀。调整混合气浓度。

④水套和分水管积垢或堵塞。清理水套和分水管。

⑤水泵工作性能不良。检修或更换水泵。

⑥点火时间不当。调整点火提前角。

⑦燃烧室内积炭过多。清洗燃烧室。

⑧风扇离合器接合时间过晚或打滑。检修或更换风扇离合器。

⑨散热器的进水管或出水管凹瘪。检修或更换散热器水管。

⑩节温器主阀门不能打开或打开时间过迟。检修或更换节温器。

⑪散热器内部水垢堵塞或外部过脏。清洗散热器。

⑫百叶窗不能完全打开。抢修百叶窗及控制机构。

⑬电动风扇性能不良。检修或更换电动风扇。

⑭温控开关或冷却液温度传感器和控制器失效。检修或更换温控开关、冷却液温度传感器或控制器。

(3)诊断流程

如果在百叶窗打开的情况下发动机出现过热现象,而且确认水温表和水温传感器技术状况良好,可采用下列方法诊断,其诊断流程如图8.21所示。

2.冷却液温过低(发动机过冷)

(1)故障现象

冬季运行的汽车,在百叶窗完全关闭,冷却液温度表和冷却液温度传感器技术状况完好的情况下,发动机达不到正常的工作温度;发动机动力不足,油耗增加。出现这些现象,可判定发动机有冷却液温度过低的故障发生。

(2)冷却液温过低的原因及处理方法

①百叶窗关闭不严。检修百叶窗及控制机构。

②风扇离合器接合过早。检修或更换风扇离合器。

③温控开关闭合太早。检修或更换温控开关。

(3)诊断流程

冷却液温过低(发动机过冷),其诊断流程如图8.22所示。

3.冷却液消耗过多

(1)故障现象

冷却液消耗过多是指冷却液比正常情况下消耗过快的现象。

①静止一段时间后发动机上有冷却水滴落在地面上。

②冷却水日消耗量较大。

③有时发现油底壳内有水。

(2)故障原因

其主要原因有冷却系统内部渗漏,冷却系统外部渗漏和散热器盖开启压力过低。

(3)诊断方法

通过目测检查外部有没有漏水的痕迹,确定有无外部渗漏;通过检查润滑油是否发白(乳化)或在发动机冷却液温度正常时,排气是否冒白烟确定是否内部渗漏。当发现机油池内有水时,如气缸衬垫完好,缸盖螺栓也未松动,则故障为湿式缸套下端封水不佳或密封条损坏。如发现水泵壳体下部的泄水孔处漏水,说明水封损坏。此外还可用专用手动压力测试器进行就车检测。

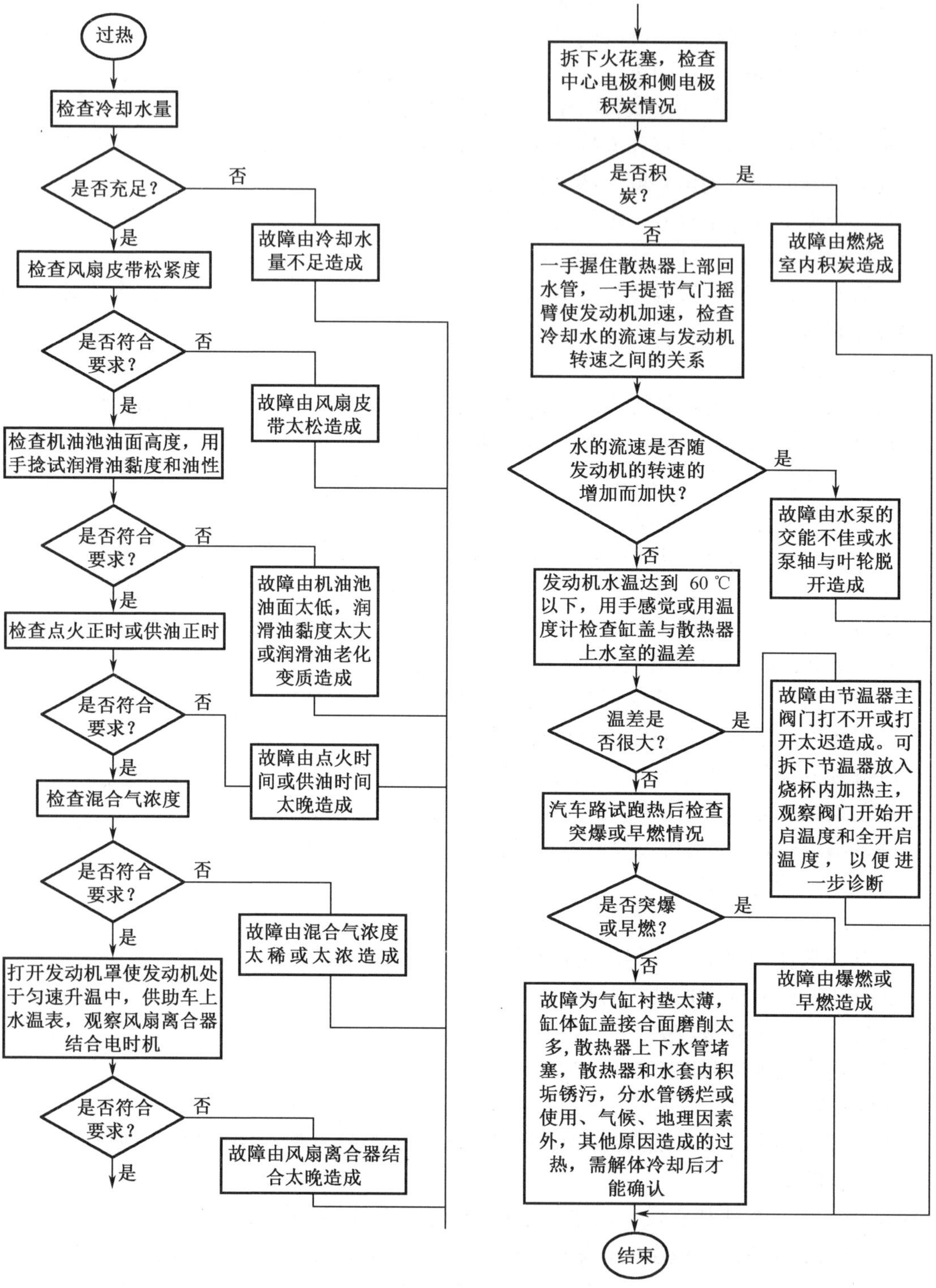

图 8.21　发动机冷却液温度过高诊断流程

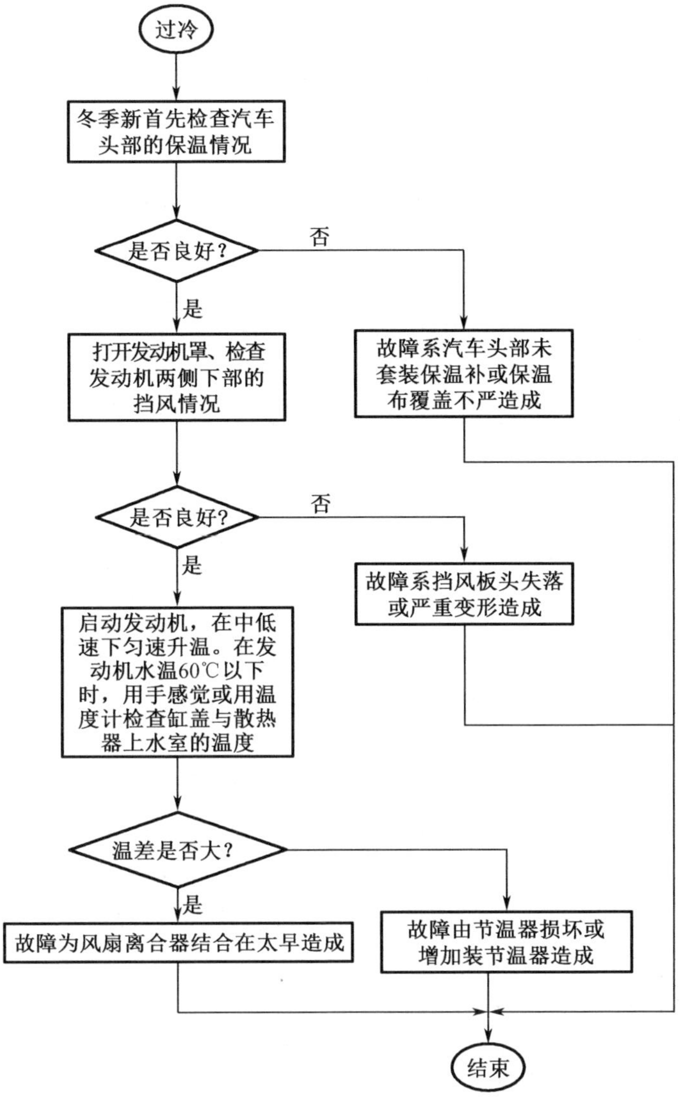

图8.22 发动机冷却液温度过低诊断流程

【项目小结】

本项目介绍了发动机冷却系统的功用、组成，各组成部件的结构和原理，并对其中主要部件的维修方法进行了阐述。指导学生识别发动机冷却系统各部件，对照实车描述冷却水的循环路线。通过对本项目的学习，学生应能够掌握发动机水冷却系统主要部件的结构与维修，并熟悉发动机冷却系统常见故障的诊断和维修程序。

【项目测试】

一、填空题

1. 汽车发动机常用的冷却方式有两种，即__________和__________。

2. 水冷却式发动机工作时,冷却水温度应保持在__________范围内,这样可保证发动机有较大的__________和较好的__________,且运动件的磨损正常。

3. 轿车冷却系统中的冷却液一般是由水和冷却液添加剂组成,具有__________,__________和__________的功能。

4. 目前水冷发动机常用的水泵大多是__________水泵,其主要优点是__________、__________、结构简单,以及损坏后不妨碍冷却水在冷却系统中对流循环等。

5. 当冷却系统中压力过高时,散热器盖中的__________阀打开;而当压力过低时,盖中的__________阀打开。上述两阀打开时,都是利用__________使__________与大气相通。

6. 风扇的主要作用是提高流经散热器的空气__________和__________。

7. 水冷却系统中,冷却强度调节装置有__________,__________和__________。

8. 节温器是通过改变冷却水的__________来调节冷却强度的,目前汽车上多采用__________式节温器。

9. 若蜡式节温器因石蜡漏出而损坏,则节温器的__________阀门永远关闭,__________阀门永远开启,发动机工作时,冷却系统的水流只进行__________循环。

10. 散热器一般由储水室和__________组成。

二、判断题(正确的打"√",错误的打"×")

1. 热量直接由气缸壁和气缸盖传给空气的冷却方式叫风冷式。 ( )

2. 一般风扇的扇风量主要取决于发动机转速。 ( )

3. 膨胀水箱的作用之一是避免冷却水的消耗,以保持冷却水的水位不变。 ( )

4. 强制式水冷系统的冷却强度不能随发动机负荷和水流大小而变化。 ( )

5. 蜡式节温器损坏,则冷却强度变大,使发动机产生过冷现象。 ( )

6. 轿车的封闭式冷却系统中冷却液的温度比较高,这样可以增加其与外界空气的温度差,从而增强冷却效果。 ( )

7. 冷却系统向外散发的热量越多,发动机的经济性越差。 ( )

8. 桑塔纳轿车冷却液缺少时,可以只加水而不加冷却液添加剂。 ( )

9. 蜡式节温器失效后无法修复,应按照其安全寿命定期更换。 ( )

10. 当发动机冷却系统"开锅"时,应立即打开散热器盖添加冷却液。 ( )

三、选择题

1. 一般水冷式发动机的正常工作温度是85 ℃,指的是( )。

A. 缸体水套内冷却水温度为85 ℃ B. 缸盖水套内冷却水温度为85 ℃

C. 气体燃烧的温度为85 ℃

2. 发动机散热器盖上空气阀密封不严,会使( )

A. 散热器内压力高于大气压 B. 散热器与大气相通

C. 散热器内压力低于大气压 D. 以上都不对

3. 蜡式节温器中的蜡泄漏时,会使( )

A. 水流只能进行大循环 B. 水流只能进行小循环

C. 大、小循环都不能进行 D. 大、小循环都能进行

4. 以下哪个不是冷却液添加剂的作用(　)

A. 防腐、防垢　B. 减小冷却系统压力

C. 提高冷却介质沸点　D. 降低冷却介质冰点

5. 制造散热器芯的材料多用(　)

A. 铝　B. 铁　C. 铅　D. 锰

6. 风扇皮带的松紧度,一般用大拇指以30～50 N的力按下皮带产生(　)的挠度为宜。

A. 5～10 mm　B. 10～15 mm　C. 15～20 mm　D. 20～25 mm

7. 桑塔纳2000轿车所用的AJR发动机,其风扇二挡(高速挡)的关闭温度为(　)

A. 93～98 ℃　B. 80～90 ℃　C. 99～105 ℃　D. 100～105 ℃

8. 发动机温度过热时,以下哪个描述是错误的(　)

A. 将使发动机熄火困难　B. 将使汽油发动机爆燃或早燃

C. 将使柴油发动机容易发生工作粗暴　D. 将使发动机经济性变好

9. 小循环中流经节温器的冷却水将流向(　)

A. 散热器　B. 气缸体　C. 水泵　D. 补偿水箱

10. 冬季发动机启动时,百叶窗应该处于(　)

A. 关闭位置　B. 打开位置　C. 半开半闭位置　D. 任意位置

四、简答题

1. 发动机为什么要冷却?最佳水温范围一般是多少?
2. 水冷却系统一般由哪些部件组成,各部件的作用是什么?
3. 为什么现代汽车广泛采用封闭式冷却系统?
4. 拆掉节温器对发动机有哪些影响?
5. 水冷却系统中为什么要装节温器?什么叫大循环?什么叫小循环?

项目9　启动系统的结构与检修

【项目描述】

使发动机从静止状态过渡到工作状态的全过程,叫发动机的启动。完成启动所需要的装置叫启动系统。其作用是驱使发动机曲轴转动,直至发动机能在自身动力作用下继续运转为止。启动系统由启动机、电磁开关(启动继电器或电磁线圈)和启动开关(或启动按钮)等组成。本项目主要有两个学习任务:

任务9.1 启动系统的结构;

任务9.2 启动系统的故障诊断与检修。

【项目目标】

● 知识目标

1. 掌握启动系统的结构。
2. 掌握启动系统的故障诊断方法及检修方法。

● 能力目标

1. 了解发动机启动系统的各个结构组成。
2. 掌握发动机启动系统的检修参数及修理办法。

● 素质目标

1. 培养学生严谨的工作态度。
2. 培养学生的创新意识及获取新知识的能力。
3. 培养学生分析、解决问题的能力。

任务9.1　启动系统的结构

一、启动系统的结构原理

启动系统利用外力驱动发动机的曲轴旋转,使发动机由静止状态过渡到工作状态而自行运转。发动机的启动系统主要由蓄电池、启动机、点火开关、电磁阀及各连接导线组成,其结构如图9.1所示。蓄电池为启动机提供电能,启动机将蓄电池的电能转化成机械能,在单向离合器的作用下,将转矩传给发动机曲轴飞轮,使发动机曲轴旋转而启动。

启动机主要由直流电动机、操纵机构和传动机构三大部分组成,其结构如图9.2所示。直流电动机将蓄电池供给的直流电能转变成机械能,产生电磁转矩,使电枢转子旋转。操纵机构通过启动开关接通或断开电磁阀电路来控制电磁阀柱塞触点的吸合与分离,操纵启动小齿轮和离合器移动,并使启动机获得大的启动电流来启动发动机。传动机构采用单向离合器保证启动时动力能传递给飞轮而带动发动机曲轴旋转,发动机启动后,能立即切断动力传递线路,避免发动机的动力通过飞轮反向传给启动机,以保护启动机。

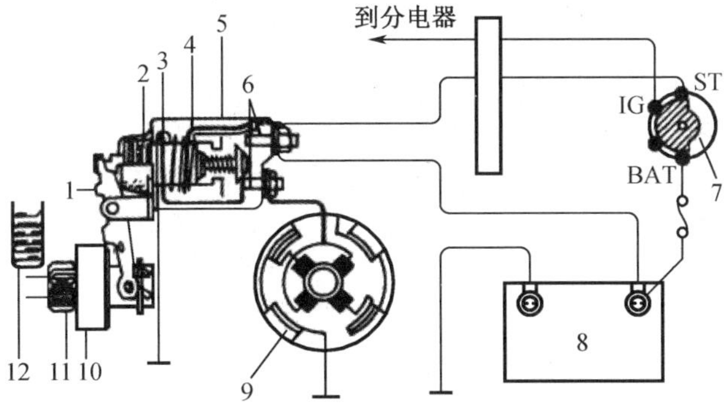

1—启动小齿轮拨杆;2—塞柱;3—保持线圈;4—吸引线圈;5—电磁开关;6—开关触点;
7—点火和启动开关;8—蓄电池;9—启动电动机;10—离合器;11—启动小齿轮;12—飞轮齿圈。

图9.1　启动系统

二、系统维护

在使用过程中,正确维护启动机,可有效延长其使用寿命,且可保证发动机正常工作。

1. 日常维护

①检查启动机电路各导线的连接,电源正极线的绝缘。如有不良,应更换电源线。

②清除启动机外壳的尘土及油污,保持清洁干燥。

③检查启动机操纵机构和电磁阀的工作情况,如运动杆件或柱塞卡滞应及时排除。

2. 车辆每行驶6 000 km后的维护

①清洁启动机的换向器表面的灰尘、油污。

②检查换向器云母片深度,若云母片槽深度小于0.2 mm时,应重新清理槽深。

③拆下启动机,清洁启动机转子轴承和转轴花键,并涂上润滑脂,以润滑转子轴和单向离合器。

3. 车辆每行驶24 000 km后的维护

①清洁换向器表面的油污,用300~400号砂纸打磨或用车床车削换向器外圆。

②检查电刷的磨损程度及电刷弹簧压力。若电刷磨损后长度小于12 mm时,应更换;电刷弹簧弹力低于10 N时,应更换电刷弹簧。

三、启动机的正确使用

发动机启动时,合理、正确地使用启动机,能确保启动机工作正常、启动可靠,并有效地延长启动机的使用寿命。

①发动机启动时,流向启动机的最大电流可达200 A。若长时间、大电流的工作,不仅可能烧坏启动机,还会造成蓄电池过放电而损伤。因此,启动发动机时,启动机的每次工作时间不宜超过5 s;若启动失败后,应等约15 s后再重新启动。

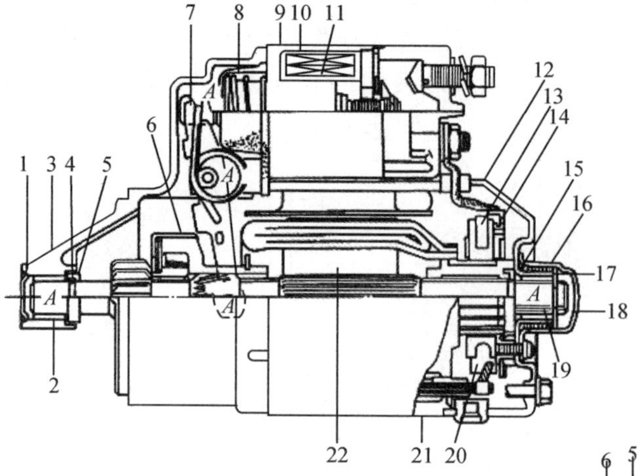

(a) 整体结构

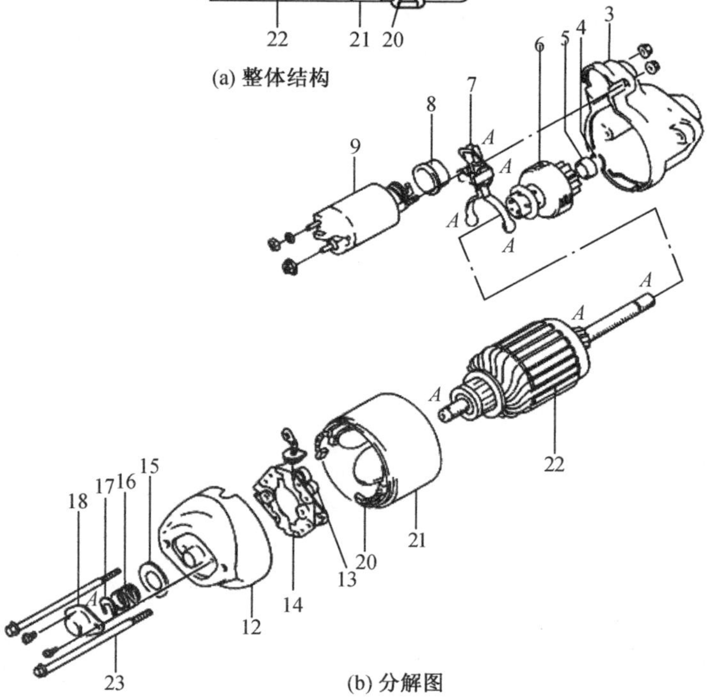

(b) 分解图

1—驱动盖护罩;2—驱动轴套;3—驱动器;4—电枢卡环;5—小齿轮止动挡圈;6—超速离合器总成;7—启动小齿轮拨杆;8—电磁开关护罩;9—电磁开关;10—保持线圈;11—吸引线圈;12—整流子端盖;13—电刷压簧;14—电刷架总成;15—端盖密封垫;16—电枢制动弹簧;17—电枢卡板;18—整流子后盖;19—整流子端套;20—电刷;21—启动电动机架总面;22—电枢;23—螺栓;*A*—涂润滑脂(99000-25010)。

图 9.2 启动机的结构

②启动发动机时,尽量减少启动机的启动次数,若连续三次启动失败,应检查发动机的电路、供油油路等系统是否正常,启动负荷是否过大,应排除故障后再行启动。

③在启动发动机过程中,应将变速器操纵杆置于空挡位置,并踩下离合器踏板,使启动机不带负载启动,提高一次启动成功率。

④蓄电池要经常保持充足电的状态,以保证发动机启动时,启动机能获得较大的工作电流和电压,确保启动机具有足够的转速和转矩,以满足发动机的启动,减少启动机的工作时间。

⑤在冬季和低温环境下冷机启动时，建议先对发动机进行预热，以提高启动的成功率，减少重复启动的次数，有利于延长启动机和蓄电池的使用寿命。

⑥发动机启动后，要立即松开点火开关，使启动机停止工作，以免损坏电磁开关和启动机，减小单向离合器不必要的磨损。

⑦发动机启动后，若操纵点火开关不能使启动机停止运转，要立即关闭发动机和车辆电源，必要时应即时拆开蓄电池的电源线，待查明故障后，再重新接好电路。

任务9.2　启动系统的故障诊断与检修

一、启动系统故障的诊断与排除

启动系统故障的诊断与排除如表9.1所示。

表9.1　启动系统故障的诊断与排除

故障现象	故障原因	故障排除
启动机不运转	电磁开关无工作声音：	
	离合器踏板未踩到底；	应踩到底
	蓄电池漏电；	给蓄电池充电
	由于蓄电池变质，其电压太低；	更换蓄电池
	蓄电池电缆连接不良；	接牢紧固或更换
	搭铁电缆连接松动；	接牢
	熔丝松动或烧断；	拧紧或更换
	点火开关接触不良；	更换
	导线连接器未插到位；	插到位
	点火开关和电磁开关间断路；	修理
	吸引线圈内断路；	更换电磁开关
	柱塞滑动不灵	更换
	电磁开关有工作声响：	
	蓄电池漏电；	给蓄电池充电
	由于蓄电池变质，其电压太低；	更换蓄电池
	蓄电池电缆连接松动；	拧紧
	电磁开关主触点烧蚀或接触不良；	更换电磁开关
	电刷贴合不良或磨损；	修理或更换
	电刷弹簧变弱；	更换
	整流子烧损；	更换
	励磁线圈搭铁不良；	修理
	电枢层间短路；	更换
	曲轴转动不灵活	修理

表 9.1(续)

故障现象	故障原因	故障排除
启动机运转,但转速太慢(转矩小)	如蓄电池和接线正常,应检查启动机: 电磁开关主触点接触不良; 电枢层间短路; 整流子断线、烧坏或磨损	 更换 更换 修理或更换
	励磁线圈搭铁不良; 电刷磨损; 电刷弹簧变弱; 整流子端套烧损或异常磨损	修理 更换 更换弹簧 更换
启动机运转,但不能启动曲轴	启动小齿轮齿顶磨损; 超速离合器滑动不灵; 超速离合器打滑; 齿圈轮齿磨损	更换 更换 更换 更换飞轮
噪声	端套异常磨损; 小齿轮磨损或齿圈轮齿磨损; 小齿轮滑动不灵(回位不良)	更换 更换小齿轮或飞轮 修理或更换
启动机不能停止运转	电磁开关触点熔结; 电磁开关线圈内短路(层间断路); 点火开关不能回位	更换 更换 更换

二、启动机的检修

1. 电枢的检修

①检查整流子有无脏污或烧损。如需要,用砂纸或在车床上修理。

②检查整流子与电枢铁芯间是否导通,应不导通。检查电枢如图 9.3 所示。

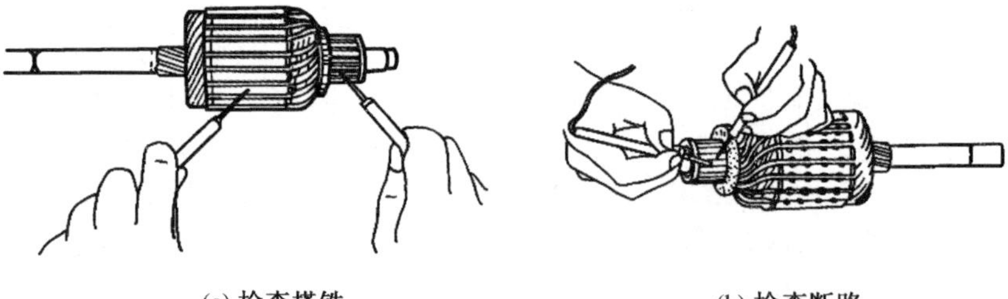

(a) 检查搭铁　　(b) 检查断路

图 9.3　检查电枢

③检查整流片间是否导通,若不导通,说明断路,应更换电枢。

④检查整流子径向圆跳动,如图 9.4 所示。用 V 形架支撑住电枢,检查整流子径向圆跳动,其使用极限值为 0.4 mm;否则,应校正。

⑤检查整流子直径,如图9.5所示。若直径小于使用极限27 mm,应更换电枢。

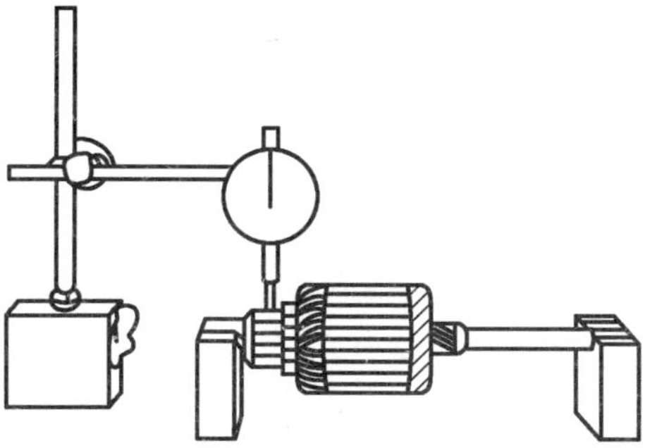

图9.4　检查整流子径向圆跳动

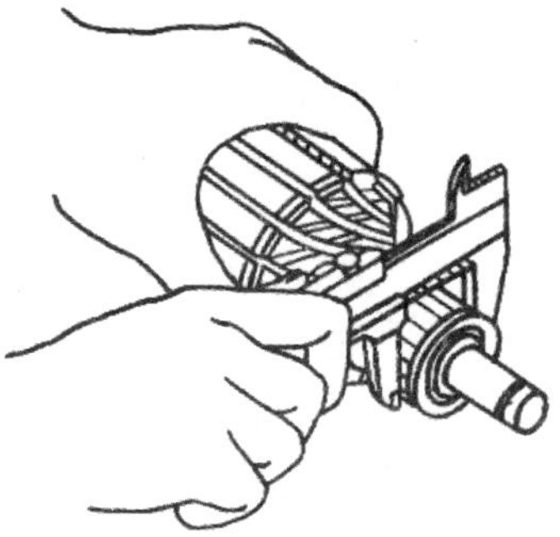

图9.5　检查整流子直径

⑥检查整流子表面,如图9.6所示。用400号砂布修整和清洁整流子表面,检查云母片深度*A*,其最小值为0.2 mm;否则,应修整深度。

2. 电刷的检查

①检查电刷的长度,其最小值为10.7 mm;否则,应更换电刷。

②检查电刷架。检查电刷弹簧有无锈蚀或损坏,同时检查电刷架有无锈蚀、正极板是否绝缘,如有必要,应全套更换。

3. 超速离合器的检查

①如图9.7所示,检查超速离合器在*A*方向能否自由转动,在另一方向是否接合。

②检查小齿轮有无异常磨损。必要时,更换超速离合器总成。

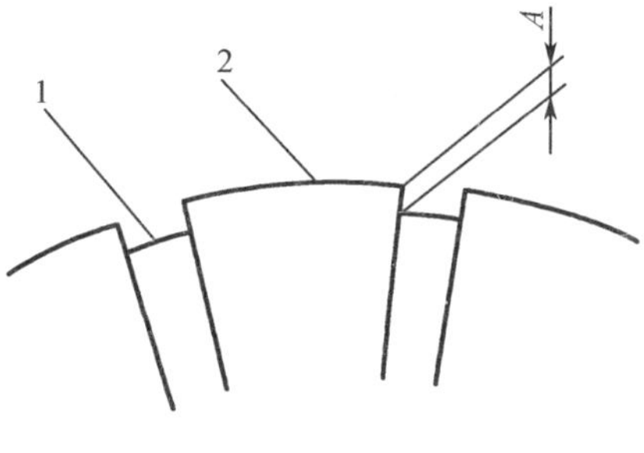

1—绝缘云母;2—整流片;*A*—云母深度。

图9.6　检查整流子表面

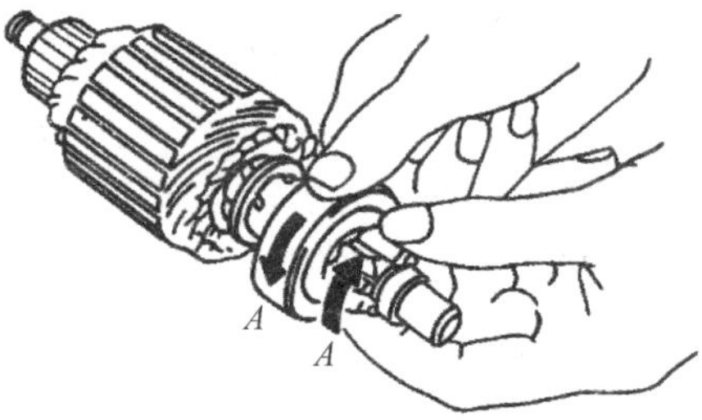

图9.7　检查超速离合器

4. 电磁开关的检查

①如图9.8,用手推进柱塞,再松手,柱塞应能快速回位。必要时,应更换。

②检查电磁开关护罩是否损坏、柱塞是否磨损或损坏。必要时,应更换。

5. 电动机轴和轴套的检查

①测量电动机轴和轴套的间隙,其极限值为0.2 mm,如图9.9所示。若测量值超过使用极限值,应更换轴套。

②安装时压入轴套后,进行铰孔,轴和套之间的间隙为0.05 mm。

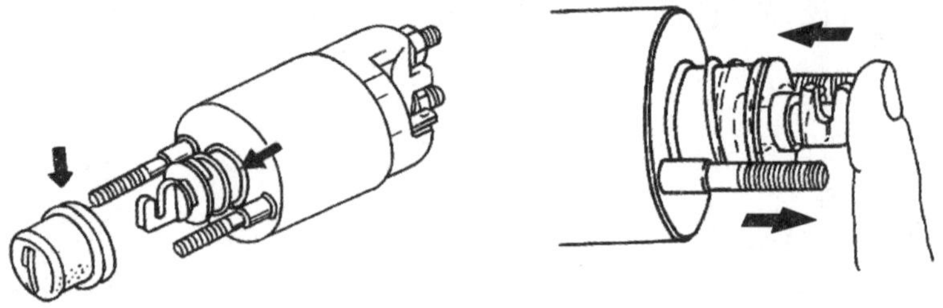

(a) 检查开关　　(b) 检查护罩和柱塞

图 9.8　检查电磁开关

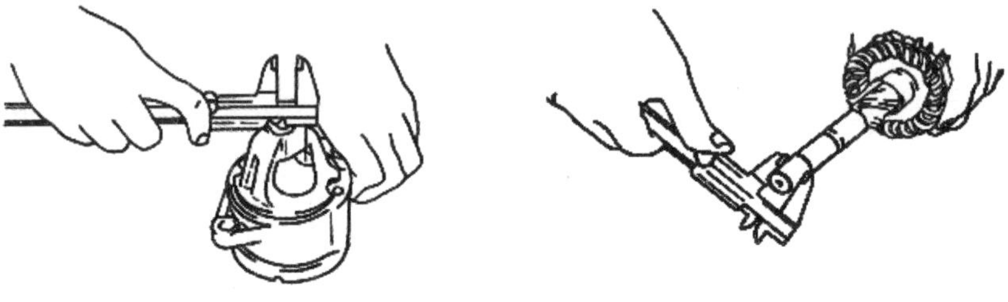

(a)　　(b)

图 9.9　检查电动机轴和轴套

三、知识拓展

因发动机不能自行由静止转入工作状态，必须用外力转动曲轴，直到曲轴达到发动机开始燃烧所必需的转速，以保证混合气的形成、压缩和点火能够顺利进行。发动机由静止转入工作状态的全过程，称发动机的启动。完成发动机启动过程所需要的一系列装置称为发动机启动装置。

汽车发动机常用的启动方式有电动机启动和手摇启动两种。手摇启动结构简单，但加重了驾驶人员的劳动强度，而且操作不便，故很少采用。目前绝大多数汽车发动机都采用电动机启动。

汽油发动机所用启动电机的功率一般在 1.5 kW 以下，电压为 12 V。柴油发动机启动功率较大（可达 5 kW 或更大），为使电枢电流不致过大，其电压一般采用 24 V。

汽车上使用的启动电机按其操纵方式的不同，有直接操纵式和电磁操纵式两种。前者是由驾驶员通过启动踏板和杠杆机构直接操纵启动开关，并使传动齿轮副进入啮合；后者则是由驾驶员通过启动开关操纵继电器，而由继电器操纵启动电机电磁开关和齿轮副，或通过启动开关直接操纵启动电机电磁开关和齿轮副。直接操纵式启动电机结构简单、使用可靠，但操作不便，目前已很少采用。电磁操纵式启动电机宜于远距离操纵，布置灵活，使用方便。目前汽车汽油发动机、柴油发动机几乎都采用电磁操纵式启动电机。电磁操纵式启动电机使用时，常通过启动继电器接通或切断启动电机电磁开关的电路，控制启动电机的工作，以保护启动开关。

【项目小结】

本项目详细介绍了发动机启动系统的各个结构组成及系统的检修参数和维修方法。虽然相较其他系统，发动机启动系统比较简单，但是在实际维修中，该系统的故障率还是比较高的。希望同学们通过对本项目的学习能够培养严谨的工作态度和分析、解决问题的能力。

【项目测试】

一、选择题

1. 启动机继电器与启动机电磁开关不同的是(　　)。

A. 启动机继电器不能接通蓄电池和启动机之间的电路

B. 启动机继电器不能移动小齿轮啮入飞轮齿圈

C. 启动机继电器不能防止变速器不在空挡位置时启动车辆

2. (　　)是汽车的大部分电气系统的电源分配点。

A. 点火开关　　　　B. 蓄电池　　　　C. 熔丝盒

3. 点火开关位于 ACC(附件)位置时(　　)。

A. 给点火系统发动机控制电路和所有点火开关控制的电路供电

B. 给发动机控制电路、启动机控制电路和点火系统供电

C. 给汽车的电气附件供电，但不包括发动机控制电路、启动机控制电路和点火系统

4. 点火开关位于 ON(接通)或 RUN(运行)位置时(　　)。

A. 给点火系统发动机控制电路和所有点火开关控制的电路供电

B. 给发动机控制电路、启动机控制电路和点火系统供电

C. 给汽车的电气附件供电，但不包括发动机控制电路、启动机控制电路和点火系统

5. 点火开关位于 START(启动)位置时(　　)。

A. 给点火系统发动机控制电路和所有点火开关控制的电路供电

B. 给发动机控制电路、启动机控制电路和点火系统供电

C. 给汽车的电气附件供电，但不包括发动机控制电路、启动机控制电路和点火系统

6. 点火开关位于 OFF(断开)位置时(　　)。

A. 切断所有点火开关控制的电路，但是转向盘和变速杆不锁止

B. 切断所有点火开关控制的电路，并将转向盘和变速杆锁止

C. 切断所有点火开关控制的电路，但不包括发动机控制电路、启动机控制电路和点火系统

7. 启动安全开关的作用是(　　)。

A. 在车辆发生碰撞时，切断启动机和电动燃油泵的电路

B. 在车辆启动时，确保启动机电路处于接通状态

C. 防止变速器不在空挡位置时启动车辆

8. 用电枢检验仪检测启动机电枢时，将电枢放在电枢感应仪的 V 形槽上，接通电枢感应仪电源，一面转动电枢，一面用一薄钢片在电枢铁芯的每个槽上依次试验。若钢片在某一槽上发生振动，则表示该槽的某一线圈有(　　)现象。

A. 断路　　　　　　B. 短路　　　　　　C. 搭铁

9. 启动机电枢绕组断路故障多发生在(　　)。

A. 电枢铁芯的每个槽内

B. 线圈中部与换向器的连接处

C. 线圈端部与换向器的连接处

10. 将电枢检验仪所附毫安表的两根触针,分别接触在水平位置相邻的两个换向片,若毫安表有电流显示,则启动机电枢绕组(　　)现象。

A. 无断路　　　　　B. 有短路　　　　　C. 有断路

二、判断题(正确的打"√",错误的打"×")

1. 启动机电枢绕组的短路故障,必须使用电枢感应仪进行检测。　(　　)
2. 电枢绕组有断路、短路和搭铁故障时,应重新绕制。　(　　)
3. 启动机中的传动装置只能单向传递力矩。　(　　)
4. 在启动机启动的过程中,吸引线圈和保持线圈中一直有电流通过。　(　　)
5. 启动机励磁线圈和启动机外壳之间是导通的。　(　　)
6. 用万用表检查启动机电刷架时,两个正电刷架和外壳之间应该绝缘。　(　　)
7. 启动机电枢装配过紧可能会造成启动机运转无力。　(　　)
8. 减速启动机中直流电动机的检查方法和常规启动机完全不同。　(　　)
9. 启动机的传动机构实质上是一个单向离合器。　(　　)
10. 平行轴式启动机的驱动齿轮需要用拨叉使之伸出和退回。　(　　)

项目10　发动机的拆卸、装配、磨合与验收

【项目描述】

《国产汽车发动机大修技术标准》规定：承修单位对大修竣工的发动机应给予质量保证。质量保证期自出厂之日起，不少于3个月或行驶里程不少于10 000 km。在送修单位严格执行走合期的规定，合理使用、正常保养的情况下，质量保证期内的质量问题，承修单位应负责保修。因此，发动机大修后的装配与调试显得尤为重要。

发动机装配在整个发动机修理过程中是一项重要的工作，它是把组成发动机总成的零件和部件连接在一起的过程，修理时的总成装配与发动机制造时不同，因为修理过程中进入总成装配的零件有三类：具有允许磨损量的旧零件，经修复后的零件，换用的零件。这3类零件中，通常前两类零件尺寸公差要比第三类新零件的制造公差要大，为使配合副的配合特性达到装配技术条件的要求，在组装时必须按装配技术条件的要求对配合件进行装配，包括按尺寸进行选配和按质量进行选配（如活塞和缸筒的选配；曲轴轴承和曲轴轴颈的选配等）。维修中，发动机装配质量的好坏直接影响修复后的发动机性能。

按装配技术要求完成装配后的发动机还须经过磨合、调试和竣工验收，这样才能保证为汽车提供高质量符合技术标准的发动机。发动机总装以后还要进行相关试验，以确定动力性、经济性、排放特性等是否满足技术性能要求。

本项目主要有三个学习任务：

任务10.1 发动机拆卸；

任务10.2 发动机装配；

任务10.3 发动机的磨合与验收。

【项目目标】

● **知识目标**

1. 能阐述发动机拆卸的基本顺序。
2. 能按照正确的操作规程对发动机进行拆卸。
3. 掌握发动机磨合的必要性与工艺规范要求。

● **能力目标**

1. 了解汽车维修过程中不按操作规程进行作业可能造成的危害。
2. 熟悉将发动机从车上拆下来和装上去的操作要点；掌握其操作规程。
3. 熟悉发动机总成分解为零件的操作步骤；通过实操训练，掌握其操作要点。
4. 熟悉发动机组装的操作步骤；通过实操训练，掌握其操作要点。

● **素质目标**

1. 培养学生严谨的工作态度。
2. 培养学生的创新意识及获取新知识的能力。
3. 培养学生分析、解决问题的能力。

任务 10.1 发动机拆卸

汽车发动机是十分复杂、精密的机械机构，对于它的拆卸需要按照非常规范的步骤进行，稍有不慎极可能对发动机造成损害。

一、发动机拆卸的基础知识

1. 拆卸前的准备工作

①在专用车间或清洁场地进行。

②拆卸用的发动机准备好。

③足够数量的常用工具和专用工具。

④发动机拆装翻转架或拆装工作台。

⑤其他(如清洗用料、油盆、搁架、零件盒等)。

2. 注意事项

①注意工具、量具的正确使用方法。

②严格按技术规定拆装机件，不应丢失或少装零件。

③在拆卸机件时，应弄清是否可拆，不可拆的机件不得强行拆卸；拆下的机件应按一定顺序放置。

④在车底下进行拆装作业时，应悬挂醒目的警示标志，确保安全。

⑤上述各项必须在教师指导下进行。

二、发动机组件拆卸

以上海大众桑塔纳 2000GSi 型轿车的四缸发动机为例(图 10.1)介绍发动机拆卸和组装过程。

1. 发动机外部零件拆卸与组装

①旋松发电机的固定螺钉，拆卸发电机。

②旋松曲轴带轮的固定螺钉，拆卸曲轴带轮。

③抽出油尺。

④拆卸点火线圈组件及其外部连线。

⑤拆卸燃油分配管的各连接油管及其固定螺钉，拆卸燃油分配管和喷油器。

⑥旋松进气支管的固定螺钉，拆卸进气支管，取下进气支管垫片。

⑦旋松排气支管的固定螺钉，拆卸排气支管，取下排气支管垫片。

⑧用专用工具拆卸机油滤清器。

⑨拆卸发动机外部各进出水连接管。

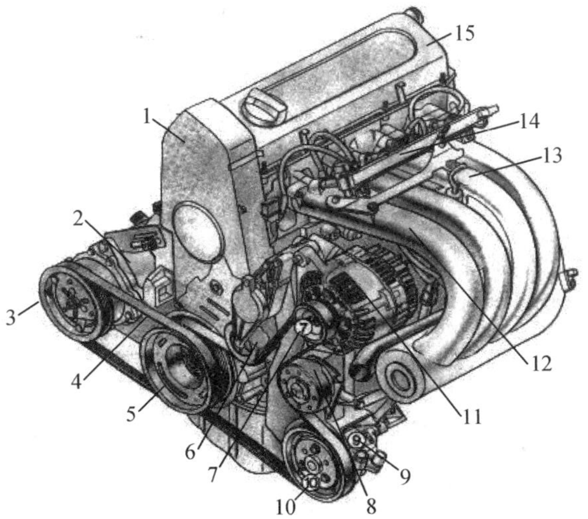

1—正时齿形带护罩;2—空调压缩机;3—空调压缩机带轮;4—多楔带;5—曲轴带轮;
6—张紧轮;7—发电机带轮;8—导向轮;9—动力转向油泵;10—动力转向泵带轮;11—发电机;
12—进气支管;13—油尺;14—燃油分配管;15—气缸罩。

图 10.1　桑塔纳 2000GSi 型轿车发动机

2. 配气机构传动组件拆卸

①旋松正时齿形带护罩(图 10.1)的固定螺钉,拆卸正时齿形带护罩,观察凸轮轴正时齿轮带轮(图 10.2)的记号,以备以后正确安装。

②旋松气缸罩(图 10.1)的固定螺钉,拆卸气缸罩盖。

16—正时齿形带;17—凸轮轴正时齿形带轮;18—水泵齿形带轮;19—曲轴正时齿形带轮;20—机油泵链条;
21—机油泵;22—曲轴;23—水泵;24—活塞;25—排气门;26—进气门;27—气缸体;28—气缸盖;29—挺柱;
30—凸轮轴;31—喷油器;32—机油滤清器;33—限压阀;34—连杆;35—油底壳。

图 10.2　桑塔纳 2000GSi 型轿车发动机剖视图

③用专用工具旋转张紧轮(图 10.3),拆卸发动机的正时齿形带。

④拆卸曲轴齿形带轮、曲轴链轮、水泵齿轮带轮、张紧轮和凸轮轴正时齿形带轮,拆下齿形皮带后防护罩。

⑤旋松凸轮轴的轴承座盖(图 10.4)的固定螺钉,拆卸凸轮轴轴承座盖,取下凸轮轴和气门挺柱。

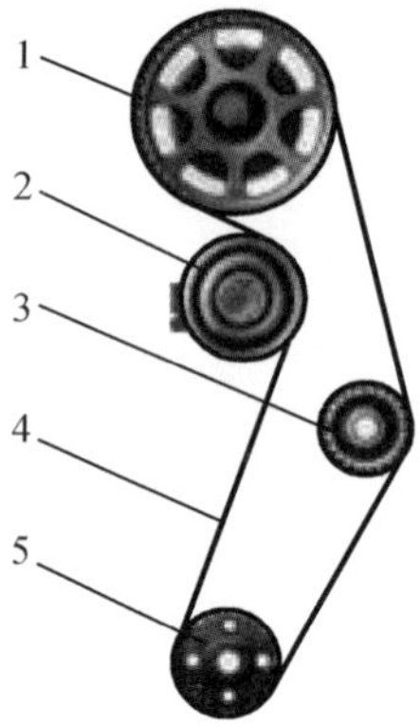

1—凸轮轴正时齿形带轮;2—张紧轮;3—水泵齿轮带轮;
4—正时齿形带;5—曲轴齿形带轮。

图 10.3　配气齿轮组件

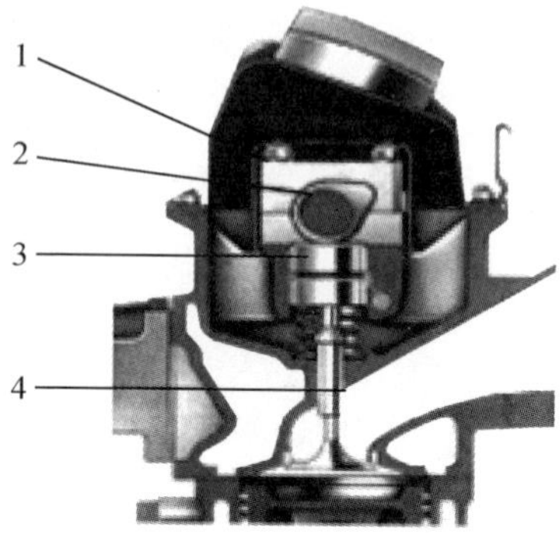

1—凸轮轴轴承盖;2—凸轮轴;
3—气门挺柱 4—气门。

图 10.4　凸轮轴与气门组件

3. 机体组件拆卸

①按图 10.5 所示数字所示的顺序从外到内拆下气缸盖的固定螺钉,抬下气缸盖。

②取下气缸垫,注意气缸垫的安装朝向。

③旋松油底壳的放油螺钉,放出油底壳内的润滑油。

④翻转发动机,拆卸油底壳固定螺钉(注意螺钉也应从两端向中间旋松)。拆下油底壳和油底壳密封垫。

⑤旋松机油粗滤清器固定螺钉,拆卸机油滤清器、机油泵链轮和机油泵(图 10.2)。

4. 气门组件的拆卸

①取下挺柱体,按顺序放好。

②如图 10.6 所示,用专用工具将气门弹簧座压下,取下气门锁片,拆出气门弹簧。

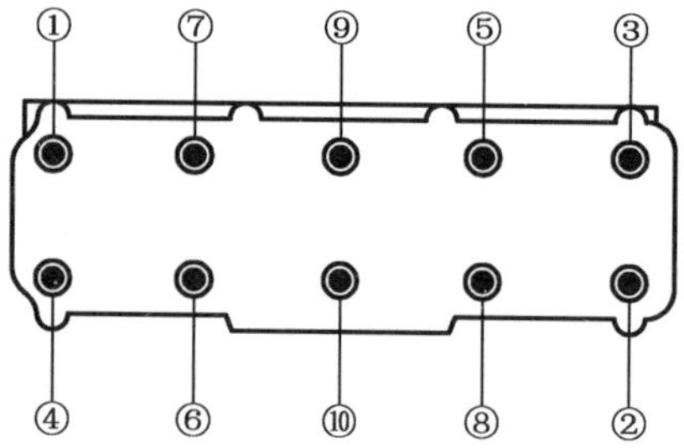

图 10.5　气缸盖螺钉拆卸顺序

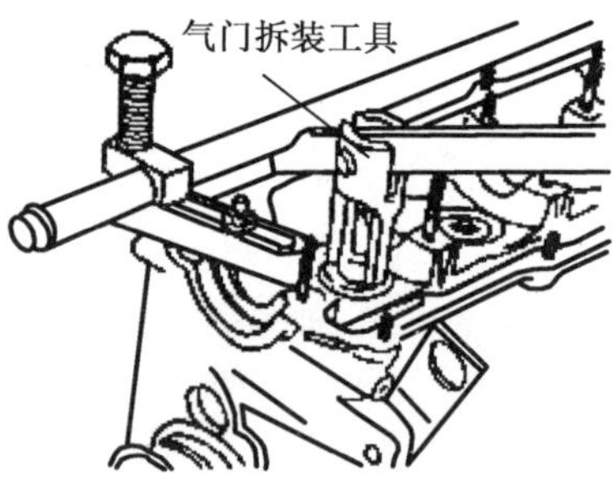

图 10.6　用专用工具拆卸气门

③取下气门弹簧座、气门弹簧、气门油封和气门,并按顺序放好,不可混乱。

5. 发动机活塞连杆组拆卸(图 10.2)

①转动曲轴,使发动机 1、4 缸活塞处于下止点。

②分别拆卸 1、4 缸的连杆紧固螺母,取下连杆轴承盖。注意连杆轴承盖与连杆体侧面有配对标记(图 10.7),应配对放好,各缸连杆也应按顺序放好。

③用橡胶锤或手锤木柄分别推出 1、4 缸的活塞连杆组件,用手在气缸出口接住并取出活塞连杆组件,注意活塞安装方向(图 10.8)。

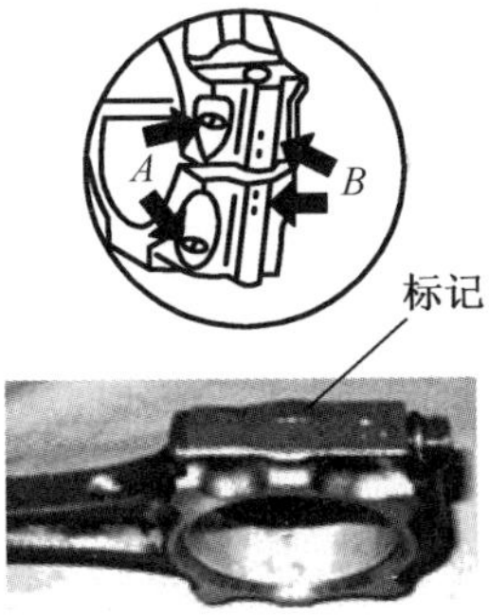

图 10.7　连杆标记

图 10.8　活塞标记

④将连杆轴承盖、连杆螺栓、螺母按原位置装回,不同缸的连杆也不能互相调换。

⑤同样方法拆卸 2、3 缸的活塞连杆组。

⑥采用专用的活塞环装卸钳拆装各缸活塞环(图 10.9)。

⑦采用卡簧嵌拆卸活塞销卡环(图 10.10)。

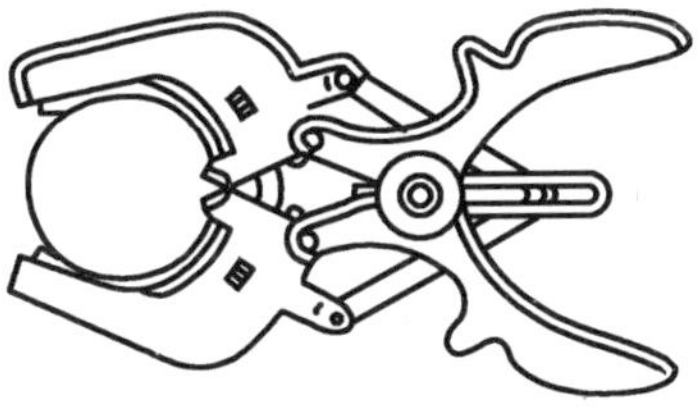

图 10.9　拆装活塞环

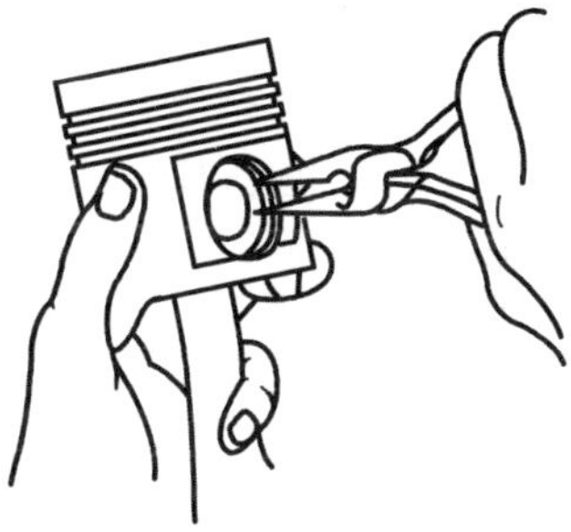

图 10.10　拆装活塞销卡环

⑧在油压机上进行活塞销的拆卸。如无油压机,也可以将活塞连杆组浸入 60 ℃的热水或润滑油中加热,然后用专用工具进行拆卸。

6. 发动机曲轴飞轮组拆卸

①旋松飞轮紧固螺钉,拆卸飞轮(飞轮较重,拆卸时注意安全)。

②拆卸曲轴前端及后端密封凸缘及油封。

③按图 10.11 所示螺钉序号从两端到中间旋松曲轴主轴承盖紧固螺钉,取下主轴承盖。注意各缸主轴承盖有装配标记,不同缸的主轴承盖及轴瓦不能互相调换。

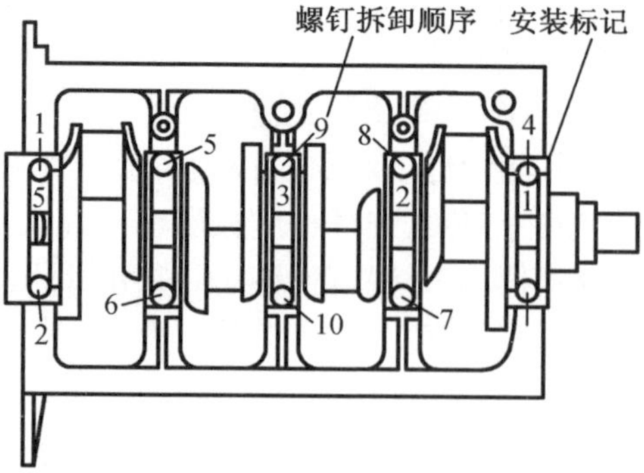

图 10.11 曲轴主轴承盖螺钉拆卸顺序

④抬下曲轴，再将主轴承盖及垫片按原位装回，并将固定螺钉拧入少许。注意曲轴推力轴承的定位及开口的安装方向。

7. 发动机组装

①发动机的组装顺序应遵守“先拆的后装，后拆的先装”的原则。

②组装前应全面清洗发动机零部件，尤其是相互配合的运动件表面应保持清洁，并涂抹润滑油。

③组装顺序一般与拆卸顺序相反，由内向外进行。

④各配对的零部件不能互相调换，安装方向也应该正确。各零部件相对装配关系应保持正确。

⑤各紧固螺钉应按规定力矩和方法拧紧。

任务 10.2 发动机装配

发动机的装配是把零件（新件或修复件）、符合技术要求的组合件和总成按照一定的工艺顺序和原则安装成为完整的发动机的过程。装配质量直接影响到发动机的维修质量和使用寿命。

一、发动机装配的基础知识

1. 发动机装配前的准备工作

①场所准备。装配应在专用车间或清洁场地进行。装配过程中应防尘和保持较为稳定的室内温度。

②装配前必须认真清洗零件和工具。发动机的装配精度要求很高，装配前必须认真清洗零件，不应有毛刺、擦伤、积炭和污垢；必须认真清洗工具，保持人员、设备、工作场地的清洁。特别应仔细检查和彻底清洗汽缸体、曲轴上各润滑油道，并用压缩空气吹干净。清洁工作如稍有疏忽，往往造成返工甚至带来严重事故。

③发动机装配前应准备必要的专用工具、量具，所有配件、通用件（各种紧固件、锁止件、垫片等）、摩擦面涂用的新润滑油、石棉绳等用料。要求规格合适、数量充足、品种齐全。

2. 发动机装配的工艺原则和主要技术要求

(1)发动机的装配过程

发动机的装配过程一般都分为两步,即总成装配和整机装配。

①总成装配。把维修合格、选配合适的一组零部件,装配成总成的工艺称为总成装配。

②整机装配。把各总成和零部件组装成一台完整的发动机的工艺,称为整机装配。

总成装配和整机装配虽然是两个装配阶段,但在实际操作中往往相互连接和交叉,并不是截然分开的,有些还是重复进行的,如曲轴主轴承和连杆轴颈的维修与装配等。

发动机的装配顺序随结构形式的不同而有所变化,导致整机装配程序不完全一致,但基本顺序大致相同,有些总成、部件(如启动机、发电机、空压机和滤清器等)的装配顺序并不十分关键。

(2)待装零部件要求

①准备装合的零部件及总成都要经过检验及试验,必须保证质量合格。

②易损零件、紧固锁止件应全部换新,如气缸垫及其他衬垫、开口销、自锁螺母、弹簧垫圈等。如图 10.12 所示为发动机大修包。

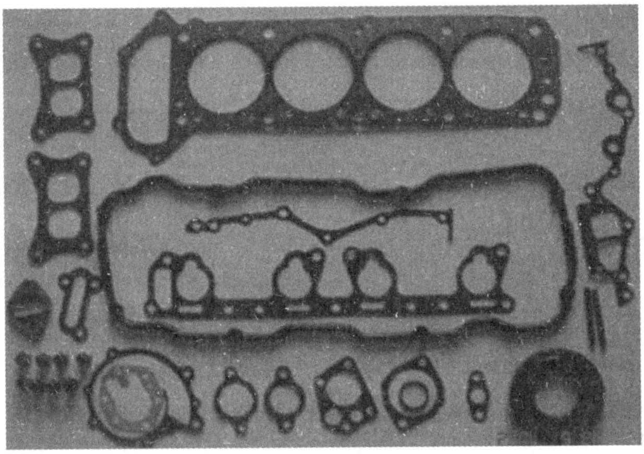

图 10.12　发动机大修包

③严格保持零件、润滑油道清洁。

④不许互换的零件(如气门等),应做好装配标记,以防错装。全部零件清洁,并用压缩空气吹干,清点后应分类摆放整齐,如图 10.13(a)所示。不许互换配合位置的零件,严格按装配标记装配。零件的平衡配重位置正确,固定可靠。

⑤装配时,应在零件的配合表面(过盈配合、过渡配合、动配合表面)和摩擦表面(如凸轮、齿轮、摇臂头部、螺纹等)上涂抹发动机用润滑油,做好预润滑,如图 10.13(b),预润滑剂必须清洁、品质符合发动机工作要求。

(3)作业要求

①装配中所用的工量具应齐全、合格,尽量使用专用器具装配,按规定的紧固力矩、紧固方法和顺序紧固螺栓。

②装配过程中不得直接用手锤击打零件,必要时应垫上铜棒等。

③确保各密封部位的密封,防止漏水、漏油、漏气、漏电,重要密封部位应涂密封胶。安装橡胶自紧油封时,应在唇口和外圆涂抹润滑油后,再用压具压入油封承孔中。

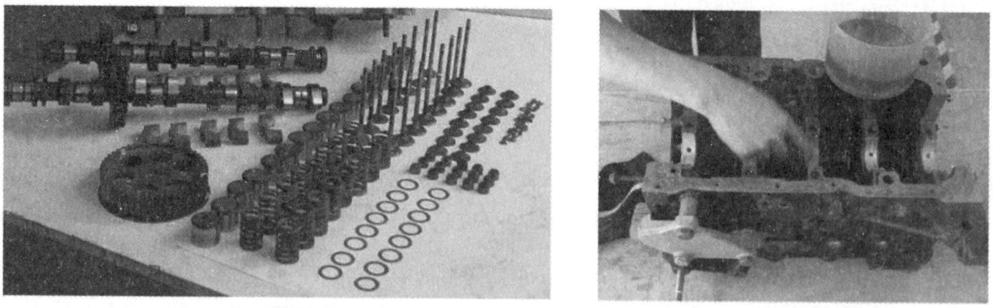

(a) 发动机待装组件　　(b) 发动机待装件的预润滑

图 10.13　发动机待装组件与预润滑

④各部件紧固螺栓、螺母应按规定的紧固力矩、拧紧顺序和方法拧紧。对于主轴承盖螺栓、连杆螺栓、气缸盖螺栓、飞轮固定螺栓等发动机上的重要的螺栓(或螺母),必须使用扭力扳手,按规定顺序,分次、均匀地将螺栓拧到规定力矩。

⑤装配间隙必须符合技术条件,但应根据具体情况适当调整。如活塞的配缸间隙,若选择购买数个厂家的活塞,应根据其产品质量规律,总结调整出适合各厂家活塞的配缸间隙值。对于变形的零件配合间隙调到公差下限,无变形的调整到上限等措施,实践证明都是很有意义的。

⑥电控系统各接头、线柱要清洁,接触可靠。燃油系统中的 O 形密封圈必须更换,而且不得使用含硅密封胶。

二、发动机装配

以桑塔纳 2000GSi 型轿车发动机为例,说明发动机装配的过程。

(1)气缸体的装配

气缸体是基础件,在装配前必须进行认真清洗和检查。即使是已清洁并安装好的气缸体,在装配前也应再次进行此项工作。具体内容包括:检查气缸体的清洁度和装配质量,有无漏装、错装现象,各油道是否清洁,油道内的隔塞、螺塞是否安装;不能互换的配套件,其标记是否清楚无误,是否修配检查完毕,摆放整齐。

(2)曲轴飞轮组件安装

①在发动机机体上安装曲轴主轴瓦和推力轴承,并在轴瓦表面涂抹机油。

②将曲轴平稳放入主轴瓦上,注意推力轴承不要脱落或阻卡。

③将主轴瓦装入主轴承盖中,再把主轴承盖固定于发动机机体上,按与图 10.11 相反的顺序和要求力矩(桑塔纳 2000GSi 型轿车发动机为 65 N · m + 90°)分多次紧固螺钉。装配完毕,用手摇转曲轴,应该感觉轻松自如,无阻卡;否则,应检查原因,重新安装。

④安装曲轴前、后油封。

⑤安装飞轮部件。采用专用工具固定飞轮(图 10.14),按要求拧紧飞轮固定螺栓(桑塔纳 2000GSi 发动机拧紧力矩为 60 N · m + 90°。

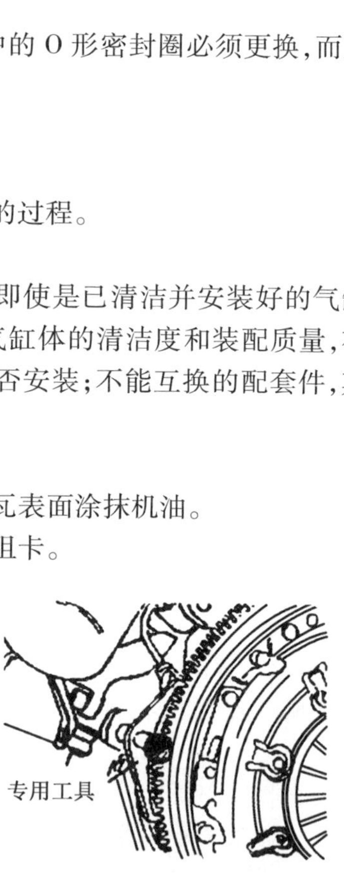

图 10.14　采用专用工具固定飞轮

(3)活塞连杆组件安装

①采用专用工具(图10.9)将活塞环装入活塞环槽内,使各活塞环开口互相错开120°,注意活塞环有标记面朝向活塞顶。

②将连杆瓦装入连杆,在连杆瓦表面、曲轴连杆轴颈表面、活塞表面、气缸壁表面涂抹润滑油。

③采用专用工具夹紧活塞环(图10.15),从气缸顶端装入活塞连杆组件,用锤子木柄将活塞组件推入气缸。

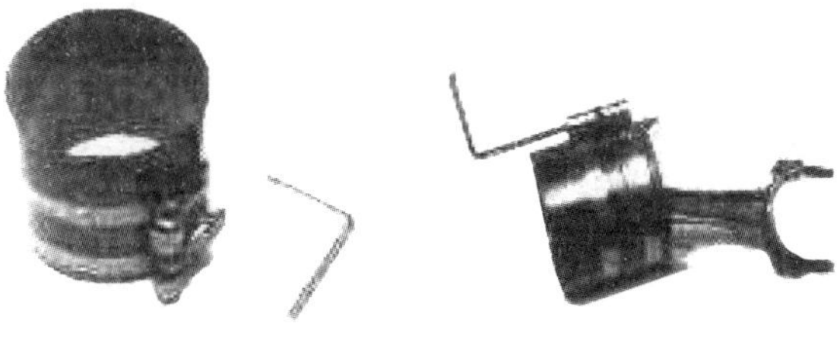

图10.15 活塞环夹紧工具

④安装连杆轴承盖,拧紧连杆轴承盖螺母,拧紧力矩为45 N·m+90°(M9×1螺母)30 N·m+90°(M8×1螺母),并且每缸的两个螺母应交替拧紧。

(4)气门组件与配气凸轮轴的安装

①采用专用工具(图10.6),将气门、气门弹簧等组件装入气缸盖。再装入挺杆体。

②润滑配气凸轮轴承表面,安装凸轮轴和轴承盖,先交替对角拧紧第2、4号轴承盖,拧紧力矩为20 N·m;后安装1、3、5轴承盖,拧紧力矩为20 N·m。注意安装凸轮轴时,第一缸的凸轮必须朝上;安装凸轮轴轴承时,要保证孔的上下部分对准。

③将半月键安装到凸轮轴上,安装凸轮轴同步带轮,并拧紧到100 N·m。

(5)机体组件安装

①安装机油粗滤清器、机油泵链轮和机油泵,装回油底壳密封垫和油底壳。注意油底壳紧固螺钉应从中间向两端旋紧。

②翻转发动机,安装气缸垫(注意气缸垫的安装朝向)和气缸盖,按规定力矩紧固螺钉,如桑塔纳2000GSi型轿车发动机气缸盖螺钉先初步拧紧,再拧紧到40 N·m,第三次再将螺钉旋紧180°。注意气缸盖螺钉应从中间向两端交叉旋紧,按与图10.5所示的相反顺序拧紧螺钉。

(6)配气齿轮组件安装

①安装曲轴正时齿形带轮,并转动使其与机体记号对齐(图10.16)。

②转动凸轮轴正时齿形带轮,使其记号与缸盖罩记号对齐(图10.17)。

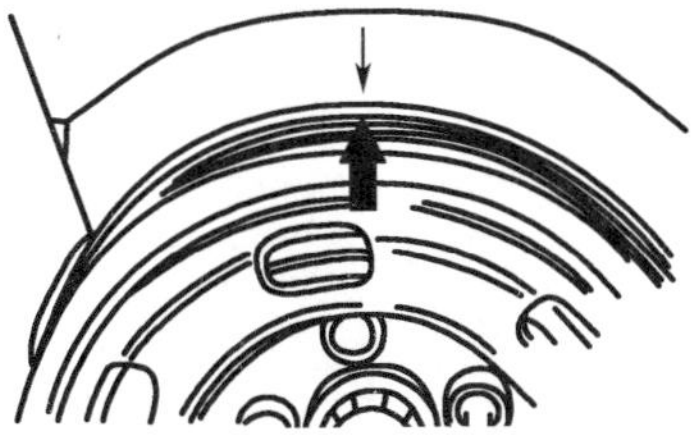

图10.16 曲轴正时齿形带轮记号

图10.17 凸轮轴正时齿形带轮记号

③安装正时齿形带。

④转动张紧轮,调整正时齿带的张紧度,可以用拇指和食指捏住凸轮轴齿轮和中间轴中间的齿带刚好可以扭转90°为宜(图10.18)。

注意,配气齿轮组件安装完成后,应小心地转动曲轴至少两圈,以防止活塞撞击气门,如有卡阻现象,应检查并重新安装调整。

⑤安装发动机气缸罩垫,气缸罩,正时齿形带护罩,进排气管和空气滤清器等外部零部件。

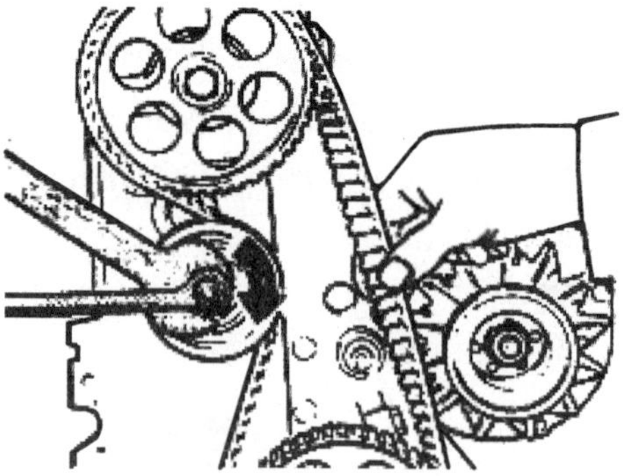

图10.18 正时齿带松紧检查与调整

(7)发动机外部零部件安装

①按照与拆卸相反的顺序进行发动机外部零部件(各进出水管,进排气管,燃油分配管和喷油器、点火线圈组件、曲轴带轮、发电机等)的安装。

②安装其他相关控制装置,连接发动机电子控制单元。

③检查发动机装配的完整性。

④完成发动机启动前的准备工作。

连接相关电气设备、相关器件,加注润滑油,连接燃油箱,接通电源,进行发动机启动前的必要检查。

任务10.3 发动机的磨合与验收

发动机磨合是指发动机总成或机构组装后,须进行磨合及磨合过程中的调试,检验和维护才能装车出厂。出厂后,发动机还要经过一段汽车走合期,才能投入正常工作。磨合过程实质上就是通过零件配合表面间的摩擦运动,进行一种特殊的机械加工的过程。可以起到如下的作用:扩大配合表面的实际接触面积,增大配合间隙,降低配合表面的粗糙度。磨合是维修工艺过程的一个重要工序,通过磨合可提高零件摩擦表面的质量、耐磨性、疲劳强度和抗腐蚀性能,同时能及时发现和清除在零件维修和装配中由于偏离技术条件而引起的一些缺陷。因此,发动机装配完成后进行科学的磨合就更为必要。由于磨合期内机件配合间隙较小、油膜质量差、温升大、润滑油易变质,加上较多的金属微粒进入机油中,使润滑油质量下降,同时,机件之间较大的摩擦阻力也使油耗增加,因此,磨合期应更换润滑油,进行全面调整紧固,使车辆达到正常的技术状态。

发动机的磨合过程如图10.19所示,分为两个阶段:第一阶段是出厂前在台架上进行的磨合(包括冷磨合与热磨合),一般称之为发动机磨合;第二阶段是发动机装车出厂后,在汽车运行过程中进行的磨合,一般称为汽车走合。发动机磨合时需要注意磨合时的负荷、转速和时间。

一、发动机磨合的意义

1.形成适应工作条件的配合性质

①扩大配合表面的实际接触面积。新零件和经过修理的零件,由于表面微观粗糙和各种误差,装配后配合副的实际接触面积仅为设计面积的1/100~1/1 000,配合表面上单位实

际接触面积的载荷就会超过设计值的百倍乃至千倍。微观接触面积在高应力、高摩擦热作用下就容易产生塑性变形和黏着磨损，引起咬黏等破坏性故障。因此，发动机磨合会使新零件在特定的磨合规范下运动，粗糙表面的微观凸点镶嵌其上并产生微观机械切削现象，使实际接触面积不断扩大，在短期内形成适应正常工作条件的配合表面。

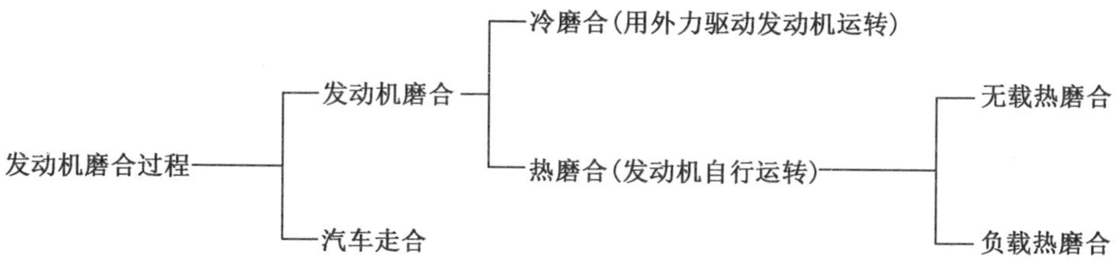

图10.19　发动机磨合分类

②形成适应工作条件的表面粗糙度。每一种工作条件均有其相应的表面粗糙度，零件加工的表面粗糙度与工作条件的要求差距甚大。在磨合中才能形成适应工作条件的表面粗糙度。

③改善配合性质。由于磨合磨损形成了适应工作条件的实际接触面积和表面粗糙度以及配合间隙，不但显著地提高了零件综合抗磨损性能，也减少了其摩擦阻力与摩擦热，使故障率降低，提高了大修发动机的可靠性与耐久性。

2. 改善配合副的润滑效能

磨合使配合间隙增大到适应正常工作条件的配合间隙，改善了润滑油的泵送性能，增大了配合副间润滑油流量，不但改善了配合副的润滑效能，也有利于保持正常的工作温度和配合表面的清洁。

3. 提高发动机的可靠性与耐久性

金属在低于或近于疲劳极限下，磨合一定的时间，可以明显提高金属零件的抗磨损能力和抗疲劳破坏能力，从而提高机械的可靠性和耐久性。

发动机全部磨合过程由微观几何形状磨合期、宏观几何形状磨合期和适应最大载荷表面准备期三个时期组成。第一时期，即微观几何形状磨合期内，微观粗糙表面因微观机械加工作用逐渐展平，表面金属被强化，显微硬度成倍地提高，产生剧烈的磨损，增大配合间隙，形成适应摩擦状态下的工作表面质量；第二时期，即宏观几何形状磨合期内，零件表面形位误差部分的得以消除，磨损量逐渐减小，机械损失减弱；第三时期，即适应最大载荷表面准备期内，零件磨损率和发动机动力性、经济性逐渐稳定，故障率降低，可靠性提高。后两个磨合时发动机装限速片，在限速限载条件下的运行过程中完成，称为汽车走合。第一时期磨合则于出厂前在台架上完成，称为发动机磨合。

二、发动机磨合试验设备

发动机的冷磨合一般在测功机上进行。测功设备的型号很多，如TP系列水力测功机、D系列水力测功机、DW系列电涡流测功机等。现代的测功机基本上都能做到性能稳定，测量精度高，既能测功，又能对发动机进行冷、热磨合，与油耗仪配套使用，还可测定发动机的耗油率。水力测功机如图10.20所示，其主要由以下几个部分组成。

①测功部分。测功部分由制动鼓、量秤机构、测速机构等组成。

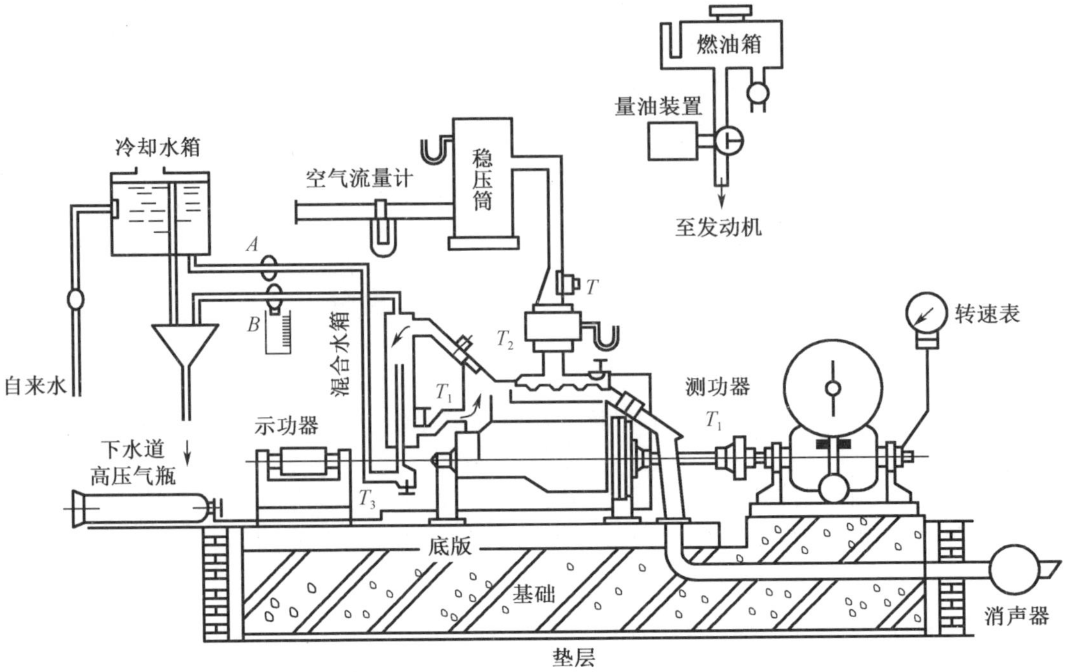

图 10.20 水力测功机

②冷磨合部分。冷磨合部分由电动机、摩擦离合器、变速箱和单向离合器组成。

③发动机支座部分。发动机支座部分由两个平板和四个支架组成,用以支撑和固定发动机。

④附属部分。附属部分由供水系统、供油系统和方向传动装置组成。

三、发动机磨合的规范

发动机磨合分冷磨合与热磨合两个阶段。发动机冷磨合与热磨合的目的是为了细化发动机在修理、装配中各零件间摩擦表面的粗糙度,以获得更为良好的配合。冷磨合是由外部动力驱动总成或机构的磨合,而发动机自行运转的磨合则称为热磨合。发动机的磨合质量在材料、结构、装配质量等条件已确定的情况下,主要取决于磨合时期的转速、载荷、磨合时间和润滑油品质。因此,由磨合转速、载荷和磨合时间组成了发动机的磨合规范。

1.冷磨合

发动机的冷磨合是依靠外力带动发动机以一定转速旋转,并在各种速度下运转进行的磨合。

(1)冷磨合转速

冷磨合起始转速一般选 400 ~600 r/min($0.20n_e$ ~$0.25n_e$),冷磨合终止转速为1 200 ~1 400 r/min($0.40n_e$ ~$0.55n_e$),其中 n_e 指额定转速,即发动机在负荷一定的情况下达到最大功率时的转速。起始转速过低,由于曲轴溅油能力不足,机油泵输油压力过低,难以满足配合副的很大摩擦阻力和摩擦热对润滑、冷却和清洁能力的需求,极易造成配合副破坏性损伤。由于高摩擦阻力和高摩擦热的限制,起始转速亦不能过高。

发动机磨合的关键是气缸与活塞环、活塞和曲轴与轴承等配合副的磨合。配合面上的载荷主要由活塞连杆组的质量和离心力形成的。据试验证明，在转速为1 200～1 400 r/min范围内，单位面积上的载荷最大。超过或低于此转速，载荷反而减小，均会影响磨合效果。

试验表明，如图10.21所示，冷磨合时从起始转速过渡到终止转速，采用有级过渡较之采用无级过渡更为有利，所以在冷磨合时通常采用有级过渡，磨合转速采取了四级调速，每级磨合规范的转速间距为200～400 r/min。在每级转速下，随着表面质量的改善，磨损率逐渐下降至平衡状态。无级调速磨合效率低，为了提高磨合效率，故采取有级调速。

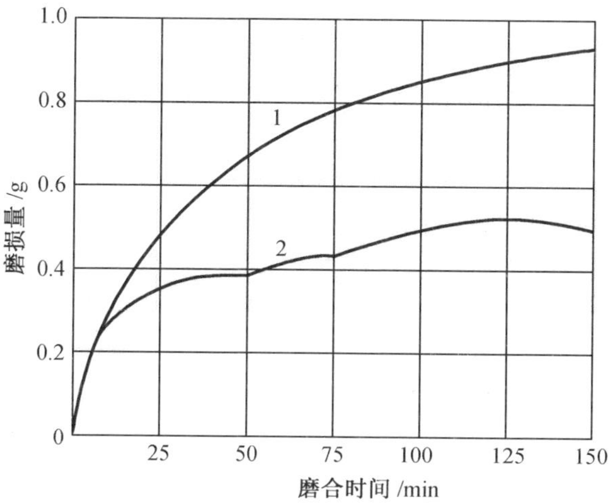

1—转速无级调速；2—转速有级调速。

图10.21　汽油发动机冷磨合时的磨损

（2）冷磨合载荷

单靠活塞连杆组所产生的载荷显然不够，磨合效率低。实践证明，装好气缸盖，堵死火花塞螺孔，借助气缸的压缩压力来增加冷磨载荷是极为有益的。

（3）冷磨合的润滑

现行的润滑方式有自润滑、油浴式润滑和机外润滑。实践证明，机外润滑方式最佳，对提高磨合效率极为有利。所谓机外润滑是指由专门的泵送系统，将专门配制的黏度较低、硫化极性添加剂含量高的专用发动机润滑油，以较大的流量送入发动机进行润滑的润滑方式。该方式不但使摩擦表面松软，加速磨合过程，而且润滑、散热以及清洁能力很强，还可以提高磨合过程的可靠性。

（4）冷磨合时间

冷磨时间的长短，应根据零件加工质量和装配情况而定，加工表面粗糙度小，时间可缩短，反之则延长，每级不超过1 h的运转。各级转速的冷磨合时间约15 min，共60 min。

（5）冷磨合时的检查

应经常检查机油压力表所指示的压力是否正常和各机件的工作情况是否良好，如发现异常，应立即停机检查，查明原因并排除故障后再磨合。

（6）冷磨后的拆检

冷磨后应将发动机进行部分分解，检查活塞、活塞环与汽缸壁的接触情况，检查曲轴、凸轮轴的轴颈与其轴承（瓦）的磨合是否正常等。然后，排除发现的故障，将发动机全部零件清洗干净，按规定标准全部装复发动机，准备进行热磨合。

2. 发动机热磨合

热磨合是在冷磨合的基础上，以发动机自身产生的动力进行运转磨合试验的过程，通常称为热试。它是为了检查发动机是否达到了应有的装配性能，对发动机油路和电路做必要的调整，同时为发动机做汽车行驶前的走合，以保证发动机的正常使用。

热磨合分无载热磨合和负载热磨合两种。

(1)热磨合时在台架上进行的检查项目

①检查冷却液容量，使之达到上刻度线。

②检查机油油面，应达到机油尺的 F 线上。

③检查和调整胶带的松紧度。

(2)无载热磨合

无载热磨合是为负载热磨合做准备，无载热磨合的起始转速与冷磨合终止转速相近，其磨合原理与冷磨合类似，目的是为检查热工况下发动机各部件的配合情况，对发动机进行必要的调整，并消除发现的缺陷，为负载热磨合做准备。因此，无载热磨合转速通常为 1 000 ~ 1 200 r/min 或按(0.40 ~ 0.55)n_e 来确定，运转 1 h。

无载热磨合中需要检查的项目有：

①检查机油压力，应符合各机型要求。

②检查发动机水温、机油温度是否正常。

③检查并校正点火提前角。

④检查发动机有无异响，如有异响，应立即停机检查并予以排除。

⑤检查发动机有无漏油、漏水、漏气和漏电现象。

⑥用断缸法检查各缸工作是否良好。

⑦测量气缸压力是否正常。要求气缸压力不低于原厂规定值，各缸的压力差汽油发动机不超过 5%，柴油发动机不超过 8%。(测量汽缸压力前，先用压缩空气吹净火花塞周围的脏物，再拆下全部火花塞。把气缸压力表的锥形橡皮头插在被测缸的火花塞孔内，节气门全开。然后用启动机带动曲轴转动 3 ~ 5 s，记下读数)

(3)负载热磨合

负载热磨合必须在有加载设备的专用试验台上进行。负载热磨合的起始转速通常根据能保证发动机主油道有足够的供油压力来确定，一般为 800 ~ 1 000 r/min。终止转速为额定转速的 60%(一般载货汽车发动机)或 50%(轻型汽车发动机)，柴油发动机为额定转速。其级间转速差为 200 ~ 400 r/min。

磨合的起始负荷为额定功率的 10% ~ 20%，终止负荷为额定功率的 80%，其每级间负荷的额定功率差为 3.68 kW。

每级磨合时间为 30 ~ 45 min，总磨合时间不少于 3 h。

①负载热磨合时的检查项目有：

a. 检查水温、润滑油压力和润滑油温度应符合规定。

b. 发动机在各种工况下运转平稳、无异响；否则，应停机排除。

c. 校准点火正时。

②发动机负载热磨合后，为保证修理质量，应拆检主要机件。一般拆检项目有：

a. 活塞的接触面是否正常，有无拉毛、起槽等现象。

b. 气缸表面应无拉痕、起槽等现象。

c. 活塞环接触面应不小于90%。

d. 主轴承和连杆轴承接触面无起槽和烧结现象。

e. 汽缸衬垫无漏水、漏气现象。

四、发动机总成修理竣工技术条件

发动机大修后，经过冷磨合、热磨合，试验检测合格，即可进行竣工验收。发动机验收，必须按汽车修理技术标准中的有关规定执行。

1. 一般技术要求

①装备齐全、按规定完成了发动机磨合、无漏油、漏水、漏气、漏电现象。

②加注的润滑油量、牌号以及润滑脂符合原厂规定。

③无异响，急加速时无爆燃声，化油器不回火、消声器无放炮声，工作中无异响。

④润滑油压力和冷却液温度正常。

⑤气缸压力符合原厂规定，各缸压力差，汽油发动机应不超过各缸平均压力的8%，柴油发动机不超过10%。

⑥四行程汽油发动机转速在500～600 r/min时，以海平面为准，进气歧管真空度应在57.2～70.5 kPa范围内。其波动范围，六缸机不超过3.5 kPa，四缸机不超过5 kPa。

2. 主要使用性能

①发动机在正常工作温度下，5 s内能启动。柴油发动机在5 ℃，汽油发动机在 −5 ℃环境下，启动顺利。

②配气相位差不大于2°30′。

③加速灵敏、过渡圆滑、怠速稳定、各工况工作平稳。

④最大功率和最大转矩不低于原厂规定的90%。

⑤最低燃料消耗率不得高于原厂规定。

⑥发动机排放限值符合相关规定。二级维护竣工的发动机除装备齐全有效之外，还必须进行性能检测。要求能正常启动，低、中、高速运转均匀、稳定，水温正常，加速性能好，无断火、回火、放炮等现象。发动机运转稳定后应无异响。无负荷功率不小于额定值的80%。

⑦电子控制系统的设置应正确无误。自检警告灯应显示系统正常，或通过系统自诊断功能读取的故障码应为正常码。

【项目小结】

本项目介绍了发动机拆卸与装配的技术要求和程序，对发动机装配后的磨合规范进行了阐述，指出了发动机竣工验收的标准。发动机大修后经装配、调试，技术部门根据有关标准验收后发合格证明，给予质量保证。

在发动机和总成拆装过程中，通过对实物的观察、分析、讨论、综合检验与装配，使学生进一步熟悉和巩固发动机模块的构造、诊断和维修等知识，并形成整体概念；熟悉发动机拆装步骤及主要零件的检验方法；通过对发动机的拆装后，启动发动机，使学生有一定的成就感，进一步提高学生学习专业课的积极性。

【项目测试】

一、简答题

1. 用流程图简要叙述发动机拆卸与装配顺序。

2. 结合实际操作，简要叙述拆装发动机主要零部件的装配标记、调整项目和装配、调整的技术数据。

3. 修理竣工的发动机为什么必须经过磨合才能投入正常使用？举例叙述磨合规范。

4. 修理竣工的发动机验收的主要内容是什么？

参 考 文 献

[1] 郑伟光.汽车发动机构造与维修[M].北京:人民邮电出版社,2015.

[2] 戴胡斌,程国元.丰田系列轿车维修一本通[M].南京:江苏科学技术出版社,2007.

[3] 王怀建.汽车维修常用工具及设备使用[M].北京:机械工业出版社,2009.

[4] 孟辉.发动机与底盘检修技术(模块 D)[M].北京:人民交通出版社,2013.

[5] 于江涛.修理检验技术(模块 C)[M].北京:人民交通出版社,2013.

[6] 陈焕江.汽车检测与诊断[M].北京:机械工业出版社,2001.

[7] 董宏国,程军伟,邵汉强,等.汽车电路分析[M].北京:北京理工大学出版社,2013.

[8] 张凤山,王旋,曹利民,等.国产轿车故障诊断与排除实例精选[M].北京:机械工业出版社,2004.

[9] 周立志.进口汽车故障诊断手册[M].沈阳:辽宁科学技术出版社,2000.

[10] 马东霄,曹景升,李贤彬.汽车维修实训教程[M].北京:人民邮电出版社,2002.

[11] 胡光辉.汽车故障诊断技术[M].北京:电子工业出版社,2007.